北京市中日文化交流史研究会
成立40周年纪念文集

王新生　臧运祜 ◎ 主编

THE ESSAYS OF THE 40th ANNIVERSARY OF
BEIJING RESEARCH CENTER OF
HISTORY OF SINO-JAPANESE CULTURAL EXCHANGE

社会科学文献出版社
SOCIAL SCIENCES ACADEMIC PRESS (CHINA)

前　言

本书是北京市中日文化交流史研究会成立40周年的纪念文集。

北京市中日文化交流史研究会是北京市社会科学界联合会所属的一个社会组织，1980年8月29日成立于北京大学历史学系，明年即将迎来40周年纪念。

2018年，既是中国改革开放40周年，也是《中日和平友好条约》签订40周年。本会作为国内在改革开放之初最早成立的研究中日文化交流史、中日关系史和日本历史文化的学术团体与社会组织，伴随着新时期中日关系的和平发展与友好交往，也走过了将近40周年的历程。

四十而不惑。40年来，在历任会长周一良、夏应元、王晓秋、徐勇四位教授的主持下，本会团结与联系以北京地区为主的国内外学者，深入开展中日文化交流史、中日关系史及日本历史文化的学术研究与交流活动，多方推动国内学界及与日本学者的文化与学术交流，为新时期中日关系的和平与友好发展，做出了一定的贡献。

本研究会一贯重视与鼓励会员们从事学术研究与成果交流。成立之后不久，就首先编辑出版了一部《中日文化交流史论文集》，1982年由人民出版社出版，在海内外产生过很大的反响。后来，又由展望出版社出版过几期以书代刊的《中日文化与交流》。2010年12月，本会以召开国际学术讨论会的方式来纪念成立30周年，会后出版了徐勇、王晓秋主编的《中日文化交流两千年：回顾与展望——北京市中日文化交流史研究会成立30周年国际学术讨论会文集》（社会科学文献出版社，2013）。

有鉴于此，为了展示本研究会主要成员近十年来的代表性或最新的研究业绩，我们于去年12月底决定编辑出版一部40周年纪念文集，并得到了各位新老会员的大力支持。本年初，我们将收到的各位大作14篇，按照论文内容的时间顺序，分别古代、近代与当代，围绕中日文化交流的主题进行了编排，以展现中日两国一衣带水、文化交流2000余年赓续不绝的历史风貌。

此外，本书还收录了去年11月在北京大学历史学系举办的"四十年的抗日战争与近代中日关系史研究"博士生学术会议的5篇代表性论文。江山代有才人出。我们意在鼓励与支持更多的年轻学子，在已经到来的新时代，继续发扬并光大我们研究会的学术事业。

本书的出版，得到了本届会长王新生教授的大力支持和北京大学研究生院研究生教育创新计划项目的部分资助。北京市社会科学界联合会、北京市哲学社会科学规划办公室，以社会组织资助项目提供了出版支持。社会科学文献出版社总编辑杨群先生、首席编辑徐思彦女士及历史学分社总编辑宋荣欣女士、责任编辑李丽丽女士，为本书的顺利出版多有关照与协力。武汉大学历史学院博士后研究人员吴文浩博士，在前期编校工作中付出了大量辛劳。谨此铭记，一并致谢！

主编者

2019年12月2日

目　录

一　古代中日文化交流

严绍璗日本中国学研究的几点启示 …………………………… 钱婉约 / 003
铜镜与日本文化古层 …………………………………………… 刘晓峰 / 016
关于中日间早期的一条贸易航道 ……………………………… 王　铿 / 032

二　近代日本与中日关系

明治维新史鉴
　　——写在明治维新150周年之际 ………………………… 汤重南 / 059
近代日本的军政关系研究 ……………………………………… 徐　勇 / 088
日俄战争时期日本在华军政之研究 …………………………… 王　刚 / 101
明治中期日本的立法过程
　　——以所得税法为例 ……………………………………… 崔金柱 / 119
第一次世界大战后日本在东亚的扩张政策及影响
　　——以华盛顿体系为中心的考察 ………………………… 史桂芳 / 137
五四运动时期中日思想文化的交流与影响 …………………… 王晓秋 / 154
王芸生对于"近代中日关系史"的研究及其他
　　——以《六十年来中国与日本》为中心 ………………… 臧运祜 / 170
战前日本的新兴宗教及其在中国的传播
　　——以天理教为中心 ……………………………………… 王新生 / 197
"红旗漫卷鱼子山"：一个抗日堡垒村的历史叙述 …………… 王元周 / 213

三　当代中日文化交流

关于中日文化差异的互补性研究 ……………………………… 贾蕙萱 / 235
战争记忆的选择、建构与共享
　　——兼谈中日如何共享战争记忆 ……………………… 胡　澎 / 248

四　四十年来的近代中日关系史专题研究述评

近代中日关系的开端
　　——《中日修好条规》研究综述 ……………………… 徐一鸣 / 265
四十年来的"二十一条"交涉研究 ……………………………… 吴文浩 / 279
两岸史学史视野下的抗战"轴线移转说"述评 ………………… 牟立邦 / 295
四十年来抗日根据地经济史研究述评 …………………………… 李玉蓉 / 309
日本共产党与中国的抗日战争研究综述 ………………………… 程　艳 / 332

一 古代中日文化交流

严绍璗日本中国学研究的几点启示

钱婉约[**]

严绍璗先生是中国比较文学研究界、中国海外汉学研究界同行敬重的前辈学者。今年适逢先生诞辰七十周年纪念,作为忝列门墙的学生,本文欲根据自己读先生著作,与先生交往的心得体会,就先生学术体系中"日本中国学研究"这一领域,对其发生发展、方式方法、学术宗旨等项,略做梳理。

一

中日两国历史文化的交往交流,由来已久,源远流长。对于漫长岁月中日本接受和研究中国文化的历史过程、文化形态,以及在此基础上形成的日本文化的现象与实质,做出"属于中国学者自身认识的主体性判断",这是严先生治"日本汉学""日本中国学"的出发点,也是他深埋在心的"夙愿"。在他早期著作《日本中国学史》自序中有这样一段话:

> 多年来,我的心头积存着一个夙愿——中华民族的文化弘扬于世

---

[*] 本文初刊于《中国文化研究》2010年冬之卷。今值先生八十诞辰将至,重发旧文,谨以纪念。
[**] 钱婉约,北京语言大学人文学院教授。

界，当以传入日本时间为最早，规模为最大，反响为最巨。对于这样辉煌的文化现象，中国学者理应根据自己民族的文化教养，作出属于中国学者自身认识的主体性判断。在我的老师季羡林、周一良教授、阴法鲁教授诸先生的督导之下，我开始撰写《日本中国学史》，作为建设这项浩大工程的尝试。[1]

20世纪50年代末，严先生入学北京大学中文系古典文献专业不久，当时的专业主任同时也是北京大学副校长的魏建功教授，建议他学习日语。魏先生说："一定要去翻动那些日本人的著作，看看他们做了些什么研究，不要被他们笑话了我们。"[2] 这个话，让人联想起近代以来中日思想学术史上"孔子在中国，孔教在日本"或者"敦煌在中国，敦煌学在日本"的反讽，魏先生以及上面提到的季羡林、周一良、阴法鲁诸先生，代表了满怀爱国热诚和学术责任的新中国第一代学人，严先生学术生涯起步伊始，便从他们手中接过了那代人的理想和抱负，或者也包含了清末民国以来中国学术落后于邻邦的抱憾，扛起了一个时代、一个民族的文化学术使命。

可是接下来，学术停顿的"文化大革命"，使兑现夙愿、实现使命延误了近10年。

记得70年代初，我刚从"五七"干校回来，老系主任杨晦教授虽然自己曾一再被批斗，但他仍然多次嘱咐我说：'你那个日语不能丢啊！日本汉学还没有什么人搞，这是很要紧的，将来还是会有机会的。……以他对学术的忠诚和对未来的希望，教诲于他的学生，我一直铭记于心。[3]

---

[1] 严绍璗：《自序——"我和日本中国学"》，严绍璗：《日本中国学史》，江西人民出版社，1991，第1页。
[2] 严绍璗：《自序——"我和日本中国学"》，严绍璗：《日本中国学史》，第5页。
[3] 严绍璗：《自序——"我和日本中国学"》，严绍璗：《日本中国学史》，第9页。

特殊时代不良的政治环境导致的学业、事业荒废，恐怕是比物质的贫乏、生活的艰苦更令人可怕和使人惋惜的，好在身处北大，有这样的前辈学者耳提面命，严先生虽不能说是"生逢其时"，却也可谓"身当其选"。

1974年秋冬，严先生以34岁青年教师的身份，参加北京大学社会科学访问日代表团，成为新时期中国学界最早直接接触日本学术界的研究者。在日期间，严先生与代表团一起，访问了京都大学、东京大学、一桥大学、早稻田大学、神户大学、大阪大学、大阪市立大学、名古屋大学、爱知大学、东北大学、福冈大学等日本著名大学；会见了包括吉川幸次郎、贝冢茂树、岛田虔次等学术巨擘在内的200余位日本的中国文化研究家，以及各大学校长和大学所在地地方政府的最高长官。这便是他在新时期能够比较早地编撰、出版我国第一部"海外中国学"学术工具书——《日本的中国学家》（1980）的学术基础。此后的30多年间，老师先后30余次往返日本，或短期访问、参加国际会议，或滞在研究，讲学授课，逐渐成就了他的《中日古代文学关系史稿》（1987）、《日本中国学史》（1991）、《汉籍在日本的流布研究》（1992）、《中国文化在日本》（1994）、『記紀神話における二神創世の形態：東アジア文化とのかかわり』（日文版，1995）、《中国与东北亚文化交流志》（日本部分，1999）、《比较文学视野中的日本文化——严绍璗海外讲演录》（日文版，2004）、《日本藏汉籍珍本追踪纪实——严绍璗海外访书志》（2005）、《日藏汉籍善本书录》（2007）等一系列研究著作。

这些著作，大致关涉日本中国学研究和中日比较文学研究两个领域，是严先生中日跨文化学术体系的重要两翼，由此构筑起的综合性文化学术体系，是以中国人为研究主体，立足于中国这个特定的民族国家和历史文化传统，而将中日文学文化、典籍交流的历史状况，置于双边文化甚至多边文化的视野下，进行考察、研究的学术实践。读这些著作，在获得学术史的知识和学理，文献学的考辨和事实之外，往往多能察见作者的民族襟怀、批判意识和对现时代的人文关怀。具体地说，在作者的学术研究中，不仅是对两千年来中国文化传播于日本的物质的和思想的历史性考察，更有在此基础上所做出的对中日两国复杂文化关系史的反省、批评和启迪。

以严先生最新出版的《日藏汉籍善本书录》三大册为例，正如乐黛云教授评论此书时所指出的：

> 这部书的价值应该更充分地挖掘，它绝对不光是一个文献整理，也不光是一个目录学著作，实际上最根本的，对我们当前最有用的是一个文化关系的研究史。……这部书是一个跨学科的研究，这个成果决不光是文献或目录学的，它是关于社会学、文献学、考古学、历史学、人类学，……我们要看到绍璗所以能做出这部书来，首先是他有一个开阔的胸襟，他能够看到日本政治、文化发展的总体情况。[1]

袁行霈先生也说：

> （《日藏汉籍善本书录》）能以不尽同于目录学家的眼光，追寻中国文化东传的轨迹，审视日藏汉籍所负载的文化意义。……所揭示出来的中日两国复杂的关系史，已经超出文献学的范围，而具有更广泛的意义。[2]

读严先生书，自当有这样的文化立意和宽阔视野为储备；读严先生书，亦正可渐渐培养和积蓄这样的文化意识和宽阔视野。

二

《日本中国学史》出版于1991年，如果把该书看作一棵树的话，"日本

---

[1] 聂友军、钟厚涛：《二十余年铸一剑，几代学人梦始圆——严绍璗〈日藏汉籍善本书录〉在京出版》，《中国比较文学通讯》2007年第2期。
[2] 袁行霈：《日藏汉籍善本书录·序言》，严绍璗：《日藏汉籍善本书录》，中华书局，2007，第3~4页。

中国学"的内容是它的枝干、绿叶，在此枝叶之下，有一个庞大的根系，即日本中国学发生、发展的学术背景与社会思想基础，包括中国文献典籍东传日本的历史过程、日本传统汉学的发生及其流派、日本近代文化运动及欧洲汉学传入日本等悠久而繁复的历史文化现象。正是在这广博的知识体系之上，作者才开始向我们述评19世纪末、20世纪以来的日本中国学。

这一时期的日本社会文化、思想学术，是在新与旧、东与西的冲突和较量中，发展成长起来的。日本近代的中国研究，也正是在这一大环境下展开的。作者在考察、论说日本中国学发展历史时，常能以一种超越民族和当代的清醒理念，以文献考辨的实证方法，进行客观的研究、启蒙性的论说，体现出一位人文学者对历史文化宽广的思考和敏锐的批判意识。

这里仅以作者对中日儒家文化的比较研究、批判评说为例，简单说明如下。

众所周知，日本文化与中国儒学的关系甚深。从古代到室町时代，儒学文献是贵族、武士、僧侣等知识分子的修养读物和精神向往；到江户时代，儒学上则为幕府政权服务，下则普及为广大民众的一般生活伦理。到明治以后的近代乃至现代，儒学甚至上升到儒教的意义层面，在日本社会发挥着更为重大和复杂的作用。日本作为崇尚儒教的国家形象，常常为思想文化界乃至经济界人士所提及。那么，儒教在日本近代文化运动中到底遭遇了怎样的命运？又扮演了怎样的角色？起到了怎样的作用？作者在勾勒明治文化发展概貌、阐释各时期、各流派中国学家的思想特征时，揭示了这些问题的答案，体现了作者作为一个儒学本邦学者对于异域儒教文化形态的敏锐洞察力与深刻批判力。

明治以来，近代西方文化思想如潮水般在日本奔涌，自由民权运动日趋高涨，儒教受到西周、中江兆民、福泽谕吉等启蒙思想家的批判；另外，为了反击上述西化思想运动，一批提倡皇权主义的国粹主义知识分子，则借助儒学思想资源，重唱江户时代国学家"敬神尊皇"的老调。在近代新文化面前，传统的神道教体系显得理论力度不足，儒学的忠孝仁义、敬祖修德等思想资源，正弥补了这种不足。于是，中国的儒学，在趋向于西化的近代日本被高高地抬举起来。正如作者指出的：

> 在近代文明潮流的冲击下，国粹主义一时忘却了他们的前辈是怎样的指责他们现今要"调和合一"的这"异邦之俗"（指儒学—引者注）……从前原本对峙的儒学与国学，在共同的危机面前，便很快地获得了共识。①

让我们来看一下作者揭示的近代日本一系列重要的文化事实吧。

1879年以天皇名义发表《教学大旨》，这是"近代文化运动发生以来，第一次以国家最高元首身分重新提出以'仁义忠孝''为国民道德才艺的核心'"。②

1881年，日本恢复荒废了许久的"孔子祭"活动。而祭孔仪式及其本质在于"由禅僧按佛典举行祭孔，正是中世纪时代宋学与禅学互补为用的一种标识；明治中期开始的祭孔，改为神道仪式，这正是日本儒学与国家神道合流而构成为皇权主义意识基础的一种标识"。③

1890年，天皇再次颁布《教育敕语》，"这是以儒学为理论支柱与思想力量，来实施皇权主义国家论的纲领"。④

1891年，井上哲次郎撰写出版《教育敕语衍义》，被文部省指定为国民必读书。"这是一个把中国儒学、欧洲德国国家主义和日本传统皇道观念溶和为一体的庞大思想体系……其全部价值，在于使国民加强天皇制国家体制的意识。"⑤

1911年，服部宇之吉提出"孔子教"的概念，声称：孔子在中国，而孔子精神的真髓则在日本。服部宇之吉成为"接受天皇政体叙勋授章最多

---

① 严绍璗：《日本中国学史》，第174~175页。
② 严绍璗：《日本中国学史》，第169页。
③ 严绍璗：《日本中国学史》，第181页。
④ 严绍璗：《日本中国学史》，第175页。
⑤ 严绍璗：《日本中国学史》，第304页。

的一位学者"。①

不必再过多援引，我们已可以看到儒学儒教在日本近代文化史上的意义和价值特征。如果说，儒学作为一份丰富的思想资源，曾滋养与催生了古代日本文明之花，那么，这份营养又如隐藏、孳生在近代文明身上的一个"毒瘤"，参与了造就近代日本皇权观念及"圣战"叫嚣的思想发展历程。

在中日比较文化关系研究中，许多学者往往热衷于"发掘"两种文化的相同之处，以说明中国文化如何影响并有功于日本文化，同时得到某种民族情绪上的满足。与此相反，一个批判型启蒙学者的任务，则侧重于从双边文化互动中寻找出能够警示后人的经验或教训，以警戒任何有碍于人类文化健康发展的因素。与这一思想脉络相衔接，作者还写有一系列相关论文，揭示儒学或儒教在近代文化史上的负面作用，以至于最终形成对中国当代文化界进行一场"儒学革命"的号召，这就是严先生于1998年5月间为北京大学成立一百周年而作的《中国当代新文化建设的精神指向与"儒学革命"》②一文，这洋洋两万字的大文，不在本文的讨论范围之内，但我想，先生所以形成对儒学这种不妥协的批判态度，与他对中日文化交流史的研究，特别是对于儒学在近代日本所发挥的负面作用的研究心得，是不无关系的。

三

对日藏汉籍古文献的追踪调查，是严绍璗先生"日本中国学"研究的一个重要组成部分。

（自1974年首访日本）有机会第一次看到留存于彼国的数量众多

---

① 严绍璗：《日本中国学史》，第444~449页。
② 严绍璗：《中国当代新文化建设的精神指向与"儒学革命"》，《北京大学学报》（社会科学版）1998年第2期。

的汉籍，激奋和惆怅融合成难以名状的心情，于是便开始萌生了要查明日本藏汉籍诸种状况的念头。十年之后即1985年，我担任了日本京都大学人文科学研究所日本学部客座教授。学术理念的提升，使我对汉籍的域外传播所内具的文化学意义有了新的认识，于是便把我试图较为全面地查考日本藏汉籍的设想开始付之实施。①

全面地查考日藏汉籍，谈何容易！这不仅需要专业的古文献学知识素养，更需要广泛接触、踏访日本社会各个藏书机构。其间手续的复杂繁难，过程的艰难波折，对于一个学者来说，其挑战的意味或许甚至超过做学问本身。20多年间，严先生"从日本的北海道到冲绳群岛，从太平洋之畔到日本海沿岸"，调查踏访了日本近百个收藏汉文古籍的机构，其中包括皇家的藏书处、国立或公立的图书馆、各类家族财团或个人的文库书库、各级大学或古代学校的图书馆藏书楼、附属于寺庙的汉籍文库等，这些藏书机构，远则有近千年、几百年，近也有几十年、上百年的历史，有的并非对外公开的图书馆，因此前去寻访、调查、借阅文献、记录数据等，就非常繁难周折。

在《日本藏汉籍珍本追踪纪实——严绍璗海外访书志》中，作者对自己几十年的访书经历，有比较生动具体的记录。如该书"在杏雨书屋访国宝"一章中，作者记载了自己先在国内被周祖谟先生告知，《说文解字》唐人写本，目前世界上只剩下"木部"六页和"口部"一页，而"木部"六页被日本人搞走了，希望能够寻访到原迹，一见真相。作者得此指点后，在日本经多方打探，得知此件在20世纪20年代归内藤湖南所有，而内藤身后的藏书分散三处收藏，经京都大学岛田虔次教授指点，得知内藤藏书中最珍稀的部分，现收藏在大阪的武田氏家族财团所属的杏雨书屋，而这个藏书处是绝不向外公开借阅的。于是，作者又在贝冢茂树、小南一郎、狭间直树、羽田明等前辈先生和同行教授的疏通或引领下，终于得以在杏雨书屋寻访到

---

① 严绍璗：《日藏汉籍善本书录·自序》，严绍璗：《日藏汉籍善本书录》，第11页。

这份被定为日本国宝的"唐写本《说文解字》木部"。① 千余年前的唐人写本，近百年前的海外流失，到多年后的故国学人来访，书籍在中日间颠沛流播的过程，似乎也折射出中日两国历史文化力量此消彼长的消息动向，不能不令人感慨系之。

关于中国文化典籍流入日本的调查，晚清以来，曾有黄遵宪《日本国志》、杨守敬《日本访书志》、董康《书舶庸谭》、傅增湘《藏园群书经眼录》等。这些工作具有开创性意义，同时也存在局限：（1）仅仅著录自己眼见的汉籍，往往限于东京、京都两地，数量有限，难免挂一漏万；（2）仅仅作图书典籍的静态著录，未能把汉籍流布日本作为一种文化现象，进行动态的、跨文化的研究考察。

严先生的工作正是在对上述局限的反思前提下进行的，他的日藏汉籍古文献的追踪调查、善本著录工作，具有以下特点。

第一，尽可能广泛、全面地调查。如上所述，严先生踏访、调查了皇家、公立、私家、学校、宗教系统等近百处大大小小的藏书机构，《日本藏汉籍珍本追踪纪实——严绍璗海外访书志》，重点介绍记录了在皇宫书陵部、国会图书馆、日本国家公文书馆、东京国立博物馆、东洋文库、足利学校遗迹图书馆、金泽文库、静嘉堂文库、杏雨书屋、尊经阁文库、御茶之水图书馆、真福寺、石山寺、东福寺、日光轮王寺等十多个汉籍收藏机构寻访、看书的经过，并对这些机构的建制、属性、管理、藏书特点、历史变迁等，做了钩沉梳理和现状简介，为我们描述了一幅全景式的日藏汉籍历史地图。

对于这些藏书机构，严先生投注以超越文献调查的文化关注和史论评说。如在皇宫书陵部访书的最后，他附记道：

> 日本宫内厅书陵部是一个储量极为丰厚的汉籍宝库，近二十年来，

---

① 严绍璗：《日本藏汉籍珍本追踪纪实——严绍璗海外访书志》，上海古籍出版社，2005，第330～337页。

无论是在其警卫森严的时代,或是打出"迎接国际化的时代"而向社会开放以来,每当我步入它的大门,或走出它的玄关,心中总充塞着难以名状的情感:是一种会见祖辈故人的激动,还是一种难以割舍的亲情?是两个国家、两个民族文化连接的喜悦,还是一缕惜别的无奈?①

又如,他在国家公文书馆访书之后,写下了下面一段感言,对我们理解东亚文明的构建,亦颇有启迪意味:

> 日本的有识之士把"汉籍文献"作为"日本公文"而贮藏于"书馆",在意义逻辑上似乎有些龃龉,但细想起来,实在是表明了中日文化关系史上一个最基本的事实——即在漫长的文明进程中,中国文化典籍所内具的文化特征和文化品格,已经融铸在日本社会的各个层面之中,成为日本文化的材料。故而把"汉籍文献"作为"日本公文",上至于日本国会,下至于黎民百姓,从未见有过什么质疑和反对。②

第二,对被定为"日本国宝""重要文化财"的重要汉籍珍本,进行详细介绍,评估其文献价值和文物价值,与中国收藏或散佚情况做比较,并介绍某些重要罕见珍本的复本、后刻本、翻刻本等收藏、聚类、复制的情况,勾勒出东传汉籍在日本文明进程中的文化意义。他在《日藏汉籍善本书录》的自序中写道:

> 我在日本藏汉籍的调查与整理中,十分留意考察文本传递的"文化语境"(Cutural Context),尽量把握汉籍在日本列岛流布的学术图谱,注意日本相关文献中关于此本典籍的历史的、文化的等多形态的记载,收集由汉籍传入而相应在日本国内产生的"文化变异"以及由此出现

---

① 严绍璗:《日本藏汉籍珍本追踪纪实——严绍璗海外访书志》,第77页。
② 严绍璗:《日本藏汉籍珍本追踪纪实——严绍璗海外访书志》,第154页。

的"和刊本"和"日人写本"等物化标记,尽量摘记文本上留存的各种手识文,甚至中国商船输入时的卖出价与日本书商收购时的买入价等等。所有这些努力,都是为了描述一部汉籍进入日本列岛而形成的文化氛围,由此而提示东传汉籍在日本列岛文明进程中的地位和作用。①

如对杜预《春秋经传集解》三十卷千余年间在中日两国流传、保存和翻刻的情况,做了广泛而缜密的调查研究和分析排比:

> 今国内存《春秋经传集解》宋刊本九种,表面上还算煌煌大观,然究其实际,存三十卷全本者,仅有国家图书馆内二种,然又不能考其刊刻年代,也不知其刻书之地与刻书之人,统称为"宋刊本",其余七种皆以残本珍藏。追踪日本收藏的《春秋经传集解》文本,有唐人写本残本一种,今存藤井齐成会有邻馆,被日本文化财保护委员会确认为"日本国宝"。有宋刊本九种,其中存全书三十卷本六种,其余有二种各残存十五卷,一种存十六卷。各种文本或刊刻年代可考,或刊刻地区可考,或刊刻者姓名可考,实为研究儒学史、文化史与《春秋》文献学史之大薮。②

接着,他用近万言对各本的收藏状况,如齐全或残缺、版式状况、避讳特点、题记或标识、藏家印记、前人著录或考辨等,一一详细记录在案。这样一份资料,可看作中日《春秋经传集解》的文献收藏流变史。

又如,对宋刊本《东坡集》残本、明人写本《永乐大典》零本、10世纪写本《文选集注》残本等,都有类似比较详尽的收藏、考辨记录。

第三,在上述两点的基础上,充分收集和利用日本现有各种汉籍目录,对日藏汉籍进行全面的整理记录。成果集中反映在近400万字的《日藏汉

---

① 严绍璗:《日藏汉籍善本书录·自序》,严绍璗:《日藏汉籍善本书录》,第12页。
② 严绍璗:《日本藏汉籍珍本追踪纪实——严绍璗海外访书志》,第7页。

籍善本书录》。此书于 2007 年出版后，一些专家学者如任继愈、袁行霈作序，乐黛云、金开诚、白化文等人座谈，责编崔文印作书评，纷纷给予好评，称其为"二十余年铸一剑，几代学人梦始圆"的学术大作，是目前浮躁时代拯救学术的一针清醒剂和纯学术的榜样。

日本学者对该书的评品，或许可以从另一方面说明严著的价值和意义。著名中国古籍版本研究专家、庆应义塾大学名誉教授尾崎康说：

> 中国北京大学严绍璗教授，把传存于日本的汉籍善本，进行了准确而详尽的"书录"，它直接且具体地证明了我在上面所讲述的日本对汉籍接受的历史。本《书录》以具有很高的学术性的资料，从一个方面阐明了日中文化交流的历史，它在一个基本的又是特殊的领域中，把日本文化史介绍给了中国，并且有助于释疑中国文化史上的未知的部分。①

日本明治大学教授神鹰德治称《日藏汉籍善本书录》为"平成时代的《日本国见在书目录》"，肯定了它是中日两国间标志着一个时代的集大成著作。神鹰的文章说道，日本人所著的汉籍目录，往往除了纯粹"中国制作"的汉籍之外，还包括"朝鲜本汉籍"、五山版"日本古刊本汉籍"以及江户时代的"和刻本汉籍"等，因此，要查阅和了解日本藏中国汉籍的全貌，就面临要把日本现存汉籍中纯粹中国版的部分，抽取出来、整理统合的问题，此项工作几十年前在日本曾有过动议，但未能付诸实施。而现在"严绍璗主编《日藏汉籍善本书录》正是这样一部从事文献工作的人所期待的目录"。②

"旧学商量加邃密，新知培养转深沉"，③ 严绍璗先生三十多年来走过的

---

① 尾崎康：《日藏汉籍善本书录·序》，严绍璗：《日藏汉籍善本书录》，第 6 页。
② 参见神鹰德治《平安时代的〈日本国见在书目录〉》，陈捷译，《东方》第 329 号，日本东方书店刊，2008 年 7 月。
③ "旧学商量加邃密，新知培养转深沉。"语出朱熹《鹅湖寺和陆子寿》诗。

日本中国学研究之路，对本领域今后的研究，在立意、理念和方法论上，多有启示。清人论学，多以义理、考据、辞章三者言之，而相应地以识、学、才三者论人，章实斋所谓"义理存乎识，辞章存乎才，征实存乎学，刘子玄所以有三长难兼之论也"。[①] 借用这个视角，是否可以总结说，在现代学术语境中，严绍璗先生的学问，以学术独立、理性批判为宗旨，以原典解读、实证考辨为方法，以专业工具书、史论著作为表述，他所追求和成就的，正是一种义理、考据、辞章三者并举的学术实践和学术体系。

---

① 义理、考据、辞章，不同学者的表述略有不同，也称义理、辞章（文章）、考据（考证、征实）。参见章学诚《文史通义》卷4《说林》，叶瑛校注《文史通义校注》（上），中华书局，1985，第351页。

铜镜与日本文化古层

刘晓峰*

丸山真男在20世纪60年代曾提出"古层论",认为日本的思想发展,在对外来思想的接受过程中,一直有沉积于最下层的"古层"存在。"古层"源于日本人的言语、地理环境、生产方式、宗教等诸多方面,具有强大的连贯性。依靠"古层"的力量,日本人在摄取外来文化的同时又修正之。在思考日本文化时,"古层"论很容易成为日本文化特殊论的思想武器,然而如果追究所谓"古层"究竟"古"到历史的哪一个层面,相当多的日本学者都语焉不详,这是日本式的"暧昧"。本文认为,欧亚大陆古代文明与离岛之间的影响与被影响关系是持久存在的。如果说日本思想发展过程中真正存在一个"古层",那么来自大陆文明的影响,本身就是这不断积累的"古层"的组成部分。立足于这一思考,本文拟以中国古代铜镜,特别是汉代铜镜对日本的影响为切入点,试图对日本古代思想文化的"古层"是怎样不断积累起来的做一个案考察。

铜镜是中国古代诸种金属器物之中沿用时间最长、使用范围最广、对人们物质与精神生活产生许多影响的古器物。在古代中国,早在殷商时代已经出现最早的铜镜。经过春秋战国这一由稚朴走向成熟的过渡时期,发展到汉代不仅出现了大量工艺先进、造型精美的铜镜,并且产生了与古代宗教思想与文化生活密切相关的铜镜文化。作为中国古代文明向周边辐射的文化组成

---

* 刘晓峰,清华大学历史系教授。

部分，铜镜与铜镜文化历史上漂洋过海传入日本，并对日本文化发展产生巨大影响。站在21世纪的今天，回溯日本文化的发展史，我们可以比较完整地看到铜镜曾在其中起到怎样重要的作用——从历史记载到考古发掘，从神话传说到文化精神，可以说日本文化史与铜镜密不可分。在某种意义上甚至可以说，离开铜镜就不足以完整地诠释日本文化的发展过程。正因如此，有关中国古代铜镜影响日本的研究，在中国和日本都有非常深厚的学术积累。特别是围绕中日青铜镜之间的渊源关系、围绕三角缘神兽镜的原产地，中日两国学者之间曾进行过非常深入的学术讨论。发展到今天，有关铜镜的形制、制造工艺、铭文等研究领域，已经积累了非常体系化的成果。这些研究成果对于笔者所从事的日本历史研究，特别是对于日本早期历史发展的研究，是极具启发意义的。然平生治学，多基于文字资料，器物考古之学，固非所长。是以临纸惴惴，不胜履冰之感。行文容或有缺，尚望海内硕学多施斧钺之正。

一　"铜镜百枚"的宗教性与政治性解读

据《三国志·魏志》记载，景初二年六月，倭女王卑弥呼遣大夫难升米、次使都市牛利以男生口四人，女生口六人、班布二匹二丈，来到中国朝贡。这一年十二月，魏明帝曹睿发诏书报倭女王卑弥呼。诏称卑弥呼："所在逾远，乃遣使贡献，是汝之忠孝，我甚哀汝。"并封赏卑弥呼"为亲魏倭王，假金印紫绶，装封付带方太守假授汝。其绶抚种人，勉为孝顺。汝来使难升米、牛利涉远，道路勤劳，今以难升米为率善中郎将，牛利为率善校尉，假银印青绶，引见劳赐遣还。今以绛地交龙锦五匹、绛地绉粟罽十张、蒨绛五十匹、绀青五十匹，答汝所献贡直。又特赐汝绀地句文锦三匹、细班华罽五张、白绢五十匹、金八两、五尺刀二口、铜镜百枚、真珠、铅丹各五十斤，皆装封付难升米、牛利还到录受。悉可以示汝国中人，使知国家哀汝，故郑重赐汝好物也"。

这段文字所展示的，是在以中国为核心的东亚地区外交领域常见的早期朝贡外交的一页。它与后世的国际贸易完全不是一个概念。如果单纯从利益上计算，以男女十名生口［奴隶］和二匹二丈班布，换得金印紫绶的"亲魏倭王"的称号，银印青绶的"率善中郎将""率善校尉"称号，以及"绛地交龙锦五匹、绛地绉粟罽十张、蒨绛五十匹、绀青五十匹，答汝所献贡直。又特赐汝绀地句文锦三匹、细班华罽五张、白绢五十匹、金八两、五尺刀二口、铜镜百枚、真珠、铅丹各五十斤"，绝对是不等值交换。然而，在这里展示的正是传统中国"厚往薄来、怀来远人"的文化理念，一如诏书所示，这些赏赐品带回倭国"可以示汝国中人，使知国家哀汝，故郑重赐汝好物"。同时，曹魏通过这场外交活动所得也并不小。它实际上获得了标榜自己才是东亚"正统国际领袖"的地位。在魏蜀吴三个政权处于对立状态的三国时代，这对于曹魏在政治上无疑是具有积极意义的。

  在魏明帝的赏赐品中，"铜镜百枚"四个字和本文关系密切。因为查考曹魏与其他周边国家的外交活动中，并没有类似的赏赐铜镜的记载。也就是说，赏赐倭女王卑弥呼"铜镜百枚"是一件看似普通但实际上很特殊的事情。有学者认为曹魏是依照邪马台国的请求做出这一赏赐的，这是一种非常有意味的解读。[①] 按照《三国志》的记载，卑弥呼并不是一般的王。当时"倭国乱，相攻伐历年"，后来立了卑弥呼为王，形势才安定下来。重要的是，卑弥呼成为王所依靠的根本力量并不是武力，而是如史所载的"事鬼道，能惑众"，依靠的是宗教的力量。而她的生活状态也非常特殊。史载她"年已长大，无夫婿，有男弟佐治国。自为王以来，少有见者。以婢千人自侍，唯有男子一人给饮食，传辞出入。居处宫室楼观，城栅严设，常有人持兵守卫"。这里的年长而不婚，居处神秘其事，都应当与她"事鬼道"的神秘身份有关，是她作为宗教领袖这一特殊身份的一部分。那么"铜镜百面"与卑弥呼的"事鬼道"之间是否有联系呢？

  日本历史和中国史不同，在我们所讨论的这个历史时期，日本本土并没有完整的文献资料留存下来。为此我们只能依靠考古学的资料，来理解铜镜

---

① 王凯：《铜镜与日本原始政权》，《日本学刊》2010年第1期。

在这个时代的意义。以下我们主要综合日本考古学权威森浩一教授的观点，将铜镜文化在日本的早期发展历史整理如下。①

铜镜传入日本是弥生时代的事情。最早传入的是多纽细纹镜。和普通的汉镜只有一个背纽相比，多纽细纹镜一般有两个或三个背纽。普通的汉镜镜形是平面或略有凸面，而多纽细纹镜则略呈凹面形制。在纹饰方面，普通的汉镜有各种复杂的与神仙思想相关的图案，但多纽细纹镜则只有几何形纹样。普通的汉镜通常有铭文，而多纽细纹镜没有。这种铜镜在日本共有五面出土。② 关于最早出现于日本的多纽细纹镜，驹井和俊在《中国古镜之研究》中指出，从凹形的镜面看，与其说用来作为化妆工具，多纽细纹镜形制上更接近"阳燧"。"阳燧"是古代借阳光取火的一种工具。镜后面的细纹也许是对阳光的一种表现。这类铜镜在今天中国东北地区和朝鲜半岛已经有很多出土。相互间的谱系关系很清楚。多纽细纹镜大多出土于九州北部和山口市，如佐贺县唐津市宇木汲田遗址（同时出土有铜剑）、福冈市饭盛高木遗址（同时出土有铜剑和铜矛）、山口县下关市（同时出土有铜剑）等。出土多纽细纹镜的还有大阪府柏原市大县和奈良县御所。同一个地方还埋有铜铎。在本州更北面的长野县佐久市野泽地区原遗址，则出土了其上加工有两个孔的多纽细纹镜的碎片。考古学者推测这碎片可能被当作宗教用途的祭品或者是护身符。和这些铜镜一起埋葬的，应当大多是该地方的统治者。

在多纽细纹镜之后 50~100 年，大量典型的汉代形制的铜镜开始出现于陪葬品中。这是在日本的弥生时代中期，这些铜器被放置在日本流行使用的由两个非常巨大土瓮合成的瓮棺中。陪葬的铜镜的数量也明显增多。比如福冈县前原町三云一号瓮棺陪葬的有三十五面铜镜，二号瓮棺有二十二面，井原键沟瓮棺埋有二十一面。福冈县春日市须玖冈本遗址大石下瓮棺也埋有三十几面。在北九州坟墓里出土的随葬品中，有铜镜、铜剑和勾玉。如福冈县

---

① 参见森浩一『日本神話の考古学』朝日新聞社、1997。
② 菅谷文則『日本人と鏡』同朋舍、1991、173~175 頁。

前原町三云一号瓮棺陪葬品除有三十五面汉代铜镜之外，还有直柄铜剑一、铜矛二、铜戈一、金铜制四叶座饰金具八、玻璃玉币八、玻璃勾玉三、玻璃管玉一百余。这种剑、镜、玉同时出土的墓葬，用实物讲述了日本古代皇室的"三种神器"的说法，实在有非常古老深厚的文化渊源。二号瓮棺有二十二面铜镜出土，此外出土的尚有翡翠勾玉一、玻璃勾玉十二。令人深思的是日本学者森浩一指出的如下现象：这种以西汉铜镜等为陪葬品的风俗主要盛行于当时日本社会的上层，而在地域上则集中于北九州，并基本不见于以大和为中心的弥生时代遗址中。

从弥生中期到弥生后期，东汉的铜镜开始逐渐扮演主要的角色。多数日本学者认为，这一时期被使用的铜镜一部分来源于中国；同时，在日本北九州也开始生产铜镜。考古学者挖掘出的当年生产铜镜的镜范有力地证明了这一点。至弥生时代结束的四世纪，自西而东，日本各地突然出现大量的前方后圆坟。历史上称这一时代为古坟时代。这一时代是另一种被称为"三角缘神兽镜"的铜镜大流行的时代。这是在历史研究领域争论非常大的一种铜镜，也是在日本出土数量最多的一种铜镜。古坟的数量不断增多，到六世纪达到顶点。不过铜镜的地位开始下降，工艺水平非常高的冠饰和马具流行起来。铜镜的制作技术也趋向衰败。在这个时代大流行的三角缘神兽镜，用途明显也并不是作为化妆用具，而是与长生不老的思想、与希望保护被葬主人的尸体或魂魄不受破坏有关。

立足于上述考古学成果，再看《三国志》中下赐卑弥呼"铜镜百枚"的记载，我们可以看出很多新的问题点。在铜镜从大陆传入日本数百年后，女王卑弥呼从曹魏请回"铜镜百枚"这一行为，在当时的日本究竟意味着什么？景初二年倭女王卑弥呼遣使曹魏，时间正当三世纪前半叶，这正是东汉的铜镜大为活跃的历史时期，也是日本开始修筑巨大古坟的时期。《三国志》载"卑弥呼以死，大作冢，径百余步，徇葬者奴婢百余人"，她的"径百余步"的坟冢就是古坟时代的先河。"鬼道"近似于中国道教。而道教中铜镜作为法器拥有特殊地位。"鬼道"这个词并不常用，《三国志》中除了《魏志·东夷列传》中提及"鬼道"外，还有《魏志·张鲁传》和《蜀志·刘焉传》。日本学者上田正昭分析了《三国志》使用"鬼道"的用例，认为卑弥呼的"鬼道"不是普通萨满式宗教，陈寿是在与道教信仰相类似这一意义上使用"鬼道"一词的。[①] 也就是说，日本当时出现的"鬼道"，尽管不能等同于汉代的道教，但两者可以断定有很多近似的地方。而在中国汉代，道教和铜镜之间是有很深的渊源的。道教是传统的中国宗教，它根源于先秦道家思想。追求长生不老神仙世界，是其思想的根本特征之一。远在战国时就已为秦汉方士所鼓吹的神仙思想，在汉代道教形成期被构建为超越时空和宇宙限制的长生不老的神仙世界，并成为道家追求和宣传的终极目标。在道教文化体系中，作为法器的铜镜一直占有重要的地位。反映在今天出土的众多仙人神兽镜、飞仙镜、四神镜、规矩镜上，就是铜镜背后的纹饰中所刻画的羽人、神仙、神兽以及铭文与纹样。从这些纹饰中我们可以解读出汉代人对现世幸福的追求、对长生不老的祈愿。汉镜中出现了许多有名有姓的神仙，如王子乔、赤松子、黄帝、东王公、西王母、南极老人、伯牙、钟子期等。汉代社会自上而下弥漫着浓厚的神仙观念，汉人长生登仙理想的大发展，都在铜镜纹饰的尺寸之间得到了很好的反映。在汉代中国的墓葬中出土了大量的铜镜。考古学家认为之所以有大量的铜镜陪葬，正是因为当时的人们认为在生死之界铜镜可能起到特殊的佑护作用。曹魏特赏赐卑弥呼"铜镜百枚"，应当是"与长生不老的思想、与希望保护被葬主人的尸体或魂魄"有很深的关联。这正是"鬼道"与铜镜之间的根本联系。

　　日本弥生时代的考古资料可以支持我们的这一推断。弥生时代铜镜大量出土的个案有十几件。依据河上邦彦的研究，当年陪葬的这些铜镜是有秩序的。从总体上说，铜镜作为陪葬品放置部位五花八门。有的放置于棺内头部，有的放置于棺内足部，有的统一放置于棺外，也有少数置于棺与椁之间。但最多的是放置于头部。比如，最典型的兵库县辑保郡权现山五十一号墓就是墓主的头部被五面镜子围住。这样的例子在考古学报告中有很多。特

---

① 参见上田正昭『倭国の世界』（講談社、1976）与《古代道教与朝鲜文化》（人文书院，1989）。

别是只有一两面镜子陪葬的时候，几乎都是放置于墓主头部。河上邦彦认为，要认识这种以铜镜为陪葬品的做法，必须先了解中国古代对铜镜所拥有的神秘力量的认识。① 认识了在卑弥呼朝贡曹魏前后铜镜在日本的出土情况，我们就不难得出结论：“鬼道”与铜镜之间是相互联系的。

以上我们以《三国志》中有关下赐卑弥呼"铜镜百枚"的记载为线索，对中国铜镜与铜镜文化从弥生时代对日本发生的影响做了总括性论述。我们在这里想要强调的是，中国铜镜与铜镜文化对弥生时代的日本所产生的影响，一个重要的侧面是宗教咒术性的，另一个重要的侧面是政治性的。一如曹魏下赐给邪马台国的"铜镜百枚"，它既与作为祭祀王的卑弥呼所利用的"鬼道"相联系，同时又是卑弥呼依靠大陆力量号召日本国内的重要政治工具。宗教性与政治性这两个方面，在"事鬼道"的神巫卑弥呼那里是统一贯穿于其政教合一的身份之中的。

二　日本古代神话中铜镜的特殊意义

在古代日本，一旦老天皇去世，马上要做的一件事情就是把象征权力的"三种神器"从已故天皇那里转移到新天皇处。《赞岐典饰日记》记载，堀河天皇去世后，藤原长子悲伤之中听到堀河天皇居所那边传来一阵人声。她的同事哭着告诉她，那是宫里的人在搬动神玺与神剑的声音。还是大白天，他们就在移动家具，把天皇御帐中的秘器与宝镜取出来，送往即将即位的刚刚五岁的宗仁亲王那里。听到这一切，藤原长子平添了一份物是人非的悲凉。同样的事例在今天也一如旧贯。1998年1月7日6时，昭和天皇去世。仅仅两个多小时后，在皇宫正殿的松之间，就安排举行了"剑玺等承继之仪"②。平成天皇从宫廷侍臣手中接过宝剑与神玺。神器的转移，当然象征着权力的转移。而说到神器，很多人自然会想到"三种神器"。作为神圣权

---

① 河上邦彦「石製腕飾類と鏡の配置から見た呪術性」上田正昭編『古代の日本と渡来の文化』学生社、1997、351～359頁。
② 稲田智宏『三種の神器：謎めく天皇家の秘宝』学習研究社、2007、15～20頁。

力的象征，在日本天皇承继皇位之际，接受三种"神器"仍是重大的仪式之一。

三种"神器"之中，第一种为一面神镜。这面神镜准确的名称为"八尺镜"（YATANO KAGAMI，亦作"八咫镜"）。从第一百代天皇后小松天皇开始，在天皇与皇后的寝室旁边专门为存放神器设置了"剑玺之间"。在设置"剑玺之间"之前，剑与玺通常保存在天皇的寝室中。按照第八十四代天皇顺德天皇所著《禁秘御抄》的记载，其具体放置于皇枕前上方的二层格架上。而铜镜则被看成是三种神器中最神圣的一种，在皇宫内三座祭祀用的神殿中居于中央的位置，两边分别是祭祀包括天神地祇在内的八百万神的神殿和祭祀历代天皇和皇族灵的皇灵殿，足见这面八尺镜被神圣到何种地步。因为神圣，这面镜子的真面目至今不为世人所知。史载这面镜子上有刮痕，《日本书纪》与《古语拾遗》皆称这是伊势神镜在放置进天石窟时遭到磕碰留下的小疤痕。① 今天我们不知道这面"八尺镜"真正的尺寸，但是有两份资料可以为我们讨论这一问题提供参考，那就是成书于804年的《皇太神宫仪式帐》和成书于10世纪的《延喜式》。它们都记载了装有这面镜子的盒子（御樋代）直径为一尺六寸三分（约四十九厘米）。这个数字对于推断这面宝镜的大小应当是很有参考意义的。镰仓时代日本学者卜部兼方《释日本纪》曾对八尺镜的"尺"做过考察，认为一尺相当于八寸，八尺者合为六十四寸，这"六十四寸"乃是镜子的圆周长。如果按照这一周长计算，镜子直径大概近于二尺六寸三分。② 这面神镜何以在日本有如此高的地位？回答这一问题需要我们到日本神话中寻找答案。

按照《日本书纪》记载，天照大神的出生就与铜镜有关。《日本书纪》记载，伊弉诺尊说自己想生出"御宙之珍子"，于是"左手持白铜镜，则有化出之神"，这就是天照大神。"此子光华明彩，照彻于六合之内"，"右手持白铜镜，则有化出之神"，这是名为"月弓尊"的月神。"又回首顾眄之

---

① 《日本书纪》第七段第二，一书云。
② 森浩一『日本神话の考古学』。

间，则有化神"，这是日本神话中声名显赫的素戈鸣尊（亦作"素戋鸣尊"）。这三位大神中，日神天照大神和月神月弓尊因为"质性明丽"被置天上，"使照临天地"，而素戈鸣尊"性好残害"，所以被发配"下治根国"。① 被发遣到根国的素戈鸣尊不甘心离开天庭，于是他在天国做了很多破坏活动，并与天照大神发生了很多争斗。因为素戈鸣尊行为无状，天照大神最后发怒进入"天石窟"中。当是时也，天昏地暗，"六合之内，常暗而不知昼夜之相代"。众神为请出天照大神费尽了气力。《日本书纪》写道：

> 于时八十万神会合于天安河边计其可祷之方。故思兼神深谋远虑。遂聚常世之长鸣鸟，使互长鸣；亦以手力雄神立磐户之侧；而中臣连远祖天儿屋命，忌部远祖太玉命，掘天香山之五百个真阪树，而上枝悬八阪琼之五百个御统，中枝悬八咫镜（一云真经津镜），下枝悬青和币、白和币，相与致其祈祷焉；又猿女君远祖天钿女命，则手持茅缠之矛，立于天石窟户之前，巧作排优；亦以天香山之真阪树为鬘，以萝为手繈，而火处烧覆槽置显神明之凭谈。是时天照大神闻之而曰："吾比闭居石窟，谓当丰苇原中国必为长夜，云何天钿女命谑乐如此者乎？"乃以御手细开磐户窥之。时手力雄神则奉承天照大神之手，引而奉出。于是中臣神、忌部神，则界以端出之绳，亦云左绳端出，乃请曰："勿复还幸。"然后诸神归罪过于素戈鸣尊，而科之以千座置户，遂促征矣。至使拔发，以赎其罪。亦曰，拔其手足之爪赎之，已而竟逐降焉。②

这段描写天照大神从"神隐"到复活的"天石窟"神话，是日本古代神话中最有代表性的一部分。很多神话学家将这一神话解释为是在写冬至太阳的死而复活，而将诸神为重新请出太阳神所做的一切看成是一场祭祀的仪

---

① 《日本书纪》卷一第五段一书第一。
② 《日本书纪》第七段第二。

式过程。① 值得我们注意的是，在这段"天石窟"神话中，铜镜作为与神沟通的重要工具，被悬挂在天香山的真阪树中枝，发挥了不可替代的重要作用。据说当时这枚宝镜由中臣氏远祖天儿屋命"以神祝祝之"后，被放入天石窟中，镜子为日神天照大神所照耀，马上放射出明亮无比的光辉。天照大神好奇于本该在长夜中惶恐不安的诸神居然会无比"谑乐"，而世间居然还有与自己同样熠熠生辉的日神存在，最终忍耐不住才走出天石窟察看的。关于这面铜镜的制作者，按照《日本书纪》的记载，当天照大神神隐之时，众神惶恐，"乃使镜作部远祖天糠户者造镜，忌部远祖太玉者造币，玉作部远祖丰玉者造玉，又使山雷者采五百个真阪树八十玉签，野槌者采五百个野荐八十玉签，凡此诸物皆来聚集"，可知这面宝镜乃镜作部远祖天糠户者所造。另一种记载则说为石凝姥神"取天香山铜，以铸日像之镜"。

在日本古代人那里，铜镜还是天照大神的子孙作为统治者降临苇原中国时所携带的三件神宝之一。八坂琼曲玉（亦作"八坂琼勾玉"）八尺镜及草刈剑被天照大神"授赐皇孙，永为天玺。视此宝镜，当犹视吾"。可以"与同床共殿，以为斋镜"。这面神圣的铜镜"其状美丽"，直到今天仍被伊势神宫作为"御灵"祭祀，是伊势神宫的"御神体"。实际上，在整个神道世界中，铜镜的地位也同样如此重要。神道属于泛神论宗教的一种。神谱庞杂，号称有"八百万神"。举凡山川、草木、石头皆可以被当成神崇拜。但在"八百万神"中，最多的还是和天照大神一样以铜镜为"御神体""御正体"。依据《出云国造神贺词》的记载，日本大神神社镇座神的和魂即托于八尺镜中。《万叶集》卷五收有以镜召神的古歌。盖古代日本人认为铜镜可召神，神来可托身于铜镜，而铜镜由此也自然会被看成是神体。

综合上述叙事，我们不难得出这样的结论，在日本早期创世神话中，在日本神道世界里，铜镜拥有无比崇高的地位。这一地位非常特殊，甚

---

① 有关日本神话中的"天石窟传说"与冬至之间关系的研究，参见松村武雄『日本神話の研究』桜楓社、1960；松本信広『日本神話の研究』平凡社、1971；土橋寛『古代歌謡と儀礼の研究』岩波書店、1966；松前健『日本神話の新研究』桜楓社、1966；鳥越憲三郎『大嘗祭：新史料で語る秘儀の全容』角川書店、1990。

至可以说远远高于铜镜在中国所拥有的地位。如果我们结合上一节围绕"铜镜百枚"所叙述的诸多史实来考察，很自然地会得出这样的结论：铜镜在日本拥有如此高的地位并不是出于偶然。早在《古事记》《日本书纪》成书之前，在日本神话形成的弥生时期、古坟时期，铜镜在日本人的政治生活与宗教生活中就占有极其重要的地位。《古事记》《日本书纪》中有关铜镜的上述日本神话，可以说是中国古代铜镜及其相关文化在日本所发生的巨大影响的一种曲折反映。从这些神话故事中我们可以看出，中国古代铜镜及其相关文化对日本的影响到了何种程度。可以说它业已内化为日本古代文化的一部分，成为日本古代文化中最有特征的一部分。①

---

① 需要补充说明的是，铜镜带给日本文化的影响不仅限于上述神话故事。《续日本后纪》天长十年十一月戊辰条记载："戊辰，御丰乐院。终日宴乐。悠纪主基共立标。其标，悠纪则庆山之上栽梧桐，两凤集其上。从其树中起五色云。云上悬悠纪近江四字。其上有日像，日上有半月像。其山前有天老及麟像。其后有连理吴竹。主基则庆山之上栽恒春树。树上泛五色卿云。云上有霞，霞中挂主基备中四字。且其山上有西王母献益地图及偷王母仙桃童子、鸾凤和麒麟等像。"又《延喜式》卷八《神祇八》记载：六月被除的祝词云："东文忌寸部献横刀时咒（西文部准此）谨请。皇天上帝。三极大君。日月星辰。八方诸神。司命司籍。左东王父。右西王母。五方五帝。四时四气。捧以银人。请除祸灾。捧以金刀。请延帝祚。咒曰。东至扶桑。西至虞渊。南至炎光。北至弱水。千城百国。精治万岁。万岁万岁。"前者所写的是833年日本古代举行大尝祭时的一个画面。大尝祭是与天皇神格获得和维持关系最为直接的重要仪式，是我们深入了解日本文化很重要的关节点，具有非常重要的研究意义。后一段文字中东文忌寸部与西文忌寸部均为古代移民日本的汉人之后代，这段咒文则是日本古代神道被除仪式的咒词。这两段史料中都出现了西王母、东王公（天老），是非常值得我们加以重视和分析的。西王母是汉代道教中地位极高的大神，也是在汉代铜镜上经常出现的大神。在大尝祭中，悠纪之国在东，主基之国在西。大尝祭中天皇的祭祀过程暗含的正是从东而西太阳的移动。在这一记载中，悠纪山前的天老是作为阳与东的象征，而主基山上的西王母则是作为阴与西的象征。由天老和西王母组合成的东西对跱关系，非常容易让我们想到由东王公与西王母共同组合成的汉代铜镜中的宇宙与世界。西王母、东王公（天老）毫无疑问是从中国传入日本的。熟悉汉代铜镜纹饰的读者，一定也非常熟悉这个由"西王母、东王公（天老）"结构而成的世界。以往的通说认为，上古日本人不通文字，对铜镜上的图案和纹饰也缺乏正确的理解认识，所以这一由"西王母、东王公（天老）"结构而成的世界是隋唐以后传到日本的。但这种看法今天正被重新思考是否成立，因为历史上曾经有大量的大陆移民渡海来到日本，他们中间一定有人认识汉字并有能力解读汉镜背后的纹饰。如果这样的推论成立的话，对这两条史料的史源学解释无疑就有新的可能性。

三 作为"神器"的铜镜

讨论中国古代铜镜与铜镜文化对日本的影响，不能不论及"三种神器"，因为"三种神器"的说法，不仅与古代日本皇权正统性关系密切，而且作为神道思想的核心组成部分，在日本拥有广泛的影响。

"三种神器"的说法，准确说是平安时代将天皇的即位仪式与天孙降临神话结合后产生并得以体系化的。8世纪成书的《日本书纪》记载的日本神话中，火琼琼杵降临之前，天照大神把八尺镜、草刈剑、八坂琼曲玉三种宝物赐给了他。但说天照大神命天孙奉此神器，君临万姓，建立皇统，治理人间，则已经是后来的引申义。在《日本书纪》有关皇位继承的记载中，确实可以看到有关以神器作为皇权象征的文字。如继体天皇继位时，大伴金村大连跪上剑镜玺符；宣化天皇继位时，群臣"上剑镜"；等等。有关以剑镜为象征天皇神圣权力之神器的记载，还可见于持统天皇四年正月条。但正如我们看到的，早期提到的神器有时是"剑镜玺符"、有时是"剑镜"。不仅神器为何物不十分明确，而且数字也不是确定一定为三。有关神器的说法不同如此，但和玉、玺、符、剑或有或无不同，每种说法里都一定有铜镜在其中。铜镜在神器中占有怎样核心的地位可见一斑。

前面讲到在日本神道中，伊势神宫以八尺镜为"御神体"，伴随神道学的发展，很自然地会对铜镜的象征意义多有阐释和挖掘。早在伊势神道早期经典《先代旧事本纪》中，已经有了称八坂琼勾玉、八尺镜、草刈剑这三件宝器为"神玺"的说法。而围绕这"三种神器"的文化含义，在后代出现了多种解释。而把三种神器明确地确定为剑、镜、玉的，是《神皇正统记》的作者、活跃于日本南北朝时期的北畠亲房（1293~1354）。同时，他还分别赋予这三种神器"正直""决断""慈悲"的象征意义，并认为这和儒家的智、仁、勇三德一样，象征天皇的三种品德。

围绕"三种神器"中的"镜"，北畠亲房做了很多讨论。他引用《御镇座传记》《倭姬命世纪》等资料阐释天照大神的"正直之心"：镜不假一物，以无私心而照诸万象,则是非善恶之姿无不现。镜之德在于感应到什么就映射出什么,这乃是以"正直"为根本,天照大神之"御心"就是正直之心。人为天下之神物,不可破其心神。是以必先祈祷于神,要以正直为本。一如书名《神皇正统记》所示,北畠亲房问题意识的核心是"正统"何在。在他看来,正统不是物质上的,而是精神上的,是"正理"。而"正理"来自以"镜"为象征的天照大神的"御计",它外化为正道、有德、积善、德政等。他认为日本国者,神国也。其统治者为天照大神之子孙。而作为天照大神的子孙,他们就应当遵守天照大神"御计"而行"正道"。所谓"正道"者,"舍己之所欲,先以利人。如对明镜以照物,明明而不迷,斯诚可谓为正道也"。① 他还认为,这一正道就是《大学》中的"明明德",因而与中国的儒家思想也是相通的:"此道乃为昔之贤王如唐尧、虞舜、夏初大禹、殷初商汤、周始之文王、武王、周公治国济民之道。以之可正心修身齐家治国平天下者。及于末代人失其正,其道受沮而为儒教者也。"② 在"三种神器"中,镜为根本、为宗庙正体。镜形尚明,心性明朗,则慈悲(玉)决断(剑)自在其中。北畠亲房立志通过《神皇正统记》"一叙神代之正理"。撰作这本著作时他正困守常陆的小田城。1339年他把《神皇正统记》和同期先后撰作的《二十一社记》《职原抄》等献给远在关西的刚刚继承南朝皇位的后村上天皇,不外是希望这位继任的天皇能拥有"正直""决断""慈悲"这三种德行。

《神皇正统记》对后世影响很大。15世纪初一条兼良撰写的《日本书纪纂疏》,在北畠亲房的思想基础上又有推进。从思想上看,北畠亲房在阐释日本神道时已有广泛吸收儒教与佛教思想的倾向。到一条兼良时这种倾向被进一步体系化:"天孙以三器随吾身,而降于下土者,显而王法,隐而佛法,使一切群生,普悟有此秘而已。""三种神器者,神书之肝心,王法之枢机也。何谓王法,盖儒佛二教,一致之道理,除此之外,岂有异道哉。一

---

① 北畠親房『神皇正統記』応神天皇条。
② 北畠親房『神皇正統記』綏靖天皇条。

致之理，亦在于一心。心外无法，法外无心。心即是神，法即是道。一而三，三而一，故三器则一心之标识也。""又三器，儒佛二教之宗诠也。孔丘之言曰：仁者不忧，智者不惑，勇者不惧。子思《中庸》之书，谓之三达德。圣人之道虽大，而博究而言之，不过此三者。镜照妍蚩，则智之用也；玉含温润，则仁之德也；剑能刚利，则勇之义也。佛教谓三因佛性者，法身也，般若也，解脱也。法身，即真如德，正因性开发报身，即般若德；了因性开发应身，即解脱德；缘因性开发，如此三身，发得本有之德，镜之能照，般若也；玉之能洁，法身也；剑之能断，解脱也。儒宗三德本于天性，佛教三因，具于本有。统而言之，不离一心。一心者，众生之心。"

在三种神器中，排列次序是"玉一镜二剑三"。这三种神器象征着日、月、星三光："三种在天下，犹三光丽天，镜日，玉月，剑星也。鉴之圆规，则日之象，其照物亦然。故名曰日像矣。珠生于水，月亦阴精，玉名夜光，月亦照夜，明月之珠，夜光之璧，同是玉也。剑者星也。星者，金之散气，丰城之光，射斗牛间。神剑所在，常有云气，剑星同气，可见矣。故以有三光而为天，以传三器而为天子。"[1] 而三种神器中，地位最高者就是宝镜。"三器之为物，虽无优劣，原夫出生次第，镜在第二时。又挂真坂木之中枝。神明以中道为宗故也。又镜为日，而星月皆资其光于太阳。故举镜则剑玉在其中矣"。类似的对镜的神性认识，在日本吉田神道体系里也可以看到。吉田神道祖师吉田兼具就讲过："镜者日之象也。玉者月之象也。剑者星之精也。三种宝者象于三光也。月与星之光，由日而起，举一镜具二宝也……宝镜之外无日神，日神之外无宝镜也。"[2]

新渡户稻造《武士道》曾经讲到参拜神社的人都可以看到，那里供礼拜的对象和道具很少，一面挂在内堂的素镜构成其陈设的主要部分。在他看来，这面镜子的存在表示的是人心。当人心完全平静且澄澈的时候，就反映出神的崇高形象。因此，如果人站在神前礼拜的时候，就可以在发光的镜面

---

[1] 日本天理图书馆善本丛书《日本书纪纂疏　日本书纪抄》，第124～125页。
[2] 続群書類従完成会『日本書紀神代卷抄』220頁。

上看到自己的映象。《武士道》是为了让外国人了解日本撰写的。直到今天，它仍旧是很多中国人了解日本的重要典籍。然而，人们阅读这段文字的时候，大概很少有人会想到两千多年前中国的铜镜传入日本，想到这段文字背后，隐含着与中国古代铜镜文化如此深厚的文化渊源。

以上我们从历史记载、考古发掘、神话传说与文化精神等几个层面，对中国古代的铜镜及铜镜文化传入日本所产生的巨大影响做了一次综合性回顾。总结这一影响过程，我们可以看到以下几点。

第一，中国古代铜镜和铜镜文化传入日本并产生巨大影响，始于公元纪年前后。这正值日本历史上的弥生时代。弥生本是指日本东京文京区本乡弥生町，在这里的贝冢中，第一次出土了和绳纹时代形制和风格完全不同的新型陶器。这种陶器后来统称为弥生陶器。这个时代的文化，也被称为"弥生文化"。在日语中，万物萌芽的三月又称为"弥生月"。弥生时代，是古代日本国家形成时期，是日本文化开始萌动的最为关键的时期。而在中国，这一时期也正是铜镜艺术创作水平和铜镜文化发展进入最高峰的两汉时代。正值发展高峰期的汉代铜镜与铜镜文化以其所拥有的无比鲜活之生命力传入刚刚开始文化萌动的弥生日本，这无疑是一场历史性的相遇。我们今天生活的世界所有繁复的思想，最初都起源于一个个简单的原点。而对于任何民族文化思想启动的原点产生的初始影响，它所拥有的意义都是极为巨大的。因为最初哪怕很小的变化，延展千百年后也会变得极其巨大。从最初的以镜埋葬逝者，到以镜祭祀神灵的仪式，再到形成宝镜的神话并从中演绎出深刻的思想，中国古代铜镜与铜镜文化在弥生日本如一场美丽的春雨，对整个日本文化的发生、发展都产生了重要的影响。"好雨知时节，当春乃发生"，中国古代铜镜和铜镜文化对日本弥生文化发展有着极为重要的滋润之功。

第二，中国古代铜镜和铜镜文化传入日本，是发生在日本进入以中国为核心的东亚朝贡体系这一大的历史背景之下的。正因如此，这一影响过程不仅是物的流动，而且是及于宗教性与政治性等多种深层面的文化影响。分析日本早期创世神话，我们可以清楚地看到，铜镜在日本神道世界里拥有无比崇高的特殊地位，甚至可以说远远高于铜镜在中国所拥有的地位。我们认为，记载于《古事记》《日本书纪》中的有关铜镜的日本神话，是中国古代铜镜及其相关文化在日本历史上产生巨大影响的一种曲折反映。从这些神话故事中我们可以看出，中国古代铜镜及铜镜文化怎样进入了日本历史发展的核心层面。

第三，这里特别需要指出的是，铜镜以其特殊的形与意进入日本古代以日神信仰为中心的神道思想体系，并产生了极其深远的影响。经过长时期的吸收与消化，中国古代铜镜及铜镜文化最终内化为日本古代文化的一部分，成为日本古代文化中最有特征的组成部分。可以说，历史上中国古代铜镜和铜镜文化的这一影响，最终成为后来日本文化发展的底色。《论语》云："绘事后素。"后来的日本民族思想与文化都是在这一底色上展开的。由此我们完全可以毫不夸张地得出这样的结论：离开铜镜就不足以完整地诠释日本文化的发展过程。而鉴于直到今天神道仍是日本人信仰最多的宗教，在这一意义上说，我们完全可以说今天日本人的精神世界，依旧与中国古代铜镜及铜镜文化有内在的联系。

关于中日间早期的一条贸易航道

王 铿[*]

一 "亶洲"与"货布"

《三国志·吴志》卷四十七《吴主传第二》载:"(黄龙二年春正月,孙权)遣将军卫温、诸葛直将甲士万人浮海求夷洲及亶洲。亶洲在海中,长老传言秦始皇遣方士徐福将童男童女数千人入海,求蓬莱神山及仙药,止此洲不还。世相承有数万家,其上人民,时有至会稽货布,会稽东县人海行,亦有遭风流移至亶洲者。所在绝远,卒不可得至,但得夷洲数千人还。三年春二月……卫温、诸葛直皆以违诏无功,下狱诛。"[①]

下面讨论上引史料中的两个问题:"亶洲"与"货布"。

首先是亶洲指何处的问题。关于这个问题,前人有很多说法,大致如下:

松下见林——日本海岛[②]
白鸟库吉——日本种子岛[③]

---

[*] 王铿,北京大学历史学系副教授。
[①] 《三国志》,中华书局,1982,第1136页。
[②] 松下见林编『異称日本伝巻上』国书刊行会、1975、22頁。
[③] 「『魏志』倭人伝からみた古代日中貿易」原田淑人『東亞古文化説苑』原田淑人米壽紀念會、1973、234頁。

那珂通世——日本冲绳岛①

原田淑人——日本九州岛南部及萨南诸岛②

王仲殊——日本列岛的一部分③

胡渭——菲律宾④

市村瓒次郎、袁臻——朱崖郡与儋耳郡即海南岛⑤

许永璋——印度尼西亚⑥

以上看法中，胡渭只是将亶洲标在地图（四海图）相当于菲律宾吕宋岛的位置，未加任何说明，不知其所据为何，无从辩驳，姑且不论。许永璋"印度尼西亚说"的主要依据为船队出发时的正月为东北季风盛行的季节，船队理应顺风向往南航行。诚如许永璋所说，正月为东北季风时节，但这次行动持续约有一年，史料并未说船队从正月即从一开始就去亶洲，从风向、距离，以及上文史料中提及夷洲（即台湾）、亶洲时两者的先后顺序来看，很可能船队先朝南就近去夷洲，然后在其后的大约一年中风向合适（西南季风）的时间去往亶洲，尽管最后没有到达。而且即便船队从一开始就去亶洲，也不能证明亶洲就在南边，因为船队去往亶洲的行动是失败的，其原因之一或许是风向没有掌握好。市村瓒次郎、袁臻的"海南岛说"除了对两条关键史料的解读有问题之外（因考辨文字较长，此从略），同在《三国志·吴志·吴主传第二》里，有如下记载："赤乌五年（即卫温等浮海求夷洲及亶洲的黄龙二年的十二年后）秋七月，遣将军聂友、校尉陆凯以兵三

---

① 『那珂通世遗书』大日本图书、1915、278页。
② 「徐福の东海に仙薬を求めた话」原田淑人『东亚古文化论考』吉川弘文馆、1962、330～334页。
③ 王仲殊：《日本三角缘神兽镜综论》，《考古》1984年第5期，第471页。
④ 胡渭：《禹贡锥指》，上海古籍出版社，2013，第120页。
⑤ 「唐以前の福建及び台湾に就いて」市村瓒次郎『支那史研究』春秋社、1939、332～333页；袁臻：《关于〈三国志·孙权传〉上的"亶洲"》，《华南师院学报》（哲学社会科学版）1980年第2期，第100页。
⑥ 许永璋：《亶洲新探》，《中国史研究》1997年第1期，第88页；许永璋：《亶洲再探》，《郑州大学学报》（哲学社会科学版）2002年第1期，第145页。

万讨珠崖（即朱崖）、儋耳。"岂有同一传中对同一个地方，前后用不同称呼之理，所以海南岛说并不能成立。印度尼西亚说及海南岛说除风向、史料解读的问题外，都忽视了唐初地理书《括地志》的记载，即"亶洲在东海中"①，而东海之中，夷洲既然是台湾，那么亶洲就只能是日本。如前所述，顺着风向往南甚至到南海去找亶洲，是没有史料根据的。松下见林、白鸟库吉、那珂通世、原田淑人、王仲殊诸人有一共同之处，即都认为亶洲在今日本范围之内，尽管具体为何处意见不一。

本文取亶洲即日本说。

其次是关于"货布"的问题。前引《三国志》为中华书局标点本，中华书局标点本在"货布"之处并未出校勘记，但实际上，此处是有版本异文的。

《太平御览》卷六十九"地部"三十四"洲"所引《吴志》，此处作"其上人民，时有至会稽货市"。② 另《后汉书·东夷列传》载："会稽海外有东鯷人，分为二十余国。又有夷洲及澶（即亶）洲。传言秦始皇遣方士徐福将童男女数千人入海，求蓬莱神仙不得，徐福畏诛不敢还，遂止此洲，世世相承，有数万家。人民时至会稽市。会稽东冶县人有入海行遭风，流移至澶洲者。所在绝远，不可往来。"又《括地志》卷四云："亶洲在东海中，秦始皇使徐福将童男女入海求仙人，止在此洲，共数万家，至今洲上人有至会稽市易者。"

笔者以为，"货布"应当是"货市"之误。③ 理由如下。

第一，此处有版本异文，已如上述。

第二，市与布字形非常相近，容易发生错误。

第三，《后汉书》《括地志》中的记载与《三国志》非常接近，而《三

---

① 《括地志辑校》卷4，中华书局，2005，第252页。
② 《太平御览》，中华书局，1985，第327页。
③ 王仲殊：《日本三角缘神兽镜综论》（《考古》1984年第5期，第471页）一文引用《三国志·吴志》此条材料时，其引文中"货布"作"货市"。惜其未注明版本依据，也未涉及此处文字有异文的情况，故笔者觉得仍需加以申说。

国志》成书（西晋）较《后汉书》（南朝宋）、《括地志》（唐初）早。因此，或者《后汉书》《括地志》二书的记载来源于《三国志》，或者《三国志》《后汉书》《括地志》三书的记载均来源于同一部著作。在这种情况下，既然《后汉书》《括地志》作"市""市易"，则《三国志》此处的文字比起"布"来，作"市"的可能性更大。

第四，从语意上来讲，显然"货市"要通顺得多。"货"一词的确有买与卖两层意思，但六朝时代，似乎卖的意思较多，如《晋书》"王戎传"载："家有好李，常出货之，恐人得种，恒钻其核。"[①]《世说新语》"俭啬篇"有同样的记载，但"货之"作"卖之"。[②] 又如，《宋书·孝义传·郭原平》载："（原平）又以种瓜为业。世祖大明七年大旱，瓜渎不复通船，县官刘僧秀愍其穷老，下渎水与之。原平曰：'普天大旱，百姓俱困，岂可减溉田之水，以通运瓜之船。'乃步从他道往钱塘货卖。"[③] 再如，《宋书·孔觊传》载："时东土大旱，都邑米贵，一斗将百钱。（孔）道存虑觊甚乏，遣吏载五百斛米饷之。……吏曰：'……都下米贵，乞于此货之。'"[④] 复如，《梁书·徐勉传》载："郊间之园，遂不办保，货与韦黯，乃获百金。"[⑤] 以上史料中的"货"，均为卖之意，因此"货布"即为卖布之意。但是，从"绝远"之地的亶洲来到会稽，只是为了卖布，这意思多少有些奇怪。从道理上讲，他们卖了布之后，总会买些东西回去。因此，亶洲之人来到会稽，不仅是卖，应当也有买，他们是来做买卖的。如果是"货布"的话，我们只能看到卖的行为；而如果是"货市"，则买卖双方的行为都能得到反映（市为买之意）。因此，从语义上讲，"货市"要胜于"货布"。

第五，"货市"一词乃史书习用语。如《后汉书·东夷列传》："马韩之西，海岛上有州胡国。其人短小，……乘船往来货市韩中。"[⑥] 又如，《旧唐

---

① 《晋书》卷43，中华书局，1982，第123页。
② 余嘉锡：《世说新语笺疏》，中华书局，1983，第874页。
③ 《宋书》卷91，中华书局，1983，第2245页。
④ 《宋书》卷84，第2155页。
⑤ 《梁书》卷25，中华书局，1983，第384页。
⑥ 《后汉书》卷85，中华书局，1982，第2820页。

书·李正己传》:"(李正己)货市渤海名马,岁岁不绝。"①

据上,我们可知,早在东汉、三国时代,会稽郡与今日本之间就已存在一条海上贸易通道,而且因为有"时至"之语,可见这条贸易通道上的往来并非偶尔有之。

那么,当时的航海技术能够支撑起这一海上贸易通道吗?

二 当时的航海技术为这条海上贸易通道 的存在提供的可能性

中国的航海技术在东汉、三国时已达到相当高的水平。

公元前3世纪之前,中国已经发现季风并在航海中利用季风。② 比如,《礼记·月令》和《吕氏春秋·十二纪》将风的变化和季节结合起来,体现了对季风的初步认识。而《周礼·春官》"保章氏"则进一步细化,将一年之中的风,与十二个月的季节及十二种风向结合起来。

船只远离大陆航行时,需要观察日月星辰的位置来辨别方向,即所谓天文导航法。在《汉书·艺文志》中,著录有相关的著作一百三十六卷:"《海中星占验》十二卷,《海中五星经杂事》二十二卷,《海中五星顺逆》二十八卷,《海中二十八宿国分》二十八卷,《海中二十八宿臣分》二十八卷,《海中日月慧虹杂占》十八卷。"③ 这表明至晚到西汉时,中国已掌握了这种海上天文导航技术。

东汉时,中国的造船技术(见图1)取得了重大进展。

这个船模反映出很重要的两点。第一,船尾有舵。舵是控制船只航向的设备,东汉刘熙的著作《释名·释船》云:"其尾曰柂。……弼正船使顺流不使他戾也。"④ 出土资料和文献都可证明东汉时中国已有了舵。第二,船

---

① 《旧唐书》卷124,中华书局,1987,第3535页。
② 《章巽文集》,海洋出版社,1986,第44~50页。
③ 《汉书》,中华书局,1983,第1764页。
④ 《释名》卷7,中华书局,1985,第122页。

图1 1955年广州东郊东汉墓出土的陶质船模

资料来源：广州市文物管理委员会《广州市东郊东汉砖室墓清理纪略》，《文物参考数据》1955年第6期，第61~76页。

体分舱。这个船模从船首到船尾有八根横梁，八根横梁意味着有八副隔舱板，它们把船体分成九个舱。这种船体分隔舱技术，大大地提高了船只的安全性。因为船只航行中，即便船体个别舱破损进水，也不会影响到其他船舱，船也不会立即沉没，也就是说，船只具有了抗沉性。[①]

另外，东汉时期，中国已出现了橹。《释名·释船》曰："在旁曰橹。橹，膂也。用膂力然后舟行也。"（第122页）橹的出现是船舶推进工具中的一项重大突破，也是中国对世界造船技术的重大贡献之一。对船舶来说，桨提供的推进力是间歇性的，因为它入水划动一次以后会离开水面做第二次划动的准备。而橹则不同，它可以在水里连续不停地摇，为船舶提供不间断的推进力，因而效率高得多。而且橹还可以操纵船舶转弯、调向。从桨到橹，是船舶推进工具上的一次革命性转变。

风帆的出现，是船舶推进动力上的一次飞跃，它为远洋航行提供了巨大的可能。中国至晚在东汉时已出现风帆，《释名·释船》曰："随风张幔曰帆。帆，泛也。使舟疾泛泛然也。"（第123页）而到了三国时期，中国的

[①] "（东晋时）卢循新作八槽舰九枚，起四层，高十余丈。"《艺文类聚》卷71舟车部引《义熙起居注》，上海古籍出版社，1982，第1234页。此八槽舰即为有八个分隔舱的舰船。

风帆技术有了长足的进步。三国东吴丹阳太守万震所著《南州异物志》载："外徼人随舟大小，或作四帆，前后沓载之。有卢头木，叶如牖形，长丈余，织以为帆。其四帆不正前向，皆使邪移相聚，以取风吹。风后者激而相射，亦并得风力，若急则随宜城（增）减之。邪张相取风气，而无高危之虑，故行不避迅风激波，所以能疾。"① 这段史料反映出以下几个问题。第一，当时的船已由单桅单帆变为多桅多帆。这是造船技术上的一项重大进步，比起单桅单帆来，多桅多帆不仅可以获得大得多的推进力，还使船体受力较为均匀，提高了安全性。第二，帆由植物纤维（卢头木叶）织成，并且可以"邪（斜）移"，属于硬帆。硬帆可绕桅杆转动，因而能利用各个方向吹来的风（软帆不能转动，只能利用顺风），如顺风、逆风、左右侧风、左右斜侧风、左右斜逆风等。在多帆的船上，斜移的帆面，各自迎风，后帆不会挡住前帆受风。"其四帆不正前向，皆使邪移相聚，以取风吹"，指的就是这种情况。第三，硬帆升降容易，航行中可随风力大小，对帆面面积"随宜城（增）减之"即随意升降，既可最大限度地利用风力，同时风力过大时也可迅速降落，保护船只安全。第四，当时人已注意到多帆船各帆之间的相互影响，他们会及时调整各帆之间的相互位置和角度，以最大限度地增加帆的受风面积，增加风的推进力。"邪张相取风气""激而相射，亦并得风力"反映的就是这种情况。

当然，这段史料的开首讲的是"外徼人"如何如何。外徼即徼外，亦即境外，而书名为《南州异物志》，所以这段史料讲的是境外之事。不过东吴地方官万震既然将多帆技术记录得如此详细，完全像一部多帆技术的操作手册，而东汉时期中国即已有了风帆，因此笔者觉得东吴人会很快掌握或模仿这一技术的。所以笔者觉得将它理解成当时中国的航海技术也未为不可。②

---

① 《太平御览》卷771引，第3419页。
② 以上航海技术史方面的内容参考了章巽主编的《中国航海科技史》（海洋出版社，1991，第26~48页）、中国航海学会编的《中国航海史（古代航海史）》（人民交通出版社，1988，第84~97页）。

综上所述，中国在公元前三世纪之前已发现并在航海中利用了季风，至晚在西汉时期已掌握了远洋航行时通过观察日月星辰的位置来辨认方向的天文导航技术，而到了东汉、三国时期，中国有了控制船舶航向的尾舵以及连续性推进工具——橹，同时还掌握了分隔舱技术，大大提高了船只的安全性。另外，中国不仅在东汉时已有了风帆，而且在三国时通过借鉴境外技术掌握了高难度的多帆技术。这一切都为东汉、三国时期会稽郡与今日本之间海上贸易通道的存在提供了航海技术上的巨大可能性。

按照后来遣唐使的经验，每年的四月至七月，东海常刮西南季风，船只由中国江南地域（包括会稽郡）去往日本较为顺利；而每年的十月至第二年的三月，刮冬季的季风。这时的季风，在日本九州岛近海是西北风，所以船只有被吹向东南的危险，但随着接近中国，便成为东北风，而且此时海上风浪也较平静，适于船只由日本驶往中国。①

因此，在掌握上述航海技术的基础上，又了解了东海上的季风规律，会稽郡与今日本之间的往来并不困难。

而当时的船只规模也不小。西汉武帝时，为征南粤，"治楼船，高十余丈"，② 一丈约等于今2.3米，十余丈按十一丈算也有25米多，如果楼房按一层3米算的话，其高度相当于八层楼。西汉如此，东汉、三国更应在其上。三国时，吴国孙权"遣使者谢宏、中书陈恂拜（句骊王）宫为单于，加赐衣物珍宝。……（宫）上马数百匹。……是时宏船小，载马八十匹而还"。③ 能装八十匹马的船在吴国来说是小船，可见其一般的船或大船有多大了，由此亦可推想吴国船只的规模。

三 亶洲人来会稽的目的

亶洲人为什么选择了会稽郡？这与当时会稽郡发达的制造业及由此而来

---

① 木宫泰彦：《日中文化交流史》，商务印书馆，1980，第94~95页。
② 《汉书》卷24《食货志下》，中华书局，1983，第1170页。
③ 《三国志》卷47《吴主传第二》，裴松之注引《吴书》，第1140页。

的繁荣的商品交易市场有着密切的关系。

当时会稽郡的制造业主要由以下几个部分构成。

1. 铜镜业

会稽郡的山阴县自东汉以来即是铜镜的重要产地。进入三国后，更是吴国的三大铜镜产地之一（另外两个产地为吴郡的吴县和江夏郡的武昌县①）。

由于各地铸镜工场的遗址迄今尚未发现，故只能通过铜镜铭文来判断其产地。

比如现藏日本东京国立博物馆的"对置式神兽镜"，其铭文为："建安二十一年四戊午月十九日，起弋刑也道其昌，会稽所作，中有六寸，一千人也，服之千万年长仙，作吏宜官，吉羊宜侯王，家有五马千头羊，羊死女子俱富昌。"② 铭文既云"会稽所作"，那么自当为会稽山阴的产品。再如，现藏湖北省博物馆的"同向式神兽镜"，其铭文为："黄初二年十一月丁卯朔廿七日癸巳，扬州会稽山阴师唐豫命作镜，大六寸，清明，服者高迁，秩公美宜侯王，子孙番昌。"③ 此镜作者为会稽山阴的唐姓工匠。还有今藏于东京国立博物馆的"对置式神兽镜"，其铭文为："黄初四年五月丙午朔十四日，会稽师鲍作明镜，行之大吉，宜贵人王侯，□服者也□□，今造大母王三。"④ 据上可知会稽有唐姓、鲍姓的铸镜工匠。另今藏日本东京五岛美术馆的"对置式神兽镜"更是点出了作镜工场的具体地点，其铭文曰："黄武五年二月辛未朔六日庚巳，会稽山阴安本里，思子兮，服者吉，富贵寿春长久。"⑤ "安本里"应当是山阴城内某个里的名称。

黄初二年（221）四月，孙权以鄂县为都城，改名武昌，并从铜镜制造业中心之一的会稽山阴征调了一批熟练工匠至武昌铸镜。现藏湖北省博物馆

---

① 王仲殊：《中日两国考古学·古代史论文集》，科学出版社，2005，第162页。
② 樋口隆康『古鏡』新潮社、1979、図録、92頁。
③ 《汉书》卷24《食货志下》，第168页。
④ 樋口隆康『古鏡』、図録、93頁。
⑤ 樋口隆康『古鏡』、図録94頁。

的"重列式神兽镜"之铭文曰:"黄武六年,十一月丁巳朔,七日丙辰,会稽山阴,作师鲍唐,镜照明,服者也宜子孙,阳遂富贵,老寿□□,牛马羊,家在武昌思其少,天下命吉,服吾王干昔□□。"前边提到山阴有鲍姓、唐姓的铸镜工匠,鲍氏、唐氏很可能为两个专门铸镜的家族,① 这两个家族中的人被征调到武昌("家在武昌")铸镜。武昌后来也成为吴国铸镜中心之一,但其技术力量即工匠起初却来自山阴,山阴对吴国铸镜业的影响于此可见。

2. 制瓷业

会稽郡在战国时期即已是印纹硬陶与原始青瓷的中心产地。到了东汉晚期,世界上最早的瓷器更是诞生于此地。六朝时期,会稽郡是青瓷的主要产地。②

会稽郡具有发展陶瓷业的先天优势。

首先,境内富藏作为瓷器原料的瓷石,且瓷石矿埋藏较浅,易于开采。瓷石是中国南方地区自古以来最重要的制瓷原料,它含有瓷胎所需要的各种矿物成分,如绢云母、石英、高岭土、长石等,即使不配入其他原料,单独用瓷石也能在1200℃左右烧结成瓷。它是一种天然配好的瓷胎原料。③

其次,本地区多山,森林资源丰富,有着充足的燃料。本地区的森林,自古至今,一直以松树为主。根据资料,目前本地区的乔木林地中马尾松占50%以上。④ 本地区烧瓷的燃料是松柴。松柴富含油脂,热量大,着火温度低,燃烧速度快,火焰长,适于烧还原焰,而本地区制瓷原料的瓷石含铁量较高,适于用还原焰烧成。

另外,本地区多山的特点还有助于龙窑的建造。中国古代的窑炉通常分为两类,即龙窑与圆窑。龙窑窑身呈长方形,前后倾斜,如龙下行,故称"龙窑"。它一般建在山坡上,利用山坡的自然倾斜度形成窑身前后的高

---

① 《三国志》卷47《吴主传第二》,裴松之注引《吴书》,第172页。
② 中国硅酸盐学会主编《中国陶瓷史》,文物出版社,2004,第137页。
③ 张福康:《中国古陶瓷的科学》,上海人民美术出版社,2000,第12页。
④ 《浙江森林》,中国林业出版社,1993,第70页。

度差，从而造成一定的自然抽力而不必另建烟囱，结构较为简单，建造方便。龙窑具有升温快的特点，同时因为它的窑壁较薄，冷却也比较快，所以很适合烧制青瓷。因为青瓷以氧化铁为主要着色剂，需要在还原环境中烧成，并在烧成后的高温阶段快速冷却，以减轻铁的二次氧化，保持较纯的青色。① 本地区的龙窑商代即已出现。在上虞李家山商代印纹陶窑址所发掘的六座窑址中，有五座是龙窑。② 东汉以后，龙窑已在本地区广泛使用。

再次，本地区水源丰富，河流密集，有着发达的水路网。制瓷原料的瓷石开采出来之后，因比较坚硬，必须先粉碎，东汉晚期很可能已用水碓来进行粉碎，③ 以提高坯土的细度和生产效率。瓷石粉碎之后，还需淘洗以去除杂质，提高原料纯度，这也需要大量用水。瓷器烧成之后，又需要运输，而比起陆路运输来，水运装载量大，速度快，而且平稳安全，无相互碰撞而致毁损之忧。

由于具备以上优越条件，本地区的制瓷业非常发达。

东汉晚期，在本地区的上虞小仙坛诞生了世界上最早的瓷器。小仙坛青瓷窑遗址发现于1973年，它位于上虞市上浦镇石浦村四峰山南麓。据中国科学院上海硅酸盐研究所的测定，该窑制品的烧成温度达1310±20℃，瓷胎已完全烧结，不吸水，叩之有金属声；显气孔率为0.62%，吸水率为0.28%；釉层透明，较原始瓷明显增厚，并有较强光泽度，胎釉结合紧密牢固；其抗弯强度达710公斤/平方厘米，远超浙江德清西周青灰釉的强度（220公斤/平方厘米），也超过了一千多年后的清康熙厚胎五彩花觚（700公斤/平方厘米）及清康熙厚胎青花觚（650公斤/平方厘米）。小仙坛青瓷窑的制品，除氧化钛（TiO_2）含量较高，因而瓷胎呈灰白色外，其余均符合近代瓷的标准。④ 另外，小仙坛窑址中的瓷片与该窑址附近的瓷石矿的化

---

① 朱伯谦：《试论我国古代的龙窑》，《文物》1984年第3期，第57~62页。
② 浙江省文物考古研究所：《浙江上虞县商代印纹陶窑址发掘简报》，《考古》1987年第11期，第984~986页。
③ 《三国志》卷47《吴主传第二》，裴松之注引《吴书》，图录94页。
④ 李家治：《我国瓷器出现时期的研究》，《硅酸盐学报》1978年第3期，第190~197页。

学成分十分接近，表明该窑场是就地取材，使用附近的瓷石作为制瓷原料的。①

会稽郡的青瓷窑场，虽然分布较广，但其主体是在上虞曹娥江两岸的山坡地带，据资料介绍，上虞地区东汉的瓷窑遗址有7处，三国的瓷窑遗址有30余处，西晋瓷窑遗址有60余处，东晋瓷窑遗址5处，南朝瓷窑遗址7处。②

比如，四峰山窑群位于曹娥江中游西岸，上虞市上浦镇石浦村一带。其山峰不高，山坡较缓，适于作窑场，且附近有瓷石矿。该处为东汉时期青瓷的主要产地，窑址主要分布在上浦镇石浦村的小仙坛、龙池庙后山、大园坪等地。又如，上虞帐子山窑址群位于上虞市上浦镇夏家埠村帐子山南麓。其烧造时间为东汉至北宋。它本身就是一部上虞越瓷的发展史，蕴含着非常丰富的历史信息。再如，上虞凤凰山青瓷窑址位于上虞市上浦镇大善村凤凰山北麓，为三国西晋时期的遗址。其制品造型端庄，釉色滋润，纹饰精致，代表了当时越窑制瓷工艺的最高水平。③

会稽郡除上虞之外，其他地方亦生产青瓷。比如，绍兴的窑灶头青瓷遗址，时期为三国至晋；九岩青瓷窑址，时期为西晋；馒头山青瓷窑址，时期为西晋；禹陵青瓷窑址，时期为东晋至五代。诸暨的孤坟仓山青瓷窑址，时期为东晋南朝。余姚的马步龙山窑址，时期为三国至西晋。鄞县的窑岙山窑址，时期为三国；小白市窑址，时期为东晋至北宋。慈溪的钩头山窑址，时期为东晋；獾猎坪山窑址，时期为东晋南朝；小姑岭窑址，时期为南朝。宁波的云湖窑址，时期为南朝。萧山的石盖村窑址，时期为东晋南朝；上董窑址，时期为东晋南朝。

六朝时期，会稽郡以上虞为中心，形成了一个庞大的青瓷生产体系（见图2）。

---

① 郭演仪、王寿英、陈尧成：《中国历代南北方青瓷的研究》，《硅酸盐学报》1980年第3期，第232~243页。
② 章金焕：《瓷之源——上虞越窑》，浙江大学出版社，2007，第9、35、70、95页。
③ 钟越宝、罗海笛：《绍兴文物》，中华书局，2004，第31、34页。

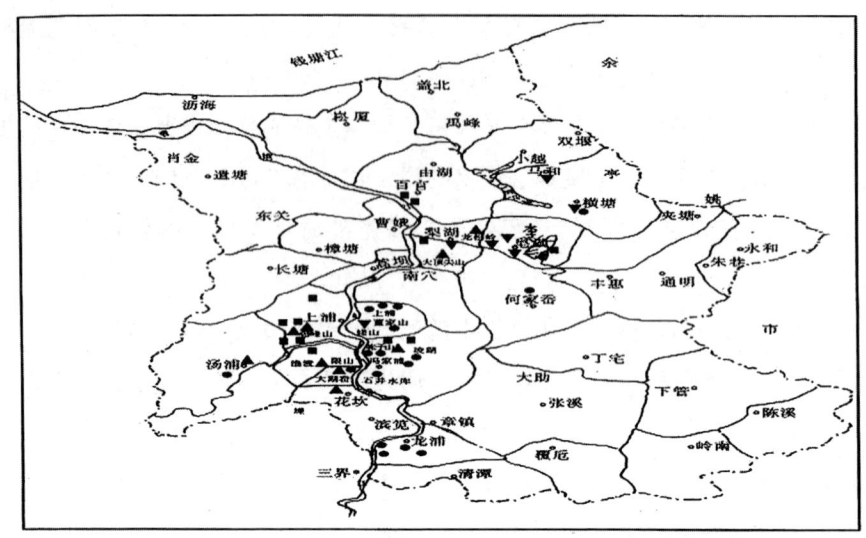

图例：▲汉代窑址（群）　　■三国西晋窑址（群）
　　　▼东晋南朝窑址（群）　●唐宋窑址（群）

图 2　上虞越窑历代窑址分布

资料来源：李家治《我国瓷器出现时期的研究》，《硅酸盐学报》1978 年第 3 期，第 7 页。

3. 纺织业

会稽郡的纺织业始于春秋时代的越国。其纺织业可分为麻、葛（植物性纤维）织业与丝（动物性纤维）织业。

《越绝书》卷八载："麻林山，一名多山，句践欲伐吴，种麻以为弓弦。……去县一十二里。"其下又云："葛山者，句践罢吴，种葛，使越女织治葛布，献于吴王夫差，去县七里。"① 据此可知，句践分别在距山阴城十二里、七里的山上人工种植麻、葛，取其纤维以作弓弦、织葛布。又《吴越春秋》卷八云："越王曰：'吴王好服之离体，吾欲采葛，使女工织细布，献之以求吴王之心，于子何如？'群臣曰：'善。'乃使国中男女入山采葛，以作黄丝之布。……吴王闻越王尽心自守……增之以封……纵横八百余里。越王乃使大夫种赍葛布十万……以复封礼。"② 越王一次性向吴王献上

---

① 《越绝书》，上海古籍出版社，1985，第 61 页。
② 《吴越春秋》，上海古籍出版社，1997，第 135 页。

"葛布十万",可见其葛织业规模不小。

西汉时期的著作《淮南子》卷一《原道训》云:"于越生葛絺。"① 于越指旧越地,当时主要指会稽郡。由这条材料可知,西汉人认为葛布为会稽郡的当地特产(絺,东汉高诱注此处曰"絺,细葛也",为葛布的一种)。

东汉初期光武帝时,会稽吴人陆闳"建武中为尚书令。美姿貌,喜着越布单衣,光武见而好之,自是常敕会稽郡献越布"。② 从此,会稽郡的葛布成为贡品。

东汉章帝时,"诸贵人当徙居南宫,太后(汉明帝明德马皇后——引者注)感析别之怀,各赐王赤绶,加安车骊马,白越三千端,杂帛二千匹,黄金十斤"。唐李贤注:"白越,越布。"③ 可见越地(会稽郡)的葛布被大量进贡之后,又被当作赐品下赐。

三国时,魏文帝诏曰:"江东为葛,宁比罗纨绮縠(均为丝织品——引者注)。"④ 可见江东(此处应主要指会稽郡)之葛布质量甚高,可媲美丝织品,因而获得魏文帝的好评。

以上是葛织业。

关于丝织业,会稽郡历史悠久。

春秋时期,越国的计倪对国王勾践说:"兴师者必先蓄积食、钱、布、帛""必先省赋敛,劝农桑。"⑤ 这里的"布"指麻、葛布,"帛"指丝绸,"桑"为养蚕取丝。可见越国有丝织业。

东汉时,王充先祖"尝从军有功,封会稽阳亭。一岁仓卒国绝,因家焉,以农桑为业"。⑥ "阳亭"不知为何处,然在会稽郡之内。

南朝宋时,谢灵运在其会稽郡始宁县的庄园内"既耕以饭,亦桑

---

① 刘文典撰《淮南鸿烈集解(上)》,中华书局,1989,第18页。
② 《后汉书》卷81《独行传·陆续》,中华书局,1982,第2682页。
③ 《后汉书》卷10《皇后纪(上)·明德马皇后》,第410页。
④ 《太平御览》卷816《布帛部三·罗》,第3672页。
⑤ 《越绝书》卷4,第29页。
⑥ 北京大学历史系《论衡》注释小组:《论衡注释·自纪篇》,中华书局,1979,第1669页。

贸衣"。①

另外，会稽郡的诸暨县和吴兴郡的永安县（西晋武帝太康元年改名武康②）所产丝质量高，被吴国指定为贡品。《太平御览》卷八一四《布帛部一·丝》载："（吴）陆凯奏事曰：'诸暨、永安出御丝'。"③

4. 制纸业

六朝时期是书写记事材料由帛、简过渡到纸的转换期。

汉魏时期，帛、简与纸并用；但晋以后，这种情况发生了变化。由于晋代已造出大量洁白、平滑且方正、耐折的纸张，所以人们不必再用昂贵的帛与笨重的简去书写，而逐步改用纸。西晋初期虽时而用简，但东晋以后则基本用纸。④

西晋傅咸《纸赋》曰："既作契以代绳兮，又造纸以当策。"⑤

东晋末桓玄曾下令："古无纸，故用策，非主于敬也。今诸用简者，皆以黄纸代之。"⑥

当时麻纸产量很大，东晋虞预曾上表云："秘府中有布纸（即麻纸）三万余枚。"⑦

会稽郡曹娥江上游的剡溪两岸，自古多藤。该处以藤皮为造纸原料，出产著名的藤纸。藤纸质地优良，东晋范宁任地方官时曾下令："土纸不可以作文书，皆令用藤角纸。"⑧ 土纸指当地产的一种劣质麻纸，而藤角纸即指藤纸。⑨

藤纸的好名声一直传到唐代。唐舒元与《悲剡溪古藤文》："剡淡（当为"溪"之误——引者注）上绵四五百里，多古藤，株桥逼土。虽春入地

---

① 《宋书》卷67《谢灵运传》，中华书局，1983，第1768页。
② 《宋书》卷35《州郡志》，第1033页。
③ 《太平御览》，第3617页。
④ 潘吉星：《中国造纸史》，上海人民出版社，2009，第133~135页。
⑤ 《初学记》卷21《纸》，中华书局，2004，第517页。
⑥ 《桓玄伪事》，《初学记》卷21《纸》，第517页。
⑦ 《太平御览》，第518页。
⑧ 《太平御览》，第517页。
⑨ 《宋书》卷35《州郡志》，第149页。

脉，他植发活，独古藤气候不觉，绝尽生意。予以为本乎地者，春到必动。此藤亦本于地，方春且有死色。遂问溪上人。有道者言：'溪中多纸工，刀斧斩伐无时，擘剥皮肌，以给其业……异日过数十百郡，泊东洛西雍，历见言文书者，皆以剡纸相夸，乃寤曩见剡藤之死，职正由此。……纸工嗜利，晓夜斩藤以鬻之。虽举天下为剡溪，犹不足以给，况一剡溪者耶！以此恐后之日不复有藤生于剡矣。'"① 因剡溪藤纸质量好，人们争以拥有为荣，需求量大，因而造纸工匠进行毁灭性采伐，致使古藤"绝尽生意"。剡溪古藤之命运固可哀悯，但也由此可见当时剡溪制纸业之繁盛。

《初学记》卷二十一《纸》引《裴子语林》曰："王右军为会稽令，谢公（指谢安——引者注）就乞笺纸。库中唯有九万枚，悉与之。"② 以当时的生产效率，九万枚不是小数，而王羲之一次将九万枚存纸全部给了谢安。此事应当有一个前提，即王羲之知道纸张很快可以得到补充，否则办公用纸供给不上，他所领导的地方政府的日常工作只能陷于瘫痪。由此，我们可以推知，会稽的制纸业产量一定不小，应当是具有相当规模的。

制纸业在书写记录材料由帛简向纸转换过程中属于新兴产业，需求量大，利润也很高。北魏贾思勰《齐民要术》卷五《种谷楮第四十八》曰："煮剥卖皮者，虽劳而利大；自能造纸，其利又多。种三十亩者，岁斫十亩，三年一遍，岁收绢百匹。"③ 种楮三十亩，年收绢百匹，其利润相当高。这还只是卖造纸原料，如果"自能造纸，其利又多"。这虽然说的是楮皮，但藤皮也应当差不多。造纸业在当时属高收益的行业。

六朝时期会稽郡不仅有着发达的制造业，还有着发达的商品交易市场。

比如，铜镜市场。

关于铜镜市场虽无文献记载，但我们可以通过出土资料来了解。会稽郡的主要产品为神兽镜（平缘）与画像镜。它们从东汉中后期出现以来，始

---

① 《全唐文》卷727，中华书局，1987，第7495页。
② 《太平御览》，第517页。
③ 缪启愉校释《齐民要术校释》，中国农业出版社，1998，第347~348页。

终是南方的产品，为北方所不铸。① 平缘神兽镜出土的地点目前已知的有今江苏省的南京、江都、丹阳、句容、镇江、泰州、无锡、丹徒，浙江省的宁波、杭州、余姚、奉化、黄岩、安吉、淳安、浦江、兰溪、武义、东阳、金华、义乌、永康、衢州、瑞安，安徽省的和县、芜湖，江西省的南昌，福建省的松政等。② 这些地方的平缘神兽镜相当部分应是在会稽郡的铜镜市场购得而带来的。

又如，瓷器市场。

这方面的文献记载非常少，《梁书》卷五十三《良吏传》载："（沈）瑀微时，尝自至此（余姚）鬻瓦器，为富人所辱，故因以报焉。"③ 据此知余姚有瓷器市场。

另外，我们还可从以下出土瓷器的铭文来了解。

1955年，南京赵士岗东吴墓中出土一件青瓷虎子，上有"赤乌十四年会稽上虞师袁宜作"的铭文，④ 可见上虞的瓷器流通到了南京。

1970年，江苏金坛县白塔乡古墓中出土一件青瓷扁壶，上有铭文："紫（即此）是会稽上虞范休可作坪者也。"⑤ 可见上虞的瓷器流通到了金坛。

1976年，江苏吴县狮子山西晋傅氏家族2号墓出土的一件青瓷楼台百戏纪年罐，上有"元康二年润月十九日超（造）会稽"的铭文，知会稽瓷器流通到了吴县。又3号墓出土的堆塑罐，有"会稽。出始宁，用此口，宜子孙，作吏高，其乐无极"的铭文。⑥ 据《宋书·州郡志》⑦，始宁本上虞之南乡，东汉末分立，所以从大的方面来讲，仍可把它归入上虞产瓷区。由此可见上虞瓷产品的影响力。

---

① 徐苹芳：《三国两晋南北朝的铜镜》，《考古》1984年第6期，第558页。
② 王仲殊：《日本三角缘神兽镜综论》，《考古》1984年第5期，第469页。
③ 《梁书》，中华书局，1983，第769页。
④ 江苏省文物管理委员会：《南京出土六朝青瓷》，文物出版社，1957，第4、42页。
⑤ 宋捷、刘兴：《介绍一件上虞窑青瓷扁壶》，《文物》1976年第9期，第99～100页。
⑥ 张志新：《江苏吴县狮子山西晋墓清理简报》，《文物资料丛刊》第3辑，文物出版社，1980，第130～137页。
⑦ 《宋书》，第1031页。

1966年，浙江平阳县西晋墓出土的青瓷魂瓶，其龟趺碑铭文为"元康元年八月二日（造），会稽上虞"①，可知上虞产品流通到了平阳。

1987年，浙江绍兴县南池乡出土的一件青瓷魂瓶，其圭形龟趺碑，碑额刻"会稽"两字，其下分三行竖刻"出始宁，用此丧葬，宜子孙，作吏高迁，众无极"，可知始宁产品流通到了绍兴。

前面我们已经提到上虞（包括始宁）东汉晚期至六朝为制瓷业中心，它的产品通过市场网络流通到各地。

再如，纺织品市场。

《宋书》卷九十三《恩倖传》载："戴法兴，会稽山阴人也。家贫，父硕子，贩纻为业。……法兴少卖葛于山阴市……"② 戴法兴父子，于山阴的市场一卖纻，即苎麻布，一卖葛布。如前所述，会稽的麻、葛织业也很发达，其产品有交易的需求。

另《宋书》卷九十三《隐逸传》载："朱百年，会稽山阴人。……少有高情，亲亡服阕，携妻孔氏入会稽南山，……有时出山阴为妻买缯彩三五尺，好饮酒，遇醉或失之。"可见山阴有丝织品市场。

有关会稽郡丝织品市场，《后汉书》卷七十一《朱儁传》曰："朱儁，字公伟，会稽上虞人也。少孤，母尝贩缯为业。儁以孝养致名，为门下书佐，好义轻财，乡闾敬之。时同郡周规辟公府，当行，假郡库钱百万，以为冠帻费。而后仓卒督责，规家贫无以备。儁乃窃母缯帛，为规解封。母既失产业，深恚责之。儁曰：'小损当大益，初贫后富，必然理也。'"③ 宇都宫清吉曾举此例，认为朱儁之家为至少拥有一百万巨款从事丝织品贸易的商人，但佐藤武敏对这一说法表示怀疑。他认为朱儁是上虞人，而上虞在东汉既非丝织品产地，商业也不发达，不会产生富裕的商人，因而一百万钱这一数字是夸张的。④ 不过我们前面已经谈到，东汉时期，上虞是陶瓷的中心产

---

① 徐定水、金柏东：《浙江平阳发现一座晋墓》，《考古》1988年第10期，第918～920页。
② 《宋书》卷93，第2302～2303页。
③ 《后汉书》卷71，第2308页。
④ 「漢代の流通」佐藤武敏『中國絹織物史研究上』風間書房、1977、399～400頁。

地，世界上最早的瓷器即于东汉晚期诞生于此。根据1977年的调查，上虞地区东汉时期的陶瓷窑址有三十六处（其中包括七处瓷窑）。[1] 上虞既是中心产地，其水上交通网络又发达（地处曹娥江与浙东运河交接处，又紧邻杭州湾），自然也应当是重要的交易市场，因而上虞有大量的资金流动，有富裕的商人产生，这并不奇怪，朱儁家的一百万钱也并非夸张的数字。而且这个数字恰恰反映了上虞丝织品市场的规模，因为仅朱儁一家就拥有一百万钱的丝织品。

正因会稽郡存在一个很大的交易市场，所以亶洲人即是以此为目标而来。

四　当时中日间贸易的内容

首先是铜镜贸易。在今日本列岛，迄今为止已出土将近1000枚中国两汉、三国时代的铜镜。[2] 如果去除其中制作地尚有争论的约400枚三角缘神兽镜，[3] 尚余约600枚。其中部分是来自吴国的吴镜，如出土于山梨县鸟居原古坟的"赤乌元年"对置式神兽镜及出土于兵库县宝冢市安仓古坟的"赤乌七年"对置式神兽镜。这类有吴国年号的铜镜，按照原田淑人的看法，就是通过一般的贸易从吴国进口的。[4] 因为会稽郡是铜镜的重要产地，也是重要的交易市场，而且会稽郡与今日本之间存在一条海上贸易通道，所以笔者以为这类吴镜应当是在会稽郡的市场购入，然后通过这条海上通道进入日本的。日本出土的吴镜，除以上二枚外，尚有冈山市新庄上庚申山出土的对置式神兽镜、神户市兵库区梦野町丸山古坟出土的重列式神兽镜，以及京都府椿井大冢山古坟和熊本县船山古坟出土的画文带对置式神兽镜，京都

---

[1] 中国硅酸盐学会主编《中国陶瓷史》，第126页。
[2] 冈村秀典『三角緣神獸鏡の時代』吉川弘文館、1999、2～3頁。
[3] 有关三角缘神兽镜制作地为中国还是日本的争论，详见王仲殊《中日两国考古学·古代史论文集》（第252～337页）及冈村秀典『三角緣神獸鏡の時代』中的相关部分（第147～154页）。
[4] 「『魏志』倭人伝からみた古代日中貿易」原田淑人『東亞古文化説苑』234頁。

府八幡市车冢古坟、奈良县新山古坟、熊本县宇土郡国越古坟、静冈县清水寺梅谷古坟和香川县棱歌郡蛇冢古坟出土的画文带环状乳神兽镜，等等。① 另外，长野县御猿堂古坟、冈山县王墓山古坟、千叶县鹤卷古坟出土的画文带佛兽镜，即使不是吴镜，也是西晋时吴地所产。②

其次是瓷器贸易。东汉时期，会稽郡的青瓷已输出到了马来半岛。在马来半岛南端 Makam Sultan 地方的古代遗址中，出土了不少中国东汉时期的青瓷碎片。③ 这些碎片的花纹，与中国历史博物馆收藏的 1955 年出土于杭州东汉墓的青釉水波纹壶是一样的。④ 这类青瓷在上虞帐子山、余姚上林湖等东汉瓷窑都有生产，是会稽郡的产品。另外，韩国忠清南道天原郡花城里出土了中国东晋时期的青瓷四耳壶（今藏韩国国立中央博物馆），说明南方的青瓷（主要产地为会稽郡）也流通到了韩国。非常令人遗憾的是，日本迄今尚未出土中国东汉、六朝时期南方地区的青瓷。⑤ 尽管实物并未发现，但从道理上讲，应该是有的。我们只能寄希望不久的将来能有所发现。

亶洲人远道而来，其目标应当是会稽市场上的大宗商品铜镜、青瓷等。那么，会稽市场上的人对亶洲的什么感兴趣呢？换句话说，亶洲人会带什么来会稽市场上交易呢？关于这个问题没有直接的资料，我们只能通过间接的材料来进行推测。据《三国志》，曹魏景初二年，倭女王卑弥呼派使者至魏，向魏进献"男生口四人，女生口六人，班布二匹二丈"。⑥ 倭国所产的班布作为贡品当然没有问题，但是作为商品，在会稽市场上是否会受欢迎呢？会稽郡本来就是布（麻质或葛质）的重要生产基地，所产"越布"闻名天下，因而倭国的班布要与它竞争，在会稽市场上有好的销路，可能性似乎不大。笔者以为亶洲人带来交易的也就是说受会稽市场上

---

① 王仲殊：《日本三角缘神兽镜综论》，《考古》1984 年第 5 期，第 471 页。
② 杨泓：《吴、东晋、南朝的文化及其对海东的影响》，《考古》1984 年第 6 期，第 566 页。
③ 韩槐准：《南洋遗留的中国古外销陶瓷》，新加坡青年书局，1960，第 4~5 页。
④ 李知宴：《中国古代陶瓷的对外传播（一）》，《中国文物报》2002 年第 5 版（"收藏鉴赏周刊"52 期）。
⑤ 長谷部楽爾『日本出土の中國陶磁』平凡社、1995、95 頁。
⑥ 《三国志》卷 30《倭人传》，第 857 页。

的人欢迎的很可能是真珠。理由如下：第一，倭"出真珠、青玉"，卑弥呼死后，她的继任者壹与曾向魏"贡白珠五千，孔青大句珠二枚"。① 真珠是倭的出产品。第二，吴国需要真珠。黄初二年（221），"魏文帝遣使求雀头香、大贝、明珠、象牙、犀角、瑇瑁、孔雀、翡翠、斗鸭、长鸣鸡。群臣奏曰：'荆、扬二州，贡有常典，魏所求珍玩之物非礼也，宜勿与。'（孙）权曰：'……彼所求者，于我瓦石耳，孤何惜焉？'"② 嘉禾四年（235），"魏使以马求易珠玑、翡翠、瑇瑁，权曰：'此皆孤所不用，而可得马，何苦而不听其交易？'"③ 魏国数次向吴国索求真珠（明珠、珠玑）。而吴国交趾太守士燮"每遣使诣权，致杂香细葛，辄以千数，明珠、大贝、流离、翡翠、瑇瑁、犀象之珍，奇物异果，蕉、邪、龙眼之属，无岁不至"。④ 明珠等物既为孙权"所不用"，则士燮所献当为应付魏国之索求。孙权为应付魏国，除了地方官献呈之外，可能也会通过别的途径搜罗，比如在市场购求等，因此，亶洲人带真珠来会稽，应当是有市场的。而且除了官府的需求外，因为真珠当时被视为珍物，民间也应当有需求的。

五 在会稽郡的登陆地点

亶洲人渡海来到会稽，他们在哪里登岸呢？笔者觉得有两个可能的地点，都在会稽郡东边靠海处。一为鄞县。西晋陆云说鄞县"东临巨海，往往无涯，泛船长驱，一举千里"。⑤ 二为句章，"在鄞县西一百里"。⑥ 汉武

---

① 《三国志》卷30《倭人传》，第858页。
② 《三国志》卷47《吴主传第二》，裴松之注引《江表传》，第1124页。
③ 《三国志》卷47《吴主传第二》，第1140页。
④ 《三国志》卷49《士燮传》，第1192~1193页。
⑤ 《答车茂安书》，《陆云集》，中华书局，1988，第174~175页。
⑥ 《史记》张守节《正义》曰："句章故城在越州鄞县西一百里，汉县。"《史记》卷114《东越列传》，中华书局，1982，第2983页。

帝为平东越王余善,"遣横海将军韩说出句章,浮海从东方往"。① 东晋末孙恩之乱时,刘牢之"使高祖(刘裕)戍句章城。句章城既卑小,战士不盈数百人,高祖常被坚执锐,为士卒先"。"孙恩频攻句章,高祖屡摧破之,恩复走于海。"②

两处俱为会稽郡东部临海的港口,彼此相距也不远,应当是跨海而来的亶洲人理想的登陆地点。

六 关于中日双方发生交易时的支付手段

从亶洲来的人在会稽市场上与人发生交易时,彼此用什么来向对方支付呢?

首先,使用中国铜钱的可能性很小,因为截至1985年,日本各地出土的中国两汉、魏晋的铜钱约200枚,③ 数量太少,构不成流通。日本使用来自中国的"渡来钱"是10世纪中叶以后的事情。

那么他们用什么来支付呢?日本古代史学者吉川真司的研究给我们带来了启发。④ 他指出在7~8世纪日本对朝鲜的贸易中,绵(まわた)被当作支付手段即货币来使用,并认为这一点对中国恐怕也是同样的,亦即在对中贸易中,也是以绵作为支付手段的。他通过对《延喜式》所规定的庸品目的调查,指出其间存在显著的地域差别,认为在古代日本,布在东日本和畿内,绵在九州诸国,各自起到了实物货币的作用。换句话说,即在古代日本存在两种实物货币,东日本、畿内是以布为实物货币的"布经济圈",而日本海沿岸、九州则是以绵为实物货币的"绵经济圈",并认为这种情况的存在应早于7世纪律令制的诞生。至于早到什么时候,他并没有

---

① 《史记》卷114《东越列传》,第2982~2983页。
② 《宋书》卷1《武帝纪上》,第2页。
③ 《论汉唐时代铜钱在边境及国外的流传》,王仲殊:《中日两国考古学·古代史论文集》,第131~137页。
④ 吉川真司「国際貿易と古代日本」紀平英作、吉本道雅編『京都と北京:日中を結ぶ知の架橋』角川学芸、2006、176~180頁。

说。但笔者推测这可以上推到中国的三国时代亦即三世纪。《三国志·魏书》卷三十《倭人传》记载：倭人"种禾稻、纻麻、蚕桑、缉绩，出细纻、缣绵"。可见三国时，倭已有蚕桑业，并出产丝织品。而绵是蚕丝的初级加工品，所需技术简单，很容易做成：将质量较差的茧放入碱性的水中进行精练，溶去其丝胶，扯松其纤维，去除其中的蚕及杂质，晾干即成。倭既然有蚕桑业就必然有绵产品，绵制作简单，只要有原料，就可大量生产，作为实物货币来流通是完全可能的。另外，中国魏晋南北朝时期，绵被政府列入租调科目，老百姓必须向政府交纳。东汉末，曹操规定："其收田租亩四升，户出绢二匹，绵二斤而已，他不得擅兴发。"① 西晋时，"制户调之式，丁男之户，岁输绢三匹，绵三斤；女及次丁男为户者半输"。② 南朝时，"其课，丁男调布绢各二丈，丝三两，绵八两，禄绢八尺，禄绵三两二分；租米五石，禄米二石。丁女并半之"。③ 据此，可知在当时的中国（包括会稽郡），绵的需求量是非常大的。因此，如果亶洲人以绵来支付的话，笔者想会稽市场上的人是很容易接受的。而反过来，如果亶洲人卖掉了他带来的物品如真珠等，他也希望得到绵，因为这在亶洲是可以流通的。

以绵为支付手段对亶洲人及会稽市场上的人都很方便，所以笔者推测当时中日双方是以绵为媒介来进行商品交易的。

有意思的是，吉川论文中所附的《〈延喜式〉の庸布庸绵输纳国地图》（见图3）中，九州面向中国的地区均为庸绵输纳地，亦即以绵为实物货币的"绵经济圈"。

从地理上讲，面向中国的地区如果海上交通问题解决的话，当然最容易去中国做贸易。亶洲人处于"绵经济圈"，自然也会在国际贸易中使用绵，尤其对方不反对甚至也很乐意接受的话。

---

① 《三国志·魏书》卷1，第26页。
② 《晋书》卷26《食货志》，第790页。
③ 《隋书》卷24《食货志》，中华书局，1973，第674页。

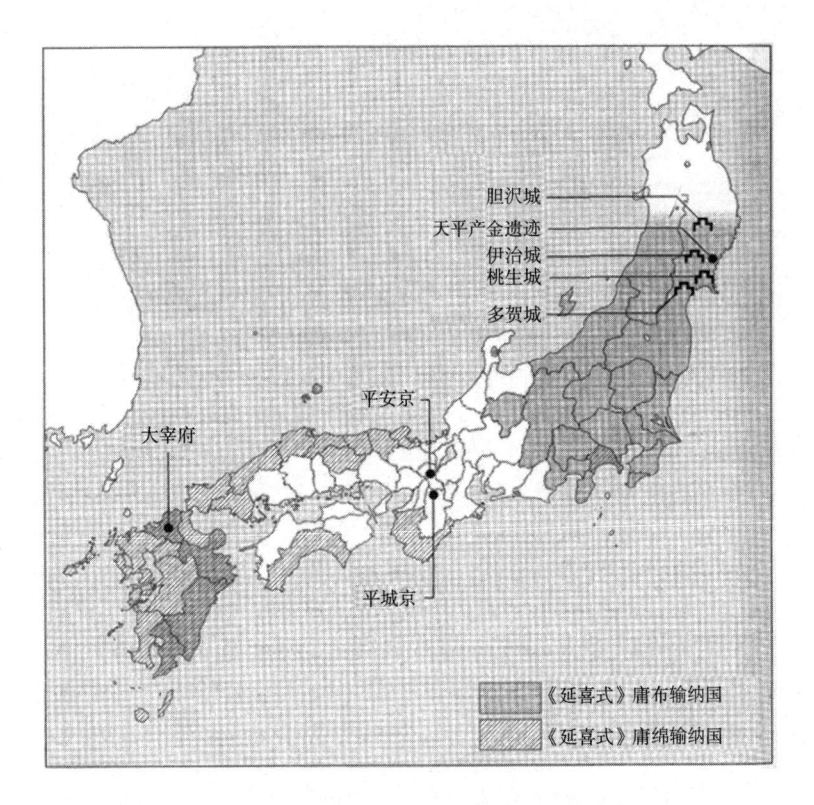

图 3 《延喜式》庸布庸绵输纳国地图

二　近代日本与中日关系

明治维新史鉴

——写在明治维新150周年之际

汤重南[*]

日本是东北亚地区与亚洲大陆隔海相望的岛国,是当今资本主义世界仅次于美国的第二号"经济大国",一个高度发达的资本主义现代化国家。但在明治维新以前,日本还只是一个弱小、落后的东方封建国家。正是通过明治维新,日本走上现代化道路,成为当时亚洲唯一的资本主义大国——"大日本帝国"。

2018年是明治维新150周年,日本和世界许多国家都进行了不同形式的纪念活动:日本安倍政府公开发表了"使日本重新强大"的纪念宗旨,学者们撰写、出版了十数部著作和大量文章;我国南开大学在7月隆重举行了"明治维新与近代世界"国际学术讨论会,近百位中日美三国的专家学者与会,提交会议的论文达70多篇,新闻媒体也有广泛报道。本文是以提交这次会议的提纲充实、敷衍而成,主要围绕明治维新的历史经验、深刻教训展开,姑以"史鉴"名之。本文肯定存有不当、错误之处,诚恳希望专家学者和广大读者批评指教。

日本以1868年的明治维新为起点,犹如"彗星那样登上舞台",骤然于19世纪末叶出现在东方,划破了屡受欧美列强殖民侵略而笼罩着亚洲的

---

[*] 汤重南,中国社会科学院世界历史研究所研究员。

沉沉黑夜，放射出耀眼的光芒，给沉沦中的东方各国、各民族带来希望。东亚各国、各民族的志士仁人，在惊叹日本迅速崛起之余，纷纷全方位地效法日本，欲使本国、本民族能像日本一样振兴、腾飞。日本的现代化之路，的确有很多经验可供参考借鉴。邓小平指出："明治维新是新兴资产阶级干的现代化。"他又说："我们是无产阶级，应该也可能干得比他们好。"①

然而，崛起后的日本帝国，却走上了军国主义道路。日本的对外侵略扩张，打破了东方各国人士学习日本的幻梦。成为"世界一等国""世界五大强国之一"的新兴日本帝国，制定了对外扩张侵略的"大陆政策"。不仅与西方列强为伍，欺凌压迫东亚弱小邻邦，且有过之而无不及。跃登"东洋霸主"地位后，竟炮制和抛出建立囊括亚洲、澳洲及太平洋诸岛的殖民大帝国的"大东亚共荣圈"的狂妄计划，其侵略铁蹄践踏了东亚、东南亚各国。"大日本帝国"入侵我台湾，吞并独立王国琉球、朝鲜，发动侵华战争和太平洋战争，更妄图与德、意法西斯分霸全世界。曾几何时，骄横一世、不断膨胀的日本帝国，在世界反法西斯盟国及世界人民的沉重打击下，终于在 1945 年 8 月迅速崩溃败亡，现代化成果也丧失殆尽，"又像彗星那样消失了"（日本著名进步史学家井上清先生语）。明治维新后日本的发展道路，又的确有很多教训，值得认真总结、警觉、记取。

一 明治维新的成功及其经验

（一）明治维新的时代背景

19 世纪中叶，日本的最后一个武家政权——德川幕府已发展到晚期。无论是社会政治、军事制度还是经济、文化制度，均面临巨大危机和最后的大崩溃。日本封建社会的统治阶级已无力继续维持其统治；而被统治阶级也已不能再接受其统治：社会大动荡、大变革时期已不可避免地到来了。

---

① 《邓小平文选》第 2 卷，人民出版社，1994，第 40 页。

日本面对着世界资本主义列强的强烈冲击，面临着沦为殖民地半殖民地的国家总危机。欧美列强的侵略、民族存亡的严重危机，迫使日本必须迎接严峻的历史性挑战，做出决定国家命运、前途的重大抉择。

日本的变革力量——具有文武之道素质的下级武士成长、发展，登上了日本历史的大舞台，演出了明治维新的活剧。

（二）明治维新的积极成果

对明治维新及日本现代化成功的方面及其成果，可用一、二、三、四样式归纳如下。

一是一大变革。明治维新是一场资产阶级革命和改革，是一次日本历史上从未有过的翻天覆地的社会大变革，是一个使日本真正登上世界历史舞台和历史命运发生巨变的重大转折点。因为此前的日本，在世界历史上几乎可以说没有什么地位，在世界历史的记述中，能够提到日本的，也就是遣唐使、大化革新、天皇、武士、丰臣秀吉、德川幕府等很少的几项。而真正引起世界关注日本，是从明治维新开始的。

二即两大积极成果。通过明治维新实现了两项值得肯定的积极成果。第一项积极成果就是实现了国富民强，使日本社会由封建历史发展阶段开始过渡到资本主义阶段，日本走向了富强之路。仅用了半个世纪，就迅速地发展成为先进的资本主义强国。第二个积极成果，就是实现了民族和国家的独立自主，成为亚洲唯一的避免了殖民地、半殖民地命运的国家。这给亚洲人民做出了表率，提供了可资借鉴的经验。通过日本政府和国民的努力，用值得称道的民族智慧和活力，即顺应时代潮流，一方面开国进取、主动变革，迅速增强生产力；另一方面抓紧一切机会，顽强地坚持与欧美列强谈判，还利用其矛盾推进修改不平等条约的谈判，扩大效果，为废除治外法权、"收回国权"，进行了长期坚持不懈的努力和斗争，终于从1894年开始修改不平等条约，到1911年完全修改了全部不平等条约，从而使日本彻底地摆脱了沦为殖民地半殖民地的历史命运，维护和保持了国家和民族的独立，这在亚洲、非洲和拉丁美洲确实是凤毛麟角。

三即"三大政策"。以明治天皇为首的新政府，在实行资本主义改革时期，提出、制定和贯彻、推行了成效显著的"殖产兴业"、"富国强兵"和"文明开化"三大政策。

四即岩仓使团出访美欧确定"内治优先"后，贯彻在社会经济、文化、政治、军事等四大领域的资产阶级改革。

较为具体的历史过程如次。

1. 岩仓使团出访美欧

1871年11月20日，明治新政府任命外务卿岩仓具视为右大臣兼特命全权大使，木户孝允、大久保利通、伊藤博文、山口尚芳为全权副使，组成48人的大型使节团出访欧美，另有留学生59人同行。岩仓使节团是由日本近一半掌握实权的领导人组成的特大外交使团，12月23日，他们由横滨启航赴欧美访问、考察，先后访问了美、英、法、比、荷、德、俄、丹麦、瑞典、意、奥和瑞士等12个国家，认真考察了各国政治、外交、法律、军事、经济、文教、风俗习尚等各个方面的情况。在长达20个月的考察、访问中，使团实地接触了西方资本主义各国，眼界大开，认识到发展经济是使国家富强的根本途径，必须发展资本主义工商业；同时，必须改革日本的政治体制，健全法制；移风易俗、改革文化教育；学习西方，改革军事体制和制度。并决定从本国国情出发，效法欧美各国的先进文明和成功经验。1873年9月，使团成员陆续回国后，重新改组了明治政府，使团主要成员牢牢掌握政府实权，亦使大批具有改革思想及专长的人才进入政府担任要职。其结果是：基本上形成了内治优先、推行改革的指导思想及领导骨干，决定了日本今后发展的大方向和大政方针。

2. 经济改革

在经济方面的改革中，地税改革是一项根本性的改革。在1873年宣布地税改革前，明治政府已经宣布了一些解放农业生产力的措施，如废除以往对种植作物品种的限制，废除关于土地买卖的禁令，允许农民从事其他职业等。1873年7月28日，政府发布《地税改革条例》，规定：以耕地的法定价格作为全国统一的课税标准；地税定为法定地价的3%，另征1%的附加税；地税一律用货币缴纳；法定纳税人是从国家领取土地执照而拥有土地所有权者。通过地税改革，确立了近代土地税制度，最后从法律上废除了幕藩封建领主土地所有制。地税改革废除了种种封建限制，促进了日本农业生产力的发展，使日本农业开始走上现代化的发展道路，并确保政府有了稳定的财政来源。

担任岩仓使团副使的大久保利通，回国后掌握了政府实际大权。他在1874年正式提出了《殖产兴业建白（议）书》，其中最精彩的几句是："大凡国之强弱，系于人民之贫富，而人民之贫富，系于物产之多寡。物产之多寡，虽依赖于人民致力工业与否，但寻其根源，又无不依赖政府官员诱导奖励之力。"[①] 最后它归结为政府要发挥积极的作用，这是真正的关键，而政府的作用恰恰又主要是引导、倡导、鼓励、奖励日本各种各样的人来投资产业，兴办产业。从此建议书的提出起，日本正式开始了殖产兴业的具体历史进程。

"殖产兴业"的具体方针，就是运用国家政权的力量，通过各种政策手段和动用国库资金，加紧推进资本原始积累，并以国营军工企业为主导，按照西方的样板，大力扶植资本主义的发展。要殖产兴业，首先要解决资金问题。为此，政府除进行地税改革而获取必要的巨额土地税收入之外，还实行货币金融政策。始而大量发行纸币，继而又提高税率、增收新税，采取有利于政府的金融政策，对人民进行双重的盘剥，还用发行公债的办法，筹集大量资金；对外则通过对亚洲近邻弱小国家实行侵略掠夺，获取资金。

明治政府的殖产兴业政策在1868~1880年，主要是采取大力创办官营企业，由国家资本带头实行资本主义工业化的方针。以1880年11月《处理官营企业条例》的颁布为标志，开始殖产兴业第二阶段（1880~1885年）。这期间以大力扶植和保护私人资本主义发展为主。明治政府殖产兴业的具体措施，主要有以下七个方面：（1）废除各地关卡，培育和发展全国统一市场；建设铁路，发展航运、邮政、电报和电话等近代交通通信事业。（2）接管幕府和

[①] 世界历史编辑部编《明治维新的再探讨·基本文献史料篇》，中国社会科学出版社，1981，第186页。

各藩的工矿企业，加以改造和扩充，以形成国有企业体系；大力创办各种被称为"模范工厂"的新式近代企业。(3)引进西方先进技术和设备，改造原有技术和工具；注意创办民品工业。(4)采用奖励、保护等多种方式，鼓励优质新产品和发明创新；举办交流会、博览会以推广先进技术。(5)推行"劝农"政策，引进西方农业技术、农牧业品种和经营管理制度；结合"士族授产"的"劝业"，使大批封建武士从事农垦。(6)扶植与保护私人资本，促进私人企业发展。从1880年11月起，决定将军工、铸币、通信、铁道、印刷等特殊部门以外的官营企业廉价处理给三井、三菱、川崎、古河等特权大资本家。(7)奖励国产，鼓励国货出口。明治政府自19世纪80年代起，立足本国实际，指示引进必须结合国情，西方经验不能照搬。明治时代，日本在发展近代资本主义、大力引进外国先进技术的同时，广为延聘外国各行各业专家，很注意人才的引进，当时外国专家的薪金，可以高出日本领导人数倍；随着本国人才的培育成长，才逐步减少、停止人才引进。派遣留学生出国，也很注意实用实惠，摒弃了盲目性。

殖产兴业政策的推行，促进了日本经济的迅速发展。在政府的大力保护和扶植下，1886~1890年，在日本出现了早期产业革命热潮。它几乎扩展到一切主要工业部门，特别是以纺织业为中心的轻工业部门发展异常迅猛。到甲午战争前后，日本初步实现了资本主义工业化。

3. 教育及社会文化改革

明治政府实行资本主义改革的又一重要政策是"文明开化"。这一政策主要涉及文化教育改革及一系列社会文化改革。

明治政府成立伊始，首先整顿旧教育机构，1871年设文部省，掌握全国教育改革事务。1872年9月5日发布《学制》，正式开始有纲领、有计划的改革。在《公布学制之布告》中指出："学问可称为立身之资本。"制定公布《学制》之目标："以期今后一般人民（华士族、农工商以及妇女），必使邑无不学之户，家无不学之人。"[①]

[①] 世界历史编辑部编《明治维新的再探讨·基本文献史料篇》，第181页。

全国根据《学制》划分学区，设立大、中、小学及各类专业学校，教学内容焕然一新。另外，制定了有关留学生规则、学位制度，并允许私人办学等。1879年又迈出教育改革第二步，即制定47条《教育令》，废除学区制，将小学设置、管理权下放地方，缩短学制，简化教学内容。翌年又修改《教育令》，加强对教育的监管权，使就学率迅速提高，1883年达51%。1885年实行内阁制，森有礼首任文部大臣，他先后主持制定、公布了《帝国大学令》、《小学校令》、《中等学校令》和《师范学校令》等一系列教育法令，使教育改革进入确立近代教育体制的第三阶段。上述教育法令的推行，基本上确立了近代教育制度，教育普及率有很大的提高，中学、大学都有极迅速的发展，成果极为显著：日本迅速发展为世界教育普及率最高的国家。

明治政府在推行文明开化过程中，对社会风俗习惯、生活方式也给予关注。19世纪70～80年代，政府发布一系列文告和法令，实行各项社会改革，一方面废除一些封建时代遗留的旧风俗习惯，另一方面宣传、奖励甚至移植西方人的生活方式，在衣、食、住、行方面推动"欧化"风潮，企图通过社会改革建立适应世界潮流和适合日本国情的近代文明体系。发布《断发脱刀令》，天皇带头剪发；发布采用阳历布告（改阴历1872年12月3日为阳历1873年元旦，并将一昼夜12时辰改为24小时），开展以洋房、西装、西餐为代表的生活方式的"欧化"运动。这些措施在城市中取得了明显的成绩。当然，在日本政府中也有人认为，日本同西方比是劣等国，不如搞"全盘西化"。社会上亦有人主张日本应废日语而以英语为国语，甚至组织"人种改良会"，提倡与西洋人通婚以改良人种等肤浅庸俗的"文明开化观"，但终未成气候。

"文明开化"更重要的方面是开展资产阶级社会启蒙运动，传播西方启蒙思想。幕末时期成长起来的西学知识分子，是传播西方启蒙思想的先驱。明治六年（1873）成立的"明六社"，则是日本近代史上第一个合法的研究传播西方民主思想的学术团体，它既是文明开化政策的产物，也是文明开化的标志，在文明开化运动中起了先导作用。它的机关刊物《明六杂志》出版43期，发表论文百余篇，处处闪烁着"理性之光"，很受社会欢迎。此外，其社员在明六社活动期间，共出版著译20多部，介绍民主共和思想，贡献颇大。但在帝国政府公布《新闻条例》和《谗谤律》（1875）、实行《取缔演说令》（1878）和《集会条例》（1879）期间，《明六杂志》停刊（1875），明六社亦同时宣告解散。日本知识界向右转，一大批启蒙先驱者和被誉为"理性之光"的传播者，纷纷沦为思想界的保守分子、倒退转向分子。但是，群众性的自由民权运动，在淘汰了老一辈民主主义者的同时，锻炼培育出了新一代民主主义者。

4. 政治改革

明治政府在使日本走上图强之路的过程中，始终重视牢牢掌握国家政治大权，通过各时期的政治改革，建立、巩固和强化中央集权制，最后确立了日本帝国的近代天皇制。

1868年4月6日，以天皇为首的明治新政府发布了具有政治纲领性的《五条誓约》。6月11日，公布"政体书"，宣称"天下之权力皆归太政官"，并将"太政官之权力分为立法、行政、司法三权，使无偏重之患"。[①] 按此原则，天皇政权实行"太政官制"。9月3日，天皇下诏改江户为东京。10月23日，取中国《易经》中"圣人南面听天下，向明而治"一句中的"向明而治"，改年号为"明治"，并规定从此一代天皇只用一个年号。翌年4月，天皇赴东京，事实上迁都东京。

在此前后，以天皇睦仁为首、由改革派武士掌握实权的新政府，充分利用国家政权的力量，不仅对经济、文教、军事进行破旧立新，而且在政治方面也不断进行全方位的资产阶级改革。这在日本被称为"维新"。"维新"取自中国《尚书》中的"周虽旧邦，其命维新"，即变革之意，实际上是实行一系列资本主义改革。

1869年7月25日，明治天皇下诏接受各藩"奉还版籍"（版指领地，籍指户籍），任命藩主为藩知事，取消藩主、公卿等旧称，统称"华族"，一般武士则称为"士族、卒"。1871年8月29日，实行"废藩置县"，解除

[①] 世界历史编辑部编《明治维新的再探讨·基本文献史料篇》，第169页。

旧藩主藩知事职务，建立了近代府县制度，最后取消封建领主的统治权。全国行政区划分为3府72县，由中央政府任命的府、县知事管理。此举建立和加强了中央集权制的国家政治体制。

天皇政权在1868~1878年镇压了20多起士族刺杀政府高级官员的事件和暴乱，如1874年以江藤新平为首的佐贺之乱和1877年以西乡隆盛为首的鹿儿岛士族叛乱（史称"西南战争"）。同时，更以残酷的手段镇压了很多农民起义和暴动。

天皇政权在加强中央集权和发展资本主义的过程中，极力利用日本的封建遗制。在政治上神化天皇，树立其绝对权威；为培植特权阶层，将维新功臣及财阀列入"华族"；在意识形态上，宣扬皇道、神道、儒学，并引进德国唯心主义哲学。经过明治维新，日本从幕藩领主统治的封建国家逐渐转变为带封建性的资本主义国家。近代中央集权制建立和巩固后，1889年颁布《大日本帝国宪法》，1890年开设帝国议会，从而确立了近代专制主义的君主立宪制，即近代天皇制。

日本政治改革是带有两面性的。日本明治宪法的制定也一样。这里，还需对近代日本的自由民权运动的推动作用做简要叙述。

19世纪70~80年代，日本国内爆发了一场以要求开设国会、制定宪法、减轻地税、修改不平等条约和确立地方自治为主要内容的全国规模的群众性政治运动，史称"自由民权运动"。这一运动在明治政府分化瓦解和镇压下失败了。但政府在自由民权运动的强大压力下，于1881年被迫做出让步，许诺将以1890年为期开设国会，公布帝国宪法，同时着手立宪的准备工作。

首先，派伊藤博文为首的"宪法考察团"于1882年3月赴欧洲考察。伊藤一直主张以普鲁士和奥地利宪法为样板，故他直赴柏林和维也纳，向柏林大学法学家格奈斯特和维也纳大学法学家施泰因求教，历时一年多，学得了如何在立宪形式下保持君主统治大权的经验。他决心以"君权主义"色彩浓厚的普鲁士宪法为制定日本帝国宪法的楷模和蓝本。1883年3月，"宪法考察团"回国。

其次，设立华族制度，即日本的近代贵族制度。1884年颁布《华族令》，实行"公侯伯子男五等爵位制"，并定为世袭。原来的藩主、旧公卿及明治维新的功臣被授予爵位，成为"皇室的辅翼"，日后成为牵制、抗衡众议院的贵族院的基础。

再次，确定"皇室的财产"。1882年2月，岩仓具视建议为制定宪法，必先巩固皇室基础。他赞同"政治权力与财产成正比"的英国名言，他"要求把皇室财产扩大到与'国民财产'不相上下"的程度，[①]以便将来一旦政府预算案被国会否决，可由皇室财产支付官吏的薪俸和陆海军经费。于是，不断用划拨、移交、接管、编入等手段和名义扩大皇室土地、工矿企业及财产。在1889年宪法颁布时，天皇已成为日本最大的地主和最大的资本家。

最后，实行内阁制。1885年12月，废除原来的太政官制，效仿西方资产阶级内阁制，建立了责任内阁。内阁由总理大臣和外务、内务、大藏、陆军、海军、司法、文部、农商务、递信等9省大臣以及书记长官、法制长官组成，直接隶属于天皇。第一届内阁由伊藤博文任总理大臣。在实行内阁制的同时，1887年政府制定《文官任用令》，1888年还制定了新的市制和町村制，实行市、町、村的地方自治制度。

在完成这些准备工作后，帝国政府开始起草宪法草案。1886年秋，以伊藤博文为首，井上毅、伊东巳代治、金子坚太郎等4人开始秘密起草宪法，并听取法律顾问、德国法律学家雷斯莱尔和莫塞的意见。1887年5月完成第一稿，又进一步加工修改完成第二、三、四稿，1888年4月最后修改定稿，送交天皇审阅，同时由枢密院审议、通过。枢密院是天皇的最高咨询机关，设立于1888年4月，也是为审议宪法草案而建立的机构，伊藤博文辞去内阁总理大臣职务，就任枢密院议长，召集顾问官和内阁大臣，从6月18日起，在天皇亲临之下，秘密审议宪法草案，到1889年1月31日审议完毕。其间经过若干字句上的修改变动后，定名为《大日本帝国宪法》。

---

① 转引自吕万和《简明日本近代史》，天津人民出版社，1984，第108页。

1889年2月11日，明治天皇将《大日本帝国宪法》作为钦定宪法予以颁布。2月11日，是神武天皇（日本神话传说中的第一代天皇）即位纪念日（称"纪元节"）。该日，天皇在新落成的宫殿召集群臣，宣读颁布宪法的《告文》和《敕语》后，将宪法文本"御赐"给第二届内阁总理大臣黑田清隆。帝国政府同时公布《皇室典范》《贵族院令》《议院法》《众议院议员选举法》等法律。仪式结束后，举行阅兵式，召开盛大宴会，并宣布大赦政治犯，为西乡隆盛恢复名誉等。

《大日本帝国宪法》的颁行，是日本政治生活中的大事，标志着近代天皇制的确立。

《大日本帝国宪法》共7章76条。第1章关于天皇的规定共17条，是宪法的中心，其核心是"天皇主权论"。其中规定"大日本帝国由万世一系之天皇统治"，天皇集一切国家大权于一身，是国家的最高统治者。但就其权限和实际的政治作用看，天皇又毕竟不同于封建时代的专制君主，一是宪法规定天皇必须"依本宪法各条之规定"行使统治权，而宪法各有关规定又限制了天皇在政治生活中独立地发挥作用；二是根据明治初年以来形成的惯例及实施宪法后的历史过程中的实际情况，除极个别例外，天皇不直接干预国政。宪法关于天皇权力的规定在实施时成了"无答责制"，天皇对臣属的国务汇报只听不答，后果与责任由臣属承担。第2章关于臣民之权利与义务的规定，共15条。第3章关于帝国议会的规定共22条。第4章关于国务大臣和枢密顾问的规定共2条。第5章关于司法的规定共5条，规定依天皇之名义施行法律。第6章关于财会的规定共11条，规定国家预算需经议会同意等。第7章为4条补则，规定了宪法修改程序及办法。①

《大日本帝国宪法》所规定的日本近代天皇制，是藩阀专制的继续和发展。其本质是借"天皇大权"之名，维护大地主大资产阶级利益，由极少数军阀、官僚、贵族实行寡头专制。这种政治体制当然少有民主成分，但《大日本帝国宪法》毕竟是东亚第一部近代宪法，而且是当时亚洲唯一颁行

---

① 世界历史编辑部编《明治维新的再探讨·基本文献史料篇》，第194~195页。

的资产阶级宪法，无疑是一种历史的进步，有其深远的意义。

除国家的根本大法宪法外，1882年日本还颁行了《刑法》和《治罪法》，1890年废止《治罪法》，代之以《法院组织法》《行政审判法》《刑事诉讼法》，1891年颁布《民事诉讼法》。19世纪70年代初着手制定民法，后因发生"民法论争"，新的民法制定后拖至1898年才全部实施。《商法》实施于1899年。至19世纪末，帝国政府基本建立起成体系的近代资本主义法律制度。

1890年11月29日是日本第一届议会开幕之日。自此日起，钦定的帝国宪法正式实施。日本式的君主立宪体制——近代天皇制从此正式确立。

5. 军事改革

在日本帝国政府实行资本主义改革中，"富国强兵"是其三大政策之一。其主要措施就是改革旧的封建军制。1873年颁布《征兵令》，建立近代的常备军并不断扩充。与此同时，还于1874年建立了近代的警察制度。日本建立的近代常备军，不称国防军而称"皇军"，强调其效忠天皇。日本大量引进欧美的一些先进军事制度，建设了大量近代军事设施。其海军主要是学英国，其陆军主要学德国。这很快使日本的装备、指挥和战斗力得到极大的加强和提高，居于亚洲第一的领先地位。

概括地说，日本的成功之处表现在各个方面：在维护国家独立自主方面，明治政府通过艰苦的修改条约谈判和不懈的斗争，终于废除了与西方列强签订的全部不平等条约，发展成为独立的资本主义强国。在经济方面，在第二次世界大战前已获得巨大发展，取得了令人瞩目的成就，实现了工业化，农业在战后也逐渐实现了现代化。在政治方面，1889年就已开始建立近代代议制，颁布了明治宪法，也曾有过自由民权运动、大正民主运动和昭和民主运动三次民主高潮的兴起，在战后更制定了新宪法，建立了较为完备的资产阶级民主制度。在军事方面，建立了近代军事体制，实现了军事现代化。在思想启蒙方面，明治初期即开展了启蒙运动，经过文明开化，大学西方化，取得了很大成绩。在文化教育方面，经过明治政府的大力提倡和日本民间的长期努力，在进入20世纪时，就在东亚乃至世界较早较快地普及了国民小学教育，对推进现代化发挥了很大的作用。

（三）日本明治维新成功的五点经验

日本正是通过明治维新的成功，迅速发展为世界级的强国。其成功的经验，可以概括为以下五点。

第一，推翻幕府封建统治后，掌握政权的明治政府提出了明确的图强总纲领、总目标。这就是明治天皇于1868年4月6日发布的《宣扬国威宸翰》（御笔信）所提出的"雄飞海外论"："开拓万里波涛，布国威于四方。"1871年7月在《废藩置县诏书》中概括为要建成"与各国对峙"的强大国家。这是在明治维新伊始就确定的国家总纲领和最高目标。为达此目的，明治天皇在1868年4月6日率领群臣百官、诸侯到京都的紫宸殿，向天神地祇、列祖列宗宣誓。其誓言即著名的"五条誓约"："广兴会议，万机决于公论；上下一心，大展经纶；公卿与武家同心，以至于庶民，须使各遂其志，人心不倦；破旧来之陋习，立基于天地之公道；求知识于世界，大振皇基。"[①] 对日本图强总目标和"五条誓约"，我们有很多批判它的理由，但是应该看到恰恰是这些，明确提出和制定了日本发展的奋斗目标和大政方针，这个方针值得我们现在很好地理解。它洋溢着积极进取的精神和应对西方列强侵略和挑战的一种勃勃的生机。这是日本明治维新的总政策和大的出发点，没有这样一个总的能够动员、笼络住全体日本人（上下，君民，原来的一些公卿和新的农工商人员）的口号、信念和方针、政策，那是很难动员日本全民族一起来为之努力奋斗的，也不大可能会实现其图强之梦的。而且也应该承认，"海外雄飞论""与各国对峙"的国家发展总目标和基本国策，在当时具有捍卫国家主权和独立，摆脱所面临的西方列强侵略所造成的殖民地半殖民地的民族危机，以跻身世界强国的某些合理性、正当性。而作为明治维新总方针和政治纲领的"五条誓约"，则不仅提出了内政建设的方针，也明确了与国际接轨、对外开放的大方向。在当时，也具有反对封建专制主义、改革封建旧制、开国进取、学习西方先进科学技术和文明的积极

---

① 世界历史编辑部编《明治维新的再探讨·基本文献史料篇》，第168页。

意义。

　　第二，日本明治政府制定和贯彻执行了其基本国策、大政方针和具体政策，持续进行了一系列改革，而以改革促发展是可取的、正确的。"三大政策"以及进行的政治、经济、文化及军事改革，虽然这些也都存在不少问题，但基本上是切实的，是符合日本国情的。明治政府抓紧进行了持续20多年的各项改革；对外坚持开国进取，面向世界，努力学习和引进西方的各项先进科学技术，并经过吸收、消化，使之日本化。虽曾遭受许多挫折，却能及时总结、改正。如在1868年至19世纪80年代"文明开化"时期，一时间提倡"全盘欧化"，完全否定和排斥日本优秀的文化传统，19世纪80年代的"鹿鸣馆时代"就是极端"欧化"的典型，但不到20年，欧化风潮就基本平息，代之而起的是日本民族主义和国粹主义之风大盛，一时开展了保存国粹运动。这种欧化与复古回归的交替，在日本曾多次进行。又如，进行农业改革时，盲目引进、购置各种西方大型农机具，大搞大农经济，结果在少平原多丘陵的日本基本行不通。但日本很快仿制了适合日本小块耕地的各种小型农机具，并总结了日本老农的丰富经验，制定"明治农法"，组织培训，在全国推广，从而使日本农业在19世纪末达到世界先进水平。

　　第三，明治政府重视和抓住关键，进行制度建设。日本不仅持续进行各领域的体制改革，而且特别重视各方面各领域制度的制定。政治制度、经济制度、文化教育制度和军事外交制度等均全方位地全面制定，在各领域均严格推行制度化管理。如外交领域的谈判制度，农业方面甚至制定了农业教育制度，教育方面制定了一系列学校制度及留学生制度等。制度化、规范化后，国家各部门的工作按其进行，不至于只依某个长官意志执行。基本上可以说，日本的制度建设是使其迅速崛起成为大国的坚实基础和制度保证。

　　第四，在贯彻执行和落实政策、措施时，特别注意细节，精密计划做每件事的具体办法，权衡利弊，然后认真地去落实。日本似乎并没有制定过五年或十年发展规划，只是它对每个具体问题是精心地扎扎实实，切切实实地去贯彻执行，认真解决。日本曾有许多战略性的根本失误，但在具体细节上却往往是极为完善几乎是近于完美的。这反映在图强之路中的各领域各方面。

第五，在重视新时代意识，不拘一格使用人才，调动其积极性方面也有许多可取的、有实效的经验。日本政府敢于重用有勇气迎接内外挑战的人才。这种人才，不仅是皇族、华族和精英层，而且包括底层平民；不仅是支持明治政府的，而且包括曾拼死反对明治政府的人。仅举比较著名的两个事例。一是榎本武扬，他是顽固支持德川幕府的海军副总裁，与明治新政府武装抗拒到最后。政府军参谋黑田清隆（后出任第二届日本内阁总理大臣）再三劝他投降，他均坚决拒绝，却在拒绝信中写了简短的附言："我在荷兰留学时研究的《海律全书》，是关于国际法的独一无二的著作，将它焚于战火太可惜了，希望送给黑田参谋。"他退守到北海道五棱廓最后一个阵地，依然拼死顽抗。最后在政府军猛攻下，为了不使跟随他顽抗的800名官兵送死，决定自杀以换取官兵生命。被部下强行制止后终于束手被俘，成为新政权的阶下囚。黑田清隆非常赏识他的为人和才能，对送《海律全书》之事感叹道："死到临头，还把对国家将来有用的书送给敌将，真是令人钦佩"！榎本武扬这样的明治政府死敌在1872年出狱后，不久就受到政府重用，出任了日本驻俄国大使并授海军中将军衔（当时是日本海军中唯一的将官）。1874年与俄国谈判北部领土问题，经过顽强努力，于1875年签订了著名的《千岛桦太交换条约》。1880年出任海军卿（部长），后历任农商务大臣、文部大臣、外务大臣等职，是著名的政治家、外交家。他为开发北海道、修改日本与列强所订不平等条约、维护日本主权、扩大和加强日本在国际上的影响和地位，对日本在图强之路上的政治、经济、军事和文化科学事业的发展，都起了重要的作用。另一个例子则是与伊藤博文一起威迫李鸿章签订《马关条约》的外务大臣陆奥宗光，他在1877年西乡隆盛发动反政府的武士叛乱时，密谋策划响应。西乡兵败自杀，陆奥也被下狱监禁。但到1882年被特赦后，1883年就在外交界出仕，1888年任驻美国特命全权公使，后历任农商务大臣、外务大臣，成为效忠明治政府和天皇的重要外交家。

二　近代日本走入歧途

日本明治维新后的图强之路的历史，也是个悲喜剧。在叙述日本建成世界级大国之时，不能不阐述其走上军国主义、法西斯道路最后招致灭顶之灾的过程及其惨痛的教训。

（一）走上军国主义、法西斯道路

日本强国之路，也是从明治维新起就具有两重性的。其两面性无处不在，前述其成功经验的第一条中所列争雄世界的"与各国对峙""开拓万里波涛、布国威于四方"等，就已蕴含了对外扩张、侵略的另一层意思。

日本迅速发展、修改了与列强的不平等条约后，日本的国家战略便演变成追求东亚霸权甚至狂妄地企图在亚洲乃至世界称霸。"三大政策"中的"富国强兵"，以及军事方面的军制改革等，也成为扩张侵略的准备和条件。

日本崛起后，为何会穷兵黩武，走上军国主义与法西斯道路呢？

1. 深远的历史文化源流

就日本来说，近代军国主义，渊源于古代中世纪的日本武士、武家当政及武士道精神。日本武士产生于八九世纪，并随着封建经济发展和阶级关系变化，于11世纪开始登上政治舞台。以1192年武士集团首领源赖朝被大权旁落的天皇"任命"为"征夷大将军"，建立镰仓幕府（在镰仓地区建立的大将军府）为标志，武士阶级掌握了从地方到中央的国家各级政权。镰仓幕府是日本第一个武家当政的政权，从此，专事征战杀伐的武士阶级成为统治阶级，武士集团首领掌控国家最高权力达676年。1336年足利尊氏建立的室町幕府为第二个武家政权，而德川家康于1603年建立的江户幕府则是第三个也是最后一个武家政权。日本的武士阶级以作战杀伐为职业，成为中世纪军国主义的鼓吹者，也自然是军国主义体制和政策的制定者和推行者。日本武士阶级还在长达近700年的幕府时代，逐渐发展和形成了武士道。武士道，即武士精神，它既是武士的人生观、世界观，又是武士应尽义务和职责等封建道德规范及行为准则。渊源于神道、佛教、儒学的日本武士道，经历了江户时代的新型武士道和明治维新后转化为近代军人精神的武士道三大阶段，成为近代日本军国主义、法西斯主义的重要组成部分。

日本军国主义对外侵略思想亦可谓"源远流长"。早在日本古代，就已有关于神功皇后的神话传说，即她于公元210年征讨新罗（朝鲜南部古国），三次用兵大获全胜。这是日本最早的对外征战传说，后来统治者均大肆宣扬神功皇后开疆拓土之战功，推崇有加。

到16世纪末，日本实际统治者丰臣秀吉首次提出征讨朝鲜，进占中国、印度，称霸亚洲的狂妄计划，并于1592年、1596年两次出兵侵朝，利令智昏地声称，朝鲜京城已被攻陷，自己"将直捣大明国"，让其养子丰臣秀次准备迁都北京，北京"城周围十国"（县），可贡圣上（天皇）御用"，"周围百国归你秀次领有"，自己则"居守宁波府"，因其"近天竺（印度）"，以便"占领天竺"。丰臣的扩张思想和侵略野心之大，达到空前程度。丰臣侵略军在中朝联军打击下节节败退，被迫撤军，丰臣亦悲凄地呜呼离世，临终前忽张目嘱曰："勿使我十万兵为海外鬼！"言毕而死。

丰臣之后，日本的统治者及许多思想家，不断鼓吹其扩张计划、宣扬其思想，致使日本对外侵略思想在300多年间延绵不绝且日益猖獗。从18世纪八九十年代起，力倡"海防论""开国论""海外雄飞论""攘夷论"的日本经世学家及维新运动的先驱者，如林子平、本多利明、佐藤信渊、藤田幽谷、会泽安、吉田松阴等代表性人物，都大肆鼓吹对外扩张思想。佐藤信渊在其《宇内混同密策》中，就提出了日本从堪察加半岛到朝鲜，再侵入中国东北，直至侵占全中国的扩张侵略路线图。特别是"明治维新的先驱思想家"吉田松阴，公开提出"失之于欧美，补偿于满鲜（中国东北与朝鲜）"的战略，对明治领导人影响极大。这些都成为近代日本军国主义、法西斯主义重要的思想来源。

2. 主要成因

近代日本军国主义形成、发展的原因主要有三。一是明治维新这场日本资产阶级革命和改革的不彻底性。政治上掌握统治大权的多是封建武士出身者，武士道精神被继承和发展，成为维新领导人向日本国民特别是军队和学生灌输的伦理规范，《军人敕谕》和《教育敕语》中浸满了武士道精神，成为日本鼓吹军国主义和推行军国主义教育的集中代表。旧武士等级不复存在，一批资产阶级化的"新武士"（士族）活跃在各领域且是主导力量。1871年时，中央9省（部）官吏的87%是士族，至1880年时，中央及地方官吏的74%仍是士族。统治集团中的骨干多是武士出身，最著名的"维新三杰"大久保利通、西乡隆盛、木户孝允以及垄断日本政权近50年的伊藤博文、山县有朋、松方正义等均为旧武士出身。大正时代的首相原敬、加藤高明，昭和时代军部法西斯魁首东条英机、宇垣一成、板垣征四郎等也都是士族出身。士族及士族出身者极自然地成为推动日本军国主义产生发展的主要社会力量。在经济原因方面，地税改革和士族授产等改革，使农村土地制度（寄生地主制）留有浓厚封建残余，乡村成为"国内殖民地"，因而国内市场狭小。这又使大批士族无法生存而对日本政权不满。统治阶级则以对外侵略扩张将心怀不满的农民、士族引向海外征战，使他们成为军国主义日本的基本社会力量。

二是日本资本主义起步晚，却迅速发展为军事封建帝国主义。日本实现民族独立，摆脱沦为殖民地半殖民地危机，是以对东北亚弱小邻国进行领土扩张和武装侵略为重要手段的。正是将自己迅速转化为压迫民族才迎来了日本的迅速崛起。故除具有早期资本主义对外侵略扩张的典型特征外，更具有军国主义的特点。明治政府推行"富国强兵"、"殖产兴业"和"文明开化"三大政策，富国强兵是主体，是诸政策之首。近代日本发展走的是"强兵富国"之路。"强兵富国"路线的推行，使日本工业化的实现即产业革命的完成均与侵略中、朝的甲午战争、日俄战争紧密相连。待日本急速向垄断资本主义过渡，更与侵略战争捆在一起，日本军事封建帝国主义的本质和特点，使日本被纳入军事、战争轨道，进入从战争走向更大战争的恶性循环之中。

三是日本国内外均无能够制约和阻遏军国主义、法西斯发展的形势和力量。日本国内曾有三次民主运动高潮，即自由民权运动、大正民主运动和护宪三派斗争、反法西斯斗争，但均遭失败；日本对外侵略时，屡屡冒险却均较轻易得手，更刺激其向军国主义道路迅跑。

3. 形成发展的过程

日本军国主义的形成、发展是与日本崛起同步的，大体分为三个阶段。

近代日本军国主义的第一阶段是孕育形成阶段，大体从1868年明治政府成立起至1877年西南战争结束。这是日本开始走上军国主义道路的十年。明治政府上台伊始便确定了"与各国对峙"的目标。天皇在1868年发表的《宣扬国威宸翰》中宣布要"开拓万里波涛，布国威于四方"。1871～1873年，日本岩仓具视使节团出访欧美12国，历时20个月，完全接受了西方列强"弱肉强食""强权即公理"的理论观念，为日本军国主义奠定了思想基础。日本"富国强兵"政策的主要措施就是尽力建立和扩充军队。1871年组建了保卫天皇的名为"亲兵"的近卫军，同时开始创建近代陆军。1873年颁布《征兵令》，建立了常备军并迅速扩大，但不称国防军而称"皇军"，强调其效忠天皇。不久也由接收幕府和各藩军舰组建、扩充了海军。从1873年底起，明治政府颁行了统一的监狱制度，建立起密布全国的庞大的监狱网。1874年建立了近代警察制度，其头目大警视川路利良甚至表示希望"日本被称为警察国家"。

明治政府成立不久便凭借其军事力量开始对亚洲弱小国家进行武装侵略。1874年就发动对中国台湾的侵略战争，1875年又挑起侵略朝鲜的"江华岛事件"，并于1876年逼迫朝鲜签订了不平等的《江华条约》。

在这10年中，日本确立和巩固了天皇为中心的中央集权政府，建立起军国主义的经济基础，建立了军国主义的武装和警察、监狱，并开始对外实行侵略扩张。这标志着日本近代军国主义初步形成。

第二阶段是近代日本军国主义体制完全确立阶段，大体从陆军卿（国防部长）山县有朋发布《军人训诫》和《参谋本部条例》的1878年至签订

《日英新通商航海条约》，发动侵中、侵朝的甲午战争的 1894 年。其间，1879 年吞并了"自成一国"的琉球王国，并改称冲绳县；1881 年建立宪兵制度并于 1882 年发布《军人敕谕》，1889 年颁布《大日本帝国宪法》，1890 年发布《教育敕语》，1893 年军部形成等均为其路标。日本在政治、军事、经济、文化思想各领域确立起军国主义体制。

第三阶段是发展与演变阶段，大致从甲午战争后的 1895 年至法西斯军国主义确立的 1936 年或直到其败亡的 1945 年。日本近代军国主义确立后就不断地从战争走向战争，几乎是每五年就对外用兵一次，直至其彻底败亡。1936 年"二二六"政变标志法西斯上台，则是近代日本军国主义的极端表现形式。法西斯主义的确立，则是日本军国主义的最高形态。

4. 穷兵黩武的特点及危害

日本军国主义就是侵略战争，而其发动的侵略战争又具有其特点。一是军国主义无义战。日本军国主义发动和参加的一系列战争无一例外都是侵略战争。二是日本军国主义发动战争均带有疯狂的冒险性，是所谓"以国运相赌"的赌徒。三是野蛮性。甲午战争时震惊世界、惨绝人寰的旅顺大屠杀和侵华战争时的南京大屠杀即是其集中代表。四是掠夺性。每次侵略战争均大肆掠夺，还逼迫弱小国家割地赔款，日本军国主义是贪得无厌的掠夺者。如甲午战争后，迫使中国赔款 2 亿 3000 万两白银，相当于日本国库收入的四倍半。日本仅这一次从中国掠夺的战争横财，就使日本"在朝在野的人，都认为是无尽的财富"。日本"各方面都因此实行大大的扩张了"。[①] 五是欺骗性。日本军国主义总是对外进行欺骗性宣传。其狡诈性及颠倒黑白的手段可谓登峰造极。

日本军国主义虽可得逞于一时，但其最终失败是必然的。毛泽东指出，从根本上说，"日本战争的退步性和野蛮性是日本战争必然失败的主要根据"。[②]

[①] 转引自彭迪先《世界经济史纲》，三联书店，1949，第 298 页。
[②] 《毛泽东选集》第 2 卷，人民出版社，1991，第 448 页。

日本军国主义不仅危害世界和亚洲，特别是对中国、朝鲜人民犯下了罄竹难书的罪行，也使日本帝国败亡，招致灭顶之灾，使日本人民蒙受苦难，危害深重。

在侵华战争期间，日军攻城略地，铁蹄践踏了我国半壁河山，犯下了罄竹难书的罪行：凶残屠杀，从上海、苏州、无锡、常州、镇江、扬州直到南京，使我70万同胞血染长江；烧杀劫掠，蹂躏沦陷区数万万同胞；丧尽天良，实行毒气战和细菌战；无视国际法规，对我和平城市狂轰滥炸；在抗日根据地，实行灭绝人性的杀光、烧光、抢光的"三光政策"；暴虐坑杀，制造80多个"万人坑"；实施"猎兔作战"，抓捕中国劳工4.2万人到日本服苦役，伤亡逾1.4万人；恶魔淫暴，强奸凌辱数百万中国妇女，违反人道和国际法，强迫20万中国妇女做"慰安妇"，供日军蹂躏；等等。胡锦涛总书记在2005年9月3日讲话中指出，在侵华战争的15年间，日本给中国造成了无比巨大的损失：中国军民伤亡3500万人，其中死亡2000万人；直接财产损失1000亿美元，间接经济损失达5000亿美元。①（按当时币值，约为现值的1/2000）日本侵华战争对中国的破坏最大、占地最广，确实创深痛巨，使我民族在物质上、精神上受到最为严重的伤害，对中国社会的发展造成极大破坏，严重影响了中国的历史命运。

日本自1875年挑起侵略朝鲜的"江华岛事件"后，进而于1876年迫使朝鲜签订了不平等的《江华条约》，加紧对朝鲜进行扩张侵略，最后于1910年公然吞并了朝鲜。此后对朝鲜进行了35年残暴的统治、压榨和剥削。

太平洋战争期间，菲律宾人民战死和被屠杀者达111万多人，损失财产80多亿美元；越南仅1944~1945年一年即饿死200万人；印度尼西亚被抓走的劳工就死亡约200万人；在泰国和缅甸，仅强制修筑泰缅铁路（被称为死亡铁路）的暴行一项，就使战俘1.2万人、劳工约25万人死亡；在马

---

① 胡锦涛：《在纪念中国人民抗日战争暨世界反法西斯战争胜利60周年大会上的讲话（2005年9月3日）》，《人民日报》2005年9月4日，第2版。

来西亚被日军屠杀者超过 10 万人。

日军的暴行罪恶，是人类史上罕见的，是令人发指的。

日本军国主义侵略战争也给日本人民造成巨大的灾难。战费 560 多亿美元，平均每个日本人承担 650 多美元；动员兵力 730 万人，平均每户有一人当兵；日本军民伤亡 310 万人。

在战争后期，日本首都东京 80% 以上住宅被炸毁，仅 1945 年 3 月 10 日一天空袭就被炸死 15 万人以上，除京都、奈良外，几乎所有的日本城市均遭空袭，到处是废墟。尤其是美国于 1945 年 8 月 6 日、9 日在广岛和长崎投下两颗原子弹，一瞬间，几十万居民惨遭伤亡，造成人类史上空前悲惨的情景。

由于日本军国主义的对外侵略战争，日本国民经济全面崩溃。日本经济学家的共同结论是：日本经济倒退了 25 年！

战争更使日本人精神创伤深重，可以说已是"精神全面崩溃"。对天皇神话、对日军不可战胜的神话，日本人曾是坚信不疑的，但在战败投降后，一时间都破灭了。人们思想极为混乱，传统道德观念受到冲击。至今还有些人一直受到"战争梦魇"的纠缠而寝食难安。

（二）军国日本败亡、现代化成果毁于一旦的五点教训

日本明治维新后的图强之路，虽一时受益于对外侵略扩张战争，但"大日本帝国"在中国军民十四年抗战和世界反法西斯战争的沉重打击下，最后崩溃败亡，招致灭顶之灾。战后初期，日本被美国事实上"单独占领"，丧失了国家和民族的独立，教训何等惨痛。现将军国日本败亡及现代化成果丧失殆尽的教训归纳为五点。

第一，近代日本国家战略的错误是最致命的。日本帝国制定的基本国策、总目标、总纲领和总政策中已埋下了祸根。"与各国对峙""宣扬国威于四方"等国家战略目标，也表明了对外扩张的野心；特别是在迅速崛起过程中，在 1874 年便出兵侵略中国台湾，在 1876 年便把不平等条约（《江华条约》）强加给朝鲜，更在 1879 年吞并了两属的独立王国琉球，划入日

本版图，称为冲绳县。实践着吉田松阴的"失之于西方，补偿于满鲜（中国东北和朝鲜）"的思想主张。在维护日本国家独立自主、修订不平等条约的过程中，特别是改约后，便仿效西方，与列强为伍，不断挑起侵略战争，把不平等条约强加给弱小邻国。在1894年7月16日与英国修改不平等条约成功，订立"日英新约"后，次日就召开御前大本营会议，决定了挑起甲午战争的部署，九天后的7月25日，即发动了侵朝侵华的甲午战争，并于1895年4月17日迫使中国签订了丧权辱国的不平等条约《马关条约》。

总之，"与各国对峙"等口号也在一开始，后来则越发成为军国主义不断发动侵略战争的动因和行动口号，对外侵略扩张和追求霸权演变成日本国家的战略。国家战略的这一根本性错误，是日本帝国败亡的根本原因，也是最重要的教训。

第二，走上军国主义、法西斯道路是日本帝国招致灭顶之灾的必然。总结其教训，就是只有根除日本军国主义产生、形成发展的几个成因，才能避免和防止军国主义滋生、发展：一是进行彻底的全面改革，防止改革的半途而废和不彻底，弥补政治民主化的缺失；二是正确对待和处理好历史传统，特别是剔除、抛弃传统文化中的糟粕，如对外扩张侵略的传统思想、武士当政、以军事立国等。走军国主义道路，最后必然失败。这是近代日本现代化道路留给日本及全世界各国的历史教训。

第三，推行以"强兵富国"为主导的政策，是日本帝国败亡的又一重要原因。一味强兵、发展军事，最后不能富国而只能败国、亡国。

明治维新"三大政策"中的"富国强兵"，在日本图强过程中逐渐转变成"强兵富国"政策。日本军国主义之父山县有朋（日本军政巨头，多次任内阁总理大臣，授元帅刀）在1880年11月给天皇的奏文中明确说道："兵强，国民志气始可旺，国民自由始可言，国民权力始可论，交际平行始可保，互市始可制，国民劳力始可积，然后国民之富贵始可守。""兵之多寡"重于"国之贫富"，强兵、扩充军备乃"燃眉之急"。推行强兵富国政策的逻辑发展，就是更具体化为日本帝国提出的"大陆政策"，即从侵略朝鲜和中国的台湾、东北入手，进而侵占全中国，最后侵略东南亚，称霸亚洲的武装侵略政策。正是推行这一错误的政策，使日本帝国陷入了一个恶性循环，不断地从战争走向更大的战争，终招致彻底崩溃，这是何等深刻的教训。

第四，妄图以对外侵略战争实现强国梦，只能是迷梦破灭。明治初期图强之时，是以改革促发展，而从明治中后期开始已转变为以战争促发展。日本帝国的发展，其工业化的实现、产业革命的进行和完成均是与侵略中国、朝鲜的甲午战争、日俄战争紧密联系在一起的。这导致日本国民经济乃至整个国家的发展均被纳入了军事、战争的轨道，陷入又一个恶性循环的怪圈；战争—经济军事化、国家发展强大—更大的战争—经济更加军事化、国家更发展强大、发展为强大的军国日本—发动侵华战争和挑起太平洋战争……这部战争机器不停地运转，只有到国民经济和军国日本彻底崩溃才被迫停止下来。以战争促发展，只能使日本帝国彻底崩溃，使现代化成果悉数丧失。教训是极为深重的。

第五，日本帝国崇尚、迷信"弱肉强食""强权即公理"的西方社会达尔文主义信条，终于自食其果，招致灭顶之灾。在走入国际社会，与国际接轨时，日本派出了访问欧美的岩仓使团。使团在考察德国兴起、发展和强大的原因时，于1873年3月15日拜会了德国"铁血宰相"俾斯麦，向他请教小国富强之道。俾斯麦说："方今世界各国，虽皆声称以亲睦礼仪相交往，然此全系表面文章，实乃强弱相凌、大小相侮……彼之所谓公法虽号称保全列国权利之典章，然而一旦大国争夺利益之时，若与已有利，则依据公法，毫不变动；若与已不利，则幡然诉诸武力，固无常规也。小国孜孜省顾条文与公理，不敢越雷池一步，以期尽力保全自主之权，然遭其簸弄凌侮之政略，则每每几乎不能自立。是以（普鲁士德国）慷慨激奋，一度振兴国力，欲成为以国与国对等之权实施外交之国。乃振奋爱国心，积数十载，遂至近年始达成所望。"俾斯麦这番"强权即公理"的讲话，"极大冲击"了岩仓使团。大久保利通对俾斯麦佩服得五体投地，称其为"誉满全球的俾斯麦大先生"，认为"治理新国家必须像他那样"。回国后，大久保利通掌握日本国家大权后，确实照俾斯麦所言而行，亦被称为"日本的俾斯麦""铁血宰相"。日本启蒙思想家福泽谕吉更进而提出"脱亚入欧"的战略主张。这些对日本帝国与列强为伍，欺凌、侵略弱小国家的实践影响很大。直至日本走向法西斯，与德、意法西斯妄图分霸世界，终于在世界各国反法西斯力量的抗击下，最后败亡。这一教训何等深刻啊。

三　以史为鉴——对明治维新历史遗产的认识

综上所述，明治维新给东亚和世界留下了丰富厚重的历史遗产，既有值得肯定的，以正面为主导的明治维新成功的经验，也有应予否定的，以负面为主导的走上军国主义、法西斯歧途，不断发动侵略战争直至军国日本败亡、现代化成果丧失殆尽的惨痛的教训。

我们以为，还有必要进一步阐述明治维新对中国的影响和中国对明治维新历史遗产的认识。

（一）明治维新对中国的影响

19世纪后半叶，中日两国开始了由封建农耕社会向现代工业社会的转型过程。日本经过明治维新之后的一系列改革初步实现了早期的现代化，中国虽然也经历了洋务运动等艰难的探索过程，但1895年甲午之败却使中国的现代化探索遭遇挫折，中国不仅没能实现现代化，反而在半殖民地半封建化悲惨命运中越陷越深。同时，甲午之战也改变了东亚国际体系的格局，以中国为中心的封贡体制宣告彻底结束，日本"脱亚入欧"加入了列强侵略者的行列，称霸东亚。

因此，明治维新特别是甲午之战是中日两国近代发展历程的一个界碑。甲午之后，列强掀起了对中国的瓜分狂潮；日本则在强国之路上迅跑，亦成为最为疯狂侵略掠夺中国的强盗。同时，中国的政治家和知识精英也开始重新认真地认识、解读日本，并在获取诸多启示的基础上重新思考和探索中国的现代化问题。这种启示和探索对当时的中国现代化发展产生了历史影响，同时又给人们留下了广阔的思考空间。从世界现代化发展的大视角重新审视这一段历史，亦可揭示一些有益的历史启示和值得记取的历史教训。

明治维新后的日本对中国诸方面的影响的确很大。日本像一个展示西方现代文明的窗口，也像一座沟通东西方文化的桥梁，西方现代文明经过日本的消化吸收再间接传入中国，对中国的发展产生了一定的影响。中日文化交流史上的中国留学、考察日本的高潮，正是在甲午战争之后轰轰烈烈地开展起来的；中国的社会政治改革，如"戊戌变法"和清末"新政"，均采鉴日本；军事方面，模仿日本建立起近代军事教育体系，推行三级军事教育制度；经济方面，学习日本的各项经济制度和新技术；教育文化方面，学习日本废除科举制度兴办近代教育；社会思想方面，在日本的影响下出现了各种新思潮，对中国近代思想的变革起到了很大的推动作用。

甲午战争后，日本对我国台湾的侵占、殖民统治及影响，也是不能回避的重要问题。日本侵占台湾时期，台湾总督府与日本资本联手掠夺台湾资源，并驱使台湾人民承担繁重的劳役，使台湾逐步沦为日本资本主义的米糖供应地；随着战争需求的增加，台湾遂变为日本军国主义、法西斯战争的工业基地，台湾的社会经济结构也发生了重大变化。在这一过程中，作为日本殖民地的中国台湾，是在为日本军国主义战争提供后援、满足日本国家利益的需求，给台湾造成的是灾难性的后果。在疯狂进行经济掠夺的同时，还大力推行同化主义教育等。从19世纪末开始，日本伴随着武力扩张在朝鲜、中国台湾及其他侵占地区大力推行殖民教育。殖民教育主要是通过向教育机构和学校派驻警察和特工进行监督，按殖民统治需要制定教育政策，摧毁占领地的民族教育设施，建立殖民教育体系，推行奴化教育，从而达到毁灭占领地民族意识、破坏东亚文明和文化的罪恶目的。对一些美化日本侵台和进行殖民教育的奇谈怪论——形形色色的似是而非的错误观点和模糊认识，应该予以坚决、有力的批判和驳斥。

（二）对明治维新后历史遗产的认识

如何认识和评价明治维新留给中国的历史遗产？我们认为，只有以马克思主义的历史唯物论和辩证唯物论为指导，尊重历史、客观公正，才能力避片面、主观,得出正确的认识,做出准确的评价。

　　首先,根据历史唯物论的观点,应看到明治维新后的日本经历了以1894~1895年甲午战争为界标的两大发展阶段。在1868年开始的明治维新至甲午战争阶段,近代日本的主要任务是完成从封建农耕社会向工业资本主义社会的转变,也面临着如何摆脱殖民地、半殖民地危机的使命。这一时期虽然有浓厚的封建残余问题及开始走向军国主义道路的问题,但矛盾的主要方面还是内治优先,还是国内各项资本主义改革的进行。所以在这一阶段,近代日本留给中国乃至东亚的历史遗产,还是以正面的、积极的改革经验为主。而在1895年甲午战争后直至1945年日本帝国败亡阶段,日本确立了军国主义、法西斯,走上了对外侵略战争的不归路。虽然在国内也有过短暂的大正民主运动时期、宪政常道发展时期,虽然在日本殖民地和被占领地区,客观上其资本主义因素也有所发展,但这一时期占主导的是侵略,是战争破坏和毁灭性的后果,近代日本在这一阶段留给东亚的历史遗产,无疑是以负面的、消极的惨痛教训为主。这是前后两大性质甚至根本不同的历史遗产。对近代日本的两分法,主要应首先以甲午战争前后区分不同的历史阶段。

　　其次,应区分所谓日本对中国、东亚历史影响的客观作用与其根本目的及其实质的本质区别。对明治维新成功经验及军国日本败亡教训我们已做了概论。以下主要对明治维新后日本在第二阶段的所谓客观作用问题,简明阐述我们关于如何认识近代日本对东亚现代化的作用和影响的基本观点。

　　近代日本虽然在客观上使朝鲜、中国台湾和其他被占领地区,如中国东北地区等地,在被殖民地化的同时,也开始走上资本主义早期现代化的道路。对此,应如何认识呢?

　　在这里我们旗帜鲜明地表示,我们反对日本右翼近年来不断鼓吹的种种谬论,也不能认同近年来某些韩国学者和中国台湾学者的似是而非的错误观点。

　　我们认为,首先要确认历史的真实。历史的实际是,日本军国主义为将这些地区作为它的原料产地、廉价劳动力的提供地和商品市场,为保障和适合日本移民的利益和生活,以进行长久的殖民统治和支撑长期的侵略战争,就需要使这些地区具有满足其需要的"长治久安"的社会环境和一定的生产能力。这就要在这些地区开办加工厂、修理厂，直至开设工矿及商业企业；开办交通运输业，甚至进行并不断扩大国际贸易；设立银行等金融机构，甚至发行通用货币；进行现代城市建设，出版报纸杂志，建立印刷出版机构，而要做到这一切，又不得不培养政治、经济方面的代理人；等等。这样就自然地按照日本社会模式，局部地改造和影响这些地区的社会体制，从而不可避免地为这些地区的早期现代化发展提供了条件。

接着，应如实地揭露日本军国主义给殖民地及占领区所造成的灾难性后果。对这些地区人、财、物的惨无人道的杀戮、抢劫和掠夺，极大地破坏了这些地区的社会经济发展，严重阻碍了这些地区的现代化进程。这才是历史的本真。

我们更应该揭示日本侵略战争和进行殖民统治的罪恶目的：绝不是要这些地区发展，而是为了掠夺原材料、开辟商品及资本市场和投资场所。日本开办企事业的权益，自然全部由日本控制和享用；就是殖民地、被占领地区少得可怜的由当地人兴办的企事业，日本殖民者也严加控制，使其永远受制于日本。故这些企事业，只能是从属性、依附性的、畸形的殖民地经济。在文化教育上，更是如此，发展文化教育是为了从精神、文化上彻底摧毁这些国家、地区的民族意识。在朝鲜和中国台湾及东北的奴化教育及其深远的恶劣影响，就是明证。对日本右翼的反动谬论及日本、韩国及中国台湾的某些学者的一些错误认识，我们应予以有力的批驳和澄清。

最后，我们还必须指出，殖民地人民在摆脱日本枷锁前，是不会收到日本殖民者"在他们中间播下的新的社会因素所结的果实的"。[①] 朝鲜半岛、中国台湾、中国东北，只有在打败日本军国主义法西斯，推翻其殖民统治，取得国家独立和光复、解放后，才有可能在日本侵占和殖民统治时所积累的一些现代化条件及基础之上，开始新的现代化进程，实现本国、本地区的现代化。因此，打败日本军国主义法西斯，争取独立和解放，才是朝鲜、中国

---

① 《马克思恩格斯选集》第 2 卷，人民出版社，1972，第 73 页。

台湾和中国东北现代化的关键！而这恰恰是日本最不愿看到的，是日本拼死反对的。民族独立和解放的历史功绩，只能属于这些国家和地区的人民，属于中国十四年抗战和世界反法西斯同盟的伟大斗争和最后的胜利。

"让历史照亮未来"，回望日本明治维新及现代化的成功，总结其经验；回望近代日本在甲午战争前后开始走入歧途，走上军国主义道路，穷兵黩武而招致灭顶之灾的过程和惨重后果，总结其沉重的教训，是为了东亚现在和未来的和平与发展。只有正视历史，以史为鉴，才能正确把握未来，而如果歪曲或否认历史，必将误导未来。战后日本74年的历程也充分说明和平发展才是图强的正道。以战后民主改革为起点，日本如"火中凤凰再生"一样，重新崛起成为西方第二经济大国。以改革促发展，则能真发展；以战争促发展，则发展终将失败。

"聆听历史是一种智慧"，我们期望和相信聪慧勤奋的日本人民也能正确总结明治维新后的历史教训，坚持走和平发展之路，决不允许日本重蹈军国主义、法西斯的覆辙，为东亚地区的和平、稳定和世界的和平发展做出应有的努力和贡献。

近代日本的军政关系研究*

徐 勇**

关于近代日本的国家体制属性，一直广受学界与社会各界关注，比较一致的认识是军国主义。但何为日本军国主义，它有什么样的组织结构及其及运作决策状态与决策支配力量诸多问题，实为值得持续探讨的、兼具学术与现实意义的重要课题。

一 近代日本军人支配地位的变与不变

就比较政治的角度考察，在世界范围的近代国家体制的转型过程中，多出现过军人政治形态，如英国资产阶级革命时期的克伦威尔通过新模范军的组建与运用成为独裁者（dictator），法国大革命产生过拿破仑的军事独裁（military dictatorship），以及在统一及转型过程中的德国的军国主义（militaristic nation），等等。其中，关于日本军人政治与其他国家的不同点，曾任日本防卫大学校长的猪木正道指出："希特勒的第三帝国并非纯粹的军国主义国家，而是应该称之为超军国主义的极权主义。传统的军人贵族的大多数成了对希特勒展开抵抗运动的中心。"他将近代日本国家体制性质的表

---

* 本文原载于《国际政治研究》2015 年第 1 期。
** 徐勇，北京大学历史学系教授。

述为"把大日本帝国定义为军国主义是毋庸置疑的"。[1]

　　猪木的上述研究，提出了一个有意思的命题：日本军国主义较纳粹德国更具有典型意义。那么，近代日本军国主义缘何成立，有何特点，其主导及其政策支配性力量何在。本文的基本看法是，近代日本军国主义确立于明治维新时期，其后连续发动侵华战争与太平洋战争，遭受失败投降；与近代德、俄等欧洲军事强国相比较，其在存在的时间长度、国家体制结构以及社会思想文化诸方面，均有完整的独特表现，可谓典型形态。而决定这一典型体制的根本力量，在于日本军人阶级的历史传统及其在当时的强大存在。

　　前近代的日本社会是以武士为四民之首的军事社会。武士在古语中又作"侍"（samurai），意为侍卫、随扈，以战斗随从为职业，具有浓厚的宗族与主从依附特征。武士阶级的力量壮大于11世纪前后庄园经济兴盛时期。1192年，日本建立了第一个武士政权——镰仓幕府，武士的总头领受封"征夷大将军"，组建幕府，执掌国家政权，而皇室只具有名义上的权威。武士阶级统治日本近800年，集合其"武家习气""弓矢之道"，形成武士阶级所遵循的尚武主义的武士道。

　　幕藩体制的政治特征是以"天皇"为公共（公家）神圣权威，而由"幕府"武家掌控国家政权，武士阶级是为社会的统治或支配性力量，武士道则是社会伦理之基本规则。征夷大将军既是众武士的共主，也是国家的实际执政者，凭借其相对强大的经济势力与军事力量，君临各藩国。藩的数量在江户时期（1603～1867）为250～300家。[2] 各拥藩兵力量不等，虽不敌幕府的直属部队"旗本八万骑"，但少数强藩兵力可达万人，实力不可低估。故日本历史上的幕藩体制，与欧洲领主制近似，包括武装力量的统属关系在内，拥有较为松散的中央和地方之间的军政分权关系。

　　在明治维新运动中，以幕府奉还大政、将军退位方式，重建天皇制中央集权制国家。随后的戊辰内战，迅速决定了原有的幕、藩两级武装力量存留

---

[1] 猪木正道『軍国日本の興亡―日清戦争から日中戦争へ・序』中央公論社、1995。
[2] 伊文成、马家骏等：《明治维新史》，辽宁教育出版社，1987，第67页。

去向。倒幕派强藩军队获胜，进而共组"御亲兵"，以直属于天皇的"皇军"形式，建立了新的国家中央军队。而幕府军队及拥幕派藩兵如会津藩兵"白虎队"等被消灭，其余大多在随后的秩禄处分等社会变革中改变了身份，转化为新的商、工界经营者或市民。自此，前近代幕藩体制的武装力量地方分散制不复存在。

如此，由天皇"公"家与幕府"武"家之争，进而由皇军获胜，过渡为中央化国家军队的路径，是近代日本特殊条件下的演变结果。需要看到的是，这一进程必然让"皇军"打上了深刻的私兵烙印，并决定其继续并最终军阀化以及反人民性的暴力工具化。

在国家与军队转型之时，军人阶层的走向如何，是决定国家政治走向的核心内容。而武装力量的存在与统属模式，是衡量判断国家体制转变与定性的基本尺度。由于原有幕、藩两级武装力量的人员不复存在，作为社会的"武士"亦迅速转化为非武阶层，有日本学者称之为武士阶级的"自杀"。①这一"自杀"论的基本含义，是强调通过自我更新，武士阶级和平消失。

明治维新后的武士阶级果真是"自杀"了吗？这不单是辨析武士阶层是否真正消失，更主要的是需要根据武士去留状况正确评估军人阶层的社会地位作用问题。在中世纪的日本社会，武士为士农工商四民之首。1868年后，随着维新诸政策的推行，由于"废刀令"与剃除蓄发，武士阶级的外在标志被取消。四民平等与"人权齐一"成为时尚口号，阶级秩序被废除。但是，1875年实施处分，剥夺了士族世袭俸禄，随后于1876年以发行金禄公债形式奉还家禄，使士族阶级得到惠及终身的利益更新与补偿，相当数量的士族转入制造、商业等行业，成为社会经济界的新贵。而旧士族中继续从军者，则可以穿戴现代军人服饰，以"皇军"身份，成为近代日本国家权力垄断阶级之一员。1884年颁《华族令》，使皇室及武家各界文武官僚获得贵族身份，被法律确认为高高在上的国家特权阶层。

在明治军人继承国家社会尊崇地位之同时，传统武士道亦被沿袭为社会

---

① 三谷博『明治維新を考える』有志舎、2006、3頁。

伦理支柱。1872年，明治政府发布《全国募兵诏书》，规定全体国民交纳"血税"，"以生命报效国家"。① 如此带有血印的动员话语，一度引发了民众的反"血税"暴动。1882年，以日皇名义颁《军人敕谕》，宣布："朕乃汝等军人之大元帅，朕依汝等如股肱，汝等依朕为头脑……"要求军人每天诵读该敕谕，遵守"忠节、礼仪、武勇、信义、朴素"等武士道要义。② 正如研究者指出："在维新后的新时代，武士道精神仍然保持着这样的指导性地位。"③ 继承了武士道的明治"皇军"，终于成为装配近代兵器而执行对内"镇守"和"外征"侵略的野蛮的战争机器。

综合而论，在近代化过程中，日本军人阶级的政治权力及其社会地位，是有所变也有所不变，可谓"华丽转身"，也可谓"故态复萌"。其转身之变在于放弃了佩刀与俸禄等特权标志，并以穿"军服"的军人身姿，实现了由"武士"阶级向"皇军"的身份转换；其不变或"复萌"，是指军人继续占据着社会尊崇地位，并突破差别主义限制而干预国家政治保持了武家政治即军人阶级执掌政权的中世纪传统形态。

二　近代日本军国主义结构及其体制特征

近代日本军事力量的政治地位及其特殊的好战功能，需要通过国家政权特殊的体制结构加以实现。这是一个传统与近代交集且日渐"逆向反动"的进程，它构建了明治维新后日本国家政治独特而极为典型的军国主义化的关键环节。

明治初期，皇室新建"御亲兵"规模不断扩大，旧"武士"逐渐完成向"皇军"的转变，促成了天皇制国家军队"皇军"的正式建立与不断扩张。其时军制尚未定型，曾沿袭大村益次郎的设计，采用法国式的兵权从政主义，兵部省归属于太政官，兵权归属于政府。但在实际用兵如"西南战

---

① 松下芳男『日本軍制と政治』くろしお出版、1960、25~26頁。
② 防衛庁防衛研修所戦史部『大本営海軍部1（戦史叢書）』朝雲新聞社、1974、14頁。
③ 高橋亀吉『古鏡日本近代経済の育成：奇跡的発達の基盤』時事通信社、1982、28頁。

争"时，可以派出"讨伐总督"负责军事指挥，即已出现"独立于太政大臣和陆军卿的军事机关，造成了政治和军事一元化组织的破坏"，① 出现了兵权主政的倾向。

至70年代，为对抗日渐高涨的民权运动，保障军事力量的发展，在山县有朋等人主持下，效仿普鲁士，于1878年12月设置直属于天皇而分管军令大权的陆军参谋部，其后海军也分立出相应的军令机关，从而使"军令大权"和"军政大权"分立，实行所谓统帅权独立制。

据日本宪法学家和军制学家的解释，"军令大权"（又称统帅权、兵马大权）包括平时的战略计划、临战动员及作战指挥等事项；"军政大权"包括编制、训练、后勤供给等内容。军令大权被分立出来，只将军政大权归属于内阁，这在军制学上称为军事二元制。

1889年颁布的明治宪法，规定天皇总揽统帅权。1907年2月颁发《公式令》，规定敕令均需内阁总理大臣附署签名。同年9月颁发《关于军令之件》（简称《军令》），其"第一条，有关陆、海军之统帅经由敕令规定是为军令；第二条，对于军令，凡需公布者，应附上谕，由天皇签署后钤盖玉玺，再由主任陆军大臣和海军大臣记入年月日并签字"。② 该《军令》赋予军令长官"帷幄上奏权"，凡有关军令事项，可以不经过内阁直接上奏天皇，由天皇裁断。至此"统帅权独立原则"完全确立，内阁政府被完全排除于军令事项的决策之外。

另一项重要规定是，1901年第二次山县内阁改订官制，以敕令形式规定，陆海军大臣须由军方推荐，由现役上将、中将担任，次官由现役中将、少将担任。是谓"军部大臣现役武官专任制"。该项规定保障了军方对于军政高层大员人事权的垄断。内阁的陆、海大臣须由军部推出，军令大权绝非政党社团所能置喙。

由于"军部大臣现役武官专任制"与"统帅权独立制"两大制度的支

---

① 森松俊夫：《日军大本营》，黄金鹏译，军事科学出版社，1985，第15页。
② 松下芳男『明治軍制史論　下巻』有斐閣、1956、593頁。

撑，军部政治获得绝对的优势地位，并直接控制了内阁的存亡与运作。第一，在组阁之前，假如军部不满意该届内阁，不推荐陆、海军大臣人选，内阁只好流产；第二，军部若与现任内阁意见相左，则让陆、海军大臣辞职，并且不再推荐继任人选，可迫使内阁辞职；第三，内阁辞职后，陆、海军大臣可以不与其他阁员共进退，继续留任，所以陆海军大臣并不介意内阁的更迭，而仅仅依据军部的利益办事，执行军部的政见。

由上可知，经由明治维新后的一系列举措，先后确立了日本的军政与军令分离的军事二元制、统帅权独立制、军令帷幄上奏制以及军部大臣现役武官专任制诸项特殊形式的军政制度，造就了近代日本军人阶级、军队机关在社会政治生活中的优越地位，建构了独特的军国主义的军政关系。

在近代日本军国主义化进程中，军人与军事实力的膨胀并非没有遇到阻力，明治维新后民主主义曾有长足的进步。经由19世纪的"自由民权运动"与20世纪的"大正民主运动"，实现了由议会中众议员多数政党组阁的"政党政治"，至20世纪20年代，"反军"力量曾达鼎盛状态。原敬内阁的高桥藏相曾要求废止参谋本部，将军令大权收归内阁，原敬首相认为时机不成熟，让高桥撤回了提议。从此未触动过"明治宪政之眼"。在现役武官专任制方面，虽然一度规定可以扩大到预备役、后备役，但实际上从未出现过预备役、后备役大臣，更不用说文官了。所以政党政治给军部造成了很大压力，但并没有取得绝对优势。

就更早一些的制度规定而言，亦有过阻隔军人与政治关系的差别主义法规。如1880年的众议院议员选举法，规定"陆、海军人现役期间不得行使选举权和被选举权"。[①] 翌年（1881）改定陆军刑法及海军刑法，各增加禁止军人干政的条文一条。1882年《军人敕谕》在"忠节"条内强调"不为舆论所惑，不关涉政治，以恪守忠节本分为唯一方向"。[②] 1889年颁布的《明治宪法》第11条规定"天皇统帅陆、海军"，第二章规定"臣民权利义

---

① 松下芳男『明治軍制史論 下卷』342頁。
② 安部博純等『近代日本政治史：史料構成』南窓社、1982、131~132頁。

务",其中第 32 条将军人与普通"臣民"的"权利义务"加以区别,等等。①

上述法规无疑是要求防范军内民权运动等政治活动,隔绝军队与社会政治的联系。而吊诡的是,兵权独立行使的法则,只是单方向保障了军队在社会上的特殊地位,却没有阻止"皇军"的实力干预及其制约国家政治或防止其势力的不断膨胀。演化的结果是,以维持治安为目标的不到 2 万人的明治初年的"御亲兵",逐步地"以欧洲近代军队为模本,完成了国土防卫军、外征军的成长历程"。② 而且,在其"外征"侵略之际,恰值中、朝等东亚国家衰弱转型之时。于是,经过甲午战争、日俄战争所谓两大战争获胜,兵权趋于鼎盛。

其间社会各界曾严厉批评军阀势力。第一次世界大战爆发后,日军参战,日本政党集团与国民舆论批判日军为"藩阀的私兵"。出身陆军根据地长州藩的军人政治家田中义一,也试图"倡导实行真正的'国军化',纠正藩阀和军队一体化倾向"。"昭和期的军队,所谓狂热等非合理性与其说是例外状态,不如说已经属于常态"。③ 所以,近代日本的军国主义化,致使"皇军"获得了先进的兵器装备,却没有改变其中世纪的暴力属性,完全缺乏主权在民、文官控制等近代理念与道德规范属性。

对于日本国内政治来说,这一部中世纪式暴力机器,凭借其独特的军政实力,轻易获得国内政治"权力核"地位。军部实力不断膨胀,逐步摆脱政府的控制,成为与内阁并立的"双重政府"。④ 20 世纪 20 年代,虽然有国内大正民主运动的压力,还有来自国际美英列强的非战裁军,但也没能阻止军部新兴军阀势力掌控国家内外大政方针。1931 年侵占中国东北地区之后,日本的军阀政治完全明朗化,通过 1936 年的"二二六事件"的处置,军部终于完全战胜政党控制社会政治,结束了"双重政府"局

---

① 以上宪法条文译自安部博純等『近代日本政治史:史料構成』145~150 頁。
② 戸部良一『逆説の軍隊』中央公論社、1998、336 頁。
③ 戸部良一『逆説の軍隊』175、20 頁。
④ 松下芳男『明治軍制史論 下巻』493 頁。

面，达成了日本军国主义一元化政治的完全确立，即军部法西斯主义的政治统一。

比较同时期的欧洲政治走向，可以更加清晰地理会日本国家体制的特殊性。日本军部利用军队特有的组织力量及其在国家政权中的"权力核"地位，凭借天皇的精神权威，在社会政治生活中发挥了德、意法西斯政党那样的政治作用，实现了政治化。所以，丸山真男指出："从根本上说起来，法西斯政党和团体就是一个非正式的军队，反之，军队可以说是非正式的法西斯主义的政党。"① 也可以说，日本的法西斯主义就是军部法西斯主义，军部法西斯主义就是对日本法西斯主义的最恰当的概括。②

返观近代以来，从幕藩体制进入武士官僚把持政局的藩阀政治，进至大正时期由军人阶层占主导地位的军部与政党对峙的"二元政治"，再进至30年代，最终建立了天皇制下军部法西斯专政的军国主义国家体制，可知日本武士阶级特权转换的终极结果，就是通过明治维新促成西方工业化或现代化技术的引进，同时决定了国家军国主义的归宿。这一传统与变革的交集与逆反，借用户部良一的结论："在近代化和发展中的非合理性与狂热主义的泛滥，也可以说是在日本军队中发生的悖论（逆说）。"③

近代以来，中日两国学界多从正面评价明治维新取得的"成功"，着眼点在其工业化及科技领域的外观成就，而严重忽略的是日本军事力量的逆向作用。一言以蔽之，近代日本军事力量的逆向作用反映了被忽略的日本明治维新负面的一面。④ 关注其内、外双行的军国主义体制确立的根本属性，分辨其近代器物与军国主义体制相伴随的重要特征，研究旧武士阶级转换为"皇军"的内外流血历史，是研究界值得深刻反思的课题。

---

① 丸山真男「ファシズムの諸問題」『思想（通号341）』1952年11月、137頁。
② 参见徐勇《日本的军部政治化与法西斯主义的确立》，《历史研究》1988年第4期。
③ 戸部良一『逆説の軍隊』21頁。
④ 参见徐勇《明治维新与近代日本军国主义再研究》，《军事政治学研究》2013年第3期。

三 工业化社会环境中的"皇军"决策实力

研究"皇军"在国家军政大局中的决策态势,必然要考察皇室与军队的关系。从法律角度来说,明治宪法规定"天皇统帅陆海军",军部应对天皇负责,只有天皇能够管辖军部。但是皇室与皇军皆为一体,从某种意义上看,天皇也是皇军之一员。最为典型的是天皇裕仁8岁之前曾被寄养于海军中将川村纯一家长达4年多,8岁进入学习院初等科学习,陆军大将乃木希典担任该院院长并直接担负对裕仁的教育。裕仁的启蒙教育早与军人融为一体。裕仁12岁从学习院毕业进入御学问所学习,该学问所总裁是海军元帅东乡平八郎,"东乡元帅对皇太子教育的重点也在于把他培养为一个军人"。[①] 裕仁12岁成为太子,并任陆海军少尉军官,14岁晋升为中尉军官。每隔两三年晋升一次,终为陆海军大元帅。天皇的整个生活完全军事化,这是需要"通过天皇日常生活的军事化而使整个日本军国主义化"。[②] 裕仁之外,战前皇室所有男子都需进入陆军士官学校学习,毕业后进入军队任职。天皇及皇室如此的军事属性,既体现了军权与皇权关系浑然一体,也显示了军权对皇室的强大作用力或曰支配力。

明治宪政体制内的天皇,无疑具有至高无上的权威,也能发挥相当的实际作用,但是干预的结果,总是军权的进一步膨胀。经常为史家引述的是裕仁迫使田中义一内阁辞职以及直接干预1936年"二二六事件"的处理。在九一八事变之后,由于国内城乡经济问题,政制结构和对外战略的矛盾集中爆发,至1936年爆发了皇道派与统制派的"二二六事件"。而解决冲突的最终的平衡器,仍在于军权与皇室的携手合作,结果是更能代表军部高层利益的统制派获胜,制定出更加好战的、主张南北并进战略的《国策基准》等一系列国家政策方案,为翌年的全面侵华战争奠定了体制、政策与战略的

[①] 祢津正志:《天皇裕仁和他的时代》,李玉、吕永和译,世界知识出版社,1988,第8页。
[②] 祢津正志:《天皇裕仁和他的时代》,第10页。

基础。

在制定对外战略方面的典型事例，是1941年对美开战的决策事件。裕仁在御前会议讨论前后对第三届近卫内阁议案不满意，导致近卫内阁下台而重组东条英机"战争内阁"，而后"御批"对美开战，终于发动了太平洋战争。现役陆军大将东条英机担任首相兼陆相、内相，以后又兼任文部相、商工相、军需相等职，这是天皇制卵翼下军人专制主义的集中表现。

但是，尤为重要的是，不能不看到日本兵权更为突出的对整个国家权力运作的支配作用。明治宪法规定天皇"神圣不可侵犯"，意在保持天皇的公共权威，使之不亲政而不承担实际责任。在御前会议上裁决争端多是只听不答，是谓"廷政分离"，亦有学界论述天皇制为"虚君制"。

天皇在国家中的实际权力大小问题，还是需要继续讨论的问题。但可以肯定的是，名义上直辖于天皇的陆海军，实际上突破了诸多法规，在政治上肆无忌惮，自成国家权力运作中心。按日本学者所说，在天皇权威的神圣光环下，军部成了明治宪政的"权力核"[1]，居于特殊的权力支配者的位置。

明治维新后日本军政关系演变的特殊历程，促成了近代日本"皇军"实以中世纪的皇家私兵形态，毁弃了工业化时代的民主国家体制的主权在民、文官控制等军政关系原则。加之亚太国家尚处于转型期衰弱过程的外部特殊因素，这支中世纪式的皇家军队，装备了工业化以来的新式装备，执行国家军国主义对外战争政策，力量得到飞速扩充。不幸而严峻的事实在于，"皇军"每隔5～10年便要进行一次对外扩张战争，而每一次战争都会带来新一轮的扩军计划。二战结束时，陆、海军总兵力达720余万人。这不只是对外的，也是对付日本国内民众的一部空前强大的暴力机器。

关于"皇军"对国家权力的控制深度，20年代初民主派代表尾崎行

---

[1] 安部博纯『日本リシズム研究序説』未来社、1975、151頁。

雄、岛田三郎等曾指出："直属天皇的机构中，属于文官者四个，而属于武官者竟达到四十一个。"[1] 这是20年代政党政治所谓"黄金时代"的情况。到了30年代，武官掌权更为严重。1931年日军发动九一八事变，翌年爆发的"五一五事件"中犬养毅被杀，日本政党政治的黄金时期结束。稍后由军人发动1936年"二二六事件"的流血暴动，直到1945年战败投降，完全实现了军部专制的昭和军阀时期军人对国家社会的全面控制。

自1931年起，日本共有内阁15届，军人就任首相者为10人，只有犬养毅、广田弘毅及近卫文麿3人（近卫三任）为政党、官僚或贵族出身。如果和大体同时的在中国受到严厉批评的中国北洋军阀政治相比较，则有大巫小巫之分（见表1）。

表1 中日两国"军阀时期"军人内阁届数比较

时段国别 届数 比较	军人内阁届数	政党、官僚内阁届数	内阁总届数	军人内阁比例（%）
民国北京政府时期(1912~1928)	12	35	47	25.5
民国"军阀时期"(1916~1928)	10	30	41	24.4
日本"昭和军阀"时期(1931~1945)	10	5(3)	15	66.7

资料来源：钱实甫编《北洋政府职官年表》，华东师范大学出版社，1991；刘寿林、万人元等：《民国职官年表》，中华书局，1995；林茂、辻清明编集『日本內閣史録3、4』第一法规出版、1981；等等。

从表1中可以看出，作为同属近代东亚范围的军阀现象，日本军阀政治远较中国为甚，它表现了近代日本军政关系的特殊性质。"皇军"消除了幕藩兵制的地域性、分散性，将新建国家军队统辖于皇室，但实以皇家私兵形态，从根本上背离了兵权应该遵守的主权在民、文官制军等民主政治原则，强化了近代日本国家军政关系的中世纪落后形态。

毋庸置疑，近代日本国家体制的军事化程度，超过了本国中世纪的武家

---

[1] 转引自信夫清三郎《日本外交史》（下），商务印书馆，1992，第483页。

政治形态，亦为世界近代政治之典型形态。其原因在于日本"皇军"的"权力核"地位及其对国家军政决策的绝大的支配作用。

四 余论：亨廷顿的警语

由明治维新铸造的中世纪式"皇军"，配上近代工业化道具，连年实施大规模对外侵略。其战争流血规模之大、时间之久，实属罕见，日本右翼却自傲地称之为"百年战争"。所谓"百年战争"，其持久与庞大实取决于其军国主义体制的深广而牢固的根基，受制于其特殊军政关系庇护下军人实力集团绝大的支配权力。近代日本军国主义在世界近现代史上堪称典型形态。基于此点，亨廷顿指出："日本拥有世界上最为政治化的军队。"[1]（"the most political army" in the world）

日本战败投降之后，盟军在日本实施了民主改革，"皇军"及整个战争机器被宣布废除，重建的自卫队也确立了文官控制体制。与此相对应，在日本学界，相当一批客观研究近代日本军队、军制的具有前沿代表性学术著作的出版，使日本军国主义问题获得了相当程度的研究与批判。

但是，由于美军对日政策变化等原因，战后对日本军国主义的清算并不彻底，以致现今日本在社会精神文化、与制度政策多个层面，均出现了新军国主义的危险倾向。其主要表现是不反省甚至是以侵略历史为傲的各种保守主义、民粹主义势力有了越来越多的发展。其危险的政治与军事决策，则是谋求修改或废除"和平宪法"第九条，努力建立"自卫军"，开辟多种途径发展军事工业，不只以经济且以政治外交谋略为目的出口兵器。当前日本的新军国主义势力，已经具有越来越大的影响力。

面对如此令人忧虑的现实，笔者愿意推荐亨廷顿的研究，虽然"当代日本的和平主义观念是显著的"，但由于缺乏政治中立性质的"军事专业主

---

[1] S. P. Huntington, *The Soldier and the State: The Theory and Politics of Civil-Military Relations* (Harvard University Press, 1981), p. 126.

义"传统，加之美军占领等历史与社会因素，不利于日本的"客体型文官控制（objective civilian control）的发展"，因此"这些因素或将促成日本产生一个有形式变化的政军关系体制，但与1945年前的通行体制相比较，其本质仍将相同"。① 对于历经战灾的中国与亚太各国民众来说，这是务必加以重视的警语。

---

① S. P. Huntington, *The Soldier and the State: The Theory and Politics of Civil-Military Relations*, p. 139. 考虑到亨廷顿这一论断的重要性，笔者译法比较了洪陆训等译《军人与国家：文武关系的理论与政治》（台北，时英出版社，2006，第190页），并参考了日本学者市川良一所译『ハンチントン軍人と国家 上』（原書房、1978、137頁）的译法，并致谢意。

日俄战争时期日本在华军政之研究

王　刚[*]

1904～1905年，日本和俄国之间爆发了一场规模庞大的战争，战争的目的是争夺东北亚地区的权益。这次战争的交战区域主要位于中国东北地区。由于当时的中国国力孱弱，无力阻止战争，代表中国的清政府只好宣布"局外中立"。日俄交战期间，作为交战地区的中国东北，不仅经济民生受到严重破坏，清政府对当地的行政管辖权也几乎丧失殆尽。日本军队在交战地区实施军事管理，在征集人力、物力为其战争服务的同时，还干涉当地行政事务，严重侵犯中国主权。

日本在占领区实施军政管理的目的是什么？军政管理的具体措施有哪些？围绕军政中的纠纷中日双方进行了哪些交涉？军政管理的影响有哪些？围绕这些问题，本文尝试利用中日文资料还原当时历史的轮廓。

一　清政府在东北控制权的丧失

1. 日俄战争爆发

日俄之间矛盾的根源在于双方在东北亚地区的扩张政策。1894～1895年中日甲午战争后，日本试图割占辽东半岛，但因俄德法三国的干涉而不得不放弃。俄国则利用中国对日本的防范，威逼诱骗清政府，获得在东北地区

---

[*] 王刚，国际关系学院日语系副教授。

修建中东铁路、租借旅大等权益。

1900年，俄国利用义和团运动时期的混乱出兵中国东北，驱逐清政府地方官，试图将东北变为其殖民地。这进一步导致日俄矛盾的激化。日本一方面暗中鼓动清政府在外交层面抵制俄国的侵略，另一方面积极扩军备战。1902年，第一次日英同盟形成，为日本的对俄作战提供了重要的国际援助。1904年2月，在日俄交涉无果的情况下，日本首先发动战争。

2."局外中立"政策的出台

尽管日俄战争的主要战场在中国东北地区，但是清政府却无力阻止战争的爆发，也无法对处于战场的东北地区进行保护和管理。1904年2月12日（光绪二十九年十二月二十七日），清政府发布上谕："现在日俄两国失和用兵，朝廷轸念彼此均系友邦，应按局外中立之例办理。"随后，外务部又发表声明，强调中国主权不可侵犯，"三省城池衙署、民命财产两国均不得损伤。原有之中国兵队，彼此各不相犯。辽河以西俄已退兵之地由北洋大臣派兵驻扎。各省及沿边内外蒙古均按照局外中立例办理，两国兵队勿稍侵越"，同时，也不得不承认"惟满洲地方尚有外国驻扎兵队未经退出之地面，中国力有未逮，恐难实行局外中立之例"。①

日本政府表示尊重中国的"中立"，承诺"日本国兵队，于战争之处，确守交战公法，断不损害地方财产。……凡战斗境内，贵国官民除与战事实有关系外，日本军队于其自身命财产必当十分尊重保护。……日本政府于战事结局，毫无占领大清国土地之意。贵国疆域中所屯兵队，除与战事实有关系外，必不敢有损害大清国主权之事"。②

除照会各国的声明外，清政府还颁布了《局外中立条规》，目的是避免交战国在战争中侵占中国权益。《局外中立条规》包括三个部分：第一部分是禁止中国官民参与战争；第二部分重申了中国应该享有的中立国权利；第三部分则是处理与交战国军队关系的规定。它是战争中清政府与日俄两国交

---

① 商务印书馆编译所编纂《日俄战纪全书》第1编，商务印书馆，1918，第41页。
② 国家图书馆编《外务部收发文依类存稿》，全国图书馆文献缩微复制中心，2003，第160页。

涉的主要依据。

但是，在没有强大实力的情况下，这些措施并不能有效保护在战区的各项权益。

二　日本在东北实施军政的情况

1. 实施军政的目的

日本在占领区实施军政的最直接的目的是充分利用当地资源，为其战争提供支援和帮助。日本在中国东北地区直接参战人员高达20多万人，如此规模庞大的部队所需要的物资、弹药等的数量是巨大的，全部依靠日本本土支持十分困难。为保证战争顺利进行，最方便的办法就是直接在战区获取。同时，大量物资的征集运送还需要运输工具和人手，这些问题日军也无法独力解决。所以日军在赶走俄军后立刻在占领区实施军事管理，从当地获取战争所需物资及人力。也就是说，日本将占领地区作为作战后勤基地，为战争提供服务。

日本实施军政的另一个目的是为战后在中国东北地区扩张势力做准备。根据中俄之间的条约，旅顺、大连等地在战前属于俄国租借地，日本视其为俄国所有。日军占领这些地区后，将其视为从俄国手中夺来的战利品。在该地区实施军政除了为战争提供后勤支援的目的外，还为日后长期占据此地、持续经营预做准备。

在通商口岸营口，日军试图通过实施军政插手中国海关事务，谋求控制海关管理权，打破原来一直由欧洲人控制中国海关的局面。

在中立区新民，日军实施军政的用心更为险恶，明显是借战争之机牟取更大的利益。

2. 日军实施军政的原则

日俄战争爆发前，东北地区基本上处于俄国控制之下。旅大地区作为俄国租借地，其行政管辖权完全在其控制之下，其他地区的中国官员或者被驱逐，或是被迫为其服务，行政管辖权也几乎被俄国霸占。俄国军队在当地的野蛮行径招致中国百姓的敌视。日军在占领这些地区后，为保证后方稳定和获取补给，制定了基本的原则和具体的实施政策，其中最主要的原则是"日军施政的权限以不超过俄国原来施政为宜"。① 不过，在实施军政时的具体方针根据地区也有所差异，大致上分为三类：俄国租借地、通商口岸以及内地其他地区。

对于俄国租借地旅顺和大连，日本占领后完全照搬俄国做法，将各项权益全部收归囊中。从这一点上就可以明显看出，日本对俄作战的目的绝不像其战前宣传的那么单纯，甚至还要攫取更多权益。紧邻大连的金州地区本不属于俄租借地范围，后来俄国不顾中方抗议，驱逐当地中国官员，强行将其纳入租借地范围。在战前宣布不会侵占中国领土的日本采取了与俄国一致的做法，将金州视为租借地，采取与旅顺、大连同样的军政政策。由此可见，日本趁火打劫的本领毫不逊色，与俄国并无二致。

通商口岸指的是位于渤海湾的港口营口。营口作为当时东北地区唯一的通商口岸，是商品进出该地区的门户。对于通商口岸，日本最初制定的军政原则是承认由中国地方官员管理民政。但是，日军占领营口后，即以"军事需要"为由，拒绝中国官员返回该地施政，试图将营口控制在自己手中。

对于交战区内的其他地区，日本的军政原则是同意中国地方官员管理民政，但是提出了限定条件，即所谓的施政要在"军事上允许"的前提下进行。事实上，在战争期间，"军事上允许"与否完全由日军说了算，清政府没有置喙的权力。军事上的需要也成为日军干预当地民政的借口。实际上，无论是否与军事有关，日军派驻各地的军政官员在执行军政的同时，对当地民政亦大加干涉。有些地区的民政几乎完全被日军的军政委员控制，当地中国官员成为附庸，行政管理权限与俄国占领东北时没有多少差别。

---

① 日本外務所編纂『日本外交文書』三十七・三十八卷・別冊（日露戦争Ⅲ）、日本国際連合協会発行、1960、239 頁。

3. 军政的机构和人员

日军对占领区的军政管理大致分为三个时期：军政委员时期、辽东守备军时期、辽东兵站监时期。

（1）军政委员时期

随着日军战线的不断推进，对占领区的管理成为日军要面对的问题。最初日军对占领区的军政管理是由处于该地区的部队各自进行的。一般情况下是由该地区部队司令派遣陆军士官担任军政委员，并配备若干辅助人员协助管理。

1904年（明治37年）5月11日安东战斗结束后，日军"满洲军"第一军派遣的军政委员陆军少佐松浦宽成在安东县设立军政署，这是日军在占领区设立的第一个地方军政机构。此后，随着占领区的扩大，设置的军政署也逐渐增加，凤凰城、复州、盖平、海城等地相继成立了军政署。具体情况见表1。

表1 日军军政署设立情况一览

地区	时间	军政委员	隶属及变化	军政委员变化
安东	1904.5.11	松浦宽成,陆军少佐	第一军 韩国驻扎军	小山秋作,步兵少佐
凤凰城	不详	仓迁明俊,士兵中佐	第一军 韩国驻扎军	
复州	1904.6.19	高山公通,步兵少佐	第二军	平山治久,步兵大尉
盖平	1904.7.9	高山公通,步兵少佐	第二军	
海城	1904.8	木村宣明,步兵中佐	第二军	
营口	1904.7.25	高山公通,步兵少佐	第二军	与仓喜平,步兵少佐
金州	1904.5.26	齐藤季治郎,步兵少佐	第二军	安东斌,炮兵少佐
大连	1904.5.31	川崎虎之助,步兵大尉	第二军	
旅顺	1905.1	齐藤季治郎,步兵少佐	第二军	
大孤山	1904.5.27	木村宣明,步兵中佐	独立师 第十师团	佐野正臣,骑兵少佐
岫严	1904.6.7	安东斌,炮兵少佐	独立师 第四军	
辽阳	1905.9.6	松浦宽成,陆军少佐		
铁岭	1905.3	木村宣明,步兵中佐	第四军	川崎虎之助,步兵中佐

各地军政署除军政委员外,还有一些协助人员,包括宪兵官1名、下士4名、上等兵20名、翻译官30名、普通下士2名、马卒1名。有时根据需要增加聘用人员。在旅顺、大连、金州、营口等事务较多的地方,还增设顾问,由高级文官担任。①

(2) 辽东守备军时期

随着日军占领区的不断扩大,陆军部认为有必要将作战任务和守备任务分开。日军大本营决定成立辽东守备军司令部,专门负责占领区的管理。此前由分设于各地的各军兵站执行的管理任务,现在统一由辽东守备军司令部指挥。同样,原来隶属于各军的军政委员也统一归辽东守备军管理。陆军参谋长神尾被任命为军政长官,统管军政事务。1904年9月12日,陆军大将西宽二郎就任辽东守备军司令。司令部下辖后备步兵六大队、后备骑兵一中队、兵站各机关、军政官衙、特定军衙等,其中军政官衙专门管理军政机关。

金州、大连、旅顺、复州、营口、海城、盖平、辽阳等地区归辽东守备军司令部管辖,奉天、铁岭、新民屯等仍旧归属于"满洲军"总司令部。

根据陆军省颁布的规定,辽东守备军司令部"以海牙守约附属陆战条规相关规则第三款为依据,对俄国租借地实行军政管理",辽东守备军司令官派遣军政委员,"根据军事上的需要进行各种军政管理"。但是,民政方面,"在不妨碍军事的前提下应由中国地方官管理"。关于在通商口岸的行政事务,提出"应根据情况与驻该地的帝国领事及该地区附近的海军官员进行协商"。②

关于军政的具体措施,辽东守备军司令部还颁布了《辽东守备军行政规则》《辽东守备军行政规则细则》《商人管理规定》《旅行管理规定》《行政规则修改稿》等一系列规定。

(3) 辽东兵站监部时期

1905年(明治38年)5月,出于协调作战后方的需要,日本满洲军总

---

① 日本外務所編纂『日本外交文書』三十七・三十八卷・別冊(日露戦争Ⅲ)、339頁。
② 日本外務所編纂『日本外交文書』三十七・三十八卷・別冊(日露戦争Ⅲ)、244頁。

司令部决定设立"满洲军"总兵站监，统一管理日本"满洲军"的兵站、交通、物质补给等事务。同时，撤销辽东守备军司令部，改为辽东兵站监部，隶属于"满洲军"总兵站监。"满洲军"总参谋长儿玉源太郎担任"满洲军"总兵站监。5月19日，辽东兵站监部整编完成，辽东兵站监是陆军少将井口省吾。同月参谋本部与陆军省协商后，决定废止军政委员制度，原军政委员的工作并入各兵站司令官的工作。①

军政委员撤销后，其办公机构军政署随之撤销。在租借地设置了民政官衙，在大连设立关东州民政署，在旅顺、金州设支署，石冢英藏被任命为民政长官。民政长官下设事务官、整视、技师、通决官、属、整部技手、通译生等职官，全部是文官。6月23日，关东州民政署开始正式办公。

4. 军政的具体工作

日军实施军政的主要工作包括军事和民务两个方面。原本在日本陆军制定的实施军政原则中曾提出除军事事务外，民政事务应归中国地方官处理。但是在具体执行过程中，民政事务中的大部分也由日本军政委员控制或主导，中国地方官员几乎没有影响力。

具体来说，军政方面的主要工作包括筹集军用物资、征用房屋、调配车马等运输工具、调集当地百姓充当苦力等后勤事务，还有搜捕占领区俄国密探、收缴武器、维持治安、保护军用设施等工作。

军政实施初期，日本军政委员对地方民政事务的干涉相对较少。但是，随着占领区形势的逐步稳定，这些军政委员开始更多地插手民政事务。各地区的民政事务除了大体相同的情况外，还有一些不同之处。比如，在复州地区，开战以后地方治安日益混乱，马贼活动非常猖獗。为维持稳定，日本军政委员将当地居民组织起来，在一社或两社组织一个团练会，从每个团练会征募30~40名民兵加以训练，然后从中选取240人，用州衙门武器加以武装，派日本宪兵进行日式训练，留下精壮90人负责维持治安。② 比如在旅

---

① 日本外務所編纂『日本外交文書』三十七・三十八巻・別冊（日露戦争Ⅲ）、339頁。
② 日本外務所編纂『日本外交文書』三十七・三十八巻・別冊（日露戦争Ⅲ）、409頁。

顺、大连地区，根据当地情况，军政的一项主要工作是植树。日本军政署先后从日本进口松楠、桃树、李树等树苗三百万株，种植于该地区。另一项主要任务是开展教育，教育的目的是"使当地民众能够永远对我友善"。日军的做法是："第一步做的工作是援助学龄儿童，然后无论是成人还是儿童，皆教授简单易懂的学科，因为中国人中希望学习日语者较多，所以专门开设一门学科，以日本人作为教员。其他课程选择中国人教授。费用的支出根据各地情况，有些来自捐助。"①

营口是东北重要港口，也是最早的通商口岸。日军占领该地区后，完全控制各项行政事务。日军的民政工作主要有：购买、填平土地；修建道路、护岸、栈桥、仓库、轻便铁路、学校、宿舍、旅馆、公园等；整修电话及电信设施、邮局、路灯及树木、水底电线、火车站、屠宰场；等等。②

除了军政、民政以外，各地的日军政委员还对管辖下地区的社会情况进行了全面调查。调查涉及范围十分广泛，包括历史沿革、政治军事、民族、生产资源、经济民生等各方面，全面而详尽。以盖平调查书为例，从该调查书的目录即可见一斑。

目录

第一　满洲统治概要

盛京省管辖、奉天府城、军政七分民政三分

第二　满洲官衙的统属

奉天将军、副都统、城守尉、防守尉、笔帖式、佐领、协领、骁骑校、户部、扎部、兵部、刑部、工部、驿站、关防、乌拉总管、总管巡捕、府尹、府丞、驿巡道、军粮同知、教授、经历、司狱

第三　新设各局及各委员处

文案局、营务局、粮饷局、军火局、发审局、善后局、交涉局、斗

---

① 日本外務所編纂『日本外交文書』三十七・三十八巻・別冊（日露戦争Ⅲ）、339頁。
② 日本外務所編纂『日本外交文書』三十七・三十八巻・別冊（日露戦争Ⅲ）、604頁。

秤总局

 第四　盖平县沿革

 鼓楼、熊岳城、管辖境界、社、义和团、军政署开设

 第五　盖平向官衙

 盖洲（州）城守尉、熊岳防守尉、游击马队、巡捕马队、盖平知县、土药捐局、绿捐局、盐捐局、现任官员

 第六　居民种类及人情风俗

 满汉蒙口、旗人民人、一年活动、万寿节典礼、旌表、僧侣道士、冠婚、丧祭、唱戏、衣服、饮食、妇人、头发

 第七　户籍法及下级行政机关

 游民、正户、开户、存续、丁年、户数、人口、保甲、守堡、乡约、会首、区数

 第八　土地地域称呼及买卖交换情况

 锹下年期、弓尺、项日、社屯厂店、余地升科地、红册地、伍田地、牛仓地、三园地、庄赋

 第九　租税征收概要

 滚单、联票、亲轮、地租率、人丁银、杂税种类、捐银取立法、包捐

 第十　殖产兴业概要

 谷类、产额、肥料、耕种、杂谷名称

 第十一　商业发展概要

 商店组织、出租屋种类、车店及各房屋种类、银市银两及其种类、银圆种类、铜钱种类、钱庄钱票、俄国货币，尺度量衡、官斗、私斗

 第十二　学制教育一览

 岁考、科考、乡试、会试、殿试、学生呼称、学政职员、训导、圣庙、卧碑、书房义学、学田、学租、盖平师范学堂橄

 第十三　诉讼概要及其手续

 格式纸、官代书、呈词、格式条项、看押、封、班房具禀、督抚批、签票、差役收入、赌博税、法廷状况、判决实例、斩罪状况

第十四　东清铁道用地购买情况

王母兰附近购买费用、中俄官员、墓地购买、砖瓦、椟石

第十五　满洲与俄国关系

满洲占领第一步、捕逃渊丛、尼布楚条约、侵略主义、瑷珲条约

建议六条

附录

一、满洲古今沿革表

二、盛京文武官员统属表

三、八旗驻防配备表

四、巡捕马队配备表

五、农具及斗秤略冈①

三　中日两国围绕军政的交涉

毫无疑问，尽管清政府在战争中奉行"局外中立"的政策，但是这并不代表中国放弃东北地区的主权。不管是俄国占领还是日本控制，该地区的行政管理权都属于中国。日军以军事需要为名在该地区实施军政，侵犯了中国的主权。日军的一系列做法也招致了中国的抗议，并引起了双方的交涉。

1. 日本军政官员对中国地方官的压制

日方军政委员干涉地方事务的做法遭到清政府地方官员的抵制，双方矛盾激化，日本军事当局则采取了限制、驱逐等手段进行压制。

凤凰城军政署军政委员仓迁明俊在该地区组织中国车辆为前线运送物资，当地官员署理凤凰厅同知王安仲不肯配合，解散了集合好的车辆，日方遂向凤凰城道台提出交涉，要求罢免王安仲，清政府迫于压力只好答应了日

---

① 日本外務所編纂『日本外交文書』三十七・三十八卷・別冊（日露戦争Ⅲ）、629頁。

方要求。

日本占领复州以后，复州城守尉高万梅及县丞曹福培等对日本军政委员的命令采取消极抵制的态度。日军恼羞成怒，竟然派兵将高万梅扣押，还没收中方所有武器。随后，日本指责高万梅涉嫌偷盗和贩卖当地煤矿的煤炭，以此为借口将高驱逐。①

盖平地区战前设有税关，由山海关管辖。日俄战争爆发后，商人大半躲避，无税可收，于是山海关道台将盖平口办事差员撤回，暂停征税。后日本军队占领该地区，战事停止，商人逐渐返回开始经营。山海关道台拟派遣余应霖返还盖平，设立税务所，重新征税。但是，这一合理要求遭到日本军政委员的拒绝。中方遂向日本政府提出交涉，希望日方"转饬该处军政官，勿再阻拦，惟重税务，而昭睦谊"。② 日本回复说，当地秩序尚未完全恢复，物资匮乏，物价高涨。若同意中方征税，必然使物价进一步上升，日军采购物资更加困难，所以不能同意中方要求。后战线北移，当地情况有所好转，物价逐渐下降，日本才同意了山海关道的征税要求。③

除阻止中国官员依法行使管理权外，日军还动辄以"俄国间谍"之名肆意逮捕、囚禁甚至杀害中国地方官员。

1905年1月，日军闯入辽阳知州府衙，将"该州兵弁、书役、家人募友等不下二十名"强行带走，在军政署内"拷逼奸细口供，逼令供认州官系为俄坐探"，然后又"派兵五、六名至署，阳为保护，阴实看管"。④ 2月10日，日本军官又强迫辽阳知州陈良杰前往青泥洼，陈到达后即被扣押，罪名是"交通俄军，泄日军情"。清政府随即向日本政府提出交涉，提出："查在战地之中立各官，其管辖之权仍在中立政府，无论违犯何项事案，应由中立政府查实惩处。不应由战国逼令擅离治所，旷其地方职守。"⑤ 日本

---

① 故宫博物院编《清光绪朝中日交涉史料》，故宫博物院，1933，第6308、6428页。
② 日本外务所编纂『日本外交文書』三十七・三十八卷・别册（日露战争Ⅲ）、422页。
③ 日本外务所编纂『日本外交文書』三十七・三十八卷・别册（日露战争Ⅲ）、424页。
④ 《清光绪朝中日交涉史料》，第6931页。
⑤ 《清光绪朝中日交涉史料》，第6936页。

政府回复说："该牧署内人丁有十名供证州官受俄资六千金，分遣多人窥探日军防守情形，照日军律应处以极刑。兹经中国诘商，应尊重主权，始令回署，仍派人监察，俟查竣，由驻京日使请中国政府调回讯办，并由中国政府另选贤员接代。"① 清政府迫于压力，只得同意撤回辽阳知州。

2月10日，日本军政官木村带领二十多名日军士兵，闯入海城县县署，"把守各门，搜翻箱匣，因无私物，将友人来往信件掠去，并将职史、幕友、家丁、总役一并带赴军政署，仍派兵看守该令，不容出入"。几天后，据说信件中"并无干涉日军之件"。不过日军并不罢休，仍然派人在县署看管县令王顺存，限制其人身自由。②

日方无故扣留中国官员已属十分无理，清政府迫于形势只好委曲求全。不料日本得寸进尺，还要进一步干涉中国内政。清政府外务部向日方要求释放被扣押的中国官员时，日本驻华公使内田康哉竟然向袁世凯表示："辽阳陈牧、海成王令犯其军法，罪当死。交出后，中国治以何罪，先商定方可交。"袁回答说："只可按违反政府禁令参仿各国通例的办，万不能施以军法。"③ 中国官员被日军释放后，经过调查，所谓"为俄国坐探"一事纯属子虚乌有。即便是盛京将军赵尔巽亦受到日本军政委员的限制和刁难，有时不得不亲自到军政署与军政委员协商周旋。

中国官员的任命、调动、处置等皆属于中国政府权力，属中国内政，日本随意处置这些中国官员，严重侵犯了中国主权。然而，在日本军队的控制之下，当地中国官员根本无力反抗日军的野蛮行为。

2. 围绕复州民务所的交涉

1904年6月，日军占领复州后建立军政署；8月，日军第二军步兵大尉平山治久被任命为军政委员。其上任后不久即将复州城守尉高万梅驱逐，然后开始谋划设立民务公所，明目张胆地干涉民政事务。据盛京将军、奉天府尹和复州知州报告，平山不仅命令复州官署训练50名勇丁归其指挥，还擅

---

① 《清光绪朝中日交涉史料》，第6970页。
② 《清光绪朝中日交涉史料》，第6989页。
③ 《清光绪朝中日交涉史料》，第7053页。

自颁布了一个所谓"民务公所章程"。

该章程提出，由于"现今复州治下环瀛所有村庄、乡约……上情下达、下意上识之成典，几乎置弃如遗"，所以"兹拟设民务公所，以期竟日执公者，秩序井然，条理不紊，上下无纤介之微嫌也"。日方还威胁说："自示谕之后，迅速办事，倘有置若罔闻，不认真执公者，一经查出，按例严办，毫无宽假。"该"章程"还具体规定了"民务公所"管辖的范围、办事人员的选任、管理的事务、经费来源等。①

根据该章程内容，日军不仅在复州，还要在复州邻近地区设立民务公所。在民务公所之下设立分支机构，每个分支机构还需定期向上级汇报各社民务情况。民务公所总办由军政委员任免和督察，民务公所经费向当地百姓征收。这样的民务公所几乎与地方政府无异。

外务部收到报告后，立即向日方提出交涉，强调"民政一事，还应由当地中国官员负责"。② 日本驻华公使内田康哉接到中方交涉后与日本国内进行沟通，认为"此事与上月拒绝文韫营口赴任一事相若，已经引起中国政府的怀疑和对日本的不良印象"，建议"只要军事上允许，应尽可能照顾中国政府之体面"。③ 8月29日，盛京将军再次报告外务部，平山竟然强行使用官衙库款设立民务公所。8月31日，外务部就此事照会内田，提出：

> 查复州治理民务系中国地方官应尽之责。日本军政官如有所见，亦可知照该地方官，自行酌办。若另立章程，拟设民务公所，殊非贵国推重中国主权之意。至该旗库及州署，款项支绌，亦未便遽行提借。相应照会贵大臣，一并转达贵国政府，饬令该军政官，毋庸另设民务公所，并勿提借库款。④

---

① 中研院近代史研究所编《清季中日韩关系史料》，台北，中研院近代史研究所，1972，第5920页。
② 日本外務省編纂『日本外交文書』三十七・三十八卷・別冊（日露戰爭Ⅲ）、400頁。
③ 日本外務省編纂『日本外交文書』三十七・三十八卷・別冊（日露戰爭Ⅲ）、400頁。
④ 日本外務省編纂『日本外交文書』三十七・三十八卷・別冊（日露戰爭Ⅲ）、400頁。

日本外务大臣小村寿太郎接到中方照会后致电陆军大臣寺内正毅，建议："如果确有借款办公务所一事，不如将所谓公务所废止。……应该停止借用中国官银的行为，并将已借部分归还中国。如贵大臣同意此意见，可通告我军政委员，令其执行。"① 日本此时尚有所顾忌，担心过度干涉中国内政有可能会对日本的外交和其后的作战产生不利影响。所以，日军辽东守备军司令部命令复州军政官将该民务公所全部交给中国地方官，由中国地方官监督，所借款项也尽快归还中国官员。不久，日军更换了该军政委员。

3. 围绕营口官员回任问题的交涉

营口是东三省唯一的对外通商口岸（清政府已经同意将奉天、大东沟设为通商口岸，由于俄国的占领还未及实施），1900年俄国出兵东北时将营口当地的中国官员驱逐。

1904年7月25日，日军进入营口，占领了牛庄海关，并且升起了日本国旗。② 同一天，日军决定在营口设立军政署。7月28日，日本外务省确定了在营口的具体政策：

> 以军事需要为核心、军民分开的原则。包括：一、设置军政署，基于军事上之必要，实施各种军政措施，进行军政管理。二、允许中国地方官回到营口，在军事允许范围内由中国地方官掌管民政。三、关于海关税务，在军事允许的范围内，同意现有工作人员继续管理。四、令濑川领事迅速回营口处理事务，此前暂时由驻天津伊集院领事代理。以上原则有可能会根据军事需要进行调整。③

7月31日，日本陆军参谋总长电示日"满洲军"总司令部，在营口地区"采取与俄国占领时期一致的处理方式"。④

---

① 日本外務所編纂『日本外交文書』三十七・三十八巻・別冊（日露戦争Ⅲ）、407頁。
② 《清光绪朝中日交涉史料》，第7546页。
③ 日本外務所編纂『日本外交文書』三十七・三十八巻・別冊（日露戦争Ⅲ）、559頁。
④ 日本外務所編纂『日本外交文書』三十七・三十八巻・別冊（日露戦争Ⅲ）、568頁。

早在 6 月中方获悉俄国将撤离营口后，即由署理营口的山海关道台文韫向日本驻烟台领事发出照会，重申中国对营口的管理权，照会文曰：

> 查营口系本国通商大埠，为本道向来驻节之所，近年曾由俄监督暂行管理，本道因移驻锦州。如届俄监督退去之时应交由本国地方官接办一切吏治商务。否则该埠土匪莠民所在多有，必至乘间啸聚滋事，扰害地方，断非商会绅董所能制服。除已照商俄监督拟于何时退去迅速照复本道拟届时督率前往接办外，特预声明，即希贵领事查照施行。①

日军占据营口后，清政府决定派遣山海关道台赴当地恢复行政管理。然而，7 月 31 日，文韫抵达营口后，日本军政委员高山拒绝了中方接管当地民政和海关事务的要求，表示："此事重大，非两国皇帝商定不可，我无此权，无论如何定议，三日后必送回文。"还表示当地形势非常混乱，秩序尚未恢复，所以在处理各项事务时只能按照俄国占领时的方针进行。②

此后，负责交涉事务的北洋大臣袁世凯又向日本驻天津领事伊集院提出此事，希望日方能允许中国官员赴营口考察。日方仍然以秩序尚未恢复为由拒绝中方的要求。8 月 13 日，外务部正式照会日本，提出："山海关道原有管理地面及稽查关税之责。现在贵国军队已抵营口，本部拟派该道文韫前往驻扎，请转电在营武员查照，俾该道早日到埠得以尽其职守。"③ 对中方的合理要求，内田回复说："奉外务部大臣训电，据满洲总司令官所见，谓我军进占营口为日尚浅，诸事纷纠未暇就绪，军务攸关，殊属紧要。望暂停山海关道上任"。④ 对日方的这一无理行为，中方暂时并没有更有效的办法，袁世凯认为："日胜，势难理喻，惟有稍待再催。"⑤

---

① 日本外務所編纂『日本外交文書』三十七・三十八卷・別冊（日露戦争Ⅲ）、553 頁。
② 《清光绪朝中日交涉史料》，第 6271 页。
③ 《清光绪朝中日交涉史料》，第 7566 页。
④ 《清光绪朝中日交涉史料》，第 7570 页。
⑤ 《清光绪朝中日交涉史料》，第 6337 页。

日本此时已经调整最初制定的对营口政策，决定完全控制该地。后来日本公使馆二等秘书小松绿在调查书中解释了日本的目的：

> 我军占领营口后，认为该地区乃军事上之重要地点，所以沿袭俄国做法，继续占领。该地区乃物资集散地，军事上亦属于咽喉要道，所以不能允许中国官员赴任。此外，还担心各国领事之云集于此，搬弄是非，于我军多有不利。而且，各国人员混杂，防范间谍殊为不便。因此，才断然将其置于军政控制之下。①

日方在完全控制当地行政事务的同时，还插手海关事务。日本采取收买等手段将日本人黑泽礼吉安插进海关，担任副税务司。海关的所有收入，除必要支出外全部被存入日本正金银行。向中国船只征税的税关也被日本完全控制，税关收入被日军军政署用于行政事务，节余部分也存入了日本银行。日军的这些做法与强盗无异。

日军还把军政管理范围延伸到营口以北的火车站。该车站位于辽河以西，属于中立区域。按照中方颁布的《局外中立条规》和日本政府的声明，交战国是不能进入的，更不允许在当地办理军务。日军却置若罔闻，10月，日本军政委员派人到营口车站，向站长提出征用车站支应局门房，"拟将该房作为河北钞关，稽征进口货税"。随后，日军又贴出征税告示，要对经车站运送的各国货物进行查验，②还要求对豆子、油饼以外的其他货物征税。③

袁世凯认为日军的行动严重侵犯了中国的中立权，"查营口车站在辽河以北，非日军占领地段，该军政官在该处张贴告示，拟照军政办法过河设关，殊属不合"，"况俄据营口时并未在辽西车站设关，今日人擅于俄人未经侵犯之地公然侵我税权，不独于中立有损，即于该处中外商务亦多碍"。

---

① 日本外务所编纂『日本外交文書』三十七・三十八卷・別冊（日露戦争Ⅲ）、339頁。
② 《清光绪朝中日交涉史料》，第6535页。
③ 《清光绪朝中日交涉史料》，第6574页。

袁一方面派人与当地日军交涉，另一方面致电外务部，"请商日使停办，以维主权"。①

对中方的抗议，日本因自知理亏，只好辩称派员去车站"本为稽查由该处分运货物接济俄军"，没有设立税关的计划。所派日员"曾误抽税"，不过"业经退还"。而且日方亦保证"嗣后不再征收"。②袁进一步要求日方撤除告示，避免产生误会。

日本虽然表面上答应不设关收税，事实上并未放弃征税的打算。这次由山海关副税务司黑泽礼吉出面，致函外务部，提出"由常关派员稽查禁物，其有漏税之物，即由该员照常关例代征"。这样的话，征税工作就由原来的日本军官换成了税关人员。清政府外务部认为："我若不允，彼必自行派员往办，与其归自理，不若由此允办，应可略收自主权。"③不过，袁世凯提出了反对意见，认为由税务人员征税就等同于日本人征税，这种做法对中国危害极大，中方应坚持立场，"凡俄人未经举办之事而日人创行，必须力争以杜其渐"。④

税务问题尚未解决，又出现日军干涉营口车站正常货运的情况。据营口站长报告，日本武官要求中国商人，"凡布、糖、棉花、麻袋、席子、铜、铁、银洋等货均不准由营口装车运往他站。各商如有不服可径禀中国外部与驻京日使商办"。⑤日军的目的很明显，试图控制当地物资输出，以便日军能更好地采购军需，为战争服务。不过车站装运货物一事完全属于中国内政，日本根本无权干涉。而且日军要禁运的物品大多属于居民日常生活必需品，若停止供应，必会对百姓生活产生影响。清政府再次提出抗议，要求日军停止干涉车站事务。日方对中方的抗议没有理会，依然我行我素。

---

① 《清光绪朝中日交涉史料》，第6535页。
② 《清光绪朝中日交涉史料》，第6554页。
③ 《清光绪朝中日交涉史料》，第7649页。
④ 《清光绪朝中日交涉史料》，第6579页。
⑤ 《清光绪朝中日交涉史料》，第6626页。

四 如何看待日本的军政

清政府既然已经宣布了局外中立的立场,根据国际法,作为中立国,理所当然应该享有中立国的各项权利。日本在中国领土上实行军事管理,剥夺了中国对本国领土的行政管辖权,是把中国当作战败国来对待。这是对中国主权和中立的严重侵犯,是对国际法的破坏。

尽管日本表面上声称民政事务交给中国官员,但是事实上却控制了占领地的民政管理,架空了中国地方官员。甚至在有些地方,日军拒绝中国官员回任处理政务,完全无视中国的主权。在实施军政期间,日军肆意扣押中国官员,侵占当地公私财产,给当地造成了很大破坏。

日军在占领区实施军政一方面是出于对俄作战的需要,另一方面则是为战后扩张势力、谋取更多权益做准备。

明治中期日本的立法过程

——以所得税法为例

崔金柱[*]

  1881年明治十四年政变后，松方正义担任大藏卿，全面主持日本财政事务。他改变前任大隈重信的通货膨胀政策，以扩张国权、富国强兵为基调，采取整理纸币及实施通货紧缩的财政政策。松方执行的财政方案，虽在短期内解决了纸币不稳定的问题，但由此引出了政府财政收入减少、地租负担实际增大等一系列问题。同时，19世纪80年代东北亚国际格局亦风云变幻，特别是围绕朝鲜半岛的争夺在中日两国间逐渐公开化。这一时期，清政府和日本维新政府都积极发展现代海军，力图在地区纷争中占据优势地位。两国在整备海防的过程中，皆面临巨大的财政压力。日本的解决方案之一是增加新的所得税，以便缓解海军军费暴涨带来的财政压力问题。以下主要从明治十四年政变后日本的财政状况及当时东北亚国际局势两方面说明所得税的立法缘起。

一 立法缘起

  1881年10月松方正义就任参议兼大藏卿后，针对大隈财政超发纸币导

---

[*] 崔金柱，首都师范大学历史学院讲师。

致通货膨胀的弊端，着手采取纸币整理措施。首先，从一般财政收入中挤出部分资金，直接用于回收纸币，同时充实正币储备。为筹措上述资金，松方决定从1882年度到1884年度不增加财政支出，维持原有水平。而且，松方一改之前通过超发纸币、制造通胀变相增加财政的做法，抑制纸币发放，通过整理货币的强力措施取得了积极成果。①

但整理纸币的负面效果亦逐渐显现，纸币价值虽趋于稳定，但紧缩的货币政策引发了一定程度的经济萧条，进而导致了政府税收的减少。明治政府当时的主要租税收入是地租。地租是按土地价值的固定比例征收。在通货膨胀情况下，以货币计算，土地实际收益不断上升，相对地租减少，对土地持有者有利，政府税收实际下降。而在松方紧缩财政下，原有地租的货币量虽保持稳定，但因土地以货币计算的收益不断减少，变相增加了土地持有者之负担，而政府相对地租收入是有所增加的。农民因粮食作物价格下降，但货币地租却未相应减少，因而面临越来越严重的债务危机。这样做的直接后果便是农村地区的大量暴动。据统计，1883年农民因负债过重而暴动的事件有3起，1884年暴动数量增加到36起。② 地租负担过重，日本国内上下兴起要求减轻地租的运动。当时的政党、报纸等纷纷向政府递交请愿书或发表评论文章，痛陈农民在地租负担下痛苦的生活实态。但当时明治政府财政收入的主要来源便是地租，在找到替代财源之前，不可能减轻地租。

松方正义也认识到现有财税体系过于依赖地租，且农民纳税比例过高，税负极不公平，因此必须调整税制或增加新税。在说明征收所得税初衷时，松方说："现行税法制定于明治维新创业之时，彼时封建余风尚未完全消除，税法为适应彼时民情而定，已在很大程度上不适应今日之国情了。而且税率及税负轻重亦有错误，导致事实上富者负担甚轻，贫者可能要负担几倍于富者的重税。"③ 他首先想到的方法是提高原有的烟酒税、米商会所及股

---

① 湛贵成：《幕府末期明治初期日本财政政策研究》，中国社会科学出版社，2005，第261页。
② 稲田雅洋『日本近代社会成立期の民衆運動』筑摩書房、1990、46～49頁。
③ 大久保達正監修、松方峰雄ほか編『松方伯財政論策集』（『松方正義関係文書』補巻）、大東文化大学、2001、283頁。

票买卖所得税等间接税，并于1882年12月向政府提交意见书。但在经济处于通货紧缩状态下，各种商业经营活动本身已处于艰难维持的境况，增加间接税必然打击现有工商业经营，因此增税的结果是政府的这些税收不升反降。

采取增税措施后，烟酒税在1883年增加税负后，政府最终收入并没有增加，反而略有下降。① 而且，加重烟酒等消费品的税负，同样在全国范围地激起了抗议活动。烟酒营业者发起请愿运动，要求减税。而且增加的烟酒税，实际上都转嫁到了消费者身上。松方原拟通过增加间接税缓解对地租的过度依赖，但事与愿违，不仅没有实际增加财政收入，而且激起相关从业人员的反对运动。在此情况下，为解决财源，必须增加新的税种。

除国内经济状况因素外，当时的东北亚国际环境也是所得税立法的重要背景。日本自古以来即对朝鲜半岛怀有特殊情结。幕末开国后，日本从国家安全及国家利益出发，对朝鲜更加关注。早在1876年，即以武力为后盾，与朝鲜缔结《江华岛条约》，在朝鲜设置日本公使馆，并取得领事裁判权、贸易特权等。进入80年代后，清政府进一步加强了对朝鲜的控制。黄遵宪受当时驻日公使何如璋之命，于1880年著《朝鲜策略》一文交给朝鲜改革派金弘集，主张朝鲜之策略应为"亲中国、结日本、联美国……夫曰亲中国，朝鲜之所信者也；曰结日本，朝鲜之所将信将疑者也；曰联美国，则朝鲜之所深疑者也"。② 显然，黄遵宪代表清政府态度，主张中朝两国进一步加强联系。而这一时期，在中日围绕朝鲜的争夺中，清政府始终处于优势地位。1882年7月，朝鲜发生壬午兵变，中日双方都迅速派军舰及军队至朝鲜。日本虽从朝鲜得到赔款及派驻200名士兵保护公使馆，并缔结《日朝修好条约续规》，扩大对朝贸易权，但壬午兵变的更大结果是清政府强化了对朝鲜的宗主权。清政府在维持传统的朝贡体系、保持朝鲜的属国地位的同

---

① 牛米努「明治20年所得税法導入の歴史的考察」『税大論叢』第56号、2007年7月、461頁。
② 权赫秀：《关于黄遵宪〈朝鲜策略〉版本及其原文校勘》，《韩国研究论丛》第17辑，2007。

时，利用西方的条约体系，于壬午兵变后与朝鲜签订《中朝商民水陆贸易章程》，取得贸易特权、领事裁判权等，并向朝鲜派驻代表。兵变时派到朝鲜的3000名淮军，亦在此后常驻朝鲜。两年后的1884年，朝鲜发生甲申政变。朝鲜改革派金玉均等人趁清朝陷于对法战争、驻朝清军减半之际，与驻朝日本公使约定袭击清朝官员，建立新的政权。当时驻汉城的袁世凯迅速出兵，平息了这场政变。金玉均等流亡日本，日本公使馆亦被烧毁，清朝对朝鲜的控制进一步加强。

朝鲜半岛的两次事件期间，日本自身海军实力难以与清朝海军对抗，选择避免与清朝发生直接的武力冲突。[1] 在与清朝的交涉中，日本开始考虑对清作战问题，扩军便提上日程。时任外务卿井上馨主张非常之际，陆军尚可，但海军不足，应指示考察欧洲的伊藤及驻德公使青木迅速购入三四艘炮舰。[2] 右大臣岩仓亦对此提出意见书，认为"陆军常备军四万足矣，应专门扩张海军"。[3] 在政府多位重臣及举国要求扩军的压力下，大藏省不得不千方百计扩充海军之费用。1882年12月，松方提出增加烟酒等税的意见书，并言明所增加税额预计为每年750万日元，[4] 全部用于扩充海军之费。大藏省的计划中，若每年顺利增税750万日元，每年从中固定拨出300万日元用于购买新的军舰。而舰船维护为每年次第增加50万日元。购买最先进的军舰，是海军扩军的主要手段，同时也是主要支出。[5] 但增税方案在实际施行中没有取得预期效果。因经济萧条、通货紧缩，通过征收烟酒税等间接税的方法获得更多财政收入，难以实现。而扩充海军的计划又如此急迫，松方亦认识到"海防一事不容轻视，其经费需求甚巨"[6]。在充分比较各种新税种的可行性后，大藏省最终选择开征所得税。

---

[1] 三谷博ほか編『大人のための近現代史』東京大学出版会、2009、219頁。
[2] 高橋秀直『日清戦争への道』創元社、1995、81頁。
[3] 多田好問編『岩倉公実記』原書房、1979、909頁。
[4] 牛米努『明治20年所得税法導入の歴史的考察』。
[5] 高橋秀直『日清戦争への道』90頁。
[6] 大久保達正監修、松方峰雄ほか編『松方伯財政論策集』283頁。

二 所得税法草案

所得税在今天虽属世界各地普遍征收的税种，但在明治中期仅有英、德、美等少数国家课此税。对于当时的日本而言，对收入进行直接课税属于全新的概念，甚至对"所得"本身尚未有清晰的界定。日本是世界上第七个制定所得税法、征收所得税的国家。明治日本在各个方面对欧美先进国家进行模仿，在财税领域亦不例外。汐见三郎将当时之日本视作进行财政制度创新之处女地。[1] 从现在的角度观察之，创设所得税对19世纪80年代的日本而言有激进之嫌，甚至有些"早熟"。但单就法案本身而言，明治政府并非仓促制定，而是进行了充分的准备。其中，首相伊藤博文下令，让德国顾问鲁道夫根据德国情况草拟收入税法案。而大藏省自明治初期即广为搜集和翻译欧美各国租税法案及相关论著。[2] 日本现存租税相关史料中，1884年的两个所得税草案是时间最早的，以下分别介绍。

（一）鲁道夫草案

鲁道夫是明治政府聘请的德国顾问，他以1851普鲁士财产等级税为基础，根据明治时代日本的国情，起草了"收入税法律案"交给伊东巳代治。伊东于1884年12月进呈伊藤博文。从《所得税关系史料集》[3] 中附伊东巳代治给伊藤博文的信件内容可知，伊藤首先命令鲁道夫调查所得税制、草拟财产等级税草案。鲁道夫完稿后，随即翻译成日文。伊东巳代治通读鲁道夫草案后，就其中不明处亲自向鲁道夫征询意见。在此过程中，伊东也曾就鲁

---

[1] 汐見三郎『各国所得税制論』有斐閣、1934、序説。
[2] 根据山本洋及织井喜义统计，大藏省在明治时期翻译整理的外国税法、论著合计204部，涉及英国、美国、德国（普鲁士）、法国、奥地利、比利时、俄国等，涉及所得税法的共计13部。織井喜義、山本洋合著「創成期の所得税制考」『税大論叢』第20号、1990年3月、175頁。
[3] 国税庁税務大学校税務情報センター租税史料室編『所得税関係史料集——導入から申告納税制度以前まで』（内部資料）、2008。

道夫草案向另一位德国顾问鲁斯勒请教有关巴伐利亚财产税事宜。[1]

下面介绍鲁道夫收入税法律案[2]草案主要内容。

1. 纳税对象

第一条至第三条规定了收入税的纳税对象："日本国民，一人或家庭所有之特别收入，一年收入四百日元以上者，除皇族外，均有缴纳收入税之义务""外国人因经营或一年以上在日本国内居住者，应缴纳收入税。"规定中既包含日本国民也包含在日本居住的外国人，但未涉及法人收入问题。

2. 纳税范围

虽然第四条规定"收入税征收范围包括纳税义务者通过土地、资本或其他以营利为目的之经营收入，及按年、月、日获得之工资或其他收益金"，即上述土地、资本及营业获得四百元以上者当纳税。第二十六条、第二十七条、第二十八条三条分别对土地收入、资本收入、营业收入三者进行了界定。但第二十九条和第三十条实际上又规定了土地收入的免税权以及酿酒收入的免税权。从后两条所处法案位置，以及上述鲁道夫给伊藤的信件内容可以推定，这是鲁道夫在伊藤的要求下补充的规定。因此，第二十九、第三十两条明显与前面的规定不相符，就此导致该法律案在纳税范围的规定上前后不一。而且与同期大藏省草案不同，鲁道夫草案并没有对军人从军时的收入等做出免税规定。

3. 纳税方法

鲁道夫草案采取综合课税主义，第五条将收入税的纳税等级分为五十六等，并相应地规定了固定纳税额。鲁道夫借鉴了德国的定额税制，即在一定收入范围内，缴纳定额的收入税。若换算成税率，则第一等约为0.2%，第二等约为0.4%，依此类推，每等级增加0.2个百分点，至第十五等后皆趋近于3%。虽然鲁道夫采取定额税制，但其背后的精神，确是累进税制。但

---

[1] 国税庁税務大学校税務情報センター租税史料室編『所得税関係史料集——導入から申告納税制度以前まで』42~44頁。伊东巳代治及鲁道夫给伊藤之信件内容。

[2] 国税庁税務大学校税務情報センター租税史料室編『所得税関係史料集——導入から申告納税制度以前まで』44~56頁。

将收入分为五十六个等级，太过繁杂，对于征收机构而言，操作性太低。

在课税时间地点上，该草案第十六条规定："收入税分四期缴纳：第一期，九月一日前；第二期，十二月一日前；第三期，三月一日前；第四期，六月一日前。缴纳租税地点，由租税局决定。纳税义务者可一并缴纳六个月、九个月或一年之税额。"

4. 征税机构

鲁道夫草案用大量条文对收入税的征收机构做了规定。第六条规定"各郡区设置收入税事务局"及其产生办法与运作模式；第七条规定"府县设置府县委员局"及其产生办法；第八条专门就前条收入税委员局委员长之权限做了规定。第九条至第十四条对纳税申诉事项做了说明。与收入税相关的最终仲裁权在大藏卿，第十四条规定："大藏卿总理全国收入税之事务，并就府县委局及委员长在程序上之异议进行裁决。"

5. 处罚及补贴规定

第十七条至第二十四条对逃税、延迟纳税，以及工作人员薪酬做了说明。显然，鲁道夫作为德国顾问特别注重程序正义，对收入税执行过程中的公平极为看重。1887年正式的所得税法对此进行吸收及简化。

总结鲁道夫草案，其基本精神包括综合课税主义、个人申报、累进税率、等额纳税等。这些基本精神均为1887年颁布的所得税法所吸收，但在具体规定上略有不同。但1884年12月的这份鲁道夫草案，并非在大藏省要求下草拟，而是在内阁总理大臣伊藤亲自命令下完成，因此更像是一种资料搜集工作而非立法行为。1884年大藏省草案才是所得税真正进入立法程序的开端。

（二）大藏省草案

1884年大藏省的所得税草案原收于大藏省文库《松方家文书》中，但后来丢失。现仅能通过战前阿部勇之著作中的引用条文，辑录部分内容。时任大藏卿于1884年12月向太政大臣三条实美公爵提交了这份草案。观察现存税则草案条款，大藏省草案基本效仿当时英国所得税之基本精神，即源泉课税主义。但作为财政执行机构，大藏省在条文的规定上尽量简洁，以获得最大的解释空间。下面具体分析之。①

1. 纳税对象

与上述鲁道夫草案不同，大藏省草案没有明确规定纳税对象，而是直接规定了纳税范围。从征税者的角度看，模糊的条文规定，有利于朝对自己有利的方向进行解释，无形中扩大了纳税对象的数量，属于典型的行政官僚手笔。

2. 纳税范围

大藏省草案第一条即规定"所得税对通过资产及劳动所生之所得额征收"。第二条规定了应缴纳所得税的八种所得，即"工商业及类似各业之所得及劳动报酬、借贷及其他金融所生之所得、公司分红、自官府所受之俸给、补贴及养老金、自雇主所受之薪酬、补贴、奖金及类似所得"，但八种所得相互之间又有重合部分。与上述纳税对象的规定模糊一样，应与草案起草者没有接受严密的法律训练有关。因此，在1887年草案中，多采用鲁道夫草案中的相关规定。第五条规定了免税情况，如"军人从军时之所得、自官府及公共所得之旅费及其他临时所得"等，鲁道夫草案中没有此项规定，但在1887年草案中吸收了这一规定。

3. 纳税方法

大藏省草案采取英国实行的源泉课税主义，根据所得种类的不同采取不同的税率和缴纳方式。第三条规定："第二条第一项第二项第三项之所得，对应其所得额，按以下比例缴纳所得税：五百日元以上六百五十日元以下——百分之二、六百五十日元以上九百日元以下——百分之二点五、九百日元以上——百分之三。"第四条规定："第二条第四项第五项第六项第七项第八项之所得，缴纳其所得额百分之三为所得税。"相较于鲁道夫草案，大藏省草案的分类等级数量极少，这样的规定可减少税务调查成本，有利于税务机关。纳税时间同样分为四期，分别为当年的5月31日、8月31日、

---

① 阿部勇『日本財政論——租税』改造社、1933。

11月30日及翌年2月28日。该草案为英国所得税法之模仿，除上述源泉课税外，另一个重要证据是第七条、第八条、第十条、第十一条之规定，即由收入发放方代为扣除所得税部分。这样的方式，现在是世界通行的做法，但在当时属十分前卫之规定。

4. 征税机构

因草案之第十七至第二十条亡佚，仅能从第二十一条、第二十二条判断，该草案同样规定设置所得税调查委员会，掌管所得税征收事宜。纳税者认为所要求的税额不当时，亦可申诉。"纳税者认为郡区长确定之所得额不当时，可在得到通知二十日内具状向府县知事申诉要求再次调查。"但与鲁道夫草案相比，相关申诉程序较为简单，且处理申诉事宜的权限在郡区长及府县知事手中，显然对纳税人申诉不利。

5. 处罚规定

因大藏省草案的征税人员主要是政府官员，所以未做特别之薪酬规定。但对于未申报者及逃税者，第二十七条规定："第八条之汇总或第九条第十二条之提交说明书延迟者，处以一日元以上一日元九十五钱以下之罚款，在第十二条提交之说明书存在欺诈记录试图逃税者，处以其逃税金额三倍之罚金。"

总结1884年大藏省草案，其基本精神秉持英国源泉课税主义，按照收入来源的不同，采用不同的课税方法及税率。这样的方式，优点在于更加公平，但对于征税机构而言，过于复杂，导致征税成本过高。大藏省的初衷是减少立法阻力，但当时的政府税务机构很难完成如此细致的分类征收工作，因此在1887年草案中，放弃了这一方式，而且转而吸收鲁道夫草案中的综合课税主义。如此，则纳税额计算方式更加简便，虽会引起纳税人的不满及社会非议，但从官僚机构的利益出发，这一选择实为不得已。这样的局面，要在1897年大藏省进行征税机构改革后，通过1899年的所得税法修正案方能改变。

经过数年酝酿，大藏省最终在1887前完成定案，提交元老院审议。

（三）1887年草案

大藏省于1887年1月完成所得税法草案，并经制度调查局审阅通过，于1887年2月2日提交元老院进行审议。该草案之主要内容如下。①

1. 纳税对象

1887年草案中有关纳税对象之规定，沿用1884年大藏省草案之基本规定，如第一条规定："凡人民通过资产及其他经营产生之所得金额一年在三百日元以上者，依此法应缴纳所得税。"对纳税主体中自然人与法人未做特殊规定。这样模糊的处理，在提交元老院审议时成为争论的焦点之一。起征点降低为三百日元，可扩大税基，增加政府收入。

2. 纳税范围

将1884年大藏省草案中的八类所得简化为两项，同时吸收鲁道夫草案第二十六条对"土地相关之制造所"收益的计算方法，"第二项之所得，应依据前三年所得平均额算出，但取得所得收入以来未满三年者，依据月额平均算出，难以算出平均者，应比对他人算出"的规定，这样的处理，是法律文件的基本要求。而免征条款在维持1884年大藏省草案精神的基础上，进一步合理化，避免了条文冲突。

3. 纳税方法

1887年草案改变了1884年大藏省草案中的源泉课税主义，而采用了鲁道夫草案中的综合课税主义，将所得分为十九等，采用等额纳税。第十九等税率为1%，第十八等税率为1.1%，每等递进增加0.1个百分点，至最高等一等为3%，税率维持累进纳税主义。但所得金额皆为固定值而非范围值，此点明显有待修正。更加奇怪的是，草案未对纳税日期做出明确规定，似乎大藏省的法案草拟人员故意留下一些无关痛痒的细节错误让元老院议员提出。该草案等级数量介于鲁道夫草案五十六等与1884年大藏省草案三等

---

① 明治法制経済史研究所編『元老院会議筆記』後期第26巻、元老院会議筆記刊行会、1982、154~156頁。

之间，似乎去了折中数。所得分等的意义在于，分类越精细，相对而言越公平。但对于征收机关而言，调查和计算成本会增加。

4. 征税机构

1887年草案对征税机构的相关规定，基本在鲁道夫草案的基础上完成。即"各郡区设置七名以下所得税调查委员"负责所得税申报受理及确定税额等工作，同时详细规定了担任调查委员选举人及调查委员的相关条件、产生办法及运作方式。对于纳税人的申诉，规定"由府县常设委员会调查"。但无论是郡区还是府县，调查委员会都由行政长官召集，因此客观上对纳税人申诉存在不利影响。

5. 处罚规定

此项基本沿用1884年大藏省草案相关规定，如"隐匿所得金额偷税者，处以其偷税金额三倍之罚金""未提交第五条之申报书者，处以一元以上一元九十五钱以下之罚款"等。但新增一条规定："触犯此税法者，不适用于刑法之过失罪及减轻、再犯加重、数罪并罚之例。"即不将触犯所得税法的行为认定为刑事犯罪。

从对上述三份草案的分析中，可以看到大藏省在最初起草所得税法时，倾向于学习英国的源泉课税主义，即根据国民收入方式、种类采用不同的税率征收所得税。英国之所以采用这样的方式，是从税收公平正义的角度出发，对劳动所得采用低税率，对资本所得采用相对高的税率，以维护处于社会中下层之劳工阶层的利益，进而实现社会稳定。但这样的课税方式，要求国民有极高的自律精神以及配备完备的税务机构。日本在1887年显然达不到上述要求，因此大藏省在最终草案中放弃了原有之源泉纳税主义，改为采用鲁道夫草案坚持的德国综合课税主义。从所得税征收基本模式的选择中，可以看到大藏省存在从英国模式向普鲁士模式的转变倾向。但不能将其简单判定为抛弃英国模式，改为选择德国模式。从大藏省1887年最终定稿的所得税草案内容与之前1884年草案的改动中，我们明显发现，条文的改变都朝着有利于大藏省这样的官僚机构在具体操作中更加便利的方向。这样的改变，除上述将纳税原则从源泉课税主义改为综合课税主义之外，还包括减少所得等级的数量、减少免税种类等。

三 元老院审议

大藏省1887年1月初草案经过参事院、制度调查局及阁议审议通过，于1887年2月提交元老院审议。元老院根据《议事条例》《议事修正条例》《读会规则》对各行政机关提交之法案、规定进行审议。单就所得税法而言，其草案主要经过元老院读会进行审查、质询，最终成为定案。根据元老院《读会规则》①规定，在第一读会期间，首先由议长书记官宣读议案，内阁委员可直接就本案之宗旨进行解释说明。若元老院议官对法案仍存疑问，可要求内阁委员做进一步解释。内阁委员对议官之质询进行解答后，议官就议案之主要内容进行讨论，并提出修改意见。进入第二读会后，首先由书记官宣读议案，议官逐条进行讨论，发表赞成或反对意见。但也可根据众人要求，调整议案条文之顺序进行讨论。同样，在第二读会期间，议官可对条文提出修改意见，甚至可提出法案之外的相关意见。第三读会召开时，同样先由书记官宣读议案，然后各议官就议案大意及各条进行发言，全部发言完毕后，由议长征求各议官之意见，最终确定。但值得注意的是，《读会规则》第十条规定："在第三读会期间，可放弃第二读会完成之修正草案，仍对原草案进行表决。"这样的规定，实际上有利于提出法案的行政部门。第三读会作为终审讨论，可决定各个条文是否通过。如果此时有议官提出修改意见，按规定须得到五名以上议官的赞成附议方得通过。

以下根据《元老院会议笔记》②的相关记载，考察元老院读会上对所得税草案审查的内容，从中可还原当时日本的精英阶层对所得税的基本理解，并从侧面认识作为立法机构的元老院与行政机构的关系。

---

① 內閣記錄局編『法規分類大全』第一編、官職門第十七「元老院讀会規則」75~77頁。
② 明治法制経済史研究所編『元老院会議筆記』後期第26卷、元老院会議筆記刊行会、1982。

（一）松方正义的主旨演说

元老院于1887年2月2日召开第一次读会，在书记官宣读完草案原文后，时任大藏卿的松方正义发表演说，说明所得税的宗旨：

> 本法案的主旨。第一义可增加部分财政收入。增加收入的主要缘由是基于最近东亚局势，不能忽视我国海防。仅仅依靠现在的财政收入是不可能完成上述事业的。第二义在于平均人民的税负。此前我国财政依靠向土地课税，支付各种行政费用。农业赋税沉重而工商业等却完全不用负担。大政维新以来，有鉴于此，政府希望通过效仿国外成法渐进改良，并且以此实现根据资产贫富公平地承担税负。因此无论间接税还是直接税，之所以容易造成中等以下的人税负偏重，而中等以上的人税负偏轻的局面，乃是课税方法所致。这样的课税方法迟早要改革，代之以公正平均的方法。现在正应创设新税，补充海防经费。通过对比国外税法，选择适合我国情况者，据此编制了所得税法。[1]

正如前文对立法缘起的分析，松方的说明，要而言之，就是两点：一是为海防筹措经费，二是调节税负。从松方演说的前后顺序来说，显然前者属更加急迫的缘由。通常立法机构对于增税提案都会反对，针对导入所得税，元老院议官当然也有反对意见，但为数极少，其主要理由是该税法面向富裕阶层征收，但最终税负仍会转嫁到穷人身上。[2] 也就是认为试图通过征收所得税的方式调节贫富之间的税负，不会起到预期效果。但大藏省提请导入所得税的主要目的，乃是扩大财源，至于税负最终转嫁到何人身上，显然不是其主要关心的问题。对于调节税负一说，大藏省作为官僚机构并无直接动力

---

[1] 藤村通監修『松方正義関係文書』第3卷、大東文化大学、1981、66~67頁。
[2] 明治法制経済史研究所編『元老院会議筆記』後期第26卷、160頁。

推动，而且从上文三草案条文的对比中可以发现，大藏省最终提交的草案，将起征点降低为三百日元。这样的变化，从大藏省的角度是为了增加收入，但也增加了中下层国民的税负。从这个意义上说，所谓"通过施行本法调适业已存在的纳税负担不公问题"并不一定符合大藏省本身的利益。从松方演说中，可推断的另一事实是，大藏省对开征所得税并未抱着立竿见影解决财政困难的希望。但已看到其长远意义，试图"日积月累，最终达成目的"。在所得税征收的最初数年，确实少得可怜，对改善财政困难而言并无现实意义。但在此后的发展中，经过不断修正，所得税逐渐显其功效。从殖产兴业政策的角度看，也有反对意见：所得税仅向富人征收而不向穷人征收的主旨是好的。但施行本法案，恐怕会影响殖产兴业政策，打击好不容易得来的发展工商业的时运，且有使其衰退的危险。[1] 这样的意见显然代表资本家及富裕阶层的利益，与所得税的基本初衷相违，没有得到有力的呼应。

（二）审议中的典型问题

在逐条审议所得税草案的过程中，有些条文规定几乎没有引起太多争议，如关于将起征点定为三百日元的规定，在审议过程中无人提及。但对所得税法的诸多核心问题，作为审议方的元老会议官意见相左的情况时有发生，议官与作为提案方的内阁官员更是针锋相对。以下就几个典型问题，对各方意见进行考察。

1. 法人纳税

法人是否有缴纳所得税的纳税义务，是元老院审议过程中争论最为激烈的问题，主要在第一读会上进行。政府草案第一条规定的纳税对象为"人民"，其本意是不对法人征收所得税。但草案第二条第二项规定计算经营所得时可扣除经营成本，有议官质询："假如工场所得金额为三万日元，其中一万五千元用于购置机械设备、改建场地等。也就是将所得用于增值投资，

---

[1] 明治法制経済史研究所编『元老院会議筆記』後期第26卷、168~169頁。

那么这一万五千日元虽然也可计算入所得之中，但草案对此规定不够明确。"① 对此，政府派去的内阁委员的回答是："将所得之一部分用于购买机械等，诚如阁下所理解的，视作应纳税之所得。"

针对第二条第二项"备荒储蓄金"之规定，有议官质询："也就是说可将储蓄营业上之部分收入，视作资本金而不必纳税。但是银行或者其他股份制公司，如果对银行或公司之资本不纳税，而向股东纳税。比如，公司纯利十万日元，将其中五万作为红利分给股东，剩下五万进行储蓄。那么如果要向股东红利征收所得税，为何对储蓄的五万日元免税？"② 当然也有反对法人纳税的意见，这主要从维护产业发展的角度提出。有议官提出："现今我国社会发展落后，正是增加保护之时。若将法人与个人同视，向其征收所得税则不合时宜，且与本法律之总是亦违背。"③

第一读会上针对法人的纳税问题，出现了各种意见，元老院整理后对草案第二条第一项提出修正，在条文后补充了"公司所得中用于储蓄者亦同，但根据法律命令而储蓄者不在此限"。也就是说，规定了法人同样承担缴纳所得税的义务。但进入第二读会后，元老院放弃了前面的修正，又回到原草案进行审议。在陈述其理由时，负责草拟修正案的调查委员解释说："无论如何，该修正案中向公司储蓄金征税的规定都显得不公平，与原草案针对个人课税之组织体系相违。且如此简洁之规则，很难面面俱到，待到施行后便知道其如何了。国外的相关法律也都在施行后渐进修改，可在他日进一步完善。"④ 这样法人课税问题被暂时搁置，元老院中虽还有不同意见，但都认可视法案实际施行情况，再做修改。要等到1899年对所得税法进行修正，法人课税问题才彻底解决。

2. 等级与税率

草案第四条规定了所得税的等级及税率，如上文分析，将所得分为十九

---

① 明治法制経済史研究所編『元老院会議筆記』後期第26巻、172頁。
② 明治法制経済史研究所編『元老院会議筆記』後期第26巻、165頁。
③ 明治法制経済史研究所編『元老院会議筆記』後期第26巻、161頁。
④ 明治法制経済史研究所編『元老院会議筆記』後期第26巻、167頁。

等，等额纳税。第十九等税率为1%，第十八等税率为1.1%，每等递进增加0.1个百分点，至最高一等为3%，税率维持累进纳税主义。但也存在明显漏洞，如最高等级金额为二十万日元。对此有议官质询，若年收入所得为一百万日元，若同样只缴纳六千日元的话，那缴纳比例只有0.6%，也就是说比最低等的税率还要低，这显然不符合公平原则。① 这也就是现在社会仍然存在的，超过最高等级的所得纳税事实上是一种"累退课税"问题。等额纳税的优点在于计算简便，有利于提高征税效率，但上述缺点也显而易见。对此，唯一的解决方法就是改等额纳税为固定税率。最终法案吸收了这一意见，改为固定税率。

等级分类的数量越多，越能从侧面体现所得税法律案体现的公平、精细的精神。反之，则表明法律案代表征税机关的利益，因为税等越少，分类调查的成本越低，征收效率越高。从最后确定的所得税正式法案将等级定为五等可以判断，大藏省在此项条文中维护了部门利益。

3. 纳税时间

诚如上文对大藏省1887年草案分析所言，该版所得税法草案未对纳税者纳税时间进行明文规定。在审议中，即有议官提出："第二十条有'其纳税期前'的词句，但其缴纳日期却不知道。纳税日期于人民有重大关系，往往成为抱怨的火种。地租法便规定了缴纳日期。所得税也应明确在法案中规定纳税日期，这样可避免给人民造成麻烦。"② 对此内阁委员未提出异议，从善如流，表示本法确实应该明确规定纳税期限。但指出起草条款的权限在大藏卿。最终在草案中追加了后来的第五条，明确了纳税时间。

这样的失误实在令人费解，考虑到草案草拟者都是大藏省的财税专家，不可能连这点基本常识都不具备。因此，唯一的一种可能便是行政官员故意在草案中留下一些明显漏洞，且其内容多无关痛痒。这样，元老院在审议中提出的修正意见中，大藏省就可以规避那些核心修改，而对类似的不影响大

---

① 明治法制経済史研究所編『元老院会議筆記』後期第26卷、164頁。
② 明治法制経済史研究所編『元老院会議筆記』後期第26卷、158頁。

藏省利益的修改意见则可虚心接受。这从某种意义上说明，当时元老院的立法权实际已被行政机构即内阁各省架空。

经过三次读会，元老院最终于3月4日通过法案，提交天皇敕裁。日本1887年所得税法以现在的眼光判断，显得非常简略。有议官在审议时认为，"将本法案与普鲁士法对照，会发觉其特别简约。这是因为日本社会自身风俗尚简易淡泊，所以未保留复杂的关系，其他税法亦大抵如此"，指出为适应当时日本的国情、民情，尽量将法案简洁化，乃题中应有之义。法律案的条文书写越简洁精练，对其内涵的解释空间越大，对行政机关而言就越有利。因为单个国民作为法律执行的对象，难以深入理解法律条款的内涵。而行政人员作为法律执行者，具有更强的专业知识对条文做出有利于己方的解释。1887年3月19日，亚洲第一部所得税法——日本明治所得税法颁布，并于当年7月1日起正式实施。从开征所得税的实际状况看，税收的绝对数字及其占总税收比例与地租及酒税、关税相比并不高。但从其增长势头看，在自1887年至1897年的十年间，从其税收额、占比及缴纳人数看，都有两倍左右的增长。① 此外，所得税的课税对象多为市民，这对于改善直接税全部来自地租的不合理税收结构有重大意义。

结　语

明治中期，作为日本指导者的维新官僚面临来自国际和国内的双重挑战。尽管从长期看维新改革带来了社会经济发展的机遇，但政府的财政状况却异常困难。作为明治政府实际指导者的伊藤博文和主掌财政的大藏卿松方正义，不约而同地选择了引进所得税制度。根据当时的状况，这一税种针对富裕阶层的特性有利于获得社会舆论的认可。而强调其作为发展海军的专用经费，更能唤起日本国民的民族主义意识。换言之，19世纪80年代明治日本引进所得税的原动力乃是筹措军费，这与现代所得税以调节分配、减少贫

---

① 林健久『日本における租税国家の成立』東京大学出版会、1965、328頁。

富差距的主旨迥异。透过所得税的立法过程,我们看到无论是草案的起草、修改还是在元老院上的审议,大藏省的技术官员都起了主导作用。尽管名义上元老院作为立法机关具有审议和修改法律条文的权力,但是在实际的操作过程中,参与审议的责任官员总是能引导议官朝着有利于行政机构的方向做出判断。某种意义上,行政主管省厅的官员实际主导了立法事务,这与伊藤博文主导的"行政国家化"[1]政策密不可分。所得税法的顺利通过,令伊藤非常高兴,他在给松方的信中写道:"上下和睦之形势何其快哉……所得税之事,元老院所定之宗旨甚好……甚为安心。"[2]尽管引进初期所得税占明治政府财政收入的比例不高,但当时的大藏省官员深知所得税具备的潜力,它可以随着社会经济的发展而不断增加,特别是在资本主义工商业不断发展的时期,它能够为政府提供非常有保障的财政来源。这种预见性在后来甲午战争和日俄战争筹措军费的过程中均发挥了重要作用。

---

[1] 坂本一登「伊藤博文と行政国家の発見」沼田哲編『明治天皇と政治家群像:近代国家形成の推進者たち』吉川弘文館、2002。

[2] 大久保達正監修、松方峰雄ほか編『松方正義関係文書』第6巻、大東文化大学、1985、429~430頁。

第一次世界大战后日本在东亚的扩张政策及影响

——以华盛顿体系为中心的考察

史桂芳[*]

日本借第一次世界大战"天佑"之机,迅速扩大在中国的侵略利益,并企图通过参加巴黎和会得到列强的认可。由于中国代表拒绝在《凡尔赛和约》上签字,日本未在"法理"上获得山东权益。加之一战后列强在远东争夺加剧,美国等西方列强对日本在东亚扩张心存芥蒂,欲抑制日本的过度膨胀。1921年,在美国的倡议下召开华盛顿会议,签订了一系列条约,确立了"门户开放、机会均等"原则,否定了日本在华的"特殊权益",形成了一战后美国主导的华盛顿体系,由此开始了力图维持华盛顿体系的美国与要打破华盛顿体系日本之间的竞争。由于实力所限,日本一方面在华盛顿体系内实行"协调"外交政策,以求巩固和扩大"特殊权益";另一方面以"协调"作为掩护,寻找机会突破华盛顿体系的限制,确立日本主导的远东秩序。九一八事变后,日本打破华盛顿体系,全面侵华战争是日本构建新的东亚秩序的具体行动。关于一战前后日本的远东政策及华盛顿体系下的日本外交,国内外学者发表了一些研究成果,[①] 中

---

[*] 史桂芳,首都师范大学历史学院教授。
[①] 中日学者的主要研究有吴正俊《华盛顿会议关于山东问题的会议"边缘"谈判始末》,《历史教学》2001年第8期;臧运祜:《近代日本亚太政策的演变》,北京大学出版社,2009;米庆余:《日本近现代外交史》,世界知识出版社,2010;沈予:《日本大陆政策史》,社会

国、日本两国大量相关档案、回忆录等资料的公开，为继续深入研究打下了基础。目前学界的研究主要集中在对日本参战目标、华盛顿体系的分析上，对华盛顿体系下的日本外交与东亚格局变动间的相互关系、日本参加、告别华盛顿体系的内在原因尚欠深入探究，还未从东西方大国互动的角度揭示日本与近代国际秩序演变的关系。有鉴于此，本文以一战前后日本对外政策为主要内容、以华盛顿体系为核心，利用日本外交档案、中日两国外交史料等，研究华盛顿体系下日本扩张战略与西方列强远东政策的关系，揭示一战前后日本外交政策对亚太地区国际秩序的影响。

一 借一战"天佑"扩大在中国的利益

1914年第一次世界大战爆发，欧洲主要国家卷入战争，给日本带来了扩大在华利益的机会。8月4日，英国通过驻日大使提出：如果战争波及远东，香港及威海卫受到袭击，希望日本给予援助。7日，英国正式向日本提出援助要求。日本政府立即召开内阁会议，外相加藤高明认为：日本"一可以应英国的要求，出于同盟友谊参战；二帝国可以利用此机会扫除德国在东洋的根据地，提高日本的国际地位。从以上两点看，是参战的好机会"。[①] 当时，日本政府、元老、军部无不认为一战对日本来说，是"千载一遇"的好机会。8月10日，元老井上馨向首相大隈重信建言："这次欧洲大战，对于日本的国运发展来说，是大正新时代之'天佑'。在大战中，日本要进一步加强与英、法、俄三国的团结，以确立日本在东洋的利权。"[②] 日本参谋本部第二部长福田雅太郎少将拟定了《日支协约案要纲》，以大战需要日

科学文献出版社，2005；林庆元、杨齐福：《"大东亚共荣圈"源流》，社会科学文献出版社，2006；服部龍二『東アジア国際環境の変動と日本外交：1918～1931』有斐閣、2001；細谷千博、斎藤真編『ワシントン体制と日米関係』東京大学出版会、1978；細谷千博『両大戦間の日本外交：1914～1945』岩波書店、1988；小林英夫ピーター・ドウス、小林英夫編『帝国という幻想：「大東亜共栄圏」の思想と現実』青木書店、1998；等等。

① 伊藤正德編『加藤高明 下巻』加藤伯伝記編纂委員会、1929、78～79頁。
② 井上馨侯伝記編纂会編『世外井上公伝』原書房、1968、367頁。

中共同防卫为名，提出"满蒙自治"、中国利权不得让给他国，中国向外国借款需经日本同意等要求。[1] 日本参谋次长明石元二郎中将更直接提出了"满蒙合并"的方针。一战中日本提出对华"二十一条"，可以说就是这个方案的具体化。

8月23日，日本对德宣战，随即出兵中国山东，占领济南、青岛，控制胶济铁路西段。日本随即向中国提出了"二十一条"，目的是要巩固在南满的权益，铲除德国在山东的势力，继承德国在山东的一切权益。袁世凯政府在日本的压力下，与日本签订《关于南满洲及东部内蒙古之条约》《关于山东之条约》等条约，即《中日民四条约》。日本借此取得在中国东北、山东等地的特殊权益，进而取得向长江流域发展的便利。日本乘第一次世界大战列强无暇东顾之际，通过在中国设立交通金融机构、开展对华政治借款、扩大产业投资等方式不断扩张在华利益。1919年，日本对华投资为14.39亿日元，比战前增长近2倍；对华贸易总额达11.424亿日元，[2] 比战前增长2.6倍。从1916年起，日本对东北贸易由入超转为出超，1919年日本对东北贸易额达到1亿6379万海关两，比1913年增长了3倍，[3] 大有独占中国之势。通过对华经济侵略，日本财政收入增加，国力增强，1915年日本从战前的债务国一举变为债权国。

日本在华利益的膨胀引起美国等西方列强的警觉，日本也不能不有所忌惮。1916年12月，日本外相本野一郎提出对华方针意见书，提醒日本政府"要尽力与列国保持协调，同时逐渐使列国承认我国的优越地位"。[4] 日本政府制定《帝国政府在战争中应执行之外交方针》，希望通过外交努力获得列强对日本山东权益的谅解。日本的外交活动取得了一定成效。1917年11月，日美签订《蓝辛－石井协定》，日本承认对华"机会均等""门户开放"政策，美国则承认日本在中国享有"特殊利益"。

---

[1] 外務省編『日本外交文書　別冊2』1914、903頁。
[2] 雷麦：《外人在华投资》，蒋学模等译，商务印书馆，1959，第345页。
[3] 満鉄経済調査会編『満洲経済年報1933年版』改造社、1933、70~71頁。
[4] 外務省編『日本外交年表並主要文書　上卷』原書房、1978、23頁。

一战结束后，列强为重新规划战后国际秩序，准备和平会议。美国总统威尔逊提出了"十四点主张"，得到参战国的普遍响应。日本政府为了不仅从事实上而且从法理上确保山东利益，商讨参加和会的目标。1919 年 1 月 18 日，日本政府通过《关于与日本单独利害相关讲和条件案》，提出德国需将赤道以北太平洋诸岛屿的权利让给日本，"德国根据条约及依其他惯例取得的山东省的领土、领水、租借、铁道、矿山等一切权利、特权……全部转让给日本"，"德国将青岛济南间铁道及其一切支线、属于铁道所经营的矿山及附属于铁道和矿山的其他一切权利、特权及财产，转让给日本"。① 显而易见，日本参加和会的最主要目的，是取得德国在山东和太平洋诸岛的权益。日本认为：它要求这些权益是正当的，因为日本靠自己的武力将德国势力从山东驱逐出去，继承德国在山东的利益理所当然。② 日本代表在巴黎和会上提出了山东权益转让给日本等要求，而中国代表则提出废除"二十一条"、立即归还德国在山东权利等要求。当时，日本为提高在远东地区的影响力，在巴黎和会上提出废除种族歧视提案，遭到西方各国的强烈反对。为了取得山东利益，日本决定暂将废除种族歧视提案搁置。美、英、法等国正在酝酿成立国际联盟。日本提出如果所提要求得不到满足，就不在讲和条约上签字，也不参加国际联盟。为了拉住日本，英、法表示支持日本对山东权益的要求，美国因担心日本不参加国际联盟而向日本让步。由于中国代表拒绝在《凡尔赛和约》上签字，日本没有取得继承德国在山东权益的"法理"依据，巴黎和会也未来得及构建一战后远东太平洋地区的国际新秩序。

二　华盛顿体系下的日本外交

日本趁第一次世界大战列强无暇东顾之际大肆扩张，大力扩张军备，大

---

① 外務省編『日本外交年表並主要文書　上巻』478 頁。
② 東郷茂徳『東郷茂徳外交手記：時代の一面』原書房、1967、30 頁。

有"独霸"太平洋之势。1921年，日本军费开支占国内总收入的48.7%，[1]海军加紧实施"八八舰队"计划。战后美国在远东推行"均势"政策，日本势力迅速膨胀，引起了列强特别是美国的不安。为阻止日本对中国的金融、政治控制，1919年5月，由美国提议组成了美日英法新四国对华借款团，迫使日本停止一战期间对华的政治借款，美国得以插足中国，与列强共同分享在华利益。美国一方面谋求在太平洋地区的优势地位，另一方面标榜国际合作，以实现和平与裁军。1921年7月，美国向英、日、法、意、中五国发出非正式建议，召开六国华盛顿会议，讨论裁军和远东问题。美国建议的指向十分明显，日本舆论普遍担心已有的利益受到影响，"事实上解决以日本为核心的太平洋问题的时刻到来了"，"日本面临自日俄战争以来最大的外交困境"。[2] 有人认为这次会议"与巴黎和会不同，与我国存在着密切关系。如何处理将直接影响国家的兴亡盛衰"，[3] 日本外交将面临重大考验。日本政府最关心的是《凡尔赛和约》未解决的山东问题，认为可以将太平洋及远东问题局限于一般原则问题，将既成事实和中日两国间的问题排除在讨论议题之外，利用华盛顿会议达到自己的目的。日本认为这次会议是改变因一战、对华"二十一条"等急剧扩张而招致列强的不信任的好机会，[4] 日本接受了美国的邀请，决定派代表参加会议。中国则希望借助列强的力量收回山东利益，也派代表参加华盛顿会议。

1921年10月13日，日本政府训令参加华盛顿会议的全权代表，"限制军备问题以及远东太平洋问题与帝国利益关系重大"，希望各位代表能够"阐明帝国之真意，增进国家间的信任，与美国保持圆满亲善关系为帝国特别关注之处"，[5] 其中对中国问题提出了"不许变更事项"，核心问题是山东问题，要求日本代表就上述问题取得列强的谅解，对无关实质的问题可以做

---

[1] 伊东六十次郎『满洲问题の历史下』原书房、1983、565页。
[2] 『东京朝日新闻』1921年7月13日。
[3] 宇垣一成『宇垣一成日记 第1』みすず书房、1968、350页。
[4] 服部龙二『东アジア国际环境の变动と日本外交：1918～1931』3页。
[5] 外务省编『日本外交年表并主要文书 上卷』529页。

出让步，以与美国保持"协调"。

1921年11月，美、英、法、意、中、日、荷、比、葡等九国代表参加的华盛顿会议召开。会议主要议题是限制军备和远东太平洋问题。限制海军军备问题主要涉及美英日法意五国，美国提出限制海军军备，停止竞争造舰，主力舰保有限度为美英50万吨，日本30万吨。日本要求达到美英两国的70%。但是，美英两国不让步，日本以西太平洋各岛不设防作为条件同意了这个比例，会议通过了《限制海军军备条约》①，规定了美英日法意主力舰的比例，约定今后10年不再建造战舰。日本没有实现主力舰达到英美主力舰吨位70%的愿望。但是，这个比例对日本来说已经相当高。正如日本全权代表加藤友三郎所言："日本实行八八舰队计划确实有财政上的困难。"② 这个比例与日本财政状况相适应。日本也考虑到以其国力，尚不能与美国对抗，当务之急是充实国力而不是军备。③ 当然，由于列强对海洋霸权的竞争，这个条约不可能从根本上消除列强间的矛盾，更不可能维护远东地区的和平。华盛顿会议后，日本大力建造辅助舰，1930年日本海军吨位数达到规定额度的96%，英国达到82%，美国只达到61%，④华盛顿会议确立的美英两国吨位优势实际上荡然无存。

中国山东问题是华盛顿会议的另一个焦点问题。此前，日本提出中日两国单独交涉山东问题，中国则希望借助列强力量收回山东主权。日本代表币原喜重郎在会上提出："如果任何国家都任意破坏既成事实，将特定国家间的问题向一般之列国提出，我们认为这是不适当的，我们将采取明确我之立场的适当行动。"⑤ 美国建议另行组织中日山东问题谈判，由美英两国派出观察员列席。这样，在国际干涉下日本与中国签订了《解决山东悬案条

---

① 外務省編『日本外交年表並主要文書　下卷』9~10頁。
② 日本国際政治学会太平洋戦争原因研究部編『太平洋戦争への道：開戦外交史　別巻（資料編）』朝日新聞社、1963、3頁。
③ 外務省百年史編纂委員会編『外務省の百年　上』原書房、1969、833頁。
④ 吴相湘编著《第二次中日战争史》上册，台北，综合月刊社，1973，第93页。
⑤ 外務省百年史編纂委員会編『外務省の百年　上』807頁。

约》，①条约规定：日本将胶州旧德国租界限期交还给中国，中国赎回胶济铁路，中国付给日本5340万金马克；中方选任日籍车务、会计各一人，日本军队撤出山东。中国在山东问题上对日本做了巨大让步，收回了部分山东主权。列强为了在各自在华利益，相互妥协，牺牲的是中国国家利益和主权。

华盛顿会议通过了《九国公约》，②列强在"尊重中国主权和独立以及领土和行政之完整"的名义下，取得在中国平等的机会，否定了日本独占中国利益的亚洲门罗主义③。美国主导下的华盛顿会议还通过了《四国条约》，《四国条约》取代了《日英同盟条约》。通过华盛顿会议，美国以尊重中国主权和领土完整的名义抑制了日本在中国的过度膨胀，通过与列强的经济竞争，求得了在中国的新势力均衡。会议通过的《限制海军军备条约》《九国公约》《四国条约》形成了华盛顿体系。华盛顿体系否定了日本在中国的特殊地位，从而确保美国在中国的经济利益，确立了以美国为核心的远东太平洋新秩序。华盛顿会议并没有解决中国代表提出的关税自主、废除治外法权等问题，华盛顿体系不过是列强维持扩大在中国利益而相互妥协的结果，是几个大国支配的国际秩序。

有学者认为："经过第一次世界大战，远东外交格局发生了巨大变化，各国在华盛顿会议上努力重新定义相互关系。在美国的主导下，旧秩序崩溃，以'经济外交'为基础的促进调整诸权益的新时代到来。"也有人认为华盛顿体系并不是什么新秩序，而是承袭过去的划分势力范围外交，日本在这个体系内继续推进"大陆政策"。④ 笔者认为，第一次世界大战后，日本在中国有"独大"之势，与列强在华利益发生龃龉，华盛顿会议确立的

---

① 外務省編『日本外交年表並主要文書 下巻』4~8頁。
② 外務省編『日本外交年表並主要文書 下巻』15~18頁；王铁崖编《中外旧约章汇编》第3册，生活·读书·新知三联书店，1957，第218~219页。
③ 亚洲门罗主义是第一次世界大战期间日本提出的独霸亚洲的理论。它以种族对立为基础，提出亚洲的事由亚洲人处理。如果日本国民以外的亚洲人无担当此任务的资格，则亚洲门罗主义就是由日本人处理亚洲事务之主义。
④ 服部龍二『東アジア国際環境の変動と日本外交：1918~1931』5頁。

"门户开放、机会均等"原则，否定了日本在华的特殊权益，在一定程度上限制了日本在远东的过快膨胀，反映了列强在远东竞争的激化。华盛顿体系是列强以牺牲中国利益而相互妥协的产物，这个体系不可能给远东带来和平。日本在华盛顿体系下，暂时采取与以美国为首的西方国家"协调"的外交方针，确保已取得的利益。但是，日本一直没有放弃对"特殊利益"的追求，一旦认为时机合适，就会冲破华盛顿体系的束缚。美国却凭借强大的实力做后盾，以"门户开放、机会均等"为名，保持在远东的优势地位。此后，日本与美国围绕打破还是维持华盛顿体系不断发生矛盾。

1924年6月，币原喜重郎任外相。币原以中日"两国间要增进共存共荣关系及经济提携"[1]为名，提出"协调外交"政策。币原认为：日本外交的根本是维护和增进在东亚的正当权益，"同时尊重各国的正当权益"，[2] 在与列强"协调"中维护和扩大日本的权益。币原的"协调外交"，在手段上强调经济与外交策略的作用，与赤裸裸的军事侵略有所区别，军部更倾向于以强硬的手段夺取在中国的利益，币原外交一度被视为"软弱外交"。其实，币原外交的目标与军部并无二致。币原第一次担任外相时期，中国爆发了第二次直奉战争，无论是日本政府还是军方都认为这是巩固日本在"满蒙"特殊利益的极好时机。军方秘密支持张作霖，甚至派日本顾问赴前线帮助奉军，为奉军提供军需弹药。币原主政的日本外务省为防止与美英矛盾激化，表面上不干涉直奉战争，驻华公使武官却直接参与了对冯玉祥倒戈的策划，在外交上配合军方的行动，实现维护日本在"满蒙特殊权益"之目的。正如中国学者指出的，币原"很好地利用了军方的活动，在'不干涉'的名义下达到了干涉中国内政，维护其'满蒙权益'的目标"，[3] 这个分析可谓一针见血。

币原喜重郎一再强调："外交本无强硬与软弱之分。田中内阁曾经出兵山东，是积极的政策还是消极的政策？可以视出兵为积极，但是什么利益都

---

[1] 幣原喜重郎「支那問題概観」『外交時報』560号、1928年4月、11頁。
[2] 幣原平和財団『幣原喜重郎』大日本協会、1955、262頁。
[3] 宋志勇、田庆立：《日本近现代对华关系史》，世界知识出版社，2010，第98页。

没有得到，以失败告终。到底是消极政策还是积极政策呢？"①"协调"并不是软弱，而是在"协调"中保证日本的在华利益，尤其是"满蒙"的特殊利益。其实，币原喜重郎一方面标榜"协调"外交，另一方面对内积极"协调"军方在中国的军事行动，以军事为后盾实现外交上的"协调"。日本在高唱"协调"外交时，一直在寻求机会，"协调"中有"强硬"，要实现"大陆政策"的目标。

1927年4月，田中义一担任日本首相兼外相，提出了新的对华政策，在同情中国人"正当期望"的同时，与"列强保持协调"。②这意味着田中的外交方针、对华政策依然在华盛顿体系框架内进行，与币原外交不太一样，田中外交包含更多的"积极"和"强硬"因素。6月27日~7月7日，日本召开"东方会议"，制定了《对华政策纲领》。对华政策的基调是"鉴于日本在远东的特殊地位，对支那本土和满蒙加以区别"，将满蒙作为"日本特殊地带"采取与中国本土不同的政策，核心是满蒙的"特殊权益"，提出"对中国国民的希望给予同情，并与列国共同努力促其实现"，③表示仍然坚持与列强的协调与信任，还提出对于中国抵制日货等排日运动采取"自卫措施"，强调"满蒙尤其是东三省在国防上、国民生存上有重要利害关系"，"万一发生动乱波及满蒙，导致治安混乱，侵害我特殊权益，无论其来自何方，我将采取断然措施"，④表明日本虽然没有放弃"协调"口号，但是将采取更加强硬的措施维护在华权益。1928年4月，日本直接出兵山东，制造"济南惨案"。6月初，关东军制造"皇姑屯事件"，日本加快了"独占"中国权益的步伐。有学者认为日本出兵山东是九一八事变的前奏。⑤尽管如此，日本权衡利弊，还没有发展到公然抛弃华盛顿体系的程度。

1929年7月，币原第二次出任日本外相，强调"增进帝国与列国的关

---

① 幣原喜重郎『外交五十年』原書房、1974、105頁。
② 田中義一伝記刊行会編『田中義一伝記 下』原書房、1981、570頁。
③ 外務省編『日本外交年表並主要文書 下巻』101頁。
④ 外務省編『日本外交年表並主要文書 下巻』102頁。
⑤ 吴相湘编著《第二次中日战争史》上册，第56页。

系，政府将推进相互通商及振兴企业"。① 为避免列强对日本扩张的反感，币原提出暂且搁置"满蒙悬案"，在中国关税自主问题上，与列强一样表现出积极态度，1930年5月中日两国签订了《中日关税协定》。

总之，华盛顿体系确立了战后远东国际新秩序，完成了列强对战后远东国际秩序的规划。华盛顿体系是美国主导的国际秩序，以有利于美国扩张远东利益为前提，反映了列强在远东争夺中的矛盾与实力对比，不可能给远东带来真正的和平。华盛顿体系暂时抑制了日本在远东的过度扩张，迫使日本不得不有所收敛，稍微放慢侵华的步伐。日本在华盛顿体系下开展外交，通过采取与列强"协调"的外交策略，求得列强对其"同情"和支持。这是因为其国力尚远远不足以与美国等强国对抗，但并不意味着日本甘心放弃一战中取得的"特殊权益"，无论是政府还是军部，都在寻找机会，冲破华盛顿体系的限制，建立由日本领导的远东新秩序。

三 告别华盛顿体系，建立新的东亚秩序

日本大陆政策的第一个目标就是朝鲜半岛和中国东北。日俄战争后日本取得沙皇俄国在中国东北的部分利益，并不断扩张权益，以确立"满蒙特殊权益"。② 在华盛顿体系下，列强以尊重中国主权与独立及领土完整为由，否定了日本的"特殊权益"，日本就以东北与中国本土不同之名，首先保护在"满蒙"（中国东北）的"特殊权益"，进而向华北、向全中国扩张。1927年的东方会议制定的《对华政策纲领》将东北与中国本土区别开来，认为东北为日本"特殊权益"地区，要将这些地区从中国领土上分离出去。

---

① 币原平和财团『币原喜重郎』348页。
② 关于"满洲"的由来，据梁敬錞先生研究：满洲为民族之名，并非地理名词。满洲出自"满珠"之转音，而满珠又为"满住"之转音。"满住"为代表满洲民族各部酋长之通称。日本称我国东三省为"满洲"，有否定东三省为中国领土之意。详见梁敬錞《九一八事变史述》，台北，世界书局，1995，第155页。日俄战争后日本取得俄国在东北的部分利益，日本称之为"南满"，以后又与内蒙古东部合称"满蒙"。本文为叙述方便，引用文按原文翻译，特此注明。

虽然币原第二次出任外相时，为摆脱外交上的不利地位，将"满蒙问题"暂时搁置，但是日本并没有放弃在东北的"特殊权益"，而是在等待时机。

1929年，资本主义世界爆发了规模空前的经济危机，1930年经济危机波及日本。经济危机导致日本社会矛盾激化，也成为日本冲破华盛顿体系束缚的契机。九一八事变前，为配合日本政府向东北扩张，日本一些历史研究者配合日本的扩张政策，提出"中国非国论""满蒙非中国领土"等论调，甚至论证"中国东北是日本的领土"，从学理上为日本向东北扩张提供依据，提出"满洲本来就不是支那的领土""支那本来就没有国境，如果按照支那统治的理论来说，不仅蒙古满洲而且世界也都是中国的领土"。① 日本驻国联代表松冈洋右则声称，"长期以来'支那人'这一称呼从人种上看，是很暧昧的。对包括日本人在内的外国人来说，它适合支那帝国的大部分居民。然而，这就意味着满洲人、蒙古人或者支那本土居民全部为同一人种，满洲国民绝大多数与支那国民有明显区别"，② 以此证明东北在地理、历史以及人种上与中国不同，日本在东北的"特殊权益"有其"合理性"。

1931年1月，满铁前副总裁松冈洋右在众议院发表演说，提出"满蒙是我国的生命线，其重要性不言而喻，满蒙政策的危机现在比任何时候都严重"。③ 1931年3月，日本关东军高级参谋板垣征四郎在《从军事上所见满蒙》一文中，提出解决满蒙问题"是基于日本帝国的使命，是建立在实现伟大理想之上的"。④ 1931年5月，关东军主任作战参谋石原莞尔在《满蒙问题私见》中也提出政府要充分认识到"中国东北问题"的价值，"按照日韩合并的要领，对外宣布满蒙合并"。⑤ 正如日本著名评论家尾崎秀实指出："经济危机导致凡尔赛体系烟消云散，经济危机破坏了外交安定的基础，所有国家都处于尖锐的对立之中，时刻有爆发战争的可能性。"⑥ 9月，日本关

---

① 矢野仁一『近代支那論』弘文堂書房、1923、102頁。
② 松岡洋右［述］、竹内夏積編『松岡全権大演説集』大日本雄辯会講談社、1933、141頁。
③ 『満洲国史』編纂刊行会編『満洲国史』満蒙同胞援護会、1980、86頁。
④ 小林龍夫、島田俊彦編『現代史資料　7　満州事変』みすず書房、1964、139頁。
⑤ 角田順編『石原莞爾資料　国防論策』原書房、1967、78頁。
⑥ 尾崎秀実「戦争の危機と東亜」『尾崎秀実著作集　第1巻』勁草書房、1977、5頁。

东军策划了九一八事变，并迅速以武力侵占东北。当时，欧美各国正在忙于应付危机，苏联正在实施第一个五年计划，而中国则处于内战之中，正如美国国务卿史汀生所言，"如果沈阳事变是有人阴谋，这阴谋所选择的时期，真是胜算"。[1]

九一八事变发生时，正值标榜"协调外交"的若槻礼次郎内阁时期，当时日本的财政相当困难，事变发生更加剧了财政困难。尽管如此，日本政府却不惜采取一切手段加大军费投入，以支持关东军。事变后，政府讨论朝鲜军的"独断越境"的行动，政府认为"已经发生了没有办法"，不仅没有追究朝鲜军擅自越境的"违法"行动，还承认了既成事实，拨给了其认为"必要的"出兵经费。事变爆发之初，"外务省对关东军的行动曾持批评态度，在东北的关东军与外务省官员的关系并不和睦。但是，在伪满洲国成立前后，外务省则认为满洲国健全发展是必要的，对满洲国给予积极协助"。[2] 3月12日，日本内阁通过《满蒙问题处理方针要纲》，主张东北是日本国防"第一线"，日本要维护这一地区的治安。7月12日，日本政府召开会议，讨论承认"满洲国"问题，决定尽早承认"满洲国"，以表明日本政府的态度。日本外相内田康哉声称："就日本的角度来看，满洲问题已经不复存在，有的只是承认伪满洲国问题。"[3] 同月，日本外务省亚洲局成立了主管"满洲国"的第三课。由此可见，在维护和扩大日本对东北侵略利益问题上，日本政府与军部的目标是一致的，政府标榜"协调"是用"隐性"和"柔软"的方法，而军部则用"激进的""强硬的"方法来实现对东北的侵略。关东军武力行动，为日本实现"特殊权益"提供了机会，日本政府彻底撕下了"协调""国际信任"的面具，毫不犹豫地与军部协调一致了。不仅政府，就是主张通过外交途径获得日本权益的东亚同文会等民间组织，也因九一八事变而改变了立场，认为"日本的行动是正当的，批评中国，主张承认既

---

[1] 梁敬錞：《九一八事变史述》，第6页。
[2] 外務省百年史編纂委員会編『外務省の百年 下』172頁。
[3] 内田康哉伝記編纂委員会、鹿島平和研究所編『内田康哉』鹿島研究所出版会、1969、334頁。

成事实,采取完全与关东军军事侵犯一致的立场"。① 可见,在维护东北"特殊权益"上,政府、军部、民间达到高度一致。

九一八事变后,南京政府成立了特种外交委员会,由戴季陶和宋子文任正副委员长。中国政府以日本违反《九国公约》等国际条约,向国联申诉日本的侵略行为。由于列强各自忙于应付国内危机,都极力避免直接介入中日冲突。日本则以中国不是有组织之国民国家通告国联,提出"中国只是地理名词"②,否认国际条约适用于中国。1932年4月,国联派李顿调查团到中国东北进行实地调查,形成了《李顿报告书》。报告书没有指出日本侵略性质,"虽然承认日本在满洲有特殊地位,但是不承认满洲国独立,认为东北是在中国主权下高度自治的特殊地域,提出在东北设立自治政府,由列强共同管理"。日本外务省发表长篇反驳意见书。11月21日,松冈洋右在国联理事会第一次会议上发表演讲,逐一反驳《李顿报告书》,表示"日本不能承认满洲是中国领土一部分的说法,到本世纪初,是满洲王朝(清朝)的领地,是满洲王朝世袭属地",③ 重弹"东北不是中国领土"的老调,东北在经济上、政治上与日本有着密不可分的关系,认为建立"满洲国"是将东北人民从军阀压迫下"解放"出来,日本使"混乱的东北秩序井然,人民安居乐业",日本的行动不是侵略而是"解放",《李顿报告书》是不适当的。在国联大会上,中日两国代表进行了激烈的辩论。

1932年11月21日,国联组织了一个十九人特别委员会,并邀请美苏两国参加,制定解决事变方案。1933年初,日本进攻热河、占领山海关,这深刻刺激了国联和美国,十九人特别委员会向日本发出警告。2月24日,国联召开特别大会,表决《关于中日争议的报告书》。报告书承认中国对东北拥有主权,不承认"满洲国"的合法性,要求日本尽快从满铁附属地撤退。表决结果以42票赞成、1票弃权(泰国)、1票反对(日本)的结果宣

---

① 翟新『東亜同文会と中国:戦前期日本における非政府組織の対中活動の理念と実像』慶應義塾大学出版株式会社、2001、275頁。
② 梁敬錞:《九一八事变史述》,第361页。
③ 松岡洋右[述]、竹内夏積編『松岡全権大演説集』21頁。

告通过。松冈洋右在会上发表演说,声称:"远东纠纷的根本原因在于支那无法律的国情及不承认对邻国的义务,完全唯自己的意志行动之不合理愿望。支那在迄今为止的长时期内懈怠作为独立国的国际义务,日本作为其最近邻的国家,蒙受了巨大的损害。"① 随后,日本代表一起退出会场,态度极其蛮横。

在国联召开特别大会前,日本外务省就有人主张退出国联。1月中旬,日本外相内田康哉就内奏天皇"尽早越过山峰,不必担心退出(国联)",不久又上奏:"已经无须忧虑退出国联了。"② 3月27日,日本政府发表《退出国际联盟的通告文及诏书》,称:"帝国政府认为已经没有与国联合作之余地,根据国联规约第一条第三款,帝国宣告退出国际联盟。"③ "在满洲国新生政权成立之时,帝国尊重其独立、促进其健全发展,以铲除东亚祸根,维护世界和平。不幸的是这与国联看法背道而驰,朕与政府审慎考虑,乃决定退出国际联盟。"④ 日本强调在"满洲国"问题上与国联意见完全不同,公开表示已经无法与列强继续"协调",要独自维护东亚"和平",要与华盛顿体系告别,与现有的国际秩序决裂。这表明列强极力避免与日本正面冲突,试图以共同的利害关系、以国联牵制日本的策略彻底失败,也暴露了国联无力阻止日本侵略行动、自身软弱的一面。日本退出国联走上国际孤立的道路,不断扩大对中国的侵略,逐渐确立了国家总体战体制。在日本挑战华盛顿体系的同时,希特勒开始打破凡尔赛体系,德国于1933年10月宣布退出国联。日本与德国不约而同地要在东西方打破现存的国际秩序,建立自己主导的国际新秩序。一战后的凡尔赛-华盛顿体系是几个大国分赃与妥协的产物,不可能给世界带来和平。

按照《国际联盟盟约》第一条第三项的规定,会员国虽得经两年预告之期间,自由退盟。但是退盟时,其所负担的国际义务与国际盟约义务须先

---

① 外務省編『日本外交年表並主要文書 下卷』264頁。
② 外務省百年史編纂委員会編『外務省の百年 下』178頁。
③ 外務省編『日本外交年表並主要文書 下卷』269頁。
④ 外務省編『日本外交年表並主要文書 下卷』269頁。

完全履行。所谓"国际义务"就是《非战公约》《九国公约》之义务。而日本却拒不履行国际义务。1933年3月，占领热河省后又通过《塘沽停战协定》《何梅协定》《秦土协定》等，把触角伸向华北。1937年7月，日本在卢沟桥挑起了全面侵华战争，12月占领国民政府首都南京，并侵占了中国大片领土。但是中国并未屈服，日本不得不调整对华政策。1938年11月3日，近卫内阁发表题为《虽国民政府亦不拒绝》的第二次对华声明，声称"帝国所期求者即建设确保东亚永久和平的新秩序。……如果国民政府抛弃以前的一贯政策，更换人事组织，取得新生的成果，参加新秩序的建设，我方并不予以拒绝"①，首次公开了建设东亚"新秩序"的目标，日本由对华盛顿体系的"破"发展到建设自身主导东亚新秩序的"立"的阶段。美国认为东亚"新秩序"违背了"门口开放、机会均等"原则。日本外相有田八郎认为："现在东亚形势发生新变化，以事变（指卢沟桥事变）的概念原则来处理现在和今后的事情，不仅不能解决当前的问题，也不能确立东亚之永久和平。"② 这是日本第一次公开批判《九国公约》，修正美国主导的国际秩序和原则。日本推行积极的外交方针，加快建立新的国际秩序。1938年11月30日，御前会议做出"调整日华新关系方针"的决定，将东亚新秩序具体化，提出"在互惠的基础上，日、满、华善邻友好、共同防共、经济提携"③ 三项原则。12月22日，近卫内阁发表第三次对华声明，重申"日满华三国应以建设东亚新秩序为共同目标联合起来，共谋实现相互善邻友好、共同防共、经济提携"④ 的原则，呼吁"日满华三国在建设东亚新秩序的共同目标下联合起来"。⑤ 经过日本御前会议和政府声明，明确了建设东亚新秩序的内容和原则，昭示着日本对华盛顿体系的彻底否定，在排除欧美列强的幌子下，确立以日本为核心的东亚新秩序。近卫文麿的秘书尾崎秀实

---

① 外務省編『日本外交年表並主要文書　下卷』401頁。
② 外務省百年史編纂委員会編『外務省の百年　下』299頁。
③ 外務省編『日本外交年表並主要文書　下卷』405頁。
④ 外務省編『日本外交年表並主要文書　下卷』407頁。
⑤ 外務省編『日本外交年表並主要文書　下卷』407頁。

也承认，尽管"经济提携政策比大陆政策的手段似乎温和一些，但是本质上仍然是大陆政策"。① 中国是日本建立"东亚新秩序"的重点，1938 年 11 月，日本成立了"华北开发株式会社"和"华中振兴会社"两大国策公司；12 月 16 日，日本成立了"兴亚院"作为实施对华政策的统一机构。

1940 年 7 月，日本政府制定《基本国策纲要》，提出"皇国现在外交之根本在于建设大东亚新秩序，其重点是解决支那事变，实现国防建设的飞跃，采取灵活的施政方针，以推进皇国之国运"，② 把"东亚新秩序"发展到"大东亚新秩序"阶段，将"帝国"改称"皇国"。7 月 27 日，大本营政府联络会议通过《伴随世界形势变化处理时局纲要》。8 月 1 日，日本外相松冈洋右就政府的外交方针发表讲话，提出："根据皇道大精神，首先确立日满华作为其一环的大东亚共荣圈""确立大东亚共荣圈，这个大东亚共荣圈与过去所称的东亚新秩序乃至东亚安定圈是同样的，它包括荷属印度尼西亚、法属印度支那，日满华是其一环。"③ 这是日本政府首次将"大东亚新秩序"表述为"大东亚共荣圈"。此后，"大东亚共荣圈"就成为日本建立国际新秩序、推行新的扩张政策的代名词。9 月 27 日，日本与德、意签订了《德意日三国同盟条约》，日本承认德、意在欧洲建立新秩序的领导权。德意日三国相互配合，在欧亚分别挑战英美等主导的国际秩序。1941 年 12 月 8 日，日军偷袭美国海军基地珍珠港，挑起了"大东亚战争"（太平洋战争），进入建设"大东亚共荣圈"的实施阶段。1945 年 8 月 15 日，日本战败投降，"东亚新秩序"也化作泡影。

总之，第一次世界大战前后，日本大陆政策的重点是获得在中国的"特殊权益"，将一战期间日本获得的在华侵略利益"合法"化。日本扩张政策与列强在华利益发生矛盾，引起了美、英等列强的警惕。确立战后远东国际秩序的华盛顿体系，在一定程度上制约了日本"大陆政策"，使日本放缓了独占中国的步伐。在华盛顿体系下日本虽然一度高唱"协调"外交，

---

① 『尾崎秀実著作集　第 1 巻』222 頁。
② 外務省編『日本外交年表並主要文書　下巻』436 頁。
③ 『東京朝日新聞』1940 年 8 月 2 日、夕刊。

但是一直在寻找机会突破华盛顿体系的限制，建立自身主导的东亚新秩序。一战前后日本经历了从"协调"到"强硬"外交的转变、从参与国际体系到破坏现有国际秩序、建立新的国际秩序的过程。这个过程是日本不断扩大对外侵略的过程。这个过程与日本国力、军备、形势判断等有密切关系。其间日本政府与军部在具体方法、步骤上有所不同，但是根本目的是一致的。而九一八事变后政府与军部在方法、手段上更是达到了空前的一致。一战前后日本对国际秩序的"破"与"立"，反映了列强之间的力量对比变化与利益冲突，而列强企图姑息、绥靖，牺牲中国利益的"利己"政策，更助长了日本打破国际秩序的野心。

人类社会的发展中，始终存在交往、合作、竞争，各国都有改善自身环境、不断发展的需求。在国际交往中，必须彼此尊重独立、主权和领土完整，这样才能推动社会进步，推动人类历史不断向前发展。

五四运动时期中日思想文化的交流与影响[*]

王晓秋[**]

今年是五四运动一百周年,百年前中国五四运动兴起之际,正是日本大正民主运动高涨之时。在这个时期。中日两国思想文化互相交流影响,两国民主进步势力相互支持声援,两国青年学生也互相访问畅谈。本文试图对五四时期的中日思想文化交流,以及由北京大学教授李大钊与东京大学教授吉野作造倡导的,以北京大学与东京大学学生为中心的青年交流活动,做一些具体的考察和探讨。

一 李大钊对日本大正民主运动的支持

大正民主运动在日本历史上被称为"大正德谟克拉西",是日本大正年间(1912～1926)由中小资产阶级及其知识分子发动,有各阶层参加,以反对军阀专制、拥护宪政为中心的民主运动。这个运动也得到了中国五四运动主要领导人、杰出的共产主义运动先驱李大钊等中国进步人士的关注和支持。下面着重通过李大钊创办的《每周评论》与以吉野作造为中心的黎明会的交流,来具体考察李大钊如何关心和支持日本的大正民主运动。

---

[*] 本文初稿发表于《日本学》第 2 辑(北京大学日本研究中心编,北京大学出版社,1990),收入本书时加以修订、补充。
[**] 王晓秋,北京大学历史学系教授。

《每周评论》与黎明会同于1918年12月创办。《每周评论》是中国五四运动时期最有影响的进步刊物之一。黎明会是以日本大正民主运动的理论指导者、著名的民本主义思想家吉野作造为中心的进步团体。《每周评论》一创刊，李大钊就寄给了日本的吉野作造和黎明会。1919年1月19日出版的《每周评论》第5号上刊登了吉野博士的东京来信。信中写道："惠赠《每周评论》已拜读，谢谢！黎明会是以促进文化为前提的，志在与所有逆着世界大势的顽迷思想奋斗，助进健全的开明思想的发达，是纯粹的学者的结合。最近开第一次讲演会，当时的速记，不日可以公刊，公刊后必寄赠一部。尚乞遥为声援，不胜切盼。"① 此后《每周评论》发表了李大钊等人撰写的多篇文章，表达了对日本民主运动和黎明会的支持和关注。

　　《每周评论》第7号的《国外大事述评栏》刊登了《日本政治思想的新潮流》一文，详细介绍了吉野作造与浪人会辩论并组织黎明会的经过。文章指出"日本的平民政治思想家吉野博士，平日以鼓吹平民政治为事"，而且"喜谈社会主义"，"所以他组织的黎明会亦带有几分社会主义色彩"；认为"这黎明会三个字，在日本政治思想史上真成了一个绝大的纪念了"。② 2月16日出版的《每周评论》第9号又刊载了李大钊撰写的宣传和声援黎明会的文章《祝黎明会》，署名明明。文章认为，黎明会的纲领中包含的精神，"就是主张公理，反抗强权，打破资本主义、军国主义，完成日本国民的共同生活，使他与世界人类的共同生活调和一致"。最后他写道："我祝日本的黎明，从今以后曙光灿烂。我祝中国的黎明，也快快大发曙光，和日本的黎明相映照。"③ 同期另有一篇东京通讯，题为《黎明日本之曙光》，署名TC生。这篇文章过去也被认为是李大钊所写，并收入《李大钊文集》。但是从文章内容来看，作者应是黎明会第一次讲演会的参加者，绝不可能是在北京的李大钊，估计可能是一位留日学生从东京寄来的稿子。这篇通讯具体生动地描述了黎明会第一次讲演会的经过、会场气氛和吉野作造等人的演

---

① 《吉野博士东京来信》，《每周评论》第5号，1919年1月19日。
② 《日本政治思想的新潮流》，《每周评论》第7号，1919年2月2日。
③ 《祝黎明会》，《每周评论》第9号，1919年2月16日。

说内容，赞扬"这轰轰烈烈的黎明运动的第一晓钟，必定在日本国民精神上留下了绝大的声响，不晓得起了多少和他们共鸣的人"。①

《每周评论》第 12 号上发表了李大钊署名"守常"的《新旧思潮之激战》一文，其中也肯定了黎明会是日本新思潮的代表："大张民主主义、社会主义的旗帜，大声疾呼，和那一切顽迷思想宣战。什么军阀、贵族，什么军国主义、资本主义，都是他们的仇敌，都在他们攻击之列。"②黎明会的刊物《解放》于 1919 年 5 月 15 日创刊，吉野作造立即寄给李大钊。10 天以后，《每周评论》23 号上便全文译载了《解放》创刊号宣言。黎明会的讲演集出版后，吉野也很快寄赠李大钊。李大钊在 6 月 15 日致吉野作造的信中头一句话就是"赐下黎明演讲集均收阅，谢谢"。③ 1919 年 4 月，李大钊在给胡适的信中，还用日本黎明会的例子来促进《新青年》编辑部成员的团结。他写道："我们大可以依照日本'黎明会'，他们会里的人，主张不必相同，可是都要向光明一方面走是相同的。我们《新青年》的团体，何妨如此呢？"④

对于黎明会内部的错误倾向，特别是某些人对侵略主义的妥协附和，李大钊也提出了诚恳尖锐的批评。1919 年 7 月 13 日发行的《每周评论》第 30 号，刊登了他署名"守常"的两篇随感。一篇题为《忠告黎明会》，指出："日本的黎明运动，总算是一线曙光的影子。我们对他们很有希望。但是看了福田博士的议论，仿佛他还在迷信侵略主义，简直找不出半点光明来，很令人失望。"因此，他"也劝黎明会中的真正黎明分子，先要在黎明会中作一回黎明运动"。⑤ 在另一篇随感《黑暗与光明》里，他敏锐地觉察到黎明会的分化，并寄希望于以新人会为代表的进步青年运动。文章深刻指出："在日本的黎明会里，也可以分黑暗与光明两个层级。大概已经在社会上享

---

① 《黎明日本之曙光》，《每周评论》第 9 号，1919 年 2 月 16 日。
② 《新旧思想之激战》，《每周评论》第 12 号，1919 年 3 月 9 日。
③ 李大钊致吉野作造信，宫崎滔天故居藏原件。
④ 李大钊：《致胡适》，《李大钊文集》（下），人民出版社，1984，第 936 页。
⑤ 《忠告黎明会》，《每周评论》第 30 号，1919 年 7 月 13 日。

有相当地位声望的一流人的思想,比较的不彻底,议论、态度,比较的暧昧。还是新人会一派的青年,较有朝气。他们的议论、思想,很有光明磊落的样子。这也是青年胜过老人的地方,也就是光明与黑暗的分点。"①

二 吉野作造对中国五四运动的声援

1919年五四运动期间,日本帝国主义政府和大多数报刊对中国人民的反帝爱国运动大肆诬蔑咒骂。他们把五四运动说成是由少数反政府"政治家的唆使,乃至英美两国人煽动起来的",攻击学生"妄动""狂暴"。②连某些资产阶级自由主义者也附和政府的侵华政策,指责、非难中国青年学生的爱国行动。但是,应该指出当时仍有一些日本进步人士,敢于坚持正义,公开表示同情和支持中国人民的五四反帝爱国运动。东京大学教授吉野作造就是其中最杰出、影响最大的代表人物。

还在五四运动爆发前夕,即1919年4月30日,吉野作造在黎明会第四次演讲会上发表了《关于中国问题》的重要演说,批判了日本政府的对华政策,深刻地指出中国出现反日运动的原因,主要在于日本政府从"官僚思想"出发,执行了"错误的对华政策",而忽视了"正在中国勃兴的真正国民的要求"。③

五四运动的消息传到日本之后,吉野作造立即给北京大学的某君写了一封声援的信,这位某君大概就是李大钊。信中写道:"我知贵国虽盛倡排日,所排之日,必为野心的、侵略的、军国主义的日本,而非亲善的、和平的、平民主义的日本。""侵略主义的日本不独为贵国青年所排斥,抑亦我侪所反对也。侵略的日本,行将瓦解,未来和平人道之日本,必可与贵国青年提携。"这封信曾被中国《全国学生联合会致日本黎明会书》引用,并赞扬"博士此语,我国人士实不胜其感佩之情。盖此皆我国人士心坎中所欲

---

① 《黑暗与光明》,《每周评论》第30号,1919年7月13日。
② 『国民新聞』1919年11月29日、『京都日本新聞』1919年12月11日。关于日本报纸对五四运动的反应,详见『日本新聞五四報道資料集成』京都大学人文科学研究所、1983。
③ 吉野作造著、松尾尊兊編『中国・朝鮮論』平凡社、1970、203~204頁。

发者"。① 上海《东方杂志》第 16 卷第 7 号也译载了吉野给李大钊的这封信。《日人吉野作造之中国最近风潮观》一文也指出："吉野博士议论，足以代表一部分日本平民之意见，此吾侪所宜注意也。"②

笔者 1987 年在日本访问期间，曾在日本女子大学久保田文次教授的陪同下，拜访了孙中山的日本友人宫崎滔天的东京故居。宫崎滔天的孙女宫崎蕗苳女士和她的丈夫、早稻田大学教授宫崎智雄先生热情地接待了我。他们拿出宫崎家珍藏的大批有关中日交流的文物资料给我看，其中有孙中山、黄兴、廖仲恺、毛泽东等中国革命家给宫崎滔天的许多信件、题词、条幅和照片。笔者意外地在资料中看到五四时期李大钊给吉野作造的一封信和给宫崎滔天的长子宫崎龙介的几封信。

李大钊 1919 年 6 月 15 日写给吉野作造的信是用钢笔书写的，从信封及邮票上可看出是从中国北京大学直接寄往日本东京吉野家的，很可能就是对吉野上述来信的复信。该信全文如下："拜启　赐下黎明讲演集均收阅，谢谢。此次敝国的青年运动，实在是反对侵略主义，反对东亚的军阀。对于贵国公正的国民绝无丝毫的恶意。此点愿贵国识者赐以谅解。惟不幸而因两国外交纷争问题表现之，诚为遗憾千万。尊论正大光明，当酌为发布，示之国人。我等日日祷望黑暗的东方发现曙光。故亦日日祷望军阀的日本变为平民的日本，侵略的日本变为平和的日本，黑暗的日本变为黎明的日本。在黎明的曙光中，两国的青年可以握手提携，改造东亚，改造世界。尊议两国大学的教授学生间应开一交通的道路，甚善甚善。商之敝校教授连，均极赞成。惟详细办法，须俟蔡校长回校后，始能议定。至时当详函以告。陈独秀先生因发布'北京市民宣言'被政府捕拿，乞持公论，遥为声援。六月十五日　吉野博士　李大钊。"③ 这封信是研究五四时期中日文化思想交流的一份重要资料。

---

① 《全国学生联合会致日本黎明会书》，中国社会科学院近代史研究所近代史资料编辑组编《五四爱国运动》（上），中国社会科学出版社，1979，第 411 页。
② 《日人吉野作造之中国最近风潮观》，《东方杂志》第 16 卷第 7 号，1919 年 7 月 15 日。
③ 李大钊致吉野作造信，宫崎滔天故居藏原件。

五四运动期间，吉野作造还在《中央公论》《新人》《解放》《东方时论》等刊物上发表一系列政论文章，表达了他对中国五四运动的热情声援和卓越见识。《中央公论》1919年6月号刊登了吉野作造撰写的《勿要谩骂北京学生团的行动》。该文有力地驳斥了日本某些报刊对五四运动的种种攻击，指出北京学生运动是反对以官僚、军阀、财阀为代表的"侵略的日本"，与日本人民要把日本从官僚军阀手中解放出来的"志向目标是完全相同的"，"应该祝愿邻邦民众运动的成功"，"只有从官僚军阀手中解放出来，才能建立两国之间巩固的国民亲善"。[①]

　　吉野作造还在《新人》杂志1919年6月号上发表《关于北京大学学生风潮事件》一文，进一步指出中国五四运动有三个特点："第一，这次运动完全是自发的，并没有日本报纸所称的某国的煽动。""第二，这次运动是根据一种确信的精神，为了达到确信的目标的行动，而这种目标所向并没有错误。""第三，这次运动的结果并非单纯排日，首先是为了铲除国内的祸根。"他还把五四运动与新文化运动联系起来，认为"两三年来，北京大学在蔡元培统率之下，思想焕然一新，欧美之新空气遂极浓厚。最近新发行之杂志如《新青年》《新潮》尤极力鼓吹新思想、新文化，倡言'文学革命'。他欢呼"这是中国民众举国向开明目标前进的开端"，"中国将别开一新生面矣！"吉野在文章中还明确指出支持中国卖国贼的日本军阀官僚是中日两国人民共同的敌人，只有反对"操纵笼络中国官僚的日本官僚军阀"，才能实现"真正的国民的中日亲善"。[②] 上海的《东方杂志》1919年7月号全文译载了吉野的这篇重要文章。

　　接着，吉野作造又在《中央公论》1919年7月号上发表《狂乱的膺惩中国论》，严厉批判日本报刊鼓噪"惩治中国"的军国主义言论。他还在《东方时论》1919年7月号上发表了《中国的排日风潮与根本的解决对策》的长文，再次肯定五四运动是"国民自发的运动"，而不是日本报

---

① 吉野作造著、松尾尊兊编『中国・朝鲜论』206~207页。
② 吉野作造著、松尾尊兊编『中国・朝鲜论』208~215页。

刊所污蔑的所谓由"一二个阴谋家煽动起来的",或是"在华英美人出巨资组织的"。他认为这次运动有两个指导原则:一是反抗外来侵略主义;一是反抗国内专制的官僚军阀。"而日本正是侵略主义的首要代表,对中国最直接的威胁,所以斗争锋芒首先指向日本。"他主张中日两国的友好要通过"我们两国民众之间在和平主义、自由主义、人道主义基础上的社会改造的共同运动来实现",而这次运动正是"两国民众之间协同提携的机会"。[①]

尽管吉野作造还不可能摆脱资产阶级民本主义的局限性,但是他能在当时日本国内对五四运动一片攻击谩骂的气氛中挺身而出,肯定五四运动的正义性,驳斥对中国五四运动的种种诬蔑诽谤,批判日本政府的侵华政策,阐述日中两国人民只有在反对两国官僚军阀的斗争中才能实现真正亲善友好的思想,确是十分难能可贵的。他的观点有许多和李大钊的思想是一致的。日本大正民主运动和中国五四反帝爱国运动的互相支持声援也更加深了李大钊和吉野作造之间的真挚友谊。

三 吉野作造的交流计划和日本学生访华

在五四运动期间,为了促进中日两国人民之间的互相理解和思想交流,吉野作造与李大钊一起倡导和组织了以北京大学与东京大学为中心的中日教授、学生的互访活动。

吉野作造在黎明会的刊物《解放》1919年8月号上发表了《日中国民之间建立亲善关系的曙光——两国青年的互相理解与提携的新运动》一文,全面阐述了他关于日中青年交流的思想和计划。吉野在文章中首先指出对中国的五四运动应有如下的认识:"(一)他们的主要目的是反对官僚军阀;(二)他们排日的原因是由于日本援助中国官僚政府;(三)他们反对的是帝国主义的日本,如果知道还有和平主义的日本,必定愿意与后者提携。"因此,他觉

[①] 吉野作造著、松尾尊兊编『中国・朝鮮論』218~219頁。

得可以认为："邻邦青年运动潜在的精神之内存在真正产生日中亲善的种子""我们与他们在与军阀官僚战斗上，有着共同的精神与任务。"①

从这种认识出发，吉野作造在1919年6月5日的黎明会演讲会上，首先建议邀请北京的教授一名、学生二三名，来日本东京进行恳谈。6月15日北京《晨报》在题为《中日国立大学交换教授说》的东京消息中，报道了吉野作造自述的具体交流计划："余个人今年秋天必赴中国一游，届时当访问北京大学，陈述吾侪意见，一面亦拜听北京识者之主张。日前黎明会开会时，余曾谈及欲调和中日两国间之纠纷，宜聘请北京大学教授来日演说，互相交换意见，以谋疏通之道，在座者咸首肯此议。目下正在准备一切费用，约需千金左右，起居力求俭朴，不必居住贵族的生活之大饭店，即下［榻］寒舍亦无不可。余于日前曾将此意函告北京大学某教授，若其复函赞成斯举，并允偕同学生来日，则日本亦可派有志大学生联合开演说大会，如其结果甚佳，则将来日本教授亦当偕同大学生赴华也。法科在学中之宫崎龙介拟今夏赴华游历，一切当托其与北京大学交涉也。"吉野所说函告北大某教授即李大钊，不久就接到李大钊的回信，李大钊积极响应吉野的建议并热情邀请他访华。吉野作造的前述文章中曾引用李大钊回信的如下内容："北京学界甚望君之来游。即使大学交换教授的计划一时不能实现，民间的学会、报社也可以聘君来讲演。若君能于今年夏天或秋天枉驾来华，在数月之间将日本国民之真意及民主精神告知敝国人民，则与东亚黎明运动的前途关系甚大。"② 可见李大钊对吉野访华寄予很大期望。前面介绍的宫崎家收藏的李大钊1919年6月15日给吉野作造的信中也谈到了这个问题。信中说："尊议两国大学的教授、学生间应开一交通的道路，甚善甚善。商之敝校教授连，均极赞成。惟详细办法，须俟蔡校长回校后，始能议定。至时当详函以告。"

1919年7月中旬，吉野作造的学生、东京大学毕业生、新人会会员、

---

① 吉野作造著、松尾尊兊编『中国・朝鮮論』230~243頁。
② 《中日国立大学交换教授说》，《晨报》1920年6月15日。

当时在满铁工作的冈上守道，拿着吉野的介绍信拜访了李大钊。根据他给吉野的信中报告，李大钊对他谈到最近收到吉野先生的来信，了解了先生的意向和具有新思想的日本青年学生的情况。关于互访问题，李大钊说目前因北京大学蔡元培校长不在有困难，待他下月回北京后，估计十有八九能答应。至于派遣了解新思潮的青年教授访日之事，教授会也表赞成，等校长回京后尽快请示。李大钊还认为自己有责任劝说学生即使为了了解日本进步团体的状况也应该去日本。冈上守道也表示为了实现人道主义的日中青年提携，欢迎中国的教授和学生访日。

吉野作造还大声呼吁：日中青年交流计划，不仅是我们少数同志的事，希望今后能成为广大国民的工作。然而，由于日本政府的阻挠，吉野作造访问中国以及东京大学教授学生代表团访华的计划始终未能实现。可是，仍有个别东京大学的学生和亚细亚学生会等日本学生团体的旅行团访问了中国，都受到了李大钊和中国进步人士、学生的热情接待。

1919年秋天，吉野的学生、孙中山友人宫崎滔天之子、东京大学新人会的发起人之一宫崎龙介访华，到访北京和上海。他在北京时与李大钊、陈独秀及其他进步人士会面交流。当时李大钊写给宫崎龙介的两封亲笔短笺至今还珍藏在宫崎家中。笔者看到一封是邀请宫崎龙介7日中午到六味斋与同志们聚谈。信封上写"本京新开路共同通讯社转宫崎龙介殿快信"。信中写道："拜启　十月七日午十一时，假座香厂六味斋与同志一谈，乞光临为幸！　宫崎龙介兄　小弟李大钊。"[①] 另一封是邀请宫崎龙介9日来自己家中面谈。信上写："拜启　九日晚八时顷，请来弟处一谈，为祷！　宫崎兄　李大钊七日晚。"[②] 可见李大钊对宫崎龙介的访华甚为重视。宫崎龙介后来又到上海，原打算在上海举行的全国学联大会上演说，但是遭到日本驻上海领事馆的阻挠。

1920年8月，由早稻田大学、庆应大学等私立大学学生组织的日本

---

① 李大钊致宫崎龙介信，宫崎滔天故居藏原件。
② 李大钊致宫崎龙介信，宫崎滔天故居藏原件。

亚细亚学生会旅行团来北京访问。他们也首先与李大钊联系，然后经李大钊介绍与北京学生联合会接洽。8月20日下午，北京学联在北京大学二院举行欢迎日本学生访华团的茶话会。中日学生双方坦率交换意见，促进了互相理解与思想沟通。读一下当时报纸上对这次恳谈会的报道也是很有意思的。北京学联林宝慈致欢迎词，指出："中日两国感情素来颇好，因为军阀所扰，两国国民多有隔阂。今得此机会，彼此交换意见，从前猜疑，当能冰释。"日方代表早稻田大学学生诸富一郎在答词中说："两国国民应以诚意的接洽为排除障碍的起点。"座谈中，中国学生坦率地批评了日方提倡的亚细亚主义。高尚德发言说："中日两国青年相聚谈话不必客气，亚细亚学生会不适合于世界潮流，既称该会有改造世界之意，当联合全世界之青年而为全世界之改造。"曾参加北京大学学生访日团的孟寿椿也在会上说："中日两国因有许多误会，致国民颇有隔阂，上次游历贵国是敝国国民自动的与贵国国民联络的第一个机会。""误会之原因甚多，其中最重要的就是日本军阀财阀的对外侵略的观念。贵国国民如果觉悟，宜取直接行动，不宜徒尚空谈。"[①] 双方又讨论了许多问题，彼此相谈甚欢，最后合影留念。

四　北京大学学生访日团在日本

由吉野作造倡议、李大钊大力支持的北京大学学生对日本的访问，终于在1920年5月实现。以往中外论著对北京大学学生访日团（当时称"1920年北京大学游日团"，简称"北大访日团"或"北大游日团"）此行，很少有具体叙述。本文根据各种中外报刊等资料，对此次访日的成员、经过和影响，做比较详细的介绍。

据日本报纸报道、吉野作造所述，这次北大访日团主要是由北大教授李大钊、陈启修和《晨报》记者陈溥贤等组织推动，并得到在北京的日本牧

---

① 《中日学生之谈话会》，《晨报》1920年8月24日。

师清水安三的帮助。吉野原来估计这个访日团可能由北京大学教授陈独秀和胡适率领。①

实际上赴日的只有北京大学学生黄日葵、康白情、方豪、徐彦之、孟寿椿等5人，其中黄日葵、康白情、徐彦之、孟寿椿都是少年中国学会的会员与干部。据少年中国学会第一届职员名单，黄日葵是文牍股主任，孟寿椿为会计股主任，徐彦之是交际股主任，康白情则是《少年中国》月刊编辑副主任（主任是李大钊）。②同时，黄日葵、孟寿椿又是国民杂志社的编辑，而康白情、徐彦之、孟寿椿则是新潮社的干事。另外，黄日葵、康白情、孟寿椿还是北京大学平民教育讲演团的团员，黄日葵是北京大学马克思学说研究会的发起人之一。总之，他们基本上是李大钊指导和支持的北京大学学生进步团体中的积极分子。③

1920年4月27日，即北大访日团出发前夕，李大钊特地与陈启修、陈溥贤联名写了一封介绍信给宫崎龙介。这封信现存宫崎故居，笔者访问时曾有幸获见原件。信封上写"面递宫崎龙介先生"，信纸是国立北京大学用笺，共3页，用毛笔书写，从笔迹看来确是李大钊亲笔。信的全文如下："拜启　久未通讯，至以为歉！新绿之际，敬祝新运动的隆盛与时俱进。敝校卒业生方豪、孟寿椿、黄日葵、康白情、徐彦之诸君，赴贵国观光，调查贵国诸大学的学制，并与贵国青年文化团体中诸同学相握手，关于文化上的提携交换意见。诸君多是《新潮》、《少年中国》、《国民》诸杂志的关系者，乞介绍于贵国新派学者、社会运动者乃至各文化团体中的青年有志。不

---

① 「吉野作造博士談日支親善運動」『大阪毎日新聞』1920年5月1日。
② 《少年中国学会第一届职员名单》，张允侯等编《五四时期的社团（一）》，三联书店，1979，第24页。
③ 参见张允侯等编《五四时期的社团（二）》中关于国民杂志社、新潮社、北京大学平民教育讲演团、北京大学马克思学说研究会的有关资料、名单。对北大访日团成员情况的补充介绍如下：黄日葵，生于1900年，广西桂平人，后任中共广西地委书记，参加南昌起义，1930年病逝于上海；康白情，生于1896年，四川安岳人，著名诗人，1945年去世；孟寿椿，1894年生，四川涪陵人，后任暨南大学文学院长；方豪，1894年生，浙江金华人，后任浙江金华中学校长，与台湾大学研究中西交通史的著名教授方豪（生于1910年）并非同一人。

胜切盼！ 宫崎龙介兄 陈启修、陈溥贤、李大钊 九、四、二十七。"①
这封信说明了北大访日团学生的身份、思想倾向和赴日目的，并希望通过宫崎龙介与日本各界进步人士广泛开展交流。

北大访日团于1920年4月28日离京，"赴日作宣传及视察之事业"。②5月5日抵达日本东京，就引起日本各界的注意，"或以为来此作排日之宣传者；或以为来此调查排货之影响者；或又以为系来此鼓惑日本青年者；或又以为系受日本新文化运动之感召而来，可以受日本之软化者。揣测纷纷，不一其词"。据报纸报道，北大访日团到日本后，"即从事与日本新思想之学者及大学生接洽交换文化上之意见。所接洽之团体有黎明会、新人会等学会，建设者同盟、友爱会、冷忍社、六日俱乐部及东京西京两帝国大学学生会、同志社大学学生会等。所会晤之学者有吉野作造、森户辰男、宫崎滔天、细川枴次郎、今井嘉幸、片上伸、谭新次郎、木村六一、大山郁夫、长谷川如是闲、枴田烟、麻生次藏、与谢野晶子、西川辉、荒烟胜之、河上肇、贺川丰彦等"。③从这份名单可以看出北大访日团接触面很广，包括当时日本大正民主运动中的许多进步团体、学生组织，著名的学者、作家、记者、社会主义者和工会活动家。

5月7日，北大访日团参加了中国留日学生在东京大手町日本卫生会举行的"五七"国耻纪念会，与会者700余人。首先由留日学生闵景荣和荆巨佛致辞，然后北大访日团的方豪、康白情、徐彦之三人相继登台报告北京学潮始末之详情，全场鼓掌。接着又有留日学生多人演说。最后通过决议，要求山东由中国直接管理，废除中日军事协约，福州问题依民意解决，释放京津被捕之学生，承认俄国工农政府等。④

5月11日，新人会在东京大学山上御殿举行晚餐会，欢迎北大访日团。

---

① 李大钊致宫崎龙介信，宫崎滔天故居藏原件。
② 《少年中国》第1卷第11期，1920年5月15日。
③ 《北大游日团与日本思想界》，《晨报》1920年6月15日。
④ 「留日支那學生の大会」『東京朝日新聞』1920年5月8日；《留日学生与国耻》，《晨报》1920年5月12日。

东京大学教授吉野作造、森户辰男等出席并讲话。北京大学学生代表康白情、黄日葵也发表了演说,论述扩大国民外交之必要,批判无诚意的中日亲善。最后新人会负责人、东京大学学生赤松克麿讲话,提议加强新人会与少年中国学会之友谊,康白情立即代表少年中国学会致答词,表示今后要"互通声息和交换印刷品"。①

5月12日,北大访日团参观了东京的新村支部。支部负责人长岛介绍了新村主义(一种空想社会主义)的宗旨:"乃将以渐进的方法,诱致世界之大同。"②

5月13日,东京大学辩论部举办演说会,会上首先由北大访日团康白情演说《大和魂与世界文化》。他指出,"大和魂之精神在重名誉、尚廉耻,勇敢轻死",但是"今日本人以此精神作利己国而损世界之事实"。他认为"此皆非正道,应发挥此种精神为人类谋幸福,图示世界文化有所贡献"。然后由方豪演说《今日青年之责任》,他尖锐地指出:"中国青年之所以排日者,实由日本教育上采取军国民教育,致使日本国民有侵略的国民性。今后世界已由国家主义进入世界主义,改善这种不合世界新潮的旧教育,实为日本青年之责任。"③

5月17日,北大访日团出席由东京大学"十七日会"举办的演说会,到会者有中日人士各二三百人。当时正旅居日本、有时也参与北大访日团活动的北京大学政治系教师高一涵首先登台演说,题为《中日亲善之障碍》。他指出中日亲善主要有三个障碍:"一为帝国主义,二为狭义的国家主义,三为以中日亲善为手段而图达他种目的""吾人须竭力排除此三种障碍。"其次由东京大学学生早阪二郎演讲《国际生活更新之一大暗示》,鼓吹今后外交"当由政府的而入于国民的"。再次是北大学生方豪演说《世界改造与思想之关系》,论述"中国排日乃基于世界主义的意义而非国家主义的意义"。接着东京大学学生田民演说《中日文化之结合》,认为"中国新文化

---

① 《先驱》第5号,1920年6月;《北大游日团与日本思想界》,《晨报》1920年6月15日。
② 《北大游日团与日本思想界》,《晨报》1920年6月15日。
③ 《北大游日团与日本思想界》,《晨报》1920年6月15日。

运动与日本新文化运动实有共通之点，应结合以图共进"。然后北大学生康白情以《中日学生提携运动》为题演讲，指出中日学生"欲举提携之实，惟有互相扶助"。最后由吉野作造博士演说《日中亲善之文化的意义》，深刻揭露"中日不能亲善之罪责，全在于日本之军阀与财阀的侵华政策"。①

5月19日，北大访日团出席早稻田大学学生团体建设者同盟举办的演说会。早稻田大学教授北泽新次郎博士致欢迎词，强调中日知识分子联络之必要。然后由北京大学代表康白情演说《东亚之新建设与中日文化同盟》。他认为"中日青年既皆有改造世界志愿，而欲以新建设代替旧组织"，为排除旧势力的障碍，"不可不为文化同盟"。这种同盟"非形式的，乃精神的，非契约的，乃事实的"。接着由早稻田大学片上伸教授演讲，他把中日关系比喻成水，表面上虽结了冰，但冰下仍有国民交往之活水。最后由北大孟寿椿演说《最近中国思想之改革》。他分析中国思想由于五四运动而发生剧变，"即由国家的而变为世界的，由静的而变为动的，由个人的而变为自觉的"。②

5月22日，东京大学青年会举行晚餐会。席间北大学生代表方豪用英语演说青年会之世界意义，说明"吾人来日，非以国民之资格与政治家之手腕，而为国际运动，乃以人类之资格，在人类间友谊之往来也"。

北大访日团离开东京后又访问了京都，与京都的教授、学生以及各界人士进行了交流。5月29日，应京都同志社大学师生的邀请，在大学讲堂举行恳谈会。同志社大学校长海老名弹正致欢迎词，指出世界之创造事业要依靠青年，"今中国青年欲创造一新中国，而日本青年亦欲创造一新日本，两国青年须互相了解共同致力于世界文化之进运"。然后由北大康白情演讲《世界和平与吾人之使命》。他认为知识分子对世界的战争与和平负有重大责任，"吾人欲弭将来之兵端而谋世界之和平，舍打破帝国主义无他法。③

---

① 《北大游日团与日本思想界》，《晨报》1920年6月15日。
② 《北大游日团与日本思想界》，《晨报》1920年6月15日。
③ 『京都日出新聞』1920年5月30日；《北大游日团与日本思想界》，《晨报》1920年6月15日。

5月30日，在京都大学，民本主义团体六日俱乐部主办欢迎恳亲会。参加者除京都大学、同志社大学、三高、医专等校学生之外，还有工人团体劳学会、友爱会、织友会、印友会的成员。北大访日团黄日葵、康白情、方豪、徐彦之、孟寿椿等5人出席。会场上掌声雷动，互相握手，气氛热烈融洽。会上先由《每日新闻》记者西川百子代表六日俱乐部致欢迎词。然后由京都大学教授户田海市博士讲话，他指出，"今日之社会问题莫大于劳动问题"，希望访日的诸君在中国社会运动中特别努力于知识的普及和大众化。接着北大访日团代表康白情演说《中国社会的改造》，认为中国的"辛亥革命只是政治上的改造，甚不彻底，此后当为社会的改造"，谈到抵制日货运动时也严厉批判了日本的侵略主义。然后京都大学教授末广重雄演讲《日中亲善的意义》，也抨击了日本政府对中国的侵略政策，阐述民本主义、和平主义思想，主张通过日中青年的提携，发展日中亲善。①

北大访日团6月16日回到北京。7月1日，康白情等在少年中国学会会员大会上报告了访日经过以及与日本新人会接洽的情形。② 这次访问在日本引起很大反响。访日团每到一处即宣传中国青年运动真相和反对帝国主义与本国军阀官僚的思想，表达了加强中日两国人民友好的愿望，赢得日本进步人士和广大日本青年学生的理解和同情，同时也亲身耳闻目睹了日本民主运动的发展和社会主义思想的传播，促进了中日两国进步思想的交流和沟通，增进了两国人民的友谊。当然，访日团的活动也引起了日本政府的不满。日本外务省警告东京大学，"若与北京大学教授交换演讲或派代表访华，将有碍日中国交，应予停止"。与中国学生交流的日本教授、学生，有的甚至受到处分，如早稻田大学学生早阪二郎竟被拘役一日，其家亦被搜查。③

北大访日团回国以后，吉野作造即在《中央公论》1920年6月号上发

---

① 『大阪每日新聞』1920年5月30日；《北大游日团与日本思想界》，《晨报》1920年6月15日。

② 《少年中国》第2卷第2期，1920年5月26日。

③ 『大阪每日新聞』1920年5月13日；《北大游日团与日本思想界》，《晨报》1920年6月15日。

表了《日中学生提携运动》一文,对这次交流活动的意义给予很高评价。他写道:"上个月(五月)北京大学毕业生五名来东京访问我国学生及青年思想家。通过多次会见,实现重大的沟通和共鸣,将推动今后彼此的往来和亲善,并协力开发东洋文化。"文章认为:"中国青年憎恶本国的官僚军阀,反对日本官僚军阀的侵略主义,他们和我们的立场是一致的。"他指出:"现在日本和中国在精神上有很大隔阂,青年学生之间思想的沟通很有意义,是两国民族真正的亲善。可是日本政府却通知各大学,以妨碍国交为借口,阻止日本学生利用暑假访问中国。实际上,这才是真正有害国交。"①

五四时期的中日思想文化交流,尤其是李大钊的日本观、吉野作造的中国观以及中日青年互访交流等问题,在近代中日关系史上,都是值得进一步深入研究的课题。

---

① 吉野作造著、松尾尊兊编『中国・朝鲜论』243~248页。

王芸生对于"近代中日关系史"的研究及其他[*]

——以《六十年来中国与日本》为中心

臧运祜[**]

自1871年9月13日两国签订《中日修好条规》、确立近代意义上的国家关系，到1931年9月18日日本发动九一八事变，这六十年的中日关系是近代中日关系史上的一个重要阶段。中国学术界对于这段历史的综合与整体的研究，当起步于天津《大公报》记者王芸生（1901～1980）。他自1932年1月11日开始，在《大公报》连续发表《六十年来中国与日本》的文章，[①]其间的1932年4月30日，天津大公报出版部印行王芸生辑《六十年来中国与日本》第一卷，[②] 至1934年5月4日出版第七卷。[③] 从此，王芸生及其七卷本《六十年来中国与日本》，[④] 成为中国研究"近代中日关系史"的大家及代表作，对20世纪30～40年代的中日关系，产生了重要的影响。那么，王芸生及其大作如何研究"近代中日关系史"？他的研究对20世纪30～40年代的中日

---

[*] 本文原刊于王建朗、栾景河主编《近代中国：政治与外交》，社会科学文献出版社，2010，第687～710页。
[**] 臧运祜，北京大学历史学系教授。
[①] 《大公报》1932年1月11日，第1张第3版。关于文章的作者，自1932年1月11日至2月10日署为"本报特辑"，2月12日以后改署为"本报记者王芸生辑"。
[②] 《六十年来中国与日本今日出书》，《大公报》1932年4月30日，第1张第1版。
[③] 《六十年来中国与日本第七卷今日出版》，《大公报》1934年5月4日，第2张第5版。
[④] 王芸生原计划编辑八卷，至1931年9月18日，但其最后的第八卷（1920～1931）并未编出，其第七卷的内容截至1919年的巴黎和会。

关系有什么影响？这是我们研究"近代中日关系"不可忽略的课题。

由于《大公报》及其主编王芸生1949年以后的特殊经历，20世纪80年代以后中国学界开始的关于王氏及《大公报》的研究，主要在于新闻界的有关介绍和王氏家属、同事等圈子，而在史学界，除了近年关于《大公报》的一些专门研究著作之外，①关于王氏及其《六十年来中国与日本》的学术研究，其实至今也并不充分。②笔者不敏，因将《六十年来中国与日本》作为自己多年教授近现代中日关系史的必读书物之一，乃以兴趣所至，拟对王芸生的最初研究及其与20世纪30～40年代的中日关系问题，进行一次粗浅的述论。至于王芸生1949年以后修订再版的《六十年来中国与日本》③，笔者将另文论述。

一 王芸生写作与出版《六十年来中国与日本》

（一）背景与缘起

王芸生之写作与出版《六十年来中国与日本》，与天津《大公报》有着

---

① 贾晓慧：《〈大公报〉新论——20世纪30年代〈大公报〉与中国现代化》，天津人民出版社，2002年；任桐：《徘徊于民本与民主之间——〈大公报〉政治改良言论述评（1927～1937）》，生活·读书·新知三联书店，2004；侯杰：《〈大公报〉与近代中国社会》，南开大学出版社，2006。

② 到目前为止，史学界只有中国社会科学院近代史研究所的两位所长，对该书有简短的评价。刘大年：《王芸生先生和他的〈六十年来中国与日本〉》，《人民日报》1980年7月7日，第5版。该文发表后不久，王芸生的老同事张蓬舟致函刘大年，请其修改作为读后记；刘大年也说该文在《人民日报》发表时，"末尾有几句话"删去了。《张蓬舟来函及复函（1980年7月21日、8月3日）》，王玉璞编《刘大年先生来往书信选》（上），中央文献出版社，2006，第306～307页。刘大年修改后的文章，先收入刘大年著《赤门谈史录》（人民出版社，1981，第141～145页），标题未变，后收入王芸生编著《六十年来中国与日本》第8卷，标题改为《王芸生先生和他的〈六十年来中国与日本〉读后记》（生活·读书·新知三联书店，1982，第411～416页）。刘大年之后，步平《序——写在〈中日关系五十年大事记1932～1982〉出版之前》[张蓬舟主编《中日关系五十年大事记（1932～1982）》第1卷，文化艺术出版社，2006，第1～5页]对该书也略有评介。

③ 王芸生自1957年即开始修改其原作，并在"文革"以前完成了第1卷、第2卷的修改，"文革"后期继续修改，终于在去世之前的1979年12月，由北京的生活·读书·新知三联书店出版了其修改后的《六十年来中国与日本》第1卷。随后至1982年4月，第2卷至第8卷陆续出版；唯第8卷（1920～1931年）因王芸生生前未及修订，乃系张蓬舟遵其编辑方针，改以"大事记"的体例，修订后出版。

密切的关系。

天津《大公报》1902年6月17日创刊,其前三代主持人都和日本有非常密切的关系:《大公报》的创办人英敛之,应日本报界的邀请,访问过日本;接办英记《大公报》的王郅隆,曾多次浮槎东渡,并最后死于1923年的日本关东大地震;天津的新记公司续办《大公报》时期,其"三驾马车"吴鼎昌、胡政之和张季鸾,都是清末民初赴日本留学的中国留学生,从1926年9月1日他们接办《大公报》到抗日战争结束的这一段时期,报社拥有在全国范围内说来都算得上是顶尖级的对日本政情、军情、国情十分了解的知识分子群体。① 1929年8月,王芸生因为得到《大公报》总编辑张季鸾的赏识,来到《大公报》担任编辑。②

由于《大公报》对日关系的深厚背景,加之创办于天津的日本租界,③它对中日关系的反应也最为迅速和敏捷。

1931年9月18日深夜,日军在沈阳北郊的柳条湖发动了九一八事变。事变发生后,《大公报》最早在19日向国内进行了报道:"昨夜十一时许,有某国兵在沈阳演习夜战,城内炮声突起,居民颇不安。"④ 19日,总经理兼副总编辑胡政之在北平协和医院采访了张学良,20日的《大公报》又最早报道了张学良的"不抵抗"方针:"吾早已令我部士兵,对日兵挑衅,不得抵抗。"同时,还刊登了张学良的皓(19日)电:"日兵自昨晚十时开始向我北大营驻军实行攻击,我军抱不抵抗主义,毫无反响。"⑤

除了在国内最早独家报道之外,《大公报》还表明对九一八事变的态度:9月20日发表的胡政之撰写的社评《日军占领沈阳长春营口等处》,赞

---

① 方汉奇:《抗战时期的大公报(上)》,《大众日报》2006年8月23日。
② 1927年3月发生"南京事件"后,4月1日张季鸾在《大公报》发表社评《躬自厚》,4月2日天津的《华北新闻》发表了王芸生执笔的社评《中国国民革命之根本观》,对此予以批驳。张季鸾因此"笔墨官司"而赏识王芸生;王芸生后来经张季鸾同意到《大公报》就职。参见王芝琛《一代报人王芸生》,长江文艺出版社,2004,第17~21页。按:王芝琛系王芸生之末子,2006年2月6日在北京病故。
③ 1931年11月16日,《大公报》迁至天津的法国租界。
④ 《最后消息》,《大公报》1931年9月19日,第1张第3版。
⑤ 《大公报》1931年9月20日,第1张第3版。

扬了李鸿章在甲午之战时的"忍辱请成";① 21日发表的张季鸾撰写的社评《救灾救国》,又宣扬印度甘地的"不抵抗主义"。《大公报》这样的态度,显然是对中国政府对日"不抵抗"政策的呼应。②

在此基础上,九一八事变后的第三天(21日),胡政之、张季鸾召集了《大公报》全体编辑会议,宣布该报今后的编辑方针是"明耻教战";10月7日发表的社评《明耻教战》,更把《大公报》的这一内部编辑方针,公开为该报的对日策略。③ 该文认为:九一八事变以后,"尤有一重要工作:谓宜由全国上下,彻底明夫国耻之由来,真切了解国家之环境,实际研讨雪耻之方案。易言之:昔人所谓明耻教战者,今则明耻更较教战为尤甚"。文章历数了"自前清海通以还,门户洞开,迭遭外侮"的事实,指出:"前事不忘,后事之师。果真奋发,岂少机会?乃一入民国,国耻愈多,兴奋一时,酣嬉永岁,大抵内争愈繁炽,外患愈多端,国际愈有事,日祸愈煎迫,久成公式,屡试不爽。……今欲振起民众之精神,实宜普及历史之修养,使于历来国耻之发生,洞见本末,事后应付之方略,考其得失,然后俯察现状,研讨利害。……盖能知新旧国家耻辱之症结,洞察夫今昔彼我长短之所在,即可立雪耻之大志,定应敌之方策"。文章最后指出:"故吾人主张明耻较教战尤亟,窃愿我当局与国民,共趋于知耻立志之一途,则旧耻可雪,新耻不生,可断言也。"④

按照上述"明耻教战"的宣传方针,《大公报》随后采取了两个措施:一是出于"明耻"之宗旨,指派汪松年、王芸生负责编辑甲午以来的日本侵华史和中国对日屈辱史;嗣因汪氏不擅长于此,而由王芸生独立进行。二

---

① 该文曾收录于张季鸾《季鸾文存》(上)(天津大公报社,1947,第47~48页),后经王芸生辨认,系出自胡政之手笔。
② 据称,九一八事变发生后,蒋介石嘱托于右任致电张季鸾,请《大公报》支持当局的不抵抗政策。任桐:《徘徊于民本与民主之间——〈大公报〉政治改良言论述评(1927~1937)》,第219页。此说待考。
③ 关于《大公报》召集编辑会议的时间,多数认为是在九一八事变后的第三天,但也有人认为是在10月上旬发表该社评之前。笔者倾向于前者。
④ 《大公报》1931年10月7日,第1张第2版。

是出于"教战"之所需，特聘请著名的军事家蒋百里先生，主编《军事周刊》，向国民传授军事知识；《军事周刊》于1932年1月8日创刊，在1933年12月30日第89期后停刊。

王芸生就是在上述背景之下，开始了《六十年来中国与日本》的写作。

（二）王芸生的写作与《大公报》的连载

按照张季鸾的最初规划，《大公报》要尽快开辟一个专栏，定名为"六十年来中国与日本"，记载自1871年中日签订修好条规到1931年九一八事变为止的重大事件，以帮助读者了解甲午以来的对日屈辱史。

王芸生受命后，自1931年10月开始，奔走于平、津之间，往来于故宫博物院和北平各图书馆，广泛搜集中日外交史料。他还访问了北平史学界的有关学者和外交界的前辈，他们或者为他提供学术问题，或者为他提供史料。经过三个多月的搜集资料，王芸生初步整理出了头绪，并写作了部分章节。[①]

在王芸生搜集资料以前，北平的故宫博物院自1929年起，影印了清道光、咸丰、同治三朝的《筹办夷务始末》，其中"大部分外交文书从未公开发表"；随后又开始印行《清光绪朝中日交涉史料》《清宣统朝中日交涉史料》。[②] 这些第一手的晚清中日外交史料的再版与出版，无疑为王芸生开展研究工作，提供了很大的方便。此外，王彦威、王亮父子编辑的《清季外交史料》共243卷，起自光绪元年（1875），迄于宣统三年（1911），其中收录的外交文书"至少有百分之五六十，未曾发表过"。[③] 而且《大公报》在为该书所作的广告词中亦称，"吾国受不平等条约之束缚，至光绪朝而益烈；九一八之奇耻大辱，其来也渐。此中交涉，悉有线索可寻。只因帝制时

[①] 王芝琛：《一代报人王芸生》，第22~25页。

[②] 陈恭禄：《中国近代史资料概述》，中华书局，1982，第96、134~135页。《光绪朝中日交涉史料》虽自1932年4月起陆续出版，但在其编辑的过程中，有关人员即为王芸生提供了方便。

[③] 陈恭禄：《中国近代史资料概述》，第97~98页。

期重要文件留中不发，致无完备之记载"。① 这些资料及其蕴含的中日外交"国耻"的见解，无疑推动、影响了王芸生的研究。

从1932年1月11日开始，《大公报》在第一张第三版的显要位置，连载《六十年来中国与日本》。首刊标明是"从同治十年中日始订条约到民国廿年九一八新日祸"，并特别标明了本栏的主旨是"前事不忘，后事之师！国耻认明，国难可救！"对于上述主旨，王芸生在专栏的"序言"中，进一步阐明道：

> 吾人试考六十年来之中日外交关系，当可瞭然于强弱进退之所由来。语云：前事不忘，后事之师。爰自同治十年中日订约，以迄最近之日本侵华经过，搜辑政书，分纪始末，使一般国民，咸知国耻断非突发，自反乃能自强，明耻教战，或非无裨。……览兹篇者，庶知耻而怀奋焉。②

如此，就明确表达了王芸生及《大公报》认明六十年来中日外交关系之"国耻"、以解救当前"国难"的宣传与研究"近代中日关系史"之宗旨。

自此，《大公报》开始陆续连载王芸生辑的《六十年来中国与日本》。由于王芸生是边收集资料、边写作，随后再发表，因此《大公报》是断断续续地连载其文章的；唯自第一次发表之后，以后的连载不再标示主旨，其副标题亦改为"从同治订约到九一八"。③ 此后，由于《六十年来中国与日本》专书的陆续出版，笔者查到《大公报》最后登载该文章的信息是在1933年5月19日的第五十一章"中韩界约与东省五案"第二十节"伊藤漫游东省"。④

---

① 《大公报》1932年7月5日，第1张第1版。
② 《大公报》1932年1月11日，第1张第3版。
③ 王芝琛《一代报人王芸生》言："从1932年1月11日起，《大公报》隆重推出'六十年来中国与日本'专栏，每日登载一段，连续两年半之久，无一日中断。每日文前冠以：'前事不忘，后事之师！国耻认明，国难可救！'……"（第25页）这一说法，明显有误。
④ 《大公报》1933年5月19日，第1张第2版。

(三)《六十年来中国与日本》的出版

《大公报》连载的王芸生辑《六十年来中国与日本》，正当九一八事变后中国东北三省沦丧、日本侵华未已之时，它在国内引起了强烈的社会反响。

鉴于连载尚需时日，为了适应社会所需，《大公报》决定在本报连载文章的基础上，由王芸生再行厘正补充，出版《六十年来中国与日本》单行本。

1932年4月30日，天津大公报社出版部将王芸生辑"自同治十年中日订约到甲午战前之一段"，作为《六十年来中国与日本》第一卷，予以印行。内称："本报为应读者需求及使国人瞭解中日以往关系、俾便应付计，因将本报登载之《六十年来中国与日本》更加增补诠校，汇纂成书。"①

与《大公报》此前连载的文章相比，出版后的第一卷，凡十一章，字数达20余万。王芸生增加了多幅重要的图片，附录了本卷的"参考书目"；除了对若干史实的厘正外，在内容上的补充，就是增加了"第四章 中国正式通使日本"。他还修改了以前的序言，重新撰写了"古代关系之追溯"一章，计两万余字，冠于全书的卷首，详述近代通商以前两千余年之中日关系，"以见我中华民族实大有造于日本之建国"。②

《六十年来中国与日本》第一卷出版时，王芸生曾向北平的陈振先索序于书前，③但主要是《大公报》的张季鸾所作的序言，对该书的编辑与出版

---

① 《大公报》1932年4月30日，第1张第1版。
② 《大公报》1932年3月26日，第1张第2版。
③ 陈振先（1876~1938），字铎士，广东新会人。1907年毕业于美国加利福尼亚大学，1909年后任翰林院编修等职。1912年7月，任北京政府农林总长。1913年9月任总统府顾问。1918年为"安福国会"议员。1927年为北京税务学校经济教授及校长。后从事实业活动。曾任北京大学、清华大学教授。1935年任国民政府四川行营第二厅厅长。1936年任国民政府实业部农本局总经理，后兼湖北省政府金水流域农场场长。参见徐友春主编《民国人物大辞典（增订版）》，河北人民出版社，2007，第1444页。王芸生曾在其文章中称"吾师陈铎士先生"（王芸生：《赣行杂记》，《芸生文存》第2集，上海大公报馆，1937，第387页），可见其关系之不一般，但是陈氏为该书所作的序言，王芸生在1979年后修订再版时，却有意去掉，而只保留了张季鸾所作的序言。

的宗旨做了如下详述：

> ……吾侪厕身报界，激刺尤重，瞻念前道，焦忧如焚。以为救国之道，必须国民全体，先真耻真奋，是则历史之回顾，当较任何教训为深切。因亟纂辑中日通商以后之重要史实，载诸报端，欲使读本报者，抚今追昔，慨然生救国雪耻之决心。其材料概采诸公私著作，而推王君芸生主编之。今为便于读者诸君保存之计，更加增补，印单行本问世。其第一册卷首，新加古代关系之追溯一章。盖使国民仰汉唐之盛，悲今日之衰，亦以证明中日文化渊源之深厚，而责日本之凌压中国之暴残。第一册印成，略述数语，弁诸简端。愿全国各界，人各一编，常加浏览，以耻以奋。自此紧张工作，寸阴勿废，则中国大兴，可以立待。事急矣！愿立于兴亡歧路之国民深念之也。①

大公报出版《六十年来中国与日本》第一卷后，陆续出版以下各卷：

1932年6月30日出版第二卷，内容自甲午之战至烟台换约，凡四章，二十四万言；

1932年9月1日出版第三卷，内容自俄德法三国干涉至美国宣布"门户开放"，凡十六章，二十余万言；

1932年11月16日出版第四卷，内容自庚子事变至中日北京会议，凡七章，二十余万言；

1933年4月30日出版第五卷，内容自伊藤渡韩至第三次日英同盟，凡十七章，二十余万言；

1933年8月10日出版第六卷，内容自辛亥革命至民四交涉，凡四章，二十余万言；

1934年5月4日出版第七卷，内容自袁氏帝制至巴黎和会，凡十

---

① 王芸生辑《六十年来中国与日本》第1卷，天津大公报社，1932。

章，二十余万言。①

《六十年来中国与日本》全七卷，叙述了自 1871 年中日订约到 1919 年五四运动前夕凡四十八年的"近代中日关系史"。至于其后至九一八事变凡十二年的中日关系史，王芸生由于在《大公报》社务繁忙（主要是要写社评），只好就此搁笔。② 因此，七卷本《六十年来中国与日本》就成为王芸生的代表作。

二　大公报社的宣传与评介和日本方面的重视

（一）大公报社的宣传与评介

大公报社出版部在出版《六十年来中国与日本》七卷本的过程中，对于该书做了大量的广告式的宣传，并发表了自我评介。

第一卷出版之前，《大公报》出版部将该书描述为"国民所必须读的！！读者渴望已久的！！"并定性为"研究近代中日外交之宝典"。③ 对于该书的发行办法，报社决定实行"预约制"（每部原价一元，预约七折，即 7 角）：至 4 月中旬，第一版原定印刷的一万部已被预约一空；乃决定赶印再版，继续预约，并计划出第三版。④ 对于此种空前的销售盛况，《大公报》认为"足见国人知耻忧国之一斑"。⑤

第二卷出版之前，《大公报》称该书作者对甲午之战的研究"允称空前之作"；书后附录的"李鸿章之功罪"，"是良史论，亦是觉世文，国人当以

---

① 以上均见该书各卷之第一版"凡例"。
② 王芝琛：《一代报人王芸生》，第 26 页。
③ 《大公报》1932 年 3 月 26 日，第 1 张第 2 版。
④ 《大公报》1932 年 3 月 26 日，第 1 张第 2 版；4 月 11 日，第 1 张第 2 版；4 月 25 日，第 1 张第 1 版；4 月 30 日，第 1 张第 1 版；5 月 3 日，第 1 张第 2 版。
⑤ 《大公报》1932 年 5 月 14 日，第 1 张第 1 版。

先睹为快"。① 该卷出版后,《大公报》将其定论为"中日间有史以来之忠实纪录——甲午战役之详尽披露"。②

第三卷出版之后,《大公报》誉之为"中日六十年来的标准史材""六十年来中日关系的备忘录"。③

第四卷出版之后,《大公报》誉之为"研究中日外交的标准史材""中日外交史的大贡献"。④

《六十年来中国与日本》前四卷出版之后,《大公报》的综合评述如下:

> 本书取材于外交档案及秘本笔记,集为六十年来中日外交史料之大成,经著者勾玄索隐,附以论断,组织缜密,条理明晰,提纲挈领,一目瞭然。既便于诵读,又便于考证,实为有系统之著作。至插图之名贵,尤为世所罕见。自"九一八"以还,暴日对于中国,逐步实行其侵略满蒙之计划,国际舆论虽明白指摘,亦悍然不顾。其所以如此者,实基于六十年来之中日外交。本书对于六十年来之中日外交诸问题,如各种不平等条约,纪载无遗。欲明瞭暴日侵略满洲之远因者,不可不读此书也。⑤

《大公报》还收集、登载了当时国内外学者对《六十年来中国与日本》一书的评价,其中中国近代史名家蒋廷黻的评价,尤其值得注意。⑥他对于该书之第一、二、三卷的评价是:

> 编者搜罗史料之勤及选择之精,实在令人佩服之至。各章节的介绍词及衔接词,除爱国心太显露外,大都极有斟酌。我们倘记得中国外交

---

① 《大公报》1932 年 6 月 6 日,第 1 张第 2 版。
② 《大公报》1932 年 7 月 5 日,第 1 张第 1 版。
③ 《大公报》1932 年 9 月 3 日,第 1 张第 1 版;9 月 5 日,第 1 张第 1 版。
④ 《大公报》1932 年 11 月 24 日,第 1 张第 2 版;11 月 27 日,第 1 张第 1 版。
⑤ 《大公报》1933 年 3 月 18 日,第 2 张第 5 版。
⑥ 《大公报》1933 年 5 月 16 日,第 1 张第 1 版。

史的科学研究尚在起步之期，我们不能不承认《中国与日本》为上等佳作。

他还对第四卷评价道：

这一卷的体裁完全与前三卷相同。其叙事之有条理及立论之精确，比前三卷，只有过而无不及。在四卷之中，第四卷，没有问题，是最有价值的。因为前三卷殊少学术的贡献，不过替读者编好许多零散的材料；第四卷则有许多新知识的发现。其资料二分之一是未曾出版过的，且是必不可缺的史料。第一、这一卷有杨儒在俄与威特拉姆斯独夫交涉的全部纪录，得自中国驻俄使馆的档案。……第二、这一卷尚有一九〇五年中日会议录的全文。近二十余年日本在东北的侵略，全以这次会议所订的条约及纪录为法律的出发点。其重要性可想而知。

由于登载了国内外学界的上述评价，自第五卷出版之后，《大公报》所做的宣传与评介明显减少了。

第六卷出版前后，因为其中内容涉及中日"二十一条"交涉，《大公报》对此宣传道："历史界的一大创获！！！廿一条交涉全般披露"，并称"此卷内容贡献之大、价值之高，较以前各卷，尤有过之"。①

第七卷出版前后，《大公报》称：该书之前六卷，"早已风行宇内，极邀学术界重视。……此书贡献之大，中外学者早有定论"。"此卷内容，视以前各卷了无逊色，且尤过之。"②

第七卷出版后，《大公报》还在"图书副刊"上发表了署名为"阳"的作者关于该卷的书评。文章介绍了第七卷的特色，并认为："在叙述中日外交关系的书籍中，这部六十年来中国与日本，总算是较有系统的作品了。"③

---

① 《大公报》1933年7月10日，第1张第1版；8月10日，第1张第1版。
② 《大公报》1934年4月3日，第2张第6版；5月4日，第2张第5版。
③ 《大公报》1934年6月23日，第3张第11版。

（二）日本方面的重视

天津《大公报》是当时中国的第一大报。它于 1932~1934 年出版《六十年来中国与日本》，又系在九一八事变发生以后中日关系的关键时刻。因此，该书的出版，迅速受到当时日本学界的重视。

日本著名的中国研究学者长野勋，得到该书后，即与波多野乾一一起，对其进行了翻译。1933 年 3 月，东京的建设社出版了他们编译的《日支外交六十年史》第一卷，内容为《六十年来中国与日本》第一卷的第一章至第九章。在第一卷中，当时斋藤内阁的外相内田康哉，特作"序文"如下：

> 语曰：他山之石，可以攻玉。天津《大公报》记者王芸生君，以平津诸名流之后援，撰述《六十年来中国与日本》一书。其资料得自中国之秘库，博引旁证，庶期略略完璧。盖辛亥革命后二十年，清室既屋，不出库外之档案，亦陆续公之于世，得以利用，以是足察本书之价值。长野勋、波多野乾一二君，于今编译此书，其用意亦近乎敝见。且两君以研习中国二十余年之劳绩，定当轻车熟路，以臻成果。兹序一言，推奖此有用之书于大方。

日本法学博士末广重雄，作为该书的"监修"，亦作"序文"如下：

> 我国策运行上实际最重要紧密者为对华外交，不待絮说。顾许多外交史专述中日外交者极少。而如本书之详审精密者，殆可谓绝无。今此类著述先在彼邦出版，令吾人不胜惭愧之感，然亦堪为惊异之盛事也。
>
> 本书之资料，深探清廷秘库、军机处、外交部及当局者之箧奥，并涉猎中外文献而编纂者，洵堪推重之伟业也。
>
> 而今以穷半生研究彼国之波多野乾一、长野勋二君，翻译该巨著，以介绍于吾国，堪谓机宜奉公之举。予应约担当监修，兹以一言

为序。①

1933年6月，东京建设社出版了《日支外交六十年史》第二卷；1934年7月出版第三卷、1936年1月出版第四卷。原计划出版十卷，但实际上只翻译出版了四卷，时间截至1900年"庚子事变"，内容亦较原书四卷有较大的调整。② 该书1936年在日本之所以被停止继续翻译出版，据说是因为与日本当时的国策相抵触。③

在日本，除了及时翻译、推介该书以外，④ 当时日本的《国际评论》杂志，对于中国出版《六十年来中国与日本》之对日本方面的刺激，亦发表了长篇评论：

……我等即从温故知新之意义言之，亦切实痛感有从新检讨中日外交史之必要。然引为遗憾者，从来外交上之记录或公文，皆收藏于政府之书库中，全部殆未公布。关于特殊问题或某期间之事件，虽颇有学者之专门的研究，或如陆奥伯爵所著《蹇蹇录》以及石井子爵所著《外交余录》等当时当局者之回顾录，乃至教科书的著述，然究不免有隔靴搔痒之感。以是吾人热望政府所藏关于过去外交之公文记录之类，倘无妨碍，即行予以公布。不料此举竟为中国着其先鞭。缘中国第一流之新闻纸天津大公报已着手编纂《六十年来中国与日本》一书，其资料以得诸清廷及民国政府之秘库者为主，是故中国方面之资料大体业已公布矣。……公文记录之迄今尚未经人寓目者，一旦发表，即此一事，已

---

① 王芸生著、長野勲・波多野乾一編訳『日支外交六十年史』第一巻、建設社、1933。
② 大畑篤四郎「解題」王芸生著、長野勲・波多野乾一編訳『日中外交六十年史』第一巻、竜渓書舎、1987、復刻版。
③ 川島真「名著はいかに書き換えられたか 中国における近代日中関係史の語られ方（特集アジアの不安な隣人たち）」『現代』第41巻第3号、2007、72頁。
④ 据张蓬舟称，《六十年来中国与日本》出版后，"日本即有两种译本"。王芸生编著《六十年来中国与日本》第8卷，生活・读书・新知三联书店，1982，第417页。但笔者目前还只查到上述一个日文翻译的版本，另一个待查。

为关心中日问题者所不应忽视者。……凡广泛对于世界外交,特殊对于中日关系感觉兴味之人,自不待言,即一般读者亦应一读此书。吾人且希望有人发起编辑我国所藏资料之计划焉。①

《六十年来中国与日本》第四卷之日文译本出版后不久,1936年6月,日本外务省调查部编纂、出版了《大日本外交文书》第一卷第一册,② 这与日本学界基于来自中国方面的刺激而发出的上述呼吁,未必没有一定的联系。

三 《六十年来中国与日本》与20世纪30～40年代的中日关系

《六十年来中国与日本》在《大公报》上发表和在大公报社出版之后,王芸生声名鹊起,被誉为研究中日问题和中日关系史的专家。他和他的大作,对20世纪30～40年代的中日关系,产生了以下主要影响。

(一)对中国抗战的政治影响

继著述《六十年来中国与日本》之后,王芸生对于九一八以后的中日外交问题,陆续发表过许多文章。这些文章,收入他的《芸生文存》一书,1937年5月由上海大公报馆出版。在该书的"自序"中,对自己的上述著述,他说道:

> 我是一个中国人,而且正是这个时代的一个中国人,国家在这个时代中的悲喜,我自然也分享了一份。……这十多年来我一贯的是在编报写文章,报已编了三四千天,文章便也写了一堆。我的报自然是我们这个国家的生活史料,我的文章也希望它不至太对不起我的国家。③

---

① 《大公报》1933年6月22日,第1张第1版。
② 外務省百年史編纂委員会編『外務省の百年』下卷、原書房、1976、1303頁。
③ 《芸生文存》第1集,"自序",第6～7页。

11月，王芸生又出版了《芸生文存》第 2 集，他在"自序"中仍说道：

> 我是一个从事言论的人，常随国家之忧而忧，国家之喜而喜。在这个大年代，我自然也忧深而喜浓。①

字里行间，流露出尚处于热血青年时期的王芸生的忧国、爱国之情。其实，这也正是他撰写《六十年来中国与日本》心境情愫的反映。也因为此，便首先赋予了他的这部著作对 30~40 年代处于国难和抗战之历史时代的中国的政治意义。

步平先生指出：王芸生"以'不至太对不起我的国家'的拳拳报国之心成就的学术成果，对于在日本帝国主义的侵略之下'瞻念前途，忧心如焚'的广大的中国人民来说，无疑是提供了鲁迅所说的'投枪与匕首'。据说，许多人在读了《六十年来中国与日本》后，始将数十年中日两国间重要史实了然于胸，在了解历史的过程中，慨然生发救国雪耻之心，投入到如火如荼的抗日斗争之中"。②

还有学者提供的例证说：1935 年的"一二·九"运动前后，鼓舞中国民众起来进行抗日救亡宣传的文件有两个：一个是"田中奏折"；另一个就是 1931 年以后《大公报》的"六十年来中国与日本"专栏和后来推出的单行本，因为这个专栏非常具体而系统地叙述了六十年来的中日关系，有大量的日本侵华史实原始资料作为依据，有说服力，在青年学生中很有影响。③

刘大年先生后来的总结，也首先指出了该书在这方面的意义：

---

① 《芸生文存》第 2 集，"自序"，第 7 页。
② 步平：《序一——写在〈中日关系五十年大事记（1932~1982）〉出版之前》，张篷舟主编《中日关系五十年大事记（1932~1982）》，文化艺术出版社，2006，第 2 页。
③ 李贤哲：《王芸生和他的〈六十年来中国与日本〉》，http：//www.cnlu.net/disp.asp? id = 41102。

第一、此书在当时动员抗日斗争的舆论中，所起的积极作用是明显的。虽有若干缺陷，并没有妨害它激发读者的爱国思想、民族感情。①

正是由于这方面的原因，在抗日战争期间，王芸生之《六十年来中国与日本》，成为日伪政权在大学里要查禁的"抗日"书籍。②

（二）对中国最高当局对日决策的影响与批判

1934年8~9月，国民政府主要官员齐聚庐山，研讨中国的对日对策。刚刚出版了大作的王芸生，受张季鸾的指派，作为其第一次出外采访，自8月8日~9月9日赴庐山进行采访，其间他在牯岭住了24天。关于此次庐山之行，王芸生的记述如下：

8月13日晚，国民政府行政院长兼外交部长汪精卫，在江西省主席熊式辉的住宅，约王芸生谈话30分钟，"多关外交问题"；送别时对王氏说"此后编书如需要部中档案做研究材料，必与便利。"显然，汪精卫早已注意到王芸生的大作。

14日上午，王芸生与段祺瑞谈话30分钟；当王氏问及自己所编《六十年来中国与日本》时，段氏谓"已看过，很好"。

17日上午，王芸生拜谒国民政府主席林森，约谈20分钟；"林主席谈话，对大公报多过奖语，直使记者难于置答"。

8月23日、9月3日的上午，王芸生两度谒见蒋介石委员长，两次共谈话一个半小时；王氏认为蒋氏"虚怀、热诚、苦干"。③

关于以上与蒋介石两次谈话的内容，王芸生并没有在自己的文章中记载。据后来称：第一次蒋说他没有时间全部读完《六十年来中国与日本》，但阅读

---

① 刘大年：《赤门谈史录》，第143页。
② 经查：伪北京大学1941年的"禁书目录"中，就有"抗日"主题类的"《六十年来中国与日本》（卷1、2、3、4、5、6、7），王芸生著"。北京大学档案馆藏伪北大档案，档案号：WBD0000017，"禁书目录（1941年）"。
③ 以上详见王芸生《赣行杂记》（1934年9月27日），《芸生文存》第2集，第357~395页。

对他的帮助很大；第二次则是约请王芸生给他讲授"三国干涉还辽"一节。①

当时在华北担当中日关系之折冲的黄郛，此时正在庐山。他在与王芸生的几次晤谈中，一再提到《六十年来中国与日本》一书，并且很诚恳地说愿意把关于《塘沽协定》的全部档案，交给王芸生作为研究的资料。②

王芸生的庐山之行，具有非常重要的象征意义：他的《六十年来中国与日本》，已经受到中国最高当局及其首脑的高度关注，并可能成为中国政府处理对日关系现实的借鉴。这本身就证明了他的著作的现实意义。

此后不久的10月间，为了打破中日关系的僵局，蒋介石在病榻分章口述、由陈布雷笔录，写作了《敌乎？友乎？——中日关系的检讨》的文章，后托"徐道邻"的名义，于12月20日公开发表于南京的《外交评论》第3卷第11、12期合刊上。③ 该文首先指出了中国当时论述与研究中日问题的不足：

> 世上论述中日问题论文，已经很多，就是中日两国政治家及学者所发表的意见，不论专门的或一般的，也已经不少。但我敢断言一句，两国公私各方对于中日问题的见解，真能从国家终极的利害上打算，不为感情或意气所驱使，或一时错误所蒙蔽的，实在太少。我们至少可以说，对于正面问题的认识，实在太不够……

蒋氏的评判，当然应该包括对于名噪一时的王芸生及其大作的看法。而蒋氏力排众议提出的打开中日关系僵局的见解，虽然作为最高当局决策的先

---

① 王芝琛：《一代报人王芸生》，第33页。但是，笔者咨询台北"国史馆"的王正华教授：在目前未出版的蒋氏《事略稿本》中，（1934年）"8月23日条"没有接见王芸生的记录；"9月3日条"提到见王芸生，讲丰臣秀吉和陆奥宗光，感慨很多类似之语的记录。最近，笔者又委托汪朝光教授在美国斯坦福大学胡佛研究所核对"蒋介石日记"，据汪教授回告，1934年8月23日未记载看王芸生书；9月3日记有"听王芸生讲陆奥宗光与丰臣秀吉历史，感想千万"。因此，笔者对该说暂时存疑。

② 王芸生在《赣行杂记》中并未提到过此事。1937年3月18日发表的《忆黄膺白先生并略论国民党与日本之关系》一文中提到过此事。《芸生文存》第2集，第200页。

③ 关于该文的写作过程及全文，参见秦孝仪主编《中华民国重要史料初编——对日抗战时期》绪编（3），台北，中国国民党党史会，1981，第613～637页。

声而获得了汪精卫等的支持,却受到国内舆论界的批判,由此在1935年初,围绕《敌乎？友乎？——中日关系的检讨》一文,兴起了一场关于中日关系的争论。①

1935年1月29日至2月3日,《大公报》连载了《敌乎？友乎？三十年代关于中日关系的一场论争》一文,并在1月29日配发了《读徐道邻文感言》的社评,②虽然称赞该文为"近时论中日关系最切实质之文字""殆为最大胆的主张两国亲善共存者",并认为"在原则上亦与徐氏抱同样之见解",但是对该文主张有实现性则倾向于悲观,指出："至少在目前阶段上,认为殆无可能性。故虽称赞徐氏之文,但不能奢望其实现。"

《大公报》的批评,显然认为中国最高当局在《敌乎？友乎？——中日关系的检讨》中所反映的对日认识不符合实际,对日态度和政策过于软弱和妥协。这其实就是王芸生通过研究六十年来中日关系要告诫国人的。

这年7月30日,王芸生在山东青岛休假期间,与曾经在《大公报》上撰文"教战"的军事学家蒋百里,进行了一个上午的长谈。蒋百里这时刚刚口述完成了《宋之外交》一书,他像过去梁启超为他的《欧洲文艺复兴史》作序一样,为该书写作了序言。③蒋百里没有评论现时中国的对日外交,却借研究中国宋代之"苟安外交",讽喻了现时的外交;他和王芸生达成的结论是：以远东为主体的世界暴风雨,迟早会爆发,中国要努力把身体弄硬朗些,只要撑过这场暴风雨,国家的前途是很光明的。④

出于同样的见解,1936年1月初,王芸生发表了《关于中日问题的一

---

① 余子道：《敌乎？友乎？三十年代关于中日关系的一场论争》,《复旦大学学报》(哲学社会科学版)1998年第2期；衞藤瀋吉編『共生から敵対へ：第4回日中関係史国際シンポジウム論文集』東方書店、2000、37～54頁。
② 《大公报》1935年1月29日,第1张第2版。
③ 陶菊隐：《蒋百里先生传》,中华书局,1948,第131页；蒋百里口述、谢治徵编《宋之外交》,上海大东书局,1935,蒋百里序文系8月于青岛完成。
④ 王芸生：《青岛游记》(1935年8月7日),《芸生文存》第2集,第405~406页。

些认识与感想》，认为在当前日本欲望无止境的高压下，中国不能同日本讲"邦交"；他赞赏中国政府1935年底主动开始的对日谈判，指出："这是中国对日外交的新姿态。六十余年来的中日外交，中国一向处于被动地位，从无像现在这样负责任的坚决态度。"① 如同王芸生从中国对日关系的角度出发一样，蒋百里则从研究日本人的角度，在抗战初期发表了他的著名作品《日本人——一个外国人的研究》，最后提出了他的震惊国人的对日名言："胜也罢，败也罢，就是不要同他讲和！"②

曾经同时在《大公报》上，以文字分别向国人"明耻""教战"的王芸生和蒋百里，是借助历史的经验，来向当局和国人继续发表其对中日关系的看法的。③

（三）学术影响之一斑

民国初年到30年代以前，中国学界关于中日关系史的学术著作，数量并不太多，有影响者甚少。其中，1928年陈博文撰述、金曾澄校阅的《中日外交史》④，重点讲述了同治十年（1871）至1927年日本出兵山东、中日满蒙交涉期间的中日外交关系，为第一部较为系统的近代中日关系史著作。唯其文字与篇幅过于简略，且外交史料的来源也过于简单，故仅略备参考之

---

① 《芸生文存》第1集，第232~246页。
② 蒋百里的《日本人——一个外国人的研究》，写作于1938年8月，连载于汉口《大公报》1938年8月21~26日。8月23日《大公报》发表"短评"，称该文的执笔者是一位"老日本通"，值得咀嚼细读，并指出："日本这国家，始终是一个谜，大家不了解它，而它自己也就在先天的悲运中奔驰。这篇文章，或许给这个谜样的国家揭露一些真面，证明一些这个国家的特性和缺陷。这个国家既成了世界悲剧的主角，世界人都应该对它下一番认识的工夫了！"12月21日，重庆大公报社开始出版单行本。又见蒋复璁、薛光前主编《蒋百里先生全集》第3辑，台北，传记文学出版社，1971，第169~206页。
③ 1938年11月4日，蒋百里在广西病逝。12月28日，重庆各界举行公祭活动，《大公报》同日出版了《蒋百里先生追悼会特刊》，王芸生同日在该报上发表了《敬悼蒋百里先生——献给今天的追悼大会》一文，称蒋百里的逝世"使我个人失掉一位导师，使大公报失去一位好朋友，使国家失去一位绝对绝对不可少的人"。
④ "新时代史地丛书"之一，商务印书馆，1928。

价值。①

《六十年来中国与日本》出版后，王芸生首先自谦道："本书目的，在据可靠之史料，将六十年来中日外交，辑为始末，贡献国人以准确的史实，以云作史，则不敢承。"② 但是，正如刘大年先生指出："它是那个时代的一部代表作。无论从思想、风格来说，都是这样。某些重大事件的真相，依靠它，才得以披露于世，为人们所知。书名标举中国与日本，实际涉及中美、中俄等更广泛的范围。"③ 这是对它作为一部史学著作的学术意义的评价。

1931～1945年是民国时期中日关系研究史的"高潮期"，这一时期中国的中日关系史著作，"与当时的抗日战争紧密相关，主要集中在日本的侵华与中国的抗日斗争等方面"。④ 具体见表1、表2。

表1 民国时期中日关系史研究著作数量统计

单位：部

	1912～1930年	1931～1945年	1946～1948年	合计
中日关系史综论	13	37	0	50
古代及中世纪中日关系		14	0	14
近代（一）(1868～1918)	19	74	1	94
近代（二）(1918～1945)	14	219	0	233
战后中日关系	0	0	0	
中日文化交流史	0	2	1	3
合计	46	346	2	394

资料来源：李玉、夏应元、汤重南主编《中国的中日关系史研究》，世界知识出版社，2000，第49页。

---

① 夏鼐《陈博文著中日外交史》（《图书评论》第2卷第12期，1934年8月1日，第43～50页）评价该书之重要缺点如下：分期不当，条理不清，叙述不确。该书1933年4月又由上海商务印书馆出版"国难后第一版"，夏鼐指称：唯以"国难后第一版"为标志之外交痛史，而竟忽略"国难"，未由原著者或商务印书馆之其他编译人员，略费数日功夫，增补若干章节，便照旧样复印，以饷国人，则殊令人深感不满（同上文）。
② "凡例"，《六十年来中国与日本》第1卷。
③ 刘大年：《赤门谈史录》，第143页。
④ 李玉、夏应元、汤重南主编《中国的中日关系史研究》，第41～42页。

表 2　民国时期"中日关系史"研究著作内容分类

单位：部

		1912～1930 年	1931～1945 年	1946～1948 年	合计
中日关系史综论	小计	13	37	0	50
	概述	8	10	0	18
	中日比较研究	0	0	0	
	论文集	0	0	0	
	大事记、年表	1	3	0	4
	条约集	4	6	0	10
	史料集	0	18	0	18
古代及中世纪中日关系	小计	0	14	0	14
	概述	0	2	0	2
	徐福东渡	0	0	0	0
	遣唐使与鉴真东渡	0	1	0	1
	倭寇	0	11	0	11
近代（一）1868～1918	小计	19	74	1	94
	概述	5	1	1	7
	日本侵华史	7	63	0	70
	中国留日学生	7	2	0	9
	甲午战争	0	8	0	8
近代（二）1918～1945	小计	14	217	2	233
	概述	2	32	0	34
	九一八事变	0	14	0	14
	"满蒙"问题	12	86	0	98
	七七事变	0	2	2	4
	抗日战争概述	0	49	0	49
	日军侵华暴行	0	34	0	34
战后中日关系		0	0	0	0
中日文化交流史		0	2	1	3

资料来源：李玉、夏应元、汤重南主编《中国的中日关系史研究》，第 51～52 页。

1931～1945 年中国学界研究中日关系史的高潮及其上述学术研究的重点和主题，与王芸生之《六十年来中国与日本》，在学术上有很大的渊源关系。兹举以下两例。

王芸生著作出版期间，1934 年蒋廷黻在清华大学研究院史学研究所指导王信忠所做的硕士毕业论文《中日甲午战争之外交背景》，即将《六十年来中国与日本》之第一及第二卷，作为重要的参考资料来加以运用；王信忠还在"参考书目"中对该书进行评价说：

> 本书系日人之所谓"史料式的历史"，西人称为 Documentary History，关于中文方面史料能于短时期内，搜集如此丰富，至属不易。取裁方面虽有可议处，惟在不景气之中国外交史学界，实为一至有价值之辑著。第一第二两册中对于所用史料未注明出处，颇为缺憾，希再版时加以注明。①

1936年春，张忠绂编著《中华民国外交史》，内容自1911年辛亥革命至1922年华盛顿会议，②其中关于民国初期中日交涉的诸多史实与史料来源，均注明系出自王芸生著《六十年来中国与日本》之第六卷、第七卷。抗战后期，作者继续修订该书，于1943年在重庆再次出版，"应与初版无大区别"。③

关于《六十年来中国与日本》对1949年前中国的学术影响，刘大年1980年回忆总结道：

> 三、四十年以前，凡查考中外关系、中国近代史的人，总要看看《六十年来中国与日本》这部书。我接触王芸生先生的大名，就是从这部名著开始的。那是一九四七年的春天，我在北方大学工作，利用养病时间收集一些中美关系的历史资料。解放区只有少数小图书馆，材料贫乏。某次我跟校长范文澜同志谈起这件事，他指出可以注意两部书，一

---

① 王信忠：《中日甲午战争之外交背景》（"国立清华大学研究院毕业论文丛刊"之二），国立清华大学，1937，"序言"第1页、"参考书目"第286页。
② 该书最早于1935年1月由北平国际法外交学会出版，原系作者的讲义；北京大学出版组，1936年出版。张时为北京大学政治系主任教授。
③ 张忠绂编著《中华民国外交史》（1），正中书局，1943，"再版自序"，第2页。

部是李鸿章全集,一部是《六十年来中国与日本》。拙作《美国侵华简史》那本谫陋的小册子上有关的部分,就大量利用了这两部书的资料。①

《六十年来中国与日本》出版后的70多年,中国学界对该书的评论是:"开启了中日关系研究之先河",②"被认为是中国20世纪第一部深入系统地研究中日关系的名作。"③

(四)学界不同的评判声音

王芸生著《六十年来中国与日本》七卷本编辑期间及出版后不久,在几乎一片赞扬之词的学界,④也有人留下了不同的评判之声。1934年8月1日南京国立编译馆编辑出版的《图书评论》第二卷第十二期,发表了缪凤林的评论文章《王芸生著六十年来中国与日本》(写于1934年7月27日)。⑤缪氏首先提出了一个独特的评价标准:"我们必先认定这部书是大公报社的出版品,王芸生不过是一位主编者,方能真正了解它的优点和缺点。"关于该书的优点,他只是指出"在搜集材料和排比编次的两个方面,都有相当的贡献",但重点指出的是该书的缺点:一是本书的各项材料,多半是临时杂凑,堆砌而成,既无全盘的研究,又无精密的考证,以致极其普通的错误,时常发现。为此,缪氏对该书之第一卷及第二卷,进行了详细的指摘;对第三、四、五各卷则大体肯定之。二是《大公报》与过去的某些政客及政团,主要是吴鼎昌与曹汝霖之间,有相当的因缘和关系,为此使

---

① 刘大年:《赤门谈史录》,第141页;刘大年:《美国侵华史》,华北大学,1949。
② 王芸生编著《六十年来中国与日本》,封面语。
③ 步平:《序一——写在〈中日关系五十年大事记(1932~1982)〉出版之前》,张蓬舟主编《中日关系五十年大事记(1932~1982)》,第1页。
④ 这样的正面评价,以当时研究中国近代外交史而著名的清华大学历史系主任蒋廷黻教授最具代表性。他的评论文章,除了《大公报》的上述转载之外,还有《外交及外交史料》,《大公报》第249期,1932年10月10日,第2张第8版(评价前三卷);《民国初年之中日关系》,《大公报》第298期,1933年9月18日,第2张第11版(评价第六卷)。
⑤ 文章见该杂志第25~42页。

王芸生得到了某些"特嘱来源守秘"的文件，主要是第六卷的曹汝霖致章宗祥函四件及第七卷的章宗祥之东京三年。作者通过对于该两项文件的考证，指出前者属于伪造、后者属于章氏为自己的辩护，进而认为《六十年来中国与日本》是在借《大公报》的声誉，为他们的"卖国"与"误国"的罪名所做的反宣传，从而表示"本篇评论的主意，即在唤起国民注意，勿使奸宄得售其计"。

显然，缪凤林的评价，已经超出了正常的学术范围，而涉及《大公报》刊载、出版《六十年来中国与日本》的政治宣传的目的。而他所指称的大公报社与曹汝霖、陆宗舆及章宗祥的派系关系乃是出版此书的宗旨，也难免给人牵强附会的感觉，背离了学术讨论的宗旨。因此，缪凤林的批评文章，虽然代表了另一种评判的声音，但是当时看来并未引起学界的关注，倒是在1949年以后，却刺激了王芸生对原著进行大的修改，[①] 并引起了台湾和大陆学界的一场争执。

在台湾，1956年，包遵彭、李定一、吴相湘编纂之《中国近代史论丛》第一辑第六册《第一次中日战争》，将该文全部收录于内，并将原文题目改为《评"六十年来中国与日本"》。[②] 之所以收录该文，编者在"导论"中说道："《六十年来中国与日本》，系一种所谓'史料式的历史'。这种史书所收辑的史料，必需一一注明出处，才能判定其真实程度、学术价值。否则即难采信。本书恰坐此弊，这里迻录缪凤林教授评论一文，系采自当时国内书评权威刊物——国立编译馆编纂刘英士主编之图书评论。其值得注意处，乃在以学术考证，揭发《六十年来中国与日本》原编者一项伪造历史的大骗局。中国近代史的研究，本已贫乏，不幸又有这种无耻的文人，竟不惜歪曲历史，实在令人痛心……"[③] 十年之后的1966年，台湾学者李毓澍在其

[①] 王芸生重点修改了缪凤林指出的第1卷、第2卷的错误；对其第6卷、第7卷的有关史料问题，也进行了处理。参见王芸生编著《六十年来中国与日本》第1卷、第2卷、第6卷、第7卷，生活·读书·新知三联书店，1979、1980、1981。

[②] 包遵彭、李定一、吴相湘编纂《中国近代史论丛》第1辑第6册，台北，正中书局，1956，第353～379页。

[③] 包遵彭、李定一、吴相湘编纂《中国近代史论丛》第1辑第6册，"导论"，第6页。

专著《中日二十一条交涉》（上）① 中，于第三章"袁世凯及北京政府的应付"之第五节、第六节，专门辟有"'曹汝霖致陆宗舆第一信'辨伪""'曹汝霖等之说帖'辨伪"两节，"对《六十年来中国与日本》所辑录曹汝霖等为洗刷个人所伪造的假文献，逐一辨驳厘正"，并附和了缪凤林关于《大公报》与曹汝霖同属新交通系的见解。②

对于台湾学者的上述指责，刘大年不以为然，他直截了当地指出：

> 旧著上有的地方议论陈旧，如说袁世凯在二十一条交涉中指导颇为正确；对当事人留下的记录，如《总统秘谕》、曹汝霖致陆宗舆书等，不加批评，过分相信，这自然是著者所处的时代、环境留下的烙印。诸如此类，我们整理的时候应当注意。台湾前些年出的一本《中日二十一条交涉》的书上，抓住这些地方，有意贬损，而对于王著的功绩只字不提。在对待前人的研究上，至少是很欠公道的。③

平心而论，如果抛开缪凤林当时的政治指摘和1949年以后海峡两岸的政治分歧，就研究近代中日外交关系的学术规范而言，相对于那些陈陈相因的溢美和赞誉之词，这种不同的学术批评声音的发出和存在，其实是更加有利于《六十年来中国与日本》散布其永久的学术影响的。这也可以作为一个反证吧。

余论：王芸生的"中日关系史"观

在《六十年来中国与日本》一书及该书出版后发表的一系列有关文章之中，王芸生构筑并形成了他自己对中日关系史特别是近代中日关系史的见

---

① 李毓澍：《中日二十一条交涉》（上），台北，中研院近代史研究所专刊（18），1966。
② 李毓澍：《中日二十一条交涉》（上），第290~300、331~340页，"前言"第3页。
③ 刘大年：《赤门谈史录》，第143页。

解。笔者称之为"中日关系史"观。

《六十年来中国与日本》第一卷于1932年4月30日出版时，王芸生在《大公报》1932年1月11日载文的基础上，特意增补了序章"古代关系之追溯"，并在最开始的一段文字中，开宗明义地表达了他关于"中日关系史"的见解：

> 中国为东亚大陆文化之宗邦，四邻诸国，皆受其影响，日本亦然，历史渊源，甚为悠久。乃近世以来，华夏衰微，而日本崛起。六十年来之中国外交，为一部国耻史，而尤以关于日本者为最甚而最多。此书之作，首在明耻。盖发愤图强，明耻为先，而明耻不可不知历史。此书记载六十年来之中日关系，逐步推演，彼日强而我日衰，读此书者，当不胜兴衰之感；知耻能勇，中华民族之复兴系焉。去年九一八以来，中国直将为日本所吞并，国将不国，不止于耻。然回顾古代，日本受中国文化之提携陶镕者，两千余年。中国施之者甚厚，而彼之所以报我者甚酷。此固日本之非，而炎黄子孙，受凌至此，岂不愧对先民哉？[①]

王芸生的如上见解，在陈振先、张季鸾先后为该书第一卷所作的序言中，也得到了同样的反映。王芸生通过该书构筑、形成的"中日关系史"观就是：古代中国有恩于日本，近代日本有负于中国；九一八以前的"近代中日关系史"是中国最甚最大的"国耻"。

《六十年来中国与日本》七卷出版以后，王芸生又通过发表一系列文章，继续阐述、表达他的上述史观。

1935年4月2日的《关于中日问题的一些感想》，重复了他前年9月一篇文章中的见解："中日比邻而居，为屹然不变之事实，无论如何仇雠，彼既不能东越太平洋而迁至彼岸，我亦不能西移而达大西洋之滨，此无可如何

[①] 王芸生辑《六十年来中国与日本》第1卷，第1页。

之事也。"①

1936年1月5日的《关于中日问题的一些认识与感想》，指出："没有中国，日本不会有以往的灿烂历史；失去日本的友谊，中国此后将痛感立国的艰难。"②

1936年5月8日的《泛论中日问题》论道："中国与日本，同立国于东亚，天然是兄弟之邦。中国在过去确曾发挥过做长兄的丰采，现在却大为弟弟所凌慢。过去的光荣，是我们祖先的成绩，不应该由我们来夸耀；现在的不堪，不能不说是我们做子孙的不长进。"③

1937年6月15日的《〈中日关系条约汇释〉序》说道："同治十年的《中日修好条规》是中日间的第一个条约，也是中外间的第一个平等条约。……不平等条约的存在，是我们的耻辱；有了平等条约而不能保持，尤其是我们的耻辱。这个耻辱，由甲午战争一直保留到现在，我们还不想洗雪吗？努力吧，中国人！"④

王芸生的上述"中日关系史"观，在20世纪30~40年代的中国，虽然只是一家之言且最易引起争论，⑤但随着《六十年来中国与日本》一书的散布，自然对近现代中国人产生了重要影响，当也是不争的史实。

---

① 《芸生文存》第1集，第206页。
② 《芸生文存》第1集，第232~233页。
③ 《芸生文存》第1集，第247~248页。
④ 《芸生文存》第2集，第201~202页。
⑤ 日本学者茂木敏夫指出：王氏著作奠定了中国关于近代中日关系的"侵略与抵抗"的定式。茂木敏夫：《中日关系史的语境——19世纪后半叶》，刘杰、三谷博、杨大庆等：《超越国境的历史认识——来自日本学者及海外中国学者的视角》，社会科学文献出版社，2006，第5~6页。

战前日本的新兴宗教及其在中国的传播

——以天理教为中心

王新生[*]

尽管日本学术界最近将近代以来出现的新兴宗教统称为"新宗教",[①]但战前更多使用的是"类似宗教"一词,该词最早出现在1919年文部省宗教局颁布的《宗教及类似宗教行为者的行动通报》文件中,即"进行不属于神佛道基督教等教派、类似宗教行为者"。[②] 1935~1937年,陆续出现新宗教团体相关事件,大众传播媒介频繁使用"类似宗教"一词,实际上带有"邪教"的含义。本文主要分析近代日本新兴宗教产生的社会背景、特征以及战时在中国的传播。需要说明的是,本文仍然使用"新兴宗教"这一表述。

一 社会变迁与新兴宗教

新兴宗教通常集中出现在社会不稳或动乱时期,概括地说,近代有两次新兴宗教涌现高潮期,即幕末明治前期以及大正末昭和初期。19世纪初期,德川幕府面临内忧外患的严重局面。

一方面,西方列强逐渐将侵略触角伸向日本,首先是沙皇俄国向东扩张

---

[*] 王新生,北京大学历史学系教授。
[①] 井上顺孝『現代日本の宗教社会学』世界思想社、2012、166頁。
[②] 島田裕巳『戦後日本の宗教史——天皇制、祖先崇拝、新宗教』筑摩書房、2015、56頁。

到白令海峡，18世纪末沿千岛群岛南下，直接窥探虾夷地（北海道）。1792年，俄罗斯使节拉克斯曼到达根室，要求日本开港通商，但遭到幕府拒绝，其后双方在北方经常发生摩擦。1807年，幕府将松前藩及虾夷地全部作为直辖领地，同时设松前奉行，以对抗俄国的入侵。在南方，因英国船只经常靠近日本港口并引起纠纷，幕府在1825年颁布《驱逐夷国船只令》，要求各藩驱逐靠近日本港口或近海的外国船只。

另一方面，从1830年开始，农业连年歉收。1832~1833年，全国的农产品收获量减少一半。饿死者无数，社会动乱不稳，农村地区的暴乱与市民的捣毁运动接连不断。在大阪地区，富商趁机囤积居奇，市政官员不仅不救济百姓，反而勾结奸商哄抬物价。信奉阳明学的大盐平八郎本是维持治安的下级武士，因对幕府腐败不满而辞职，开办洗心洞私塾教授学生。1837年初，大盐忍无可忍，率其门徒发动武装暴动，横扫1/5的市区，捣毁富豪住宅及米店等房屋万余间。尽管在幕府大军的镇压下很快失败，但大盐平八郎作为武士出身并在被称为"天下厨房"的大阪发动暴动，同时提出改革幕藩体制的要求，因而对幕府产生了较大的冲击。

在接下来的半个多世纪内，社会一直处在混乱、动荡状态。首先是1853年美国舰队要求日本开港的"黑船来航"引发政治大变革，幕府大老井伊直弼发动"安政大狱"镇压反对开国者而遭到维新"志士"的暗杀，其确立幕府专制统治的企图破产；老中安藤信正为缓和朝廷与幕府的矛盾打出"公武合体"的旗号，天皇之妹下嫁将军，共同面对内外困境，也因"尊王攘夷"浪人的暗杀挂冠而去；一直实施"尊王攘夷"的各藩下级武士因两次局部战争——"下关战争""萨英战争"而将目标转向"尊王倒幕"，萨长联合通过一场规模不大的内战更换了政权，即1868年的"明治维新"。尽管普通民众没有直接参与这一政治变革过程，但"这不很好吗"的狂欢活动还是反映了动乱年代期望改朝换代的心情。

明治政权进行的诸多改革反而加剧了社会的不稳和动乱，地税改革并没有减轻农民的负担，强制性服兵役和义务教育进一步增加了其负担，将这一社会阶层卷入精英分子发动的自由民权运动中，因而从幕末到明治中期，出现了许多新兴宗教团体。从创设顺序上看，这一时期出现的新兴宗教团体主要有1814年的黑住教、1830年的禊教、1838年的天理教、1857年的本门佛立宗、1859年的金光教、1871年的丸山教、1877年的莲门教、1880年的国柱会、1892年的大本教等。

近代第二次新兴宗教高潮出现在大正年代后期到昭和年代初期，即20世纪二三十年代。这一时期有两方面的原因使社会处在不稳定状态，一个是城市化背景下的政治、社会发展，一个是持续的经济危机。大正年间（1912~1925），随着工业化、城市化急剧发展，市民阶层逐渐形成。1925年日本人口为5974万，农业人口比重从70%下降到50%，城市人口为1213万人，约占总人口的20%。[1] 在东京等大城市中，政府部门办公楼、公共设施、商贸公司等逐渐变为钢筋混凝土的高层建筑，个人住宅也盛行美国风格的"文化住宅"。城市中煤气及上下水管道普及，农村也开始使用电器。

连接城市的铁路线扩展到全日本，大城市郊区也因住宅建设而开设铁路支线。在大车站建有百货商店，便于乘车者购物和就餐。在城市中心地带，交通工具除电车外，公共汽车也开始投入运营，并出现了出租车及私人轿车。在事业单位就职的工薪人员大量增加，特别是职业女性的增加，这些属于中间阶层的成员主导着社会时尚，如人们越来越多地穿戴出行方便的西装、女性发式西方化等。在城市化、市民化过程中，劳资纠纷、失业救济、交通住宅等社会问题逐渐显露出来。为此，政府在内务省设置社会局、城市计划局等部门，并制定了《职业介绍法》《健康保险法》《租借土地住宅法》等法律。

作为大众文化基础的教育及传媒在大正年间也获得迅速发展。1900年，职业学校以上学校的在校学生仅有2.5万人，到1925年增加到13万人。[2] 1920年，在适龄儿童小学就学率方面，男女均达到99%。传媒的发展更为

---

[1] 佐藤信ほか『詳説日本史研究』山川出版社、2008、425頁。
[2] 佐藤信ほか『詳説日本史研究』427頁。

迅速，《大阪朝日新闻》等四大报纸每天的发行量均在百万份左右。杂志方面，除《中央公论》等综合杂志外，还有月发行量超过百万份的月刊杂志和周刊杂志。1925年，东京、大阪出现无线电广播，第二年成立了日本广播协会。

随着工人人数急速增加，工人运动再次活跃起来。1914年共有49个工会组织，到1919年增加到187个；20世纪20年代上半期，农民运动也活跃起来，1917年佃农斗争发生83次，1921年达到1680次。广大佃农不仅各自要求地主减轻地租，而且联合起来组成"佃农协会"共同斗争，1922年组成"日本农民组合"。在其压力下，政府在1924年制定《佃农争议调解法》，规定法院对地主佃农间的纠纷给予调解；随着更多的女性走向社会，要求扩大女性权利、改变女性从属地位的妇女运动也开展起来。1920年组成"新妇女协会"，从事妇女参政运动。在其活动压力下，1922年，政府修改禁止女性参加政治活动的《治安警察法》第五条，允许女性参加政治演说会。另外，还有"部落民"运动、社会主义运动、共产主义运动等。

尽管存在以上不同形式的运动，但社会各个阶层有一个共同的目标，即争取没有财产资格限制的选举权，也就是"普选运动"。自从开设帝国议会以来，选举权的财产资格也不断降低。1900年，选举权的纳税额限制降到10日元以上，具有选举权者从45万人增加到98万人，占总人口的2.2%。第一次世界大战后，日本社会中的民主主义风潮再次兴起，以市民为中心的争取普选运动随之高涨。因此，1919年将选举权的纳税额限制降到3日元以上，具有选举权者增加到307万人，占总人口的5.5%。结果在1925年3月，国会两院通过《普通选举法》，废除了选举权的财产资格限制，规定年满25岁以上的男性臣民均有选举权，选民人数增加到1241万人，约占总人口的20.8%，但女性仍然没有选举权和被选举权。与此同时，为防止社会主义运动激化，国会两院通过《维持治安法》，对那些参加"变革国体"或"否认私有财产制"运动者给予严厉的惩罚。

另外，第一次世界大战结束后第二年，日本对外贸易转为入超，欧洲产品对日本重化工业给予沉重打击，1920年股价暴跌，棉纱、生丝等价格下降一半。1923年的关东大地震严重打击了日本经济，许多银行不能兑现持有的票据。1927年，全日本再次出现取款风潮，作为五大银行之一的十五银行倒闭。在此次金融危机中，共有37家银行停业，28家银行倒闭。1929年10月的纽约股市大暴跌引发了世界性经济危机，持续萧条的日本经济遭受到更加严重的打击。紧缩财政使社会需求更加减少，产业合理化使失业队伍更加庞大，恢复金本位制后汇率上升带来的物价下降使危机时期已经出现暴跌的物价更加低落。在经济危机的打击下，中小企业因无法维持生产纷纷倒闭，导致失业工人增加。到1930年中期，破产企业达到830家，减资企业311家，失业者达到300万人，很多人挣扎在饥饿线上。尽管1930年日本农业空前大丰收，但出现"丰收饥馑"的怪现象。1929年9月，每包60公斤的生丝价格是1330日元，1930年10月已降到540日元，跌幅达到60%。[①] 农民迫于生计，只好逃荒或卖儿卖女。

军队中来自农村的下级士官生，面对城市达官贵人灯红酒绿、荒淫无耻的生活，想起自己家乡的悲惨情景，很容易被法西斯势力的"反权门""反资本""救济农村"的口号吸引，因而积极要求实施"改造"乃至"革命"的"昭和维新"。在国内，右翼实施的暗杀行动不断，甚至出现了"五一五""二二六"等军事政变；在国外，出现了1928年出兵中国山东和皇姑屯事件、1931年九一八事变等侵略事件。

在上述社会背景下，这一时期出现的新兴宗教团体主要有1924年的人之道教团（后来名为PL教团），1925年的圆应法修会，1928年的神佛真灵感应会，1929年的解脱会，1930年的松绿神道大和山、生长之家、灵友会、创价学会，以及1935年的大日本观音会、1936年的立照阁（后来名为真如苑）等。据统计，1924年新兴宗教团体有98个，1930年增加到414个，1935年剧增到1029个。[②]

[①] 安藤良雄等编集『昭和経済史』日本経済新聞社、1976、53頁。
[②] 孝本貢編『論集日本仏教史・9・大正昭和時代』雄山閣、1988、24頁。

二 新兴宗教的主要特征

新兴宗教在教义上有继承传统宗教的一面。一方面，新兴宗教在诸多方面受到传统宗教的影响，从形式上看，有些是从神道教发展而来，如黑住教、金光教、大本教、生长之家等；有些是从佛教发展而来，如创价学会、立正佼成会、灵友会等；有些同时受神道教和佛教的影响，日本学术界将其称为"诸教"，如天理教等；另外，近代以来，随着基督教在日本传教解禁，也有从基督教发展而来的新兴宗教团体，如1927年成立的灯台社等。从教团的数量来看，源自佛教或神道教的新兴宗教团体数量大致相等，但从信徒数量上看，则以佛教团体为多，佛教新兴宗教大多数是日莲宗乃至法华信仰教团，如创价学会、立正佼成会、灵友会等大型教团均为日莲法华派，其他有真言（密教）派，如解脱会、真如苑等。

另一方面，被称为新兴宗教雏形的在家教团，即"讲"，实际上在江户时代已经存在。"讲"是指具有特定信仰的人们聚集在一起的宗教组织，如伊势讲（以参拜祭祀天照大御神的伊势神宫为目的的讲）、稻荷讲（以维持地区稻荷神社为目的的讲）、法华讲（法华宗，即今日的日莲宗）、寺院独特信仰的讲，另外还有以富士山信仰为基础的富士讲、以御岳山信仰为基础的御岳讲等。例如，新兴宗教团体天理教，其创始人中山美伎呼吁信徒组织讲，信徒也自发组织讲开展传教活动。

就差异而言，新兴宗教与传统宗教的区别主要有以下几个方面：第一，新兴宗教的创始人通常是普通的社会人士，基本没有接受过任何宗教信仰的训练，身体欠佳或家庭不幸，大多具有一定的神奇能力，创始人去世后教团容易发生分裂。例如，天理教创始人中山美伎是农村妇女，金光教创始人金光大神是农民，丸山教创始人伊藤六郎兵卫是雇员，灵友会奠基人久保角太郎与小谷喜美均为下层劳动者，大本教创始人出口直与奠基人出口王仁三郎均为贫苦劳动者，生长之家创始人谷口雅春是下层工薪者，立正佼成会创始人庭野日敬与长沼妙佼均为小商人，人之道创始人金田德光是小商人，创价学会创始人牧口常三郎与户田城圣分别是出身农家及渔民的小学教师等。①

此外，创始人大多身体欠佳或家庭不幸。例如，创建黑住教的黑住宗忠家族本来是神社的神职人员，而且宗忠也在 31 岁时继承其职，但父母相继染流行病去世，自己也患上结核病，后依靠非凡的信念恢复健康，并在 1814 年冬至朝拜日出时感到天照大御神附体，因而将这一天作为黑住教的创建之日。天理教创始人中山美伎，其丈夫过度挥霍导致家庭没落及长子患病。大本教创始人出口直家庭贫穷，女儿患精神病。立正佼成会的创始人日敬出生在新潟县，18 岁时到东京，曾在海军服役，最初在咸菜店工作，结婚后自己开店，因长女患耳疾治疗不顺利，接受劝说成为灵友会的信徒，结果女儿痊愈，因而热心传教，在其过程中结识妙佼。妙佼出生在埼玉县，在东京结婚两次，经营小商店，孩子去世，自己也有女性病，本来信仰天理教，后转到灵友会，与日敬组成搭档进行传教。1938 年成立立正佼成会，本部设在日敬商店的二楼，会员实施冷水浴的"寒修行"。

新兴宗教创始人大多具有神灵附体的经历，并通过预言或治病获得信徒。正如日本学者村上重良指出："江户中期这一信仰十分兴盛，并相继出现一些标榜能满足民众现世切身利益的欲望，自称是神灵附体的活神，能显示出超人灵验力的民间宗教活动者。这些活神一般都采用一定的手法，呼唤神灵使之附体，向人们传达神谕，在当时人们的宗教意识中，认为神或特定动物之灵附体，不是什么罕见之事，相信神灵附体者具有凡人所没有的灵能，能治疗疾病，实现现世利益。幕末时期，在这些活神中产生了倡导新体系教义、许愿救济民众的教祖。"② 例如，黑住教创始人黑住宗忠通常通过将手放在小腹上获得"阳气"的咒语解释为日常生活关注的语言来"教化"民众，获得许多信徒；中山美伎长子秀司在前一年患足疾，请巫师治疗，作为其助手的美伎突然神灵附体，其后经常神灵附体，命令家人将家财施舍他人，从 1850 年开始传教后以治病为中心；久保角太郎养母精神错乱，请法

---

① 高木宏夫『高木宏夫著作集・1・日本の新興宗教』フクイン、2006、110~111 頁。
② 村上重良：《宗教与日本现代化》，张大柘译，今日中国出版社，1990，第 8 页。

师祈祷治疗，其后与法师组成"灵友会"，但进展不顺。1925年久保角太郎发现兄妻小谷喜美有宗教家的能力，与其共创"大日本灵友会"。在角太郎的指导下，喜美通过修行获得与灵界通话的能力。1930年在东京正式成立教团"灵友会"，四年后会员超过1000人。

既然教祖依靠神奇魅力吸引信徒，那么教祖发生问题特别是教祖去世后教团容易分派。例如，灵友会由于积极支持政府的对外侵略政策，因而在战时教团规模发展非常迅速，1937年信徒达到20万人，1941年迅速增加到84.4万人。[①] 但由于喜美不擅长《法华经》的内容，导致分派较多，如1935年理事冈野正道离开后成立孝道会（今孝道教团）、1936年高桥觉太郎成立灵照会（今日莲诚宗三界寺）、1938年井户清行成立思亲会等，1944年久保去世前后再次分离出许多新的教团。生长之家的教祖谷口雅春本来是大本教的信徒，天理教也有几个分派，但均继承了天理教创始人中山美伎的思想，即各自对甘露台的理解。

第二，扩大再生产式地发展信徒，信徒大多是自觉进入教团。新兴宗教团体积极传教，尽管有时采取带有强制性色彩的措施，但基本上是通过教义吸引信徒。例如，1928年天理教第二代教主中山正善曾对12480名传教者进行过实际调查，最多的是因自己或亲人患病而入教者，约占61%；其次是父辈的信仰传承者，约占20%；第三位是受教义影响者，约占12%；第四位是因家庭不和、经济失败、人际关系不睦等，约占2%。60%以上人员因疾病加入天理教说明该教团关于人是神的"借贷物"、神通过身体障碍告知本人犯错的观点吸引了众多信徒，而且当时民众最大的苦难是疾病的困扰。在其基础上，天理教获得迅速发展。在1878年设立第一个讲社"真明讲"，即信徒修习"神侍奉"、互帮互教的基层组织。其后数量不断增加，1880年有12个，1882年发展到33个，到1895年进一步发展到894个。1908年获得政府的认可后，发展更为迅速。据1929年道友社所编的《天理

---

① 张大柘：《新兴宗教与日本近现代社会》，天津人民出版社，2003，第341页。

教纲要》，1928年天理教已拥有409万之众，教会总数上升到1.4万个。①

因时代、教团、教义等，信徒加入教团的动机也各有差异。例如，在知识分子、城市中间阶层拥有较多信徒的大本教，在1916年到1921年之间85名入教者中，因患病、贫困、家庭问题等入教者20名，参加农村救济运动遭受挫折者1名，难以接受近代思想、文化者6名，寻求新民间宗教者35名。由此可见，大本教的入教者除疾病是最大原因外，通过探索对神灵现象的合理解释消除社会急速过渡时期精神上的不安也是重要因素。②

第三，适合现实需求的简明、易懂的教义，也就是说，传统宗教追求来世，新兴宗教追求现实利益，而且其教义通俗，大多是教祖的言语录。例如黑住教以崇拜太阳、竭力感谢之情的教义为中心，其经典是宗忠遗留的300多首短歌、260封书信及七条组成的"每日在家修行之事"；天理教的教典主要是创始人留下的《御神乐歌》《御指图》《御笔先》。《御神乐歌》宣扬一心一意依靠神的力量获取不可思议的救济，实现"今世极乐"的思想；《御指图》是中山美伎和后继教祖的语录集；《御笔先》是中山美伎叙述的1171首和歌体诗词，讲述神创造人间世界的过程，预言当"时""所""人"三因缘和合时，亲神将附中山美伎之身，救济全人类，实现"阳气"的理想生活。1883年金光教创始人去世后，其弟子与政府合作，1887年纳入神道本局，1900年成为独立教团。主要教典《金光教典》由《金光大神觉书》《金光大神理解》《启示事觉帐》三部分组成，但为获得政府的许可不断增加新内容。其传教主要以"转达"形式进行，即倾听来访者的诉说，通过祈祷转告天地金乃神，聆听神的启示，然后再讲解给求助者。

由于新兴宗教团体的教义与政府政策、国家意识形态存在矛盾，因而新兴宗教团体常常遭到政府的取缔或镇压。例如，明治初年政府大力推进"文明开化"政策，将民间的巫术等作为迷信加以禁止。1874年6月，教部省发布告示，强调"取缔以巫术祈祷妨碍医药者"，将巫术祈祷看作传统的

---

① 张大柘：《新兴宗教与日本近现代社会》，第394页。
② 渡部雅子『現代日本新宗教論——入信過程と自己形成の視点から』御茶の水書房、2007、第146~147頁。

民间偏方治病，其方式妨碍近代医学的普及对其认识。但当时没有医疗体制，保险制度亦未建立，普通民众特别是穷苦人难以求医问药。正因如此，许多人趋向新宗教，因为当时的新宗教团体大多通过治病作为获得信徒的主要手段，代表性宗教团体是天理教及莲门教。

天理教主张"坚决拒绝医生，完全相信神灵"，实施祈祷和巫术式的信仰治疗。信仰治疗是指通过信仰神灵将心情导向良好状态而恢复健康状态，直接反映了天理教的病理观念，即心情状态与病因密切相关，患病是来自神灵的警告。莲门教是以北九州小仓的岛村光津为教祖的新宗教，岛村光津当初在小仓传教；1882年到东京，当时霍乱流行，因宣扬"神水"治病而信徒大增，1894年时达到100万人，成为支部遍布全日本的大教团。但由于遭到政府的取缔，以《万朝报》为中心的媒体也攻击其为"邪教"，莲门教势力很快被削弱。

天理教更是屡遭政府的管制，从1874年到1886年，创始人中山美伎共遭拘捕18次之多。1896年，内务省指示各地府县政府限制天理教，"近来天理教信徒会集一堂，男女混杂容易出现风俗问题，或者赠予神水神符，骗人愚昧，废医药，或鼓励胡言乱语，且有逐渐蔓延之势，给予管制是今日最重要之事"。[①] 尽管天理教不断修改教义迎合当局，终于在1908年获得认可，但依然列在政府监视取缔对象的名单中，1938年内务省责令该教团自行销毁原始教典。

特别是有些新兴宗教过于追求现实利益，甚至为此出现改造社会的言行，势必因与当局产生冲突而遭到镇压。例如，大本教否定明治维新，提倡"神政复古"，第一次世界大战爆发后提出"大正维新"口号，要求打破现状，重建世道，废除"金钱为本的经济"。昭和初年，大本教再次提出"昭和维新"的口号，主张改造国家政体，开展救济农村、废除议会政治等运动，并组成政治性团体"昭和神圣会"，结果两次遭到镇压，教团也名存实亡。

---

① 岛田裕巳监修『あなたの知らない日本の新宗教』洋泉社、2014、第22頁。

第四，新兴宗教团体通常具有较为完善的组织机构，一般在家传教修行，讲师也是普通信徒，大型建筑物多为集体活动的场所。例如，天理教的最高领导机构本部设在天理市，本部下设大教会、分教会、直属教会、部属教会和一般教会，各级教会由教会长负责，定期组织宣讲教义、教化信徒、各种庆典仪式等活动，信徒必须隶属于教会，有维护本教会和促进其发展的义务。作为横向组织，天理教按都、道、府、县设置教区及下属的支部和组，与此同时，会员按照性别、年龄分别编在妇人会、青年会、少年会和学生会中。①

三　新兴宗教在中国的传教活动

战前新兴宗教团体向海外的传播在很大程度上伴随着日本政府的对外战争，其中最典型的教团是天理教。例如，在中日战争时期的中国东北地区，天理教设立的教会与拥有的信徒最多，而且不仅在当地的日本人中传教，也向朝鲜人、中国人乃至俄国人传教，其建立的移民村被誉为宗教团体移民的"最成功之例"。②

首先，天理教为获得政府的认可积极支持政府的对外战争。1885 年，天理教得到作为神道本局直辖教会可以开展宗教活动的许可，中山美伎去世后教团干部为获得独立教派的合法地位，主动迎合政府的政策。1890 年《教育敕语》颁布后，天理教本部要求各支部全力配合其普及运动，天理教出版部门道友社发行《实践伦理纲要》《教育敕语衍义》《教育敕语与天理教》等书，将尊崇效忠天皇作为教团的价值标准，要求天理教信徒以敬神的"至诚心"奉戴天皇。③ 在社会活动方面，天理教也积极支持政府的对外侵略政策。例如，甲午战争时期动员信徒前往朝鲜半岛为军队提供后勤服务、捐献一万日元的军费、主办战死者灵魂祭祀等。另外，为获得媒体和社

---

① 张大柘：《新兴宗教与日本近现代社会》，第 403 页。
② 王若茜：《东北沦陷时期的日本宗教》，《吉林大学社会科学学报》2000 年第 1 期。
③ 笠原一男『日本における社会と宗教』吉川弘文館、1969、267 頁。

会舆论的好感，在城镇十字路口设置标识，无偿参与道路工程建设，向伊势神宫、国学院、红十字会等机构捐款等。① 日俄战争爆发后，天理教也大力支持政府，积极在信徒中招募志愿人员、捐助资金等。

其次，内务省在1896年4月发布限制天理教的训令后，由于在前一年日本占据中国台湾，天理教的信徒开始赴台湾传教。例如，山名分教会的第一代会长诸井国三郎1897年到台湾，一边经营事业一边传教，得到许可后在台中租借土地，设立最初的教会。另外，1903年随夫赴台的家庭主妇加藤勤，丈夫死后继续留在嘉义传教，并在1917年设立嘉义东门教会。因抢救男童使其复活而声名远扬，信徒增加很快，不久东门教会就增加到30个传教所，信徒1000余人。根据台湾总督府1941年的统计，台湾天理教传教所共有66个。②

天理教在中国东北地区的最初传教是在日俄战争尚未完全结束的1905年4月，其信徒高部直太郎在安东县（今丹东市）传教，六年后正式成立安东宣教所，信徒大多是当地的日本人。③ 1913年天理教干部松村吉太郎"视察"中国东北地区各地后提出"充满期望的满洲传教"，同年在沈阳设立"满洲"传教管理所并担任所长，参加启动仪式的有安东教会长高部和大连教会长粕谷好助。三年后天理教在中国东北地区的教会增加到6个，有传教师40多人。1918年设立天理教青年会，担任顾问职务的松村吉太郎训示该会主要任务是打击非国家主义、积极进行海外传教、培育彻底的信仰。天理教真正有组织地进行海外传教是在1926年教祖四十周年忌日时，第二代"真柱"（教主）为推动海外传教，创建天理外国语学校和天理图书馆，1927年在本部设置海外传教部，甚至"真柱"也到朝鲜半岛、中国大陆巡视传教活动。从结果上看，1944年时，海外的教会在朝鲜半岛有211个，

---

① 永岡崇『新宗教と総力戦』名古屋大学出版会、2015、52頁。
② 高佳芳「天理教の台湾伝道一世紀——時代の回顧と今後の展望」『天理台湾学報』第21号、2012年6月。
③ 池田士郎「満州『天理村』異聞」『天理大学人権問題研究室紀要』第15号、2012。

中国东北地区有124个，中国内地有46个等。①

日本军部通过九一八事变占领中国东北地区以后，天理教不仅在1932年2月派遣特使慰问在该地的日本军队，而且积极响应关东军移民的号召，天理教青年会在同年8月组成调查团到"满洲"，实地"考察"农业移民问题，决定在哈尔滨附近的阿什河地区购买8000公顷的土地，建立"满洲天理村"（今哈尔滨市道外区民主乡光明村天里屯）。虽然第一次购买土地因未得到关东军的同意而遭遇挫折，但在1934年1月以12万日元购买了东亚劝业有限股份公司拥有的阿什河右岸1200公顷土地，②平均一公顷土地100日元，具有关东军背景的东亚劝业股份公司在购买这些土地时却是一公顷一日元。具体地说，一等地只有时价的28%，二等地为时价的30.6%，三等地为时价的18.4%，③完全是强取豪夺。

1934年11月，第一批天理教43户204名移民从神户港出发到达中国东北地区，第二年又有20户116名移民抵达。两批移民以日本北海道、东北地区各县为中心，因为1931年、1932年上述两地发生灾荒，农业歉收严重，甚至出现卖儿鬻女的现象。其他地方以长野县、兵库县出身者居多。④1938年，天理教团在福昌号屯建"天理村"，作为开拓团的本部，另设若干"部落"（即小屯），内建有房屋、学校、温室、教会等，其后开拓了第二"天理村"。

《天理村建设计划概案》规定了"移居者每户须具有相当两个男性的劳动力以上"的条件，如"以移居者没有流动资金为前提制订计划""最初一年得到的耕地带有满洲当地人的佃农"等。移居者"须奉祀神明"，"可持有手枪、军刀、日本刀等携带许可证"，既是宗教移民、农业移民，也带有浓厚的武装移民色彩。同时，关东军借给150支步枪，天理村所在位置过去

---

① 井上順孝ほか『縮刷版　新宗教事典』弘文堂、1994、664頁。
② 天理村生琉里協会編『天理村十年史』天理時報社、1944、83頁。
③ 劉含発「日本人満州移民用地の獲得と現地中国人の強制移住」『アジア経済』XLIV、2003。
④ 山根理一編『旧満州天理村開拓民のあゆみ（前編）』天理時報社、1995、23頁。

是"土匪巢穴",因而村庄周围挖有壕沟,建有围墙,墙上布有带电的铁丝网,以防备土匪侵犯。该村以农业为基础,1935年之后三年共同耕作,然后单独作业。移民以种植蔬菜为主,当地佃农种植小麦、谷子、高粱等一般农作物,农副产品主要流向哈尔滨。另外,还饲养耕种使用的马以及猪、羊等牲畜。[1] 实际上,天理村经营较为成功的一个重要原因是在关东军的支持下,修建了一条从村到哈尔滨长达16公里的轻便铁路。该铁路在1936年12月通车,过去马车一天的路程,铁路只需30~40分钟,为天理村带来巨大效益。例如,1936年该村农业收入为29864.72日元,1937年为50952.53日元,铁路全面开通的1938年为104251.88日元,收入增长一倍,利润达到31564.64日元。[2]

天理外国语学校的"设立宗旨书"强调在朝鲜半岛和中国东北地区进行的传教活动基本针对当地日本人,"对异国人的传教尚未展开",但为教化"异国人"进行外国语教育,学校设有"中国语部(北京话、广东话)""朝鲜语部""马来语部""俄罗斯语部"等。松村吉太郎曾就"满洲国"成立、建设天理村发表题为《满洲问题与青年会的使命》的演讲,强调各国对"满洲国"的质疑是"没有觉悟到神的意志,埋没在尘埃中的各国人不能理解我国对满洲国的正确立场",这一立场是得到"神的启示"。"满洲问题"使"日本成为东洋的盟主,为东洋和平而成为东洋各国的领导者,这一使命逐渐明确也可以看作神意的显现"。也就是说,日本进入"满洲"地区是"创世神理想逐渐显现"的时期,建设天理村正是"适应上述国策,以发展满洲国精神文化为目标,同时迈向创世神倡导的世界人类更生的阶段"。[3]

尽管多数天理教信徒移民中国东北地区的主要动机是摆脱贫穷生活状态,但仍然从1936年开始向当地的中国人传教。根据传教者新田石太郎的

---

[1] 永岡崇『新宗教と総力戦』179~180頁。
[2] 天理村生琉里協会編『天理村十年史』177頁。
[3] 松村吉太郎「満州問題と青年会の使命に就いて」『みちのとも』1932年11月20日号、30頁。

记录,当年村长桥本正治指示其到"满人村庄"传教,当初没有任何人与其接触,后来一个村庄的病人接受传教。通过治病,新田的朋友逐渐增加,也有提供饭食者。经过四年的努力,信徒们终于建成一个小传教所。尽管如此,但包括新田在内的15名传教者中,只有6人建成教会或传教所,[①] 可见针对当地人的传教活动较为困难。尽管如此,到编辑《天理村十年史》的1943年9月,天理村教会及传教所下属的日本人信徒为759人,另有教师信徒215人,当地中国人信徒为2497人。[②]

天理村的信仰中心是生琉里教会,是"该村的精神统制中枢"。除每天必需的晨拜、夕拜外,入学式、毕业式、入营式、复员、结婚、旅行、就业、丧葬等活动均在教会举行,干旱、涝灾及病虫害发生时也在教会里祈祷。教会配备广播室、图书室,也是集会、娱乐的场所,还有每月一次的说教日。

天理村唯一的教育机构是天理普通高等小学,"为移民团的子弟着想,并不开设特殊的科目,重视专门教授的普通国民教育,特别是天理教会工作前的参拜和课后勤劳活动等宗教含义,作为宗教移民团的原则加以实施"。该学校1937年创办的《生琉里》刊登了学生的作文和诗歌,其中也有高中一年级学生撰写的文章,充满了天理教教义思想,体现了天理村孩子们的日常生活以学校和教会为中心。

抗日战争全面爆发后,天理教团也被纳入战时体制。特别是太平洋战争爆发后,教团除动员百万人参加煤炭生产的奉献活动,还提出三年内送600户农业移民到中国东北地区的计划。1943年3月,作为第三次移民的先遣队,66名移民到达天理村;9月,41户165名移民进入天理村。1944年3月;包括先遣队家庭成员的137户540名移民进村;5月和8月,送出146名移民。1945年3月,送出104户453名移民;4月,送出20户70名移民到天理村;此外,还集中了准备在8月下旬出发的52户200多名移民。据

[①] 永冈崇『新宗教と総力戦』183頁。
[②] 天理村生琉里協会编『天理村十年史』311~312頁。

统计，天理教团前后送出 11 批 2000 多名移民到天理村。①

1945 年 8 月 9 日，苏联向日本宣战并进入中国东北地区，分村的移民逐渐向天理村集中，其间受到当地武装势力的袭击，多人伤亡。27 日，苏联军队进村，强行带走男性村民，其中有被苏联军队枪杀者，但大多归村，有嫁给中国人的女性，也有做中国人养子者。绝大多数村民移往哈尔滨，然后步行到锦州乘船回到日本，归国者多数居住在奈良县东里村、三重县一志郡八知村和上野市下又生村，② 也有定居北海道者。③

综上所述，随着近代日本社会的发展和变迁，出现了许多新兴宗教团体。其主张尽管与政府政策发生矛盾乃至冲突，但由于逐渐被纳入国家体制甚至军国主义体制，在大规模对外侵略战争中仍起到推波助澜的作用。因此，其战争责任也是不可避免的。毫不夸张地说，如何深刻反省这一段历史仍然是今后各新兴宗教团体的重要课题，而且也是保障国家能够持续和平发展的关键。

---

① 満州開拓史復刊編集委員会編『満州開拓史』全国拓友協議会、1980、第 49 頁、
② 山根理一「実録：満州天理村——残留孤児たちは、いま」天理教道友社、1982、152～153 頁。
③ 生田美智子「旧天理村（天理屯）」『СЕВЕР』30 号、ハルビン・ウラジオストクを語る会、2014。

"红旗漫卷鱼子山"：一个抗日堡垒村的历史叙述

王元周[*]

抗战时期，冀东是日军在华北的重要的心腹区域，是华北敌人的深后方，是沟通东北和华北的咽喉地带，是辽宁和热河的主要屏障，也是河北省的富庶区域。1938年八路军第四纵队（简称"四纵"）挺进冀东，同时发动了抗日大暴动，从此开辟了冀东抗日游击根据地，但是在这年10月四纵主力和抗联队伍不得不退到平西根据地，只留下三个百余人的小支队和部分抗联队伍在冀东坚持抗战，因此冀东抗日根据地的环境十分艰苦，发展受到制约。在这种情况下，抗日堡垒村的意义更加重要。当时在冀东西部，有"铁北寨，铜南山，打不垮的鱼子山"的说法。鱼子山堡垒村位于平谷盆地北面山区，与北面的兴隆雾灵山、南边平谷和蓟县交界处的盘山是冀东抗日根据地西部地区的三个支撑点。1940年4月，以盘山为中心成立了蓟平密抗日联合县，而在鱼子山地区设立西北办事处，同年10月在西北办事处基础上成立平密兴联合县，原蓟平密联合县改为蓟宝三联合县。

20世纪五六十年代，北大历史系和中文系师生在这里进行过社会历史调查，中文系一个小组写了村史《红旗漫卷鱼子山》。[①] 但是受当时过分强调阶级斗争的时代背景影响，对鱼子山村史尤其是抗战初期鱼子山村史的叙

---

[*] 王元周，北京大学历史学系教授。
[①] 北京四史丛书编辑委员会主编《红旗漫卷鱼子山》[北京四史丛书（4）]，北京出版社，1964。

述过分突出革命史的叙述方式，而忽视战争环境下村史的自身逻辑。本文根据改革开放以后发表的一些回忆录和其他文献材料，对1938年八路军第四纵队挺进冀东和大撤退后三支队开辟鱼子山根据地初期的情况重新进行一些考察。

一　尉助峰

　　1938年5月31日，八路军第四纵队五千余人从斋堂出发，奉命分两路挺进冀东。6月17日，四纵十二支队先头部队摧毁了密云县镇罗营伪警察所，进驻南水峪。①

　　6月中旬，聂荣臻构想第四纵队首先袭取兴隆县城，以兴隆为中心，然后分兵两路，宋（时轮）支队进袭密云以东平谷、三河、蓟县，以便相机进占县城，邓（华）支队则继续向东南地区发展。②但是6月17日占领兴隆县城之后，未能站稳脚跟，第二天不得不撤出兴隆县城，分别向南双洞、靠山集、青水湖方向转移，三十三大队返回前菁塘。③三十三大队本来打算从兴隆东南的大、小水泉，经罗文峪出遵化，但是时逢雨季，连降暴雨，山洪暴发，河水猛涨，东去受阻。6月下旬，三十三大队党委在半壁山召开临时会议，决定将伤病员全部留下，由大队总支书记包森带领三十三大队三营十二连④负责掩护，在半壁山就地发动群众，坚持打游击。邓华、李钟奇率十一支队主力向西南撤退，经茅山，从黄崖关进入蓟县，⑤6月21日，十一

---

① 中共平谷县委党史资料征集办公室：《收复平谷县和建立县抗日民主政府》，中共河北省委党史研究室编《冀东抗日暴动》，河北人民出版社，1993，第335页。
② 《聂荣臻关于乘敌空虚速进冀东建立根据地致毛泽东、朱德、彭德怀、刘少奇电（1938年6月12日）》，中共密云县委党史办、密云县档案局、密云县关心下一代协会编《密云地区抗日斗争史料选编》上册，编者自印，2005，第15页。
③ 肖思明：《四纵三十三大队战斗在冀东》，中共河北省委党史研究室编《冀东抗日暴动》，第156页。
④ 一说为十一连，参见闻成整理《包森在兴隆》，《兴隆文史资料》第1辑，1988，第66页。
⑤ 肖思明：《四纵三十三大队战斗在冀东》，中共河北省委党史研究室编《冀东抗日暴动》，第157页。

支队主力到达将军关。6月22日，邓华率一千来人留在将军关，宋时轮带领一千来人去了靠山集、上营、彰作、中辛村一带，三十一大队拔掉了靠山集的伪警察所，三十四大队将活动范围延伸到蓟县马伸桥。

6月22日，聂荣臻再次电示第四纵队，应该以兴隆雾灵山为中心，在兴隆、遵化、迁安一带建立根据地，并应以一部出黑峪关，破坏承德、滦平通往兴隆的马路。① 6月23日，日伪军3000多人进攻靠山集，三十三大队一个营被冲散，八路军撤出靠山集。同时，承德、兴隆日伪军也从黄崖关入关，6月25日敌伪军从靠山集、中心村向将军关进攻，于是第四纵队主力经四座楼到雾灵山。② 第四纵队在雾灵山西麓马圈子召开了党委扩大会议，决定先建根据地，后打仗，但是也感到按照聂荣臻的指示，以雾灵山为中心建立根据地有很大困难，于是决定把第四纵队主力分为四部分：十二支队独立营留下开辟雾灵山根据地；十一支队三十一大队以车河口为中心，在承德、滦平一带活动，准备向承德、平泉发展；三十三大队以兴隆半壁山为中心，向遵化方向发展，相机进至迁安、遵化和丰润交界地区；留在昌滦密地区的十二支队三十六大队和骑兵大队向东进入兴隆境内，在三十一大队和三十三大队之间的地区活动，三十四大队乘敌人北调，仍回密云、平谷、蓟县一带活动。③ 于是三十四大队南下墙子路，三营在大华山、熊耳寨一带活动，一营攻占镇罗营，于是熊儿寨、鱼子山一带就成为三十四大队活动地区。④ 根据《红旗漫卷鱼子山》，6月下旬的一天，傍晚时分，200多名士兵进了鱼子山，"受尽了财主们的剥削和压迫的鱼子山人民，像在黑夜里见到了太阳，苦难中迎来了救星。老乡们烧水做饭，热情招待子弟兵"。⑤ 而陈靖回忆说，在7月中旬他奉命到鱼子山争取开明绅士尉助峰的支持之前不久，

---

① 中共唐山市委党史研究室编《冀东革命史》，中共党史出版社，1993，第193页；邓一民等编著《雾灵山子弟兵》，中共党史出版社，1995，第27页。
② 蔡兴斋：《回忆邓宋纵队开进将军关》，《平谷文史选辑》（1），1989，第1~7页。
③ 邓一民等编著《雾灵山子弟兵》，第28页。
④ 易耀彩：《四纵三十四大队挺进冀东》，中共河北省委党史研究室编《冀东抗日暴动》，第162页。
⑤ 北京四史丛书编辑委员会主编《红旗漫卷鱼子山》，第12页。

尉助峰曾阻止八路军进入鱼子山村，甚至与八路军发生一场小冲突，造成三五人的伤亡。① 由此可知，鱼子山村民并非一开始就将八路军视为救星。

7月8日，毛泽东、刘少奇指示第四纵队迅速向敌人力量较弱、共产党力量较强的遵化、迁安、卢龙挺进，冲破敌人的包围，多派小部队破坏北宁、平榆等交通线及通信联络，在长城口外建立根据地，以控制长城各口，阻止日军从长城外增兵冀东。② 7月16日，刘少奇致电聂荣臻和彭真，要求晋察冀军区速令第四纵队向冀东暴动地区活动，以便帮助冀东暴动部队作战。7月中旬，第四纵队司令员宋时轮召集三十四大队大队长易耀彩、政委王再兴和政治处教育股长陈靖到平谷北山峡谷的梨树沟村外的一棵大梨树下开会，宋时轮说他将和政委邓华率十一支队的两个大队插到滦河东西两岸，留下三十四大队在密云、平谷、蓟县、兴隆一带继续开展斗争，前后策应。

当时宋时轮交给三十四大队三项任务，即争取尉助峰，解决好伙会问题，相机攻下平谷县城，并把争取尉助峰的任务交给了陈靖。宋时轮亲自做了部署，派陈靖带领三五人的宣传小组进入鱼子山村，宣传共产党的统一战线政策。因为尉助峰是平谷北山伙会的总头目，手中握有一支上万人的伙会武装，在平谷北山一带有着举足轻重的地位。③

陈靖在他的回忆录中说，尉助峰可能毕业于北平朝阳大学法律系，参加过五四运动，"一二·九"运动时持中立态度。1933年长城抗战中，尉助峰曾组织"前线慰劳团"。伪冀东防共自治政府成立后，尉助峰闭门闲住，不问政治，不愿与伪政权同流合污，也不公开打出抗日的旗帜，对共产党也怀有戒心，所以才有上述小冲突。④ 但是在《红旗漫卷鱼子山》中，没有提到

---

① 陈靖：《黄帝子孙自古爱中华——抗日战争初期在平谷开展统一战线工作忆记》，《平谷文史选辑》(6)，1999，第4页。
② 陈绍畴：《刘少奇与冀东抗日暴动》，中共河北省委党史研究室编《冀东抗日暴动》，第251页。
③ 陈靖：《黄帝子孙自古爱中华——抗日战争初期在平谷开展统一战线工作忆记》，《平谷文史选辑》(6)，第3~4页。
④ 陈靖：《黄帝子孙自古爱中华——抗日战争初期在平谷开展统一战线工作忆记》，《平谷文史选辑》(6)，第3页。

尉助峰，倒是有很多关于鱼子山地主尉自珍的记述。尉自珍是鱼子山的地主，国民党党员，做过密云县参议会会长。《红旗漫卷鱼子山》也强调他是一个有很大影响力的人物，就是县长也怕他三分。在鱼子山一带，人死后立神主牌，上面的"主"字先写着"王"字，然后请一个名人用朱笔加上一点，叫作"点主"。尉自珍的父亲死时，县长亲自到他家给"点主"。① 尉自珍是这一时期鱼子山最具政治影响力的人物，应该就是当时八路军设法统战的对象尉助峰。1998年陈靖重访鱼子山时还问起尉助峰，一位年纪大的老村干说村上的一位财主才叫尉助峰，由于家里成分高，土改后家人都散了，已经没有人住在鱼子山了，听说解放初有个女儿住在北京城里。② 我们到鱼子山村访问时，已经没有人记得有尉助峰这么一个人了，只记得有尉自珍。从各方描述的情况来看，尉助峰可能就是尉自珍。

但是在《红旗漫卷鱼子山》中也强调尉姓财主尉自珍、尉洒襄，王姓财主王仰三、王忠寿、王启元、王松寿、王君仲、王君敬、王文清等鱼子山的"南王北尉"十户地主都是用种种丧尽天良的残酷手段发家致富的，而且依仗其政治势力在鱼子山逞凶作恶，欺压穷苦百姓。③ 尉自珍曾因贫农王世成砍了他的果树，把王世成吊打了一顿后，还送到县衙门关押了几天。王世成一家被迫于腊月十六日夜里逃到兴隆山。尉自珍还被形容成鱼子山有名的吝啬鬼。有一次，尉自珍等着厨师烧水喝，却又不让劈整柴。厨师见火苗不旺，就偷偷地让长工王作成去劈点整柴来。还没劈上几根，被尉自珍看见了，上去打了王作成两记耳光，而王作成也顺手抄起一根木柴，三下五下，打得尉自珍在地上嗷嗷乱叫。《红旗漫卷鱼子山》在讲了这个故事以后，不但没有交代尉自珍是如何处理王作成的，反而强调"这样的事，在抗日战争前几年间，经常发生，闹得地主平日不得不收敛一下嚣张的气焰"④，并没有注意到这个故事与王世成故事自相矛盾。

---

① 北京四史丛书编辑委员会主编《红旗漫卷鱼子山》，第6页。
② 燕龙生：《难忘最是鱼子山》，《平谷文史选辑》(6)，第30~31页。
③ 北京四史丛书编辑委员会主编《红旗漫卷鱼子山》，第6页。
④ 北京四史丛书编辑委员会主编《红旗漫卷鱼子山》，第10页。

鱼子山村位于平谷北山一个南北向的峡谷之中，北通长城，南距平谷县城20华里，峡谷之内，崖高石峭，进可攻，退可守，地势十分险要，是八路军从镇罗营、靠山集下来攻打平谷县城的必经之路。争取尉助峰，就是想让伙会允许八路军部队通过鱼子山去攻打平谷县城，同时也希望尉助峰能率领伙会武装共同抗日，成立抗日民主政府，实行抗日救国纲领。

1938年7月初，三十四大队派出侦察参谋王崇美带领侦察排进行实地侦察。① 一说7月初，三十四大队派王士雨和杜大成去平谷城侦察敌情，三天后返回南水峪，当晚三十四大队大队长易耀彩率领200多名战士，经罗家沟来到鱼子山。② 陈靖回忆说，三十四大队二营从雾灵山下来，很快进入一条幽深的峡谷，来到鱼子山村。经过反复交涉，他们才被允许进了村，但是尉助峰不愿和他们见面，只派他的女婿接待陈靖他们，让陈靖他们住在村西小河对岸的小学校里，不准他们和村民接触。尉助峰的女婿姓陈，是小学校的青年教师，文质彬彬，陈靖他们住的地方也许就是陈老师的书房。陈靖至今记得当时屋内墙上挂有字画和箫笛，桌上有书卷和纸笔，让人觉得陈老师是这个小山村的一位雅士。③

当天夜里，陈靖用哀婉悲愤的《松花江上》《五月的鲜花》的歌声和《同东北军弟兄谈心记》中的"黄帝子孙自古爱中华，决不让外人闯进充霸王；停止内斗团结紧，并肩携手一致打东洋"等诗句感染了陈老师，陈老师才主动去说服他的岳父尉助峰答应陈靖等人的要求。第二天早上，尉助峰就在陈老师的陪同下来到小学校，表示愿意帮助八路军拿下平谷县城。八路军在鱼子山村，很快把群众发动起来，地主、富农还交出了伙会的48支大枪和几支手枪，鱼子山的青年也踊跃报名参军，鱼子山的伙会被改组为一支30多人的地方抗日游击队。村里还组织了抗日救国会，积极进行宣传和优

---

① 易耀彩：《四纵三十四大队挺进冀东》，中共河北省委党史研究室编《冀东抗日暴动》，第162页。
② 中共平谷县委党史资料征集办公室：《收复平谷县和建立县抗日民主政府》，中共河北省委党史研究室编《冀东抗日暴动》，第335页。
③ 陈靖：《黄帝子孙自古爱中华——抗日战争初期在平谷开展统一战线工作忆记》，《平谷文史选辑》（6），第5页。

抚军人家属工作，为进攻平谷县城做准备。① 当时参加了游击队的鱼子山人王明富回忆，他是在王世发的动员下参加游击队的，在大队里当文书，同村的尹连祥和那个打过尉自珍的王作成也参加了游击队，还有附近峨眉山村的李连友、山东庄的马友善等，游击队总共有30多人。每天出操，唱革命歌曲，学习政治。每班有三四支枪，没有枪的就拿土枪、土炮、红缨枪、手榴弹。②

对于这段历史，《红旗漫卷鱼子山》根据阶级观点重新进行了不同的描述。群众是很快就被八路军进行的广泛的抗日宣传发动起来的，而地主、富农交出了"伙会"的48支大枪和几支手枪是慑于人民威力，而踊跃报名参加游击队的是贫雇农青年。大地主王松寿、富农王文海当上了抗日救国会的主席、副主席，地主王忠寿、富农王德刚、上中农王世进几个人也当了委员，是假装积极，骗取了抗日救国会的领导职务，把王松寿、王忠寿、王文海、王德刚、王世进等国民党党员作为抗日民族统一战线中的顽固派，认为"他们抗日是假，反共是真"。③ 连抗日救国会成立后给出山的游击队员家里一户送了五斗小米、五块钱"安家费"也不愿意给予充分的肯定，只是说这使刚成立的救国会显得热闹而已。④

也许是因为与上述对鱼子山上层的判断相冲突，所以《红旗漫卷鱼子山》对鱼子山帮助八路军打下平谷县城这一段重要历史根本没有提及。根据陈靖的回忆，攻打平谷县城的计划就是在鱼子山村部署的。当时计划与蓟县同时拿下，所以确定了"打下平谷蓟县庆八一"的口号。但是根据尉助峰提供的情报，当时冀东各县已经由于第四纵队的到来人心惶惶，伪平谷县政府正要该县各地的伙会、联庄会进城，以巩固城防，所以攻打平谷县城的计划必须提前。经过研究部署，决定在7月20日攻城。但在进攻发动之前，

---

① 中共平谷县委党史资料征集办公室：《收复平谷县和建立县抗日民主政府》，中共河北省委党史研究室编《冀东抗日暴动》，第335~336页。
② 王明富：《鱼子山回忆三则》，《平谷文史选辑》(6)，第44~45页。
③ 北京四史丛书编辑委员会主编《红旗漫卷鱼子山》，第12页。
④ 北京四史丛书编辑委员会主编《红旗漫卷鱼子山》，第12页。

有一个伙会的小头目突然失踪了，此人原来是宋哲元部的一个连长，后来从北平来到通州，不久前回到平谷北山当了联庄会的军事教官。因担心这人会跑到平谷县城通风报信，就果断决定将攻城日期提前，乘敌不备，一举夺下平谷城。陈靖回忆说，攻城日期提前到了 7 月 18 日夜，① 但更多材料证明实际攻城日期为 7 月 19 日夜。②

7 月 19 日这天全天大雨倾盆，到黄昏时分，雨越下越大，到了夜里更是夜黑如锅底，伸手不见五指。三十四大队大队长易耀彩说他们于当天黄昏时分从熊儿寨下山，晚上八九点来到平谷城下。③ 陈靖更加详细地回忆了单德贵率领三十四大队二营从鱼子山冒雨奔袭平谷县城的情景。他说，当单德贵正率领部队从鱼子山的峡谷里穿行时，暴发了山洪，战士提出来停下来休息一下，而单德贵坚持继续前进，他走在队伍前面，几次被洪水冲倒，门牙都摔断了，用陈靖递来的毛巾把嘴堵住，继续前进。有战士被山洪冲倒了，他和几名战士手拉手将战士拦住。就这样走出了鱼子山峡谷，赶到山东庄集合。清查人数，结果有十几个人负伤，4 名战士失踪，④ 而整个大队在从鱼子山奔袭平谷县城过程中伤 13 人，亡 4 人。⑤

当时平谷县城戒备森严，城墙外的护城河因下雨而暴涨，近八米深，形成天然屏障。二营在山东庄准备了五部登城的梯子，有两部太笨重，在路上摔坏了，其他三部则短了一截。攻城部队受阻。陈靖回忆说，这时从鱼子山来的一位向导说，城东边有个流水洞，他小时候曾经从那里爬进爬出，而单德贵的勤务员宋小宝是山西大同吴家窑人，在煤窑当过童工，是个钻洞的能手，自告奋勇要穿过这个水洞进到城里，打开城门。于是选宋小宝和其他 4

---

① 陈靖：《雨夜飞夺平谷城》，《平谷文史选辑》（6），第 17～18 页。
② 中共平谷县委党史资料征集办公室：《收复平谷县和建立县抗日民主政府》，中共河北省委党史研究室编《冀东抗日暴动》，第 336 页；《平谷县承审员朱吉兰给河北省高等法院唐山分院呈文》，中共河北省委党史研究室编《冀东抗日暴动》，第 381 页。
③ 易耀彩：《四纵三十四大队挺进冀东》，中共河北省委党史研究室编《冀东抗日暴动》，第 163 页；中共平谷县委党史资料征集办公室：《收复平谷县和建立县抗日民主政府》，中共河北省委党史研究室编《冀东抗日暴动》，第 336 页。
④ 陈靖：《雨夜飞夺平谷城》，《平谷文史选辑》（6），第 19 页。
⑤ 陈靖：《雨夜飞夺平谷城》，《平谷文史选辑》（6），第 24 页。

名战士组成尖刀组，带上十字镐和手电筒等工具，顺利地钻到了城里，夺下了城楼，打开城门，三十四大队轻而易举地拿下了平谷县城。① 易耀彩也说是他身边的向导想到了钻水洞的办法，但是没有说明这个向导是不是鱼子山人。中共平谷县委党史资料征集办公室在《收复平谷县和建立县抗日民主政府》中说是一营营长杨树元发现了城墙脚下的泄水沟，排长宋来仁便带18名战士潜入排水沟，游到北城门内，打开城门，一营、二营和参加攻城的群众涌入城内。②

战斗结束之后，大队长易耀彩回鱼子山大队指挥部，政委王再兴、总支书记张汉民和县长姜时喆留在平谷城里开展工作。③ 这时，易耀彩和王再兴计划组织地方抗日武装，请尉助峰出山，参与其事。王再兴亲自去做尉助峰的工作，王再兴在陕北时就是红军中有名的"秀才"，也有一定的白区工作经验，他在冯玉祥部队中当过秘书和副官，在平津和张家口一带做过地下工作，还曾是吉鸿昌身边的亲信人物。一天下午，王再兴和尉助峰在山东庄会面。尉助峰给王再兴带来唐代诗人陈子昂的诗《轩辕台》，因为这首诗所写的轩辕台就是山东庄鱼山上的轩辕黄帝陵，尉助峰用这首诗表明，他自幼生长在黄帝陵下，"黄帝子孙自古爱中华"，他当然也要为民族尽力。经过多次动员，尉助峰最后终于答应下来，于是就请他担任平（谷）密（云）兴（隆）抗日救国会的主任。在尉助峰的帮助下，平谷地区的大小伙会都举起了抗日的旗帜，听从三十四大队的指挥，初步形成了以平谷、密云、兴隆、蓟县为中心的抗日游击区。④

但是陈靖的回忆是否准确也还难说，1938年第四纵队挺进冀东和冀东抗日暴动期间并没有成立平密兴联合县，也未见组织平密兴抗日救国（总）

---

① 陈靖：《雨夜飞夺平谷城》，《平谷文史选辑》（6），第20页。
② 中共平谷县委党史资料征集办公室：《收复平谷县和建立县抗日民主政府》，中共河北省委党史研究室编《冀东抗日暴动》，第336页。
③ 易耀彩：《四纵三十四大队挺进冀东》，中共河北省委党史研究室编《冀东抗日暴动》，第163页。
④ 陈靖：《黄帝子孙自古爱中华——抗日战争初期在平谷开展统一战线工作忆记》，《平谷文史选辑》（6），第9页。

会的记载。倒是成立了平谷县抗日救国会，但是平谷县抗日救国会的主席是第四纵队政治部的吴宗鹏，各行业也成立了救国会，政界救国会主席是张焕午、路清远，商界救国会主席是贾子明、董德新，医界救国会主席是安文波、王丹亭，教育界救国会主席是刘印侯、张会文、张允之，青年救国会主席是韩光远、王殿魁、张羡坡，没有尉助峰的名字。①

二 "鱼子山叛乱"

1938年7月中旬，邓华、李钟奇率十一支队三十一大队和三十三大队从密云、平谷和蓟县交界地区继续向东挺进。8月中旬，十一支队指挥机关进到遵化县铁厂村，与李运昌等的抗日联军主力会师。但是第四纵队和冀东抗日联军面临的局势并没有好转，反而更加困难。9月中旬，四纵党委在迁安县莲花院（今属迁西）召开大队负责干部会议，会上多数人主张将第四纵队主力和部分冀东抗日联军撤到平西整训，明年再回来，就能成为主力。② 10月8日，四纵、抗联和河北省委主要负责人在丰润县九间房再次召开会议，决定四纵主力和冀东抗日联军全部西撤。③ 在主力西撤时，决定留下三个连队建制的小支队分别在冀东东部、中部和西部坚持游击战争，其中第三支队由单德贵任队长、赵立业任政委，主要活动在以鱼子山为中心的密云、平谷、兴隆和蓟县山区。

在冀东西部，8月23日伪蒙古军围攻平谷县城。平谷县抗日民主政府结束，工作人员从县城撤退到鱼子山村。9月下旬，三十四大队回到鱼子山村。单德贵、刘芝龙、关廷山、邢之斌等人的队伍都曾到过鱼子山村。鱼子山村的青壮年也纷纷参加革命队伍，青年们还组织起来，为抗日政府运送粮食、物品和枪支弹药，鱼子山村里还成立了青年报国会，地主老财也拥护抗

---

① 中共平谷县委党史资料征集办公室：《收复平谷县和建立县抗日民主政府》，中共河北省委党史研究室编《冀东抗日暴动》，第338页。
② 中共唐山市委党史研究室编《冀东革命史》，第204~205页。
③ 中共唐山市委党史研究室编《冀东革命史》，第205页。

日救国的号召，有钱的出钱，有枪的出枪，参加抗日活动。①

在西撤过程中，三十四大队首先负责掩护第四纵队主力越过平古路，渡过潮白河。大约在 10 月上旬，陈靖奉命把留在鱼子山村的 5 名伤员接出，随部队转移，陈靖特向尉助峰告别，还把自己几天前在迁安写的《战斗在敌后的敌后》的诗送给尉助峰作为纪念。② 三十四大队随即离开平谷、密云地区。

单德贵本来率领三支队在密云东南部和平谷、三河北部一带活动，冀东抗日大暴动时密云成立的几支游击队，如上镇马维驰的游击队和西峪邢阔然的游击队等归其领导，下属一个大队（三大队）、两个独立营及几支小游击队，称为单支队。单支队奉命留下后，因没有来得及与赵支队会合整编，虽然单德贵和赵立业分别被任命为三支队的队长和政委，但是二人联系困难，仍是各自为战，单支队继续在以密云鱼子山（今属平谷）为中心，在密云东南部、平谷北部和顺义东部一带山区活动。③

与赵支队相比，单支队的处境更加困难。四纵队主力西撤时，冀东特委本来决定由王巍、赵立业、陈群、苏梅、包森、苏苏、单德贵七人组成冀东区委，王巍任书记，并把一部电台交给王巍，以便联络。但是王巍书记自己走了，把电台也带走了，留在冀东的三个支队无法与主力部队联系。王巍作为书记尚且擅自西撤，士兵更是人心动摇。主力部队走后群众情绪低落，工作更难以开展。

还有一个重要原因，就是鱼子山的叛变。在尉助峰的协助下，鱼子山本来已经成为一个重要支点。按照《红旗漫卷鱼子山》的逻辑，尉助峰等人作为"抗日民族统一战线中的顽固派"，"抗日是假，反共是真。一有风吹草动，马上就现出了原形"。四纵主力和抗联部队西撤后，仅留下三个支

---

① 王明富：《鱼子山回忆三则》，《平谷文史选辑》（6），第 44 页。
② 陈靖：《黄帝子孙自古爱中华——抗日战争初期在平谷开展统一战线工作忆记》，《平谷文史选辑》（6），第 12 页。
③ 张桂新、鲍星时：《八路军冀东第三支队》，《潮白风云》，第 1 页；《密云地区抗日斗争史料选编》上册，第 45 页。

队,队伍人数少,地方上局面还没打开,形势对八路军不利,"鱼子山的财主们,见时机已到,以为八路军大势已去,往后的天下就是日本的了。于是他们又重新纠合'伙会'武装,准备发动叛乱"。①

鱼子山的变化首先表现在没收了鱼子山游击队的枪。《红旗漫卷鱼子山》说,八路军第三游击支队在兴隆县狗背岭遭到鬼子和伪军的袭击以后,为了保存力量,暂时叫游击队员各自回村,鱼子山的队员回村后当天住在救国会王松寿家,第二天发现丢了一支枪,经查是国民党党员王世进家的人偷走了,他们围了王世进的房子,一定要他交出枪来。第二天,王世进的儿子王希孟带人借口游击队持枪行凶,假传县政府的命令,缴了游击队员的枪械。②

对于鱼子山游击队枪支被收缴一事,当时作为游击队员之一的王明富只回忆说是在大秋刚完的一天夜里,而张桂新、鲍星时明确说是10月11日。③ 但是王明富更提供了一些细节。王明富回忆说,那天夜里,天还没亮,村里的武装包围了民兵,哨兵打了两枪,王希孟、王得刚拿着手枪,将游击队队正、队副抓住,缴了队员的枪,将他们带到村公所。指导员王世发那天住在家里,王明富到东土门为姑妈做寿去了,所以没有抓着,而将王明富的母亲抓去了。他们把游击队员打了一顿,又关了两天,还将孙吉祥队长和副队长捆绑吊打,最后用铁丝穿了锁骨,送到平谷县城里交给了日本鬼子。④

但是《红旗漫卷鱼子山》说是在鱼子山吃会兴师的"当天,叛匪抓了八路军派进游击队的工作干部,毒打一顿后,用铁丝反绑起来,送进平谷县城,去向日寇领赏"。⑤ 这里所说的八路军派进游击队的工作干部,应该就是王明富所说的队长孙吉祥和副队长,只是把事情发生的时间放在了吃会兴

---

① 北京四史丛书编辑委员会主编《红旗漫卷鱼子山》,第13页。
② 北京四史丛书编辑委员会主编《红旗漫卷鱼子山》,第13页。
③ 张桂新、鲍星时:《八路军冀东第三支队》,《潮白风云》,第2页;《密云地区抗日斗争史料选编》上册,第46页。
④ 王明富:《鱼子山回忆三则》,《平谷文史选辑》(6),第45页。
⑤ 北京四史丛书编辑委员会主编《红旗漫卷鱼子山》,第14页。

师之后。《红旗漫卷鱼子山》在叙述这段历史时对事件发生时间做了重新安排，也许还不止这一处。

《红旗漫卷鱼子山》还说缴枪事件是在三支队遭遇狗背岭之败以后。狗背岭是位于兴隆县城西南的一座大山，这里峰峦叠嶂，沟壑纵横，林木茂密，山势险峻。这里有朱家沟、小西天、响水湖、没门沟、大段洼、小段洼、黄鱼坑、神仙胡同等几个自然村，共170多户，370多口人，后来组成一个中心村。① 三支队在狗背岭遭遇的最大的失败是在1939年2月。这时东条英机到北平，带来三十万关东军，分两路进攻华北，其中有十万日军来"围剿"冀东抗日武装。三支队从北平地下党那里得到情报后，决定迅速转移到雾灵山。他们从苏子峪出发，赵立业带着一大队、二大队和三大队走在前边，到了狗背岭，单德贵带着四大队和五大队在后，宿在南北水峪。晚上，单德贵听说邓华部队曾在靠山集被敌人偷袭，丢下两挺机枪，在老百姓手里，第二天他就派一个中队去取。为了等着接应单德贵他们，赵立业他们在狗背岭长城关上住了两夜，耽误了转移时间。第三天早上，从承德来的日军前哨部队从北面向赵立业部进攻，赵立业率领三个大队三面阻击，凭借有利地势，一直打到天黑，二大队的机枪枪膛都打裂了，仍不见单德贵部上来。赵立业就让一大队和三大队转到外围，寻机突围，上雾灵山、峰山。他和赵有智、郭银高率二大队和特务连撤下去接应单德贵部。他们到了南水峪，得知单德贵已经让部队分散潜伏，他们只好向南水峪东边的大山移动，准备夜间突围。但是这一带的大小村庄都被敌人占据了，无法突围，又没有办法进村吃饭，只好分散开来，以排为单位在长峪、罗家沟、鱼子山、南北水峪和西山一带山上打游击，多次突围都没有能够冲出去。他们在山上，开始还可以吃点生米，后来连生米也吃完了，偶尔碰到上山打柴的老乡，向他们要点糠饼子，每人嚼几口充饥。当时正值三九天，冰天雪地，北风袭人，战士身上衣服又不多，夜里只能在山上避风处，铺些柴草，和衣而睡，冻得

---

① 王常平、范山林：《坚持在狗背岭上》，中共河北省委党史研究室编《长城线上无人区》，河北人民出版社，1993，第218页。

身上都脱了一层皮。赵立业回忆说，大年初一这天，也有人说是大年三十这天，① 也就是 1939 年 2 月 19 日或 2 月 18 日，敌人发现了隐蔽在狗背岭的他们，就从四面攻击，他们的子弹打完了，就往下抛石头。虽然打死了不少敌人，但他们也只剩下几个人了。天黑以后，他们将积累起来的大石头推下山去，他们也跟着石头冲下山。已经三天没有吃饭的他们，正好碰上两位背柴的老乡，他们带着四块糠饼子，就买了下来。谁也舍不得多吃，几个人吃了两个，留下两个第二天吃。他们就这样度过了 1939 年的春节。② 他们来到鱼子山的大山上，又慢慢聚拢起来一些干部、战士。指导员井德生带着几个人来了，见了他便激动得抱头大哭。③ 这时敌人也开始结束长达 45 天的"围剿"，从小村向大村撤退，他们也能到小村吃饭了。

　　单德贵将四大队和五大队解散后，自己带五六个警卫员走了。结果单德贵被敌人俘虏了，敌人要赵立业出一挺机枪和十支手枪、步枪把他换回来。赵立业派出侦察员去了解情况，结果侦察员一进村就被敌人发觉，敌人到处搜查。他躲到一户贫苦老乡家，老乡家只有父女俩。为了掩护八路军侦察员，机智的女儿让父亲装病，让侦察员装她的丈夫，把手枪埋在炉坑子里。后来，她叫侦察员去河里挑水，才借机脱险。侦察员走后，那位姑娘被敌人抓了起来，带到独乐河伪警察局，受尽折磨。为了营救这位好心的姑娘，赵立业决定化装偷袭伪警察局，乔装赶集混进南独乐河，顺利攻占了伪警察局，不仅救出了那位姑娘，还缴获了一挺轻机枪、一支手枪和三十多支步枪。这件事还震慑了这一带的伪军警，单德贵被放回，长岭、南水峪、狗背岭等七个临时小据点的敌人都缴了枪。赵立业与一大队和三大队也取得了联系，还收容了四大队和五大队的散兵，三个支队迅速恢复起来。④《红旗漫卷鱼子山》所说的狗背岭之败，也许指的就是三支队的这次惨败。而赵立

---

① 张桂新、鲍星时：《八路军冀东第三支队》，《潮白风云》，第 3 页；《密云地区抗日斗争史料选编》上册，第 47 页。
② 赵立业：《开辟雾灵山根据地》，《密云地区抗日斗争史料选编》上册，第 39~41 页。
③ 赵立业：《开辟雾灵山根据地》，《密云地区抗日斗争史料选编》上册，第 41 页。
④ 赵立业：《开辟雾灵山根据地》，《密云地区抗日斗争史料选编》上册，第 41~42 页。

业的回忆提供了鱼子山游击队员回村原因的另一种说法。他回忆说，单德贵给他的信中说的是鱼子山游击大队大队长孙峰扔下部队不管了，自己走了，游击大队叛变，成了伙会的队伍，掉过枪口，攻打单支队。① 这大概也可以解释鱼子山游击队员回村以后，没有各自回家，而是住到了抗日救国会主席王松寿家里，并对他们出村以后王松寿这些人再也没有给游击队员家里支应钱粮非常不满。②《红旗漫卷鱼子山》没有交代鱼子山游击队员被缴械以后的情况。赵立业说，鱼子山游击大队回村后成了伙会武装，在打下了鱼子山后，投敌的鱼子山游击大队又全副武装地归正回来了。③ 如果赵立业说的是事实，则回村的游击队员也参加了"吃会兴师"后成立的鱼子山伙会武装。

鱼子山叛乱的标志性事件当然是1938年11月初的"吃会兴师"事件。《红旗漫卷鱼子山》描述说："这天上午，他们宰了十四口肥猪，'南王北尉'的大财主们作台柱，国民党党员李俊生出面，在饭桌上叫嚣了一阵打八路军的汉奸道理。讼棍王子加当了'军师'，王希孟领了'帅印'。吃完会，南门楼上升起了一面大旗，红边白地，写着'守望相助'四个黑字。祭完旗，匪首即带队上了山。"④ 鱼子山伙会在村庄两边的山上布了岗哨，不让八路军进入该村。

鱼子山的"吃会兴师"事件，今天的鱼子山人已经没有人认为是叛乱。村里老人的解释说，当时只是不希望仅剩少数人的八路军进入村里，因为担心这样会招来日军的报复，与当时主事者的阶级成分或政党背景都没有太大关系。《红旗漫卷鱼子山》有意强调李俊生的国民党党员身份，强调"南王北尉"财主们的参与，而其实鱼子山伙会的队长王希孟是王世进的儿子，只是上中农。王明富也回忆说，在游击队成立后，鱼子山村的王德刚、王世敬、王希孟、王忠寿等人感到不安，有人将财产向外面转移。⑤ 但是把他们

---

① 赵立业：《开辟雾灵山根据地》，《密云地区抗日斗争史料选编》上册，第38页。
② 北京四史丛书编辑委员会主编《红旗漫卷鱼子山》，第13页。
③ 赵立业：《开辟雾灵山根据地》，《密云地区抗日斗争史料选编》上册，第39页。
④ 北京四史丛书编辑委员会主编《红旗漫卷鱼子山》，第14页。
⑤ 王明富：《鱼子山回忆三则》，《平谷文史选辑》（6），第45页。

说成"亲日分子"也不符合事实。

《红旗漫卷鱼子山》说鱼子山在"吃会兴师"之前暗中勾结了平谷城的日本鬼子。① 赵立业回忆说，在鱼子山"吃会兴师"之后，鱼子山的军事力量中有一部分日伪军，主要是国民党军队和鱼子山伙会。② 可以肯定的是，当时鱼子山并没有日伪军驻扎，赵立业所说的国民党军队，大概是驻扎在苏子峪西边大峪子和小峪子两村的国民党军队，有五六千人。在《塘沽协定》签订之后，冀东被划为非武装区，本来已经没有国民党正规部队。全面抗战爆发后，冀东各种名目的抗日武装如雨后春笋，可谓"司令赛牛毛，主任遍地跑"，其中也有国民党方面组织的。赵立业在这里所说的国民党军，大概指的是国民党蓝衣社天津站副站长朱铁军（陈恭澍）在冀东组织的"中央直辖忠义救国军"（简称"忠义救国军"）第七路军和第九路军，号称万人，实际上只有三千人，活动在宝坻、宁河、玉田、遵化和蓟县南部一带。1938年7月14日，第七路军曾一度攻占宝坻县城，打死宝坻县新民会日本人顾问河野新。③ 不过忠义救国军虽然在组织上自成系统，在冀东暴动期间与共产党领导的冀东抗日联军还是能够互相配合和支持的，西撤受阻的抗日联军东返时经过第九路军驻地，忠义救国军参谋长齐若斋还以礼相待，并组织船只支援抗日联军渡过水地。在四纵队主力西撤后，忠义救国军有的也被日伪军击溃，有的逃散，少数人投入冀东抗日联军或八路军支队。除了忠义救国军之外，国民党方面组织的还有蓟北救国军，不过人数不多。④ 由此看来，即使当时苏子峪西边驻有国民党方面组织的部队，也不会主动进攻八路军。尽管如此，赵立业和单德贵还是决定留单支队三大队的七、八两个中队和特务连守住苏子峪和老虎顶，防止国民党部队袭击，赵立业率领部队去打苏子峪东边的鱼子山。

在鱼子山"吃会兴师"之后，王希孟还曾带人奔庄北东长峪袭击了八

---

① 北京四史丛书编辑委员会主编《红旗漫卷鱼子山》，第14页。
② 赵立业：《开辟雾灵山根据地》，《密云地区抗日斗争史料选编》上册，第39页。
③ 中共唐山市委党史研究室编《冀东革命史》，第200页。
④ 中共唐山市委党史研究室编《冀东革命史》，第200~201页。

路军三支队的卫生处,抢了三头大骡子和一批枪支、药品。① 张桂新和鲍星时也回忆说,在东长峪的三支队卫生处被洗劫一空。② 赵立业也说,单德贵派的送信人跟他说,伙会抢去单支队六匹马和一万多斤粮食。③ 六匹马的事也许指的也是抢劫三支队卫生处一事。至于一万斤粮食,大概就是《红旗漫卷鱼子山》中所说的鱼子山的地主、国民党党员王文清和尉迺襄私吞平谷县抗日政府留下的粮食和钱款一事。《红旗漫卷鱼子山》说,王文清和尉迺襄在1938年7月平谷县第一届抗日民主政府成立后乘机钻进了县政府,把持了财政、钱粮大权。四纵主力西撤时,给三支队留下了几万斤粮食和一笔款子,清单和账本都在王文清这些人手里。当三支队找王文清提取这些钱粮时,王文清交不出来,反而造谣说"八路军是土匪,找鱼子山敲诈钱粮",闹得人心惶惶。④

鱼子山是单支队活动区域的核心,鱼子山"吃会兴师"之后,鱼子山伙会在村东西梁上布满了武装岗哨,不允许单支队到村里活动。单支队能够活动的范围本来就十分狭小,被围困在东长峪至苏子峪、老虎顶东西不足三十里,南北不足十里的一片山区,人数也只剩下二百来人,处境非常危急,所以就让人送信给赵立业,请他赶快入关救援。于是赵立业决定亲自率领一大队、二大队一中队和特务连前去救援。他们日夜兼程,赶到苏子峪,找到了单德贵。赵立业和单德贵二人都认为如果不拿下鱼子山,三支队在平谷北山一带就站不住脚,但是又感到仅仅依靠他们的力量还没有把握。正好这时王杰从冀中带来一个连,还有一挺机枪,于是把这个连编成单支队的特务连。力量加强了,于是决定打下鱼子山。

赵立业回忆说,他把部队拉到下东沟,天一亮就和鱼子山伙会交上了火。⑤《红旗漫卷鱼子山》则描述了详细进军路线和进攻过程:

---

① 北京四史丛书编辑委员会主编《红旗漫卷鱼子山》,第14页。
② 张桂新、鲍星时:《八路军冀东第三支队》,《潮白风云》,第2页;《密云地区抗日斗争史料选编》上册,第46页。
③ 赵立业:《开辟雾灵山根据地》,《密云地区抗日斗争史料选编》上册,第38页。
④ 北京四史丛书编辑委员会主编《红旗漫卷鱼子山》,第13~14页。
⑤ 赵立业:《开辟雾灵山根据地》,《密云地区抗日斗争史料选编》上册,第39页。

队伍顺南水峪上山,翻到离村十多里的井儿台。井儿台海拔六百四十二米,古长城由南而北从东边蜿蜒而过。长城外面的山崖险峻陡峭;长城以内的梁盖是一片缓坡,顺坡而下,往西翻过十来个小山头,就是鱼子山。队伍上山稍事休息后,刚要整队下山,突然对面山上噼哩啪啦打来几枪。林子里人头晃动,几十个人猫着腰正往上爬。后面还有一个压阵的,挎着一把盒子枪,骑一头大黑驴,带着两个跟班。①

这个骑大黑驴的头目据说就是大地主王忠寿。赵立业的部队刚上井儿台,鱼子山伙会的岗哨就得到了消息,信号发到村里,于是就上山来围攻,如果南北一围攻,东边长城外面是悬崖,赵立业他们就没有退路。但是赵立业他们有八挺机枪、一百多支步枪,一齐开火,把鱼子山伙会打得落花流水,乱成一团。王忠寿、王希孟掉头往回跑,赵立业部队乘胜猛追,一直打进村里。赵立业又命令一大队长赵有智向伙会指挥所猛攻,占领鱼子山南门楼,砍了"守望相助"的大旗,绑了头目之一的国民党党员王世进,夺回了属于卫生处的骡子、枪械和药品,缴了鱼子山伙会的五十多支枪。② 而赵立业回忆说,当天晚上鱼子山伙会交出了二百多支步枪,比《红旗漫卷鱼子山》中说的多出很多,但因为太多,反而不太可信。从此,鱼子山被八路军控制,成为抗日堡垒村。三支队在平谷北山一带站稳脚跟后发展很快,不仅补足了一大队、二大队和三大队,还新成立了四大队和五大队。

结 语

国家是由众多社区组成的,但是国史并不是社区史的简单组合,国史有国史的逻辑,社区史一方面受国史逻辑的影响,另一方面也有自己的逻辑。简单地以国史的逻辑来叙述社区史,或失去很多有意义的内容,甚至会歪曲

---

① 北京四史丛书编辑委员会主编《红旗漫卷鱼子山》,第 14~15 页。
② 北京四史丛书编辑委员会主编《红旗漫卷鱼子山》,第 15 页。

社区史，尤其是当单纯从革命史的角度来叙述社区史的时候，这种危险性也就更加突出。

在"四史"运动中完成的鱼子山村史《红旗漫卷鱼子山》，要把鱼子山村史写成一部鱼子山人民革命斗争史，将村落内的社会关系关系等同于阶级关系，而且将阶级关系简单匹配于民族关系，因此对村史做了革命化的剪辑。在革命史的叙述中，尉助峰是一个欺压百姓的恶霸地主，而后来当事人在回忆时则认为他是开明绅士，我们在村子里调查采访时，村里老人也不认为解放前有激烈的阶级对立。尉助峰对抗日有很大贡献，完全不能简单地被划为抗日民族统一战线中"假抗日，真反共"的顽固派。鱼子山在八路军主力西撤以后重新组织伙会，与周围峨眉山、山东庄、土门一带伙会守望相助。在革命史的叙述中，由于他们不让八路军入村，因此被视为"叛乱"，但是村民的逻辑只是担心小股八路军的活动引来日伪的报复而八路军又不能保护他们而已，并不是真的倒向日伪。所以在三支队打垮鱼子山"伙会"后，他们又加入了八路军游击队，而且鱼子山村成为打不垮的抗日堡垒村。

三　当代中日文化交流

关于中日文化差异的互补性研究

贾蕙萱[*]

导　语

　　众所周知，中日两国有着两千多年的友好往来和文化交流史，日本吸纳了不少中国文化，日本著名汉学家内藤虎次郎如是说："与中国文化接触之前，日本文化好比是豆汁。中国文化好比是卤水。日本文化与中国文化一经接触，立即变成了豆腐。"[①] 中国也从日本学习不少文化，特别是近代通过日本学习西方时，引进了不少日本知识与语词，如社会、运营、干部，甚至《共产党宣言》都是从日文翻译成中文的。毋庸置疑，中日有着很深的文化渊源，因此相同或类似文化不少，但由于生活环境不尽相同，便出现不少文化差异。笔者看到中日关系中经常出现一些令人匪夷所思的歧见，其中就有文化差异引发的误解，以及因为相互不了解而产生的矛盾，笔者欲以文化作为切入点，对两国近现代文化进行比较，当然比较是寻找一般性规律，本文着重研究中日文化差异中有互补性的方面。中日两国如能心平气和地互相学习，以实现战略互惠关系为目标，定会获得双赢之效果。有鉴于此，笔者撰写此文，是想起到加深相互理解、改善两国关系的作用。

---

　　[*] 贾蕙萱，北京大学国际关系学院教授。
　　[①] 牛建强：《江户时代中国文化对日本之影响——侧重于江户前中期狭义的文化考察》，《暨南学报》（哲学社会科学版）2008 年第 30 期。

一　中日思维方式的差异

中国：宏观思维

日本：微观思维

人的思维方式与生活环境密不可分。中国由于地大物博，历史悠久，文化厚重，所以中国人遇事着眼大处、远景，善于宏观思维，表现出粗线条，站得高则看得远，能够获得远见卓识，不过易于追求"恢宏""气派""大而全"，缺乏细致入微。

日本人生活在狭长而窄小的岛国，远离广袤的大陆，多接触矮小的景物，常年在温和的海洋性气候环境中生活，加之日本资源匮乏，灾害频发，危机意识浓重，遇事着眼当前，易于形成微观思维，即纤细的思考模式，钟情某些小事物，主张"以小见大""少而精""小而全"，"看重眼前利益"。有鉴于此，在上述思维方式下，前几年便由日本人叫响了"细节决定成败"。

中日两种思维方式各具特点，各有利弊。若能将中国人的宏观思维与日本人的微观思维的长处有机结合，在双方都有改善中日关系的愿望时，在规划未来、经营大事业、落实细节时，难道不是更加益于实现愿景、使事业趋于完美吗？所以说，这两种思维方式有其互补共赢性。

二　行为方式的差异

中国：灵活变通

日本：循规蹈矩

毋庸置疑，行为方式离不开生活国度的历史积淀和体制。在悠久的历史长河中，中国改朝换代频繁，加之一朝天子一朝臣，一个朝代一种令，百姓难以跟进。复杂的政治环境，历练出中国人特殊的聪明才智，注重人际关系，善于自我保护，灵活变通，富于远见，讲求战略、战术。有时为满足亲朋好友的求助，甚至发挥哥儿们义气，千方百计去通融，争取把事情办成，所以在行为方式上显现出灵活变通的特质，但容易违规。

日本人则长期生活在万世一系，少有战乱、较为和平的环境中。天皇制度已持续125代，很长时间未曾改换。近现代以来，即使首相、内阁成员走马灯地频繁更迭，但因其官僚体制比较稳定，积累了不少国家行政管理经验，在公共行政事务领域起着决定性作用，所以法律及各种规章制度齐全且细腻，一般法规变化不大。150多年前的明治维新，为日本的近代化打下了思想和理论基础，把日本逐步建设成为法制国家，加上非常重视法制和公德教育，这便使日本人养成了恪守法规的习惯。守法是好，但日本人很怕出格，他人意识强烈，唯恐给他人添麻烦。这些也源于日本人中有"耻文化"，即耻辱感引发的一种文化，若因自己当众出丑、各色、不合群而令他人讨厌抑或危害他人利益，就会自感可耻，从而克制自我，日本人把名誉看得比命重要，因名誉受损甚至决计自杀，用以表示忏悔。还有，日本民俗中认为人死后就已成佛，无人再行追究其罪状，也因其习俗，日本是自杀大国。

较之中国人的灵活变通，日本人凸显的是循规蹈矩，有时甚至到了缺乏灵活性的刻板程度，如日本福岛大地震时，日本海关一定要对美国来的救援狗进行检疫，因此耽误了最佳救助时间，使救援狗没能发挥应有的救援作用。

不言自明，灵活变通的中国人与循规蹈矩的日本人若能互相学习，取对方之长处，补自己之短处，无疑是优势互补，双方都会增强。

三 制定法规的差异

中国：先做而后制定法规

日本：先制定法规而后行

无须解释，制定法规是给人以行为准则。众所公认，中国在改革开放后，一直在向法治国家逐步迈进，加之社会主义是个新生事物，几乎没有经验可循与借鉴，为此不少事情是摸着石头过河，先干起来再说。换言之，不得不先行动而后制定法规。在实践中，发现问题，积累实践经验与教训以后，据实际情况来制定法规政策。在执行过程中不断解决矛盾，寻找到好方策，然后再逐步加以规范、完善。

日本的法律是"以德国为样本，基本上是成文法，因为是依据条文做出的判断，容易流于教条，这是其缺点"。① 日本已是法治国家。修长似弓的岛国日本，自然灾害频繁。因其地处太平洋地震带上，每天有感地震平均4次；由于没有高大山峰作为屏障，台风容易肆虐日本列岛；日本素称"火山之国"，据统计，全日本有大小火山270余座，占世界火山总数的1/10，是地球表面最大火山带的组成部分，加之日本木结构建筑较多，易引发火灾。不过日本人牢牢记着孔子的教诲："人无远虑，必有近忧。"所以危机意识浓重，习惯于未雨绸缪。为此，日本一般多是先制定法规，告诉国民什么情况下容易犯法，以防患于未然。举一个实例，日本的高速新干线列车，能实现自投入运营近50年来无致命伤亡事故，基本达到了安全、准时运行，与事先制定比较周密以及完善的规章制度不无关系。

中国与日本在制定法规的方式上利弊兼有。中国这种有的放矢制定政策的方式，有利于持续发展，实践中不断完善政策法规。然而，在尚无具体法规时，项目实施中易于被人钻空子，存在盲目性。日本先制定法规的方式确有防患于未然的积极作用，但是尚无实践的经验、教训，在制定法规时，难以做到准确周全。如果中日之间能加深交流与了解，相互取长补短，自然会提高法规的水准，促成事业的成功。

四　言谈举止的差异

中国：官人气质

日本：匠人气质

在中国，士、农、工、商不只是职业顺序列位，也是衡量一个人职业高

---

① 稻盛和夫：《活法》，曹岫云译，东方出版社，2012，第98页。

低贵贱的标准，足以反映中国"学而优则仕"的思想。这一思想初见于春秋战国时期的《管子》："士农工商四民者，国之石民也。"不仅历史悠长，而且影响久远，所以在民众理念里，士、农、工、商之顺序排列根深蒂固。识文断字的读书人，当官的机会多，一旦做上官则被认为是光宗耀祖，可以威风抖擞，受人颂扬。当官是铁饭碗，有权有势，名利双收，好处多多，张扬自我，为大家所向往、渴求。

中国的封建时期非常长，其遗患颇深，最突出之处则是长期的人治，无严谨细腻的法律法规可依，皇帝百无禁忌，一统天下，他所说的不论对错均被认为是金口玉言，臣下只能服从。因为在那种制度下，顺者昌逆者亡。长达数千年的这种封建官僚体制的政治环境，怎能不养成中国人的官人气质！

即使迎来新中国以后，由于政治运动较多，成就了关心政治的习惯，人人警惕在政治方向上犯错误，所以在一般场合，话语多是官方口径，称之为与时俱进，顺时事，顺势而为，凸显官人气质。比方说有些出租汽车司机，看起来似乎同官员没有很大关系，但往往也喜欢侃几句官员口吻的政治，在人面前显得爱国，让外国客人刮目相看，此举使外国人感到惊奇。官人气质至今也少有减退，士农工商的清楚分类列位，既是官人气质的产物，也是官人气质的催化剂。[1]

日本人因为生活在一个较为窄小的岛国空间，较之中国物资匮乏、资源有限，加之是一个细长而孤零零的列岛，回旋而灵活运筹的余地很小。又因日本只有人数不多的唯一少数民族，也就是阿伊努人，还几乎被大和民族同化，因此日本近乎单一民族。由于日本欠缺多民族文化的冲击、融合，易使思维与行为的幅度变得短小，只能在有限的范围里施展智慧，在这样的空间反复雕琢，便逐渐锤炼出日本人的匠人气质，换言之，非常认真、负责、细致，久而久之，逐渐养成似手工艺人在精雕细刻一种工艺品的习惯，即匠人

---

[1] 徐勇、王晓秋主编《中日文化交流两千年：回顾与展望》，社会科学文献出版社，2013，第38页。

气质,就是日本人所说的"职人气质"。匠人气质与匠人精神有近似之处,匠人精神培育匠人气质。侨居日本的华人前辈邱永汉先生这样概括匠人气质:"匠人最典型的气质,是对自己的手艺,拥有一种近似于自负的自尊心。这份自负与自尊,令日本匠人对于自己的手艺要求苛刻,并为此不厌其烦、不惜代价,但求做到精益求精,完美再完美。"它不仅表现在制作一件工艺品上,而且日常生活中的言谈举止也多有表现。

日本人的匠人气质也是教育使然。日本的教育并不教人宏图大志,而是注重实际与人生细节,如从小就接受尽量不给人添麻烦的教育,提倡先把小事、眼前事、今天的事做好。日本人由于危机意识浓重,主张最为重要的是过好眼前每一天。与日本人交流时会发现,他们不停地点头哈腰,在缜密琢磨如何附和对方观点、不伤及对方,甚至把日语动词放在最后,也襄助了日本人有所余暇看对方的言谈举止,来抉择自己如何表态,即"是"还是"否"。

中国人的官人气质,弊多而利少,所以当今中国共产党正在大幅度地打掉官气。不过官人重面子,所以较大度宽容,可弥补日本人某些不足。日本人的匠人气质,倒是中国人所欠缺的,他们认真负责、精雕细刻的作风很好,值得中国人学习,在言谈举止上有互补性,需要互相了解。

五 情感文化的差异

中国:喜庆文化

日本:哀情文化

时时处处图吉祥,大事小情讨个好彩头,是中华民族的一大特点,日文称其为"物の喜び",所以中国人遇到棘手的事情时,易于从喜庆的心理方向思考,给自己打气助威,以免悲观失望,目的是尽早而圆满地解决问题。吉祥这个词在西周时代就已出现,古籍《易·系辞下》中就有。吉祥使人和气,和气生财,使人心情愉悦,最终使人感到过幸福日子。受此类文化的影响,一般的中国民众都知道,遇事要向积极方面去想,设法给自己正能量、寻找有利方向,常言道:"心情好一切都美好。"好心境帮助人们战胜不利因素、恶魔。

中国的小说、电影、民间故事等，虽说也有悲剧，但与日本相较，多以喜剧结尾。故事情节当中，虽然也有各种曲折或令人悲伤的内容，但为让读者得到安慰，获得快乐、理想的文艺享受，还是完美结局较多。在中国的婚丧嫁娶中，甚至有喜丧的习俗。《清稗类钞·丧祭类》载："喜丧　人家之有丧，哀事也，方追悼之不暇，何有于喜？而俗有所谓喜丧者，则以死者之福寿兼备为可喜也。"老北京人谓"喜丧"，是"福寿全归"，即全福、全寿、全终，也就是"寿终正寝，圆满归天"。①

中国有红白喜事之说，红事指结婚、生子、考取功名等庆典，为表示喜庆，庆典以大红为主色调。而葬礼属白事，以白色为主色调，表现出的哀情文化，但寿终正寝的高龄者葬仪，则变哀情葬仪为喜情葬仪，不是用白色而是红色。换言之，古代对年逾古稀之人的丧葬，则把其白事当作红事举办，俗称喜丧。家属不是哭丧，而是高高兴兴地纳棺，葬礼饰物也多是红色，甚至唁电也可写在红纸、红缎之上。这可谓中国一种特殊的丧葬文化，日本却没有把这一文化吸纳过去。

日本与中国不同，相对于喜庆文化，更多的是哀情文化，日文称其为"物の哀れ"。日本的文艺作品多以悲剧形式结尾。《源氏物语》中描写哀情文化的地方多达1057处。日本报纸杂志中经常使用"悲愿"一词，其意思相当于中文的"宿愿""祈望"。中国人则认为用"悲愿"一词会令人感到有不祥之兆，不吉利。②

如果以中日离宫为例加以比较，可明显看出两国确有喜庆文化与哀情文化的差异。中国清朝（1616～1911）皇帝的离宫是北京的颐和园，日本天皇的离宫坐落在京都，名曰桂离宫。

正如大家所知，颐和园富丽堂皇，建筑物的藻井、长廊都有色彩鲜艳的绘画，堪称雕梁画栋，而且其绘画不仅各不相同，而且每幅均有妇孺皆知的

---

① 贾蕙萱：《日本风土人情》，北京大学出版社，1987，第133页。
② 赵乐生主编《中日文学比较研究》，吉林大学出版社，1990，第98页。

一些历史故事。

　　日本天皇的桂离宫与颐和园有着很大的不同。20世纪80年代，笔者曾陪同颇有名气的中国作家、艺术家访问日本，接待单位是日中文化交流协会，在安排日程中就有桂离宫。是日，通过接待单位与桂离宫的特殊交涉，访日团用每人持有的护照获得了门票。进门前解说员甚为庄重而详细地介绍了桂离宫的历史、特征以及为什么被审定为重点文物、限制性入内等理由，然后引领我们进入参观。桂离宫不仅规模不大，而且建筑物是纯原木结构，其上无一处有绘画，而且没有墙壁，由木柱支撑，四面透风。参观之后，团长黄世明说："桂离宫并没多少吸引人眼球的地方呀！"相比于中国颐和园离宫那样恢宏、豪华的建筑，桂离宫令人感到寂寥、闲寂。

　　其实日本人所欣赏的就是那种寂寥、闲寂，简言之，即朴素而幽静之美。这也可以说是日本人崇尚的哀情文化。看惯喜庆文化的中国人，一次、两次赴日参观难以体会其哀情文化的朴实、自然之特点。

　　喜庆文化与哀情文化却有差异，但也有互补性，前者使人有个好心境，但易于缺少危机意识；后者易使人心情不快、情绪不稳，易产生压抑感，不过心理学家认为哀情使人多危机意识且有同情心。由此可见喜庆文化与哀情文化可以互补，有机结合能使人心境趋于平和，该笑则笑，该哭则哭。

六　饮食文化的差异

中国：大陆性

日本：海洋性

　　只要你留意观察中日两国人民的饮食生活，就会发现中国人的饮食文化更多属大陆性，而日本人的饮食文化更多属海洋性，这是从饮食文化食材的性质分析得出的结论。

　　中国人口约14亿，陆地面积约960万平方公里，海岸线长达18000公里，内海和边海的水域面积约470万平方千米。

　　日本是个岛国，人口约1.25亿，陆地面积不到38万平方公里，约是中国的1/26。日本渔业资源丰富，日本的专属经济区面积约相当于国土的10倍。

如果分析中日两国的食材，就会清楚其差异。中国菜肴所使用的食材多取自陆地，而日本料理所使用的食材大多取自海洋。中国内陆的人想吃鱼虾海鲜时，虽也有从江河湖海直接运来的淡水新鲜食材，但大部分鱼贝还是干货或冷冻品。像北京市民就不易买到新鲜的海鱼，而日本却不同，几乎天天能购买到制作刺身与各类寿司的海洋鱼贝，令中国海鲜族们羡慕不已。

中日两国在招待客人用餐时的礼仪用语不同，这也反映了饮食文化的差异。中国人常说："请趁热吃吧。"因为中华料理多以食用油炒菜，如果放凉了再吃，非但美味减退，也不容易消化。日本料理则不然，名贵的海鲜菜肴多吃生冷，所以劝客人用餐时则说："请趁新鲜吃吧。"就从这一简单的用餐客套话中，也可知中国饮食文化属大陆性，日本则属海洋性。

也许中国人接受了中医的影响，较为喜欢热性饮食，因为中医认为人吃进温热食品后，胃肠的毛细血管便张开，易于吸收其营养。与此相反，吃进冷性食品后，胃肠的毛细血管会收缩，不利于消化。当然也有生活习惯问题，中国人自幼就吃热食，偶然吃冷食会不习惯；而日本人从小就习惯凉性饮食，偶然吃油性大的料理也不习惯，连续吃三五天，就有人会因不易消化而腹泻。由此中日两国形成了性格不同的大陆饮食文化与海洋饮食文化。①

另外，中日也有气候与环境因素引发的差异，使中日两国的饮食文化不同。如两国的饮水习惯有差异，中国整体属大陆性气候，空气干燥，每天需要饮用大量的水，否则会感到喉头干渴，所以中国人出门一般带一个保温杯，不时饮用，不断加水，此景在外国人眼里都成了一道风景线、一首风物诗。日本则不然，因为属海洋性气候，空气湿润，加之自动贩卖机随处可见，不带保温杯也无妨。

关于中日间饮水习俗的不同，有一段故事，也反映出饮食文化的差

---

① 孙宗光主编《中日比较文化论集》，吉林教育出版社，1990，第126页。

异。大概是 20 世纪八九十年代，北京的一位朋友赴日访问，她回国后，笔者问其有何感想，她说："中日两国是一衣带水的邻邦，抵达日本访问，人种近、汉字同，没有什么异国他乡之感。但日程紧张，最为突出的是感到饮水不够。日本接待客人的茶杯都比较小，又只给倒七分，而且就提供一次，无续茶习惯，较之中国，日本在给客人提供茶水方面是否很小气。"她的感受使我哈哈大笑，笔者从日本礼仪民俗的文化差异做了解释：当今，中国用茶水招待客人以倒满杯为敬，表示诚意。日本则以倒七分茶为敬，是因为茶水不至于烫着客人或洒到桌子及衣物上，也有说"茶水倒得七分满，留得三分在情面"，寓意做人做事留有余地。日本气候湿润，无须像中国人那样随时饮水。她懂得了中日民俗文化的差异，不会再说这类怨言。

不言而喻，中日两国的饮食文化存在差异，大陆性菜系油性大，虽然美味，营养丰富，但容易罹患"四高"生活习惯病；日本的海洋性菜系用油少，新鲜且健康，但对冷性体质的人却不宜。若二者合理搭配，便可吃出一个健壮的体魄。这足以证明，两国的饮食文化也有其互补之处。

七　中日灾害文化的差异

中国：乐观常在

日本：忧患长存

所谓灾害文化，就是在防御灾害、在防灾救灾过程中形成的知识、观念和习惯。

中日灾害环境不同，所以灾害文化有差异。中国广袤的生活环境易使人胸襟开阔，乐观看待事物，民间流传如下说法："淹了南方有北方，旱了西方有东方。"虽然乐观让人心灵明快，使人拥有好心境，能积极应对灾害，确有可取之处。但是从灾害文化视角来看，中国人的这种乐观也容易使人麻痹大意。

中国媒体导向也使人易于乐观，当今中国媒体以"正面报道"居多，目的是激励人们有信心，砥砺奋斗。中国中央电视台著名主持人白岩松如是说："正面报道已经慢慢麻醉了这个时代……丧失了人们的危机感。"还是实事求是地报道为好。①

　　日本所处环境可谓不尽如人意，人们归纳为五多一少：多地震、多海啸、多火山、多火灾、多台风，少资源。其实日本的雨灾、风灾也不断，这就酿造了日本人的危机意识。在人类与天灾人祸的抗争中，会创造不少有参考价值的灾害文化和与灾害抗争的智慧。如日本为不忘却1923年的关东大地震，于1982年5月将每年的9月1日定为"防灾日"，8月30日到9月5日为"防灾周"，在此期间举办各种防灾抗灾活动，毋庸置疑，这样就会总结出防灾救灾的灾害文化。

　　中国在预防灾害领域还做得不够，2009年1月中旬，学者王晓葵为了调查中国四川省汶川县地震情况，顺便问到一个小学生地震时的反应，他说："地震时正在操场上玩耍，突然刮起大风，而且有轰隆隆的打雷响声，撒腿就往教室里跑。后来老师阻止了我，我真不知地震时在哪里安全。"②

　　听到这个孩子的回答，记者惊呆了。地震时，那位小学生本来在安全的地方，无知使他跑往最危险的地方。是什么导致他采取这种近似于自杀的行动？因为家人、老师从未告知他震灾知识。这虽说是一个极为典型的个别例证，但折射出中国对地震灾害宣传教育尚不够。

　　还有，中国是在2009年才决定将每年的5月12日定为全国"防灾减灾日"，并在其前后举办"防灾减灾宣传周"。防灾意识比日本迟了20余年。

　　据悉，日本儿童一旦上小学，就会得到一堆地震避难图及灾害指南资料。老师还会要求家长去买防灾头套，将其挂在学生的椅背上，以备发生地震时使用。学校一两个月就要举行一次防灾演练，每到此时，孩子们罩上防灾头套，钻到桌子底下自我保护。

---

①　贾蕙萱：《中日食文化比较研究》，北京大学出版社，1998，第196页。
②　白岩松：《"中国梦"获奖会致辞》，《南方周末》2011年12月10日。

日本全国各地设有许多地震博物馆和地震知识学习馆，免费向市民开放，让市民们亲身体验6级以上"地震"及火灾现场的烟雾走廊，可以说日本人的防震救灾意识已经深入人心。

不过，中国也有自己的优势，当巨大天灾人祸降临时，政府一声令下，各路各方人力、物资，很快便可调往灾区，不像日本政府经常担心在野党反对而畏首畏尾，犹豫不决。中国易做到快捷救灾，"生命不能等待呀！"必须赶上能抢救生命的第一时间。

四川省汶川地震以后，德国《时代周刊》报道说："中国政府让全世界看到中国高效率的动员能力。全世界没有任何国家可以在那么短暂的时间内动员如此巨大物力和人力到达那么偏远的山区，这回可能所有中国人都站到了党的身边。"多家外国媒体也有类似内容的报道。[①]

先哲孔子说过："人无远虑，必有后忧。"孟子也有箴言："生于忧患而死于安乐。"看来忧患意识很有必要，此点日本比中国学习得好。中国人乐观多于忧患，乐观助勇气，易使事业成功。德国哲学家威尔考克斯说过："笑颜常开乃易事。"中国的灾害若与日本比较，处理得相对快一些，这也是中国人乐观态度常在的原因之一。[②]

综上所述，可知中日两国在抗震救灾及孕育灾害文化方面均有其所长，日本人的顽强、灾害之前的预警以及危机意识，都是值得中国人学习的；中国人的快捷、乐观值得日本人学习。

结　语

不难理解，仅就以上中日文化的差异及其互补性，毫无疑问地说明两国的文化各有长短。两国是搬不走的近邻，但由于日本在历史认识、领土纠纷等问题上，经常是麻烦的制造者，使中日两国关系时好时坏，摩擦不断，而

[①] 王晓葵：《我们应该怎样记忆灾难》，《南方周末》2009年5月6日。
[②] 闻一、刘勇、郭超美、唐文：《文化，在灾难中淬火成钢》，《检察日报》2008年5月30日。

文化是一国最大的软实力，文化是促进国家间相互理解的催化剂，文化是改善国际关系的桥梁。又因为文化涵盖面广，与生活息息相关，易于交流、沟通，所以笔者撰写本文，就是希望两国人民通过文化了解对方，取对方之长，补自己之短，相互学习，合作共赢，成就事业，应该说研究中日文化差异的互补性，有益于改善两国关系。

战争记忆的选择、建构与共享

——兼谈中日如何共享战争记忆

胡 澎[*]

二战结束70多年来，中日两国之间，"南京大屠杀""慰安妇"等问题作为历史记忆被不断生产着，导致中日两国民众的历史记忆产生了严重的分歧。特别是随着时间流逝，当初亲历过战争以及在战争年代生活过的人已相继离世，大多数日本人所记忆的战争已经与战争的历史事实有了相当大的距离。因此，研究日本人的战争记忆问题以及思考中、韩、日等国如何重构和共享接近历史事实的共同战争记忆，不但重要，而且具有现实意义。

一 为什么要研究日本人的战争记忆？

二战结束后相当长的一段历史时期，中日两国学术界在研究日本侵华战争时，更多的是关注日本发动战争的政治过程、军事过程以及日本的战争责任等问题，对战争记忆的研究尚不够充分。战争记忆研究源于20世纪七八十年代西方学术界兴起的"记忆"研究，[①] 当时，大批史学家开始重新审视

---

[*] 胡澎，中国社会科学院日本研究所研究员。
[①] 记忆研究的代表作是法国年鉴学派历史学家皮埃尔·诺拉（Pierre Nora）自20世纪80年代中叶开始，动员120位作者历时10年撰写的由135篇论文组成的重要学术著作《记忆之场》。"记忆研究"对东西方的历史学、社会学、民俗学、人类学等多个领域产生重大影响。

客观历史与历史记忆的关系,产生了丰硕的学术成果,使"记忆"成为人文社会科学的一个重要概念。记忆研究对东西方的历史学、社会学、民俗学、人类学等多个领域产生了重大影响。

记忆包括个体记忆、集体记忆、民族记忆、社会记忆、公共记忆、民间记忆、官方记忆等多个层面。同时,记忆又与忘却、沉默、抵制、失忆、无意识的压抑、掩饰、谎言相联系。德国学者卡尔·雅斯贝斯指出:"对于我们来说,历史是记忆。我们不仅懂得记忆,而且还根据它生活,如果我们不想化为虚无,而想获得部分人性的话,历史就是奠定了的基础,我们继续受它束缚。"①

战争记忆是关于战争的历史记忆,战争记忆既有个体记忆,也有集体记忆、民族记忆。同时,战争记忆可以被记忆者自觉或不自觉地选择或遗忘,也可以被权力操控和建构。因个体经验的不同以及作为共同体的集体、民族在战争中所处的立场不同,战争记忆也存在一定的差异,甚至截然相反。如今,战争记忆研究已成为历史研究、历史认识以及国际关系研究的重要补充。我们在研究战争与记忆时,涉及如下问题:谁的战争记忆;战争记忆的内容是什么;战争记忆为谁服务;记忆与权力的关系是什么;记忆是如何被建构的;如何客观地记忆战争;侵略方与被侵略方,也就是战争的加害方与受害方如何共享战争记忆;等等。

20世纪30年代日本发动的侵略战争已经结束了70多年,但我们不无遗憾地看到,日本人的战争记忆呈现出感情色彩浓厚、片面与选择性遗忘的特点,战争记忆与战争事实之间存在冲突与断裂现象。日本人的战争记忆与中国人的战争记忆有着较大出入。正如日本学者沟口雄三所言:"每年八月十五日,在中国是抗战胜利纪念日,在日本则被视为终战、战败纪念日。在迎接这一天的时候,两国电视播放的画面是不同的。在中国所放映的是抗日战争场面,登场的是残酷无道的日军官兵和与其英勇战斗的农民或士兵;在日本放映的则是东京大空袭,广岛,冲绳,硫黄岛。日本人的感情记忆里几

---

① 卡尔·雅斯贝斯:《历史的起源与目标》,魏楚雄等译,华夏出版社,1989,第265页。

乎没有刻下侵略中国的体验。如果有，也只是在如东史郎那样的退役军官、士兵那里。但是，他们的大多数已是八十岁以上的老人，而且多数人将战争记忆封存于自己的内心不愿讲述。"①

研究日本人的战争记忆，需要关注以下现象：日本具有侵略战争"加害方"与原子弹"受害方"的双重身份；日本民众既是军国主义的受害者，战时体制下又是侵略战争的参与者和直接或间接的支持者；日本国内既有否定战争性质的历史修正主义，又有客观记忆战争的和平民主主义；作为个体的日本人，有的战时参与战争或支持战时体制，战后又成为反战和平的捍卫者；"本土"日本人与冲绳日本人在战争记忆上出现乖离；② 战后出生的一代通过历史教科书、博物馆、影视文学作品等媒介获得的战争记忆与战争的史实有着较大出入；等等。不可否认，由于个体和群体的不同，日本人对战争经验、战争记忆、战争认识也不尽相同，但似乎不能回避的一点，就是战争受害者意识已上升为日本人的集体记忆和民族记忆。

同时，研究战争记忆有助于日本厘清战争责任。日本学者山田朗认为，"15年战争的'战争责任'大致分为三种：第一，日本作为国家意志遂行战争，迫使国民奔赴战场；第二，指导层对国家意志的形成以及军队的作战方式拥有影响力；第三，可以说，支持扩张战争政策的民众对战争也有责任。"③ 如果只看到国家层面的战争责任，而忽视国民自身的战争责任，就会导致对战争的无责任。日本首先要厘清本民族内部的战争责任，中日之间才有可能形成一种对战争的公正和理性的认识。而要厘清日本的战争责任，日本人就不能仅是记忆、咀嚼和回味本民族在战争中的悲惨境遇，还要了解

---

① 沟口雄三：《创造日中间知识的共同空间》，《读书》2001年第5期。
② 在二战末期的冲绳战中，大约有15万名冲绳民众被夺去生命，其中一部分为日军杀害，一部分被迫集体自杀。战后日本学界在"强迫性集体自杀"和"日军杀害冲绳民众"等焦点问题上围绕历史教科书事件引发论争。冲绳在日本走向帝国主义和军国主义的进程中付出了巨大的代价，而这代价不断被遮蔽。战后，冲绳集中了美军基地，军用飞机坠落对民众安全和财产造成的损害，多起冲绳女性被美军士兵性侵犯事件，美军飞机噪声扰民等，导致冲绳人的战争记忆并未结束于1945年，而更多地与现实密切联系在一起。
③ 山田朗：《日本如何面对历史》，李海译，人民出版社，2014，第143页。

和体察被侵略国家民众在战争中的惨痛经历,这样才有助于形成比较客观的接近历史真实的战争记忆。

谈及战争记忆、历史认识和战争责任的时候,德国经常成为日本值得借鉴的一个参照物。二战后,德国人对战争、对历史的反思真正触及了民族的灵魂,其背后有政界对纳粹大屠杀的深入反省,有学界对民族良心的持续拷问,也有普通民众对历史罪行的激烈批判。德国学者沃尔夫冈·施文特克认为:"在日本,很多人对战争期间的种种加害罪行没有深刻反省,却利用美国投下的原子弹让自己成了受害者。德国把灭绝犹太人的事实根植在国民的认知中,而日本从来就没有形成这样的记忆共识,日本的历史认知严重碎片化。"① 一个民族不仅应保持着对历史的敬畏与尊重,还应保持对历史的反省与批判,这样才能从历史中得到真正的教训。在当今的国际环境中,倘若日本一味地强调自己的战争受害者地位,不能以真诚的态度反省战争,中日在战争记忆上冲突和摩擦就不可避免,通往和解的那一天就会遥遥无期。

战争记忆不仅仅是历史问题,同时也是现实问题。正如中国学者步平所言,"随着体验过战争的老一代的逐渐逝去,中日两国的民众都需要共同面对新的问题的挑战,那就是在进入20世纪90年代,特别是进入21世纪后,关于战争历史记忆的逐渐淡化。对于完全没有战争经历的中日两国的年轻一代人,尽管表现形式不同,但所谓的战争记忆都有'空洞化'与'抽象化'的倾向"。② 战争记忆关系到我们如何对待我们民族自己的历史,关系到我们如何看待与我们历史纠缠在一起的其他民族的历史。同时,战争记忆又与未来有着密切的关系,曾经的战争加害国如何卸下历史的重负,通过反省、自赎,获得受害国的宽恕并达成和解,对日本国家的发展道路乃至对东亚的和平、稳定都至关重要。

---

① 沃尔夫冈·施文特克:《充满争论的记忆——德国、日本的战争体验与历史政策》,《抗日战争研究》2014年第3期。
② 步平:《中日历史问题的对话空间——关于中日历史共同研究的思考》,《世界历史》2011年第6期。

二 日本人战争记忆的主要特征

（一）片面的受害者记忆

当今，大多数日本人的战争记忆是片面、扭曲和中断的，表现出强烈的受害意识。战时物质生活的窘困、家庭破碎、亲人离散、东京大空袭、广岛和长崎的原子弹爆炸等，构成日本人对战争的主流记忆。日本人牢记着两个与战争有关的日子，一个是 8 月 15 日日本宣布无条件投降纪念日，另一个是 8 月 6 日广岛原子弹爆炸纪念日。8 月 15 日在日本通常被称为"终战日"[1]，这一表述回避了"战败日""无条件投降日"的字眼，同时也回避了那场战争承载的罪恶和教训。日本学者藤原彰认为："8 月 15 日作为战争的纪念日，是从被害者的立场上倾诉国民的感情。于是这一天就被称为'终战纪念日'，意思就是说，由于天皇的'圣断'才结束战争取得了和平。……所以日本人根本没有意识到战争是对亚洲各国的侵略性的战争，没有认识到日本对朝鲜和亚洲许多国家来说是加害者。"[2] 每年的 8 月 6 日，广岛和平纪念公园都会举行隆重的纪念活动，悼念原子弹爆炸中的无辜牺牲者，日本各大新闻媒体连篇累牍地报道广岛的"受害"，构成一个战争"受害者"的想象的共同体。这一天，很少有人去深究战争是谁发动的，日本军人在海外战场都做了些什么，为何日本会遭到原子弹爆炸。如同"安息吧！过去的错误将不再重复！"这句刻在广岛原子弹爆炸受害者纪念碑上的碑文，主语是谁，谁犯的错误，为什么会"被爆"等均被故意隐去。

战后，日本出现了大量描绘战争的残酷以及战争给日本人身心造成巨大伤害的文学和艺术作品，甚至出现了在世界文学中独树一帜的"原爆文学"[3]。

---

[1] 日本政府于 1982 年 4 月 13 日将 8 月 15 日定为"追悼战殁者与祈祷和平之日"。
[2] 藤原彰：《日本人的战争认识》，《抗日战争研究》1999 年第 4 期。
[3] "原爆文学"描写原子弹爆炸给日本民众带来的惨痛经历以及后遗症"原爆病"的危害，着力渲染战后数十年依然存于日本人心灵深处的创伤。

日本的历史博物馆中，几乎没有揭露侵略战争和殖民统治等加害行为的展览，一味突出日本民众的战争受害状况。西方一些学者曾尖锐地指出日本人片面的战争受害者记忆。荷兰学者布鲁玛（Ian Buruma）曾批评道："对大多数日本人来说，广岛是太平洋战争巨大的象征符号，日本人所有的苦难，都能浓缩到这个近乎神圣的字眼'广岛'里面。除了民族与国家的殉难这一象征意义外，广岛也是绝对罪恶的符号，常常被人们拿来与奥斯维辛相提并论。"[①] 德国学者沃尔夫冈·施文特克也阐述道："北京郊外的卢沟桥事变或者珍珠港事件在日本人的战争记忆中并未占据显著位置，反倒是冲绳、广岛和长崎留下了深刻印象。简而言之，在日本，受害者的角色比罪犯的认知要强大得多。"[②]

由于记忆具有主观性和身体性的特征，因此，作为个体的日本人对战争年代遭遇的苦难以及丧亲之痛有着深刻而痛苦的记忆，这本无可厚非。然而，若个体身体体验的战争受害记忆上升为日本人的集体记忆乃至民族记忆，一味沉浸在本民族的受害情绪中，甚至以战争受害者自居，对被侵略国家民众的伤痛和感情缺少体察，甚至漠视、轻视、无视，则是错误和危险的。

日本人的战争"受害意识"被固定化以后，面对中韩两国对日本正视历史、反省和道歉的要求，对劳工和"慰安妇"予以道歉和赔偿等要求，有相当数量的包括政治家、知识分子和民众在内的日本人难免反感和产生抵触心理。其意识深处潜藏着这样的逻辑：作为战争受害方的日本为什么要对战争反省、忏悔和道歉？

（二）被建构的受害者记忆

"记忆并非一个不变的容器，用来盛装现在之前的过去，记忆是一个过

---

① 布衣：《罪孽的报应——日本和德国的战争记忆与反思（1945～1993）》，戴晴译，社会科学文献出版社，2006。
② 沃尔夫冈·施文特克：《充满争论的记忆——德国、日本的战争体验与历史政策》，《抗日战争研究》2014年第3期。

程，而不是一件事物，在不同的时间点上它的工作完全不一样。"① 如何建构战争记忆是一个尖锐、敏感的话题，同时关涉权力的作用、社会变迁、文化导向，以及遮蔽战争加害者的主观愿望等。

20世纪90年代以来，随着作为战争加害者的记忆被抹消或选择性地忘却，大多数日本人已习惯置身于受害者的立场去记忆战争，缺少从加害者的角度去反思战争，思考战争责任，这与90年代后期以来日本民族保守主义思潮的大行其道有关，同时也受到历史修正主义的影响。日本政要多次参拜靖国神社，一些民族保守主义政治家、历史修正主义者、右派媒体人一直抵制对那场侵略战争的否定性评价，不断抛出否认南京大屠杀言论，对强制劳工、"三光"作战、从军"慰安妇"、七三一细菌部队、日军遗留生化武器等战争遗留问题否认、抹杀或故意缩小。凡是客观反映日军加害行为的叙述均被扣上所谓"自虐史观""反日史观"的帽子，受到攻击。针对这一系列历史修正主义的动向，山田朗曾一针见血地指出："慰安所和慰安妇的相关话题，已经是铁的事实，但对历史修正主义者来说，却认为这是有损日本人荣耀的事，将是否存在强征的问题矮小化，将问题的存在本身也试图隐藏起来。"② 由此可见，权力在日本人战争记忆的建构中发挥着不可估量的作用。德国学者沃尔夫冈·施文特克也曾指出："自民党的政治领袖、文化领域的官僚和国家媒体的一部分在当前组成了一个意见垄断集团，他们出于政治的目的把历史加以工具化利用。"③

靖国神社内设的游就馆中的解说词和展板所代表的是所谓"靖国史观"，它将侵略战争的爆发归咎为美、英的"挑衅"和"压迫"，将日本发动侵略战争的目的粉饰为"帮助"亚洲摆脱白人殖民统治，实现"大东亚共荣圈"，标榜和宣扬日本军人"战功"和为天皇尽忠效死的"武士道"精

---

① 杰佛瑞·奥利克、乔伊斯·罗宾斯：《社会记忆研究：从"集体记忆"到记忆实践的历史社会学》，《思想战线》2011年第3期。
② 山田朗：《日本如何面对历史》，第20页。
③ 沃尔夫冈·施文特克：《充满争论的记忆——德国、日本的战争体验与历史政策》，《抗日战争研究》2014年第3期。

神,否定远东国际军事法庭的审判,将被处死的甲级战犯视为受战胜国迫害的殉难者……

90年代以来,日本出现了一批新历史教科书编纂会、自由主义史观研究会等右派保守组织,还有藤冈信胜、西尾干二等一批右翼学者。他们编辑出版了多部宣扬、美化、掩饰日本侵略战争的书籍,如《大东亚战争的总结》[①]对日本发动的侵略战争全面翻案,强调那场战争是日本把亚洲从欧美的统治下"解放"出来的战争,为侵略战争寻找冠冕堂皇的理由。该书否认战争中日本军队对亚洲各国人民造成的痛苦与灾难,声称南京大屠杀是"虚构","从军慰安妇"是商业性质的,呼吁建立日本人自己的历史观。《"自虐史观"的病理》《教科书没有讲授的历史》《污蔑的近现代史》《国民的历史》等著作也都宣扬这一类观点。

一个民族的历史是通过历史教科书建构、记忆和传承的。2001年,文部科学省审查通过了右翼团体"新历史教科书编纂会"主导编写、扶桑社出版的初中历史教科书。该教科书蔑视亚洲,将统治韩国殖民地正当化,主张南京大屠杀和"慰安妇"等历史事实都是伪造的,对日本侵略战争进行肯定和美化。子安宣邦认为在历史教科书中将"侵略"战争改写为权益防卫的不得已的军事"进攻",这种国家对教科书检定的行为是国家一方发动的对过去记忆的"变换形式的再生",是要谋求对过去的"重提与再叙述"。[②]

安倍当局深知重塑民族历史记忆的重要性。2015年是日本战败七十周年,早在年初,安倍晋三就设立了专门委员会为起草战后七十周年谈话做准备。8月14日,"安倍谈话"发表,虽然迫于日本国内和国际社会要求日本

[①] 历史研讨委员会编《大东亚战争的总结》,东英译,新华出版社,1997。1993年8月10日,新任日本首相的细川护熙对日本发动的那场战争表态:"我本人认为,这是侵略战争,是错误的战争。"这引起日本右翼势力的不满。自民党内成立了"历史研究会",并由19名日本政界、舆论界和学术界的"主讲人"进行了20次关于历史问题的讲演,最后这些演讲被整理成该书。

[②] 子安宣邦:《东亚论——日本现代思想批判》,赵京华编译,吉林人民出版社,2004,第259页。

正视历史的呼声,"谈话"中使用了"侵略""殖民统治""反省""道歉"等字眼,但模棱两可、遮遮掩掩、闪烁其词的态度令战争受害国的民众感到缺乏诚意。"安倍谈话"发表当天,日本外务省就从其官网上删除了刊有"村山谈话"等前任政府对战争"深刻反省""由衷道歉"内容的网页。

日本的民族保守主义政治家、历史修正主义者、右派媒体人妄图通过淡化和模糊战争责任,将战争定格于原子弹爆炸,混淆战争的加害与受害的关系,将受害作为日本人和其他战争受害国人民共同拥有的经历。在他们眼里,供奉着二战战犯灵位的靖国神社既是体现日本近代以来为国家"牺牲"的人们的人生价值的场所,也是消解丧失亲人的痛苦记忆的装置。小泉纯一郎首相在参拜靖国神社时说,"战死者们崇高的牺牲才有我们今天的日本",这令我们质疑他是要以"国家荣誉"和"牺牲"来取代日本人作为战争加害方的负罪感。高桥哲哉在《国家与牺牲》一书中针对小泉的说辞予以揭露:"通过颂扬战殁士兵'崇高的牺牲',把这种牺牲作为'敬意和感谢'的对象予以美化,会产生某种重要的效果,那就是会产生一种掩盖、抹消亚洲太平洋战争的惨状、在战场上阵亡的惨死和不快的效果。"[1]

个体记忆与集体记忆之间存在共谋关系,在既是受害者也是施害者这样一组辩证关系中,大多数日本人选择了"历史失忆",这既是一种选择性遗忘,也是一种作为加害者自我保护性的遗忘。因此,我们经常看到,很少有日本人提起战争中对他国的侵略行径、大屠杀、惨案,似乎战争仅仅意味着广岛和长崎的"被爆"、日军战俘在西伯利亚的惨痛经历。这种选择性记忆在一定程度上反映了作为战争加害方企图逃避和推卸战争责任的一种主观愿望。学者藤原归一曾指出:"日本国民并非是因为经历了太长时间而遗忘了战争,而是因为不愿看到某种东西而早早地闭上了眼睛。"[2] 在战争历史真相面前,选择性记忆和遗忘的目的其实就是要剥离自己与罪恶的关系。

在日本政治权力的操控以及错误历史观念的影响和推动下,日本从侵

---

[1] 高桥哲哉:《国家与牺牲》,徐曼译,社会科学文献出版社,2008,第7页。
[2] 参考笠原十九司《南京大屠杀的记忆与历史学——败战之后日本国民对历史的"遗忘"》,卢鹏译,《南京大屠杀史研究》第2卷,凤凰出版社,2012。

略战争的"发动者""加害者"同时也是战争"受害者"的身份,置换成了战争"受害者"。在巧妙的概念偷换以及有选择性记忆的建构之下,越来越多的日本民众遗忘了日本是战争的"发动者""加害者""参与者",习惯于将日本定格于"受害者"的立场。作为战争"加害者"的立场和记忆的遗忘与缺失,以及对战争"受害者"意识和记忆的强调和传承,其后果是严重的,与中、韩等被侵略国家的民众的战争记忆发生了严重的背离。

(三)民间力量客观记忆的努力

二战结束至今,针对否认侵略战争历史史实,否认侵略战争性质的逆流,一些爱好和平的日本人和日本民间组织进行了针锋相对的斗争。他们不但作为战争的受害者来反思战争,而且也站在加害者的立场,思考和研究日本的战争责任。在对抗日本右翼团体和右翼政治家的错误历史言论,捍卫历史真实和客观记忆战争等方面做出了积极努力。

这些民间团体数量众多,有以反对化学、细菌、核武器为己任的"日本ABC企划委员会"、支持日军细菌战受害者索赔的"要求国家赔偿七三一部队细菌战受害者诉讼律师团""七三一细菌战审判运动委员会"、针对否认南京大屠杀舆论成立的"南京事件调查研究会""调查南京大屠杀全国联络会""南京证言会",支援中国战时被抢掳劳工要求日本国家赔偿的"日中劳动者交流会""支持中国人战争受害者要求会"等。[①] 有些团体规模不大,但深入日军侵略的国家采访战争的受害者、幸存者,亲手调查、搜集战争期间日本军队的罪行和证据。有的团体顶着右翼势力的压力,克服经费紧张等困难,编辑有关侵略战争的资料集,发行简报,举办演讲会、展示会。

为了阻止各地教育委员会采用扶桑版右翼教科书,一些民间团体分别在2001年和2005年发起两次"让扶桑版教科书采用率为零"的运

---

① 王希亮:《日本民间的追究战争责任运动及其影响》,《日本学刊》2006年第4期。

动。"日本律师联合会"中一些具有正义感和良知的律师不但关注中、韩等亚洲各国对日民间索赔运动，还从法律、道义、人力和资金等方面提供了支持。

著名历史学家家永三郎在其编写的《新日本史》教科书中记载了日本在二战中所犯罪行。为抗议文部省的删改，与之打了长达35年的官司。《朝日新闻》记者本多胜一[①]是第一个站出来采访、全面揭露日军侵华罪行的日本记者，也是第一个将整个南京大屠杀的历史告诉日本人民的学者，《南京大屠杀始末采访录》等多部关于南京大屠杀历史研究的著作让日本读者了解到这段尘封的加害历史。小学教师松冈环20多年来致力于南京大屠杀的民间调查，在日本先后寻访了250多名二战老兵，并自费80多次到中国访问，与300多位大屠杀幸存者会面。她自编自导的纪实电影《南京，被割裂的记忆》以7名日本老兵和6名中国幸存者的真实故事为主线，从中日双方的视角再现了那场可怕的灾难。学者野田正彰在他的《战争与罪责》[②]一书中对8名侵华日本军人进行了采访，通过他们在战犯管理所的改造，细致入微地刻画了他们人性的回归过程，对他们的战争记忆进行了挖掘和剖析。津田道夫的《南京大屠杀和日本人的精神构造》[③]揭示了战前日本每个国民都直接或间接地成为日本向外扩张发动侵略战争中的一员，提出日本国民有责任对当初支持战争进行反思。

20世纪90年代以来，日本出版了一批反映被侵略国家民众的苦难的调查和研究类著作。如石田米子、内田知行编著的《黄土地村落里的性暴力——大娘们的战争仍未结束》、上田信的《鼠疫与村落——731部队的细菌战与受害者的创伤》、关成和的《被731部队占领的村落——平房村的社

[①] 2003年，在日本右翼势力的怂恿下，南京大屠杀时开展杀人竞赛的"百人斩"刽子手向井敏明、野田毅的遗属向井千惠子、野田马萨等人，向东京地方法院提起诉讼，将本多胜一告上了法庭，企图对"百人斩"历史进行翻案。之后的这些年，本多胜一在法庭上一次次出具历史资料，为捍卫历史真相进行了不屈不挠的斗争。

[②] 野田正彰『戦争と罪責』岩波書店、1998。

[③] 津田道夫『南京大虐殺と日本人の精神構造』社会評論社、1995。

会史》、石井弓的《作为记忆的日中战争》① 等。他们"将个人的受害记忆作为学术研究的对象，从遭受战争摧残的个人及地域社会的角度分析战争的破坏机制和造成的后果，自下而上、自微观而宏观地解读历史"。② 这些有良知的日本学者、知识分子、普通民众既有战争受害者的意识，同时又具备战争加害责任的自觉，是针对日本人片面选择受害者记忆而做的努力。

三 中日如何共享战争记忆

中日作为那场战争的当事者，能否在战争结束 70 多年后的今天共享战争记忆？可否有超越民族感情和民族国家的战争记忆？如何摄取历史并对待民族创伤记忆？针对日本片面强调受害经验、回避加害经验的战争记忆，如何克服民族国家和各种意识形态的局限，超越民族的感情记忆，在中日之间、在东亚甚至在国际社会层面对那场战争形成一种公正、理性的认识？这一系列问题都需要我们认真研究和思考。

本文所指战争记忆的共享包含以下多个层面：日本作为侵略一方的加害者的战争记忆与中国和韩国等被侵略国家的受害者记忆的共享；日本民众在战时体制下"举国一致""铳后奉公"的体验与东京大空袭、原子弹爆炸等受害记忆的共享；日本"本土"人与冲绳人的战争记忆的共享；采访、挖掘被侵略国家民众受害记忆的日本人与大多数不了解历史真相的日本人之间战争记忆的共享。

要使集体记忆、民族记忆能够流传下来，通常需要借助一些承载物，如官方承载物、组织上的承载物、文化承载物、学术承载物以及其他承载物。具体而言，包括文献、书籍、器物、艺术、纪念碑、象征符号、博物馆以及公共仪

---

① 日语书名分别为『黄土の村の性暴力―大娘（ダーニャン）たちの戦争は終わらない』（創土社，2004）、『中国民衆の戦争記憶』（明石書店，2006）『ペストと村 七三一部隊の細菌戦と被害者のトラウマ』（風響社あじあ選書，2009）、『七三一部隊がやってきた村―平房の社会史』（こうち書房，2000）、『記憶としての日中戦争』（研文出版，2013）。
② 聂莉莉：《从战争受害记忆解读历史》，《武陵学刊》2011 年第 6 期。

式等。法国历史学家皮埃尔·诺拉提出的"记忆之场"（sites of memory）[①]概念主要包括三方面内容：一是具备物质意义的，如档案馆、博物馆、纪念碑、墓地等；二是具备象征意义的，如祭典、默哀、纪念日等；三是具备功能意义的，如成立的有关团体、编写的教科书等。因此，教科书、历史展馆以及文学作品、电视、电影等大众媒体担负有记录、传承民族记忆、战争记忆的职责，应客观描述战争带给双方民众的伤痛，让生活在和平时代的子孙后代了解和反思战争的历史，坚定地走和平之路。

记忆共享需要战争加害方和受害方的共同努力。战争加害方需要对战争有清醒的认知，对加害行为悔罪，从而达成自赎，获得战争受害方宽恕，与之和解。自我救赎的实现是需要一个痛苦而漫长的过程的，超越"国家利益"、对自己国家历史予以批判是艰难、痛苦的。令人欣慰的是，20世纪90年代以来，在追究日本战争责任的社会运动中，日本有良知的知识分子和民众与中国、韩国的研究机构、学者、市民团体开展了各种交流、声援和相互支持的活动。例如，在"慰安妇"问题上，日本一些市民组织特别是一些妇女团体对中国和韩国的"慰安妇"幸存者进行了大量的采访、调查和研究，对山西盂县"慰安妇"幸存者的对日索赔进行了声援。从2009年开始，日本民间组织举办的"二战时期日军性暴力图片展"在山西省武乡县、北京、西安、广州等地举办。近几年，中日韩学者及民间团体合作编写的《东亚三国的近现代史》、共同举办的"历史认识与东亚和平"论坛，显示了中、日、韩三国有识之士正在尝试跨越国境、共享战争记忆。虽然这些正义的力量和努力还很微弱，其社会影响力尚不足以左右日本政治和国家走向，但我们仍从其中看到了希望。只有越来越多的日本人能够对侵略战争这段加害历史有客观的认识，反思战争责任，日本才有可能走出历史阴影，求得战争受害国的谅解，从而实现民族的自我救赎。

探讨中日战争记忆的共享，还需要中日两国知识分子的共同参与，在东

[①] 皮埃尔·诺拉主编《记忆之场：法国国民意识的文化社会史》，黄艳红等译，南京大学出版社，2015。

亚构筑开放性的对话空间。其实，构筑这样的对话空间的并非遥不可及，起码已具备了三个基础：一是中日关于战争的记忆使之具有成为一个整体来讨论的可能性；二是日本的进步知识分子和民间团体在追究战争责任和传承战争记忆方面做出了积极的努力；三是教科书事件、靖国神社参拜、"慰安妇"问题、细菌战诉讼、日军遗留化学武器受害者索赔等历史问题已经延伸到现实，并日益受到国际社会的关注。

中国学者孙歌与日本学者沟口雄三就在尝试构筑这一知识的共同空间，即"知的共同体"。日本《世界》杂志分数期由多位作者论及东史郎诉讼案问题，2000年4月刊登了孙歌的《日中战争——感情与记忆的构图》，中国的《读书》杂志也于2000年第3期发表了孙歌的《实话如何实说?》、沟口雄三的《创造日中间知识的共同空间》。中日两国学者认识到中日两国人民在"南京"与"广岛"出现记忆的乖离，提出了感情记忆以及如何超越的问题，他们达成了如下共识：中日之间应建立一种能包容记忆的复杂性与多样性的东亚记忆，让中日两国的战争记忆成为东亚甚至是世界的共同记忆，并创造超越国家的东亚历史。

挖掘和公开战争受害方个体的、民族的战争记忆，使其升华为具有广泛认同的东亚记忆乃至全人类的历史记忆，这也是战争记忆共享的重要部分。中国政府将12月13日确定为南京大屠杀死难者国家公祭日，在这一天各界举行大规模的公祭活动。这是将南京大屠杀上升到人类共同悲剧的高度，以引起世界范围的广泛关注。将9月3日确定为中国抗日战争胜利纪念日暨世界反法西斯战争胜利纪念日，并于2015年的这一天举行了大阅兵。这是把中国视为反法西斯东方主战场，在世界范围与人类共识对接。同时，中国近年来也在加强战争受害者的证言、书信、日记等史料收集和整理工作，让历史说话，用史实发言。一系列有关战争记忆的著作相继出版，如《抗战家书：我们先辈的抗战记忆》《伤痕：中国常德民众的细菌战记忆》《义乌细菌战受害者口述史》《血火与堡垒——重庆大轰炸采访录》《"慰安妇"调查实录》等。在日益全球化和信息化的当今，这些收集和整理工作，将会让日本人了解中国民众的受害经历，修正日本人片面的战争受害者记忆。

中日两国民众共享战争记忆，需要沟通与相互理解，也需要情感上的超越和对本民族立场的超越。也就是说，在肯定自己的感情与立场的同时，承认别人的感情和立场，并在此基础上展开相互批判，把各自国家的记忆上升到更广阔的视野，在"相互缠绕的历史"[1]中创造历史。尽管从目前中日关系的现状以及日本政治、社会发展趋势来看，战争加害国与战争受害国共享战争记忆的目标似乎还很遥远，实现起来阻力也很大，但只要中日两国有识之士加倍努力，目标就会离我们越来越近。

---

[1] 孙歌：《〈感情记忆：面对相互缠绕的历史〉序言》，《开放时代》2002年第3期。

四　四十年来的近代中日关系史专题研究述评

近代中日关系的开端

——《中日修好条规》研究综述

徐一鸣[*]

  1871年9月13日，清政府全权代表李鸿章和日本政府全权代表伊达宗城在《中日修好条规》上正式签字，这是近代中日两国签订的第一个条约，中日正式建立了外交关系。1895年中日签订《马关条约》，废除了《中日修好条规》。在甲午战争之前，中日关系可以说是在《中日修好条规》的框架内进行的，对这个时期的中日关系产生了深远的影响。

  关于《中日修好条规》的档案资料较为丰富，《筹办夷务始末》《清季外交史料》《光绪朝中日交涉史料》《李文忠公全书》《日本外交文书》等档案文献对《中日修好条规》相关的史料有详细的记载。最早对《中日修好条规》进行较为全面研究的是王芸生的《六十年来中国与日本》（大公报社，1932），以此作为开篇；此外，1941年武汉大学政治系学生端木正（导师为王铁崖）的毕业论文《论中日修好条规》，对条规进行了逐条分析。1949年后，很少有中文论著涉及这一问题，一些译著中有所提及，主要有井上清《日本的军国主义》（商务印书馆，1958）、东亚同文会编《对华回忆录》（商务印书馆，1959）等。

  20世纪80年代以来，不少学者关注到这一问题，相关著作对《中日修

---

[*] 徐一鸣，南京大学历史学院博士研究生。

好条规》签订的背景、中日交涉的过程等方面内容进行了详细的梳理。主要有张声振《中日关系史》（吉林文史出版社，1986）、米庆余《日本近代外交史》（南开大学出版社，1988）、中国社会科学院近代史研究所《日本侵华七十年史》（中国社会科学出版社，1992），沈予《日本大陆政策史（1868～1945）》（社会科学文献出版社，2005），宋志勇、田庆立《日本近现代对华关系史》（世界知识出版社，2010），李育民《近代中外条约关系刍论》（湖南人民出版社，2011）等；许多被翻译成中文的日本学者的著作中也涉及《中日修好条规》，如信夫清三郎编《日本外交史》（天津社会科学院日本问题研究所译，商务印书馆，1980）、安冈昭男《明治前期日中关系史研究》（福建人民出版社，2007）、西里喜行《清末中琉日关系史研究》（社会科学文献出版社，2010）等。此外，还有以《中日修好条规》作为选题的博士学位论文，如徐越庭《〈日清修好条规〉的成立》（大阪市立大学，1994）、李启彰《近代日中外交的黎明：从〈日清修好条规〉的缔结过程看》（东京大学，2008）、森田吉彦《〈日清修好条规〉研究》（京都大学，2008）、白春岩《近代日中关系史的起点——〈日清修好条规〉的缔结与李鸿章》（早稻田大学，2013）等。

就具体研究内容而言，目前学界对《中日修好条规》的研究主要集中在以下几个方面。

一 《中日修好条规》的平等性

《中日修好条规》共十八条，同时签订的《中日通商章程》共三十三条。条规在内容上对中日双方的权利和义务的规定是对等的，而且双方是"自主"签订《中日修好条规》。因此，很多学者认为这是一个平等条约。信夫清三郎认为，对于当时同样深受于西方国家缔结的不平等条约之苦的中日两国而言，《中日修好条规》是"首次自主缔结的平等条约"。[①] 王玺指

---

① 信夫清三郎：《日本外交史》上册，第137页。

出:"中日修好条规,其体例虽大致仿照西约,但内容却基于平等地位,洵为中外条约,前所未有。"① 根据条规的内容,中日两国对等地享有领事裁判权,这同欧美各国在中、日单独享有领事裁判权的情况有根本区别;日本原来所希望的片面最惠国待遇以及内地贸易权等也都被排除在外,因此这个条约"体现了中日平等的精神"。② 沈予认为中日两国通过签订《中日修好条规》建立了外交关系,承担相互尊重主权和领土完整的义务,各自享有治外法权和关税协定权,而没有欧美列强不平等条约当中的"最惠国待遇一体均沾"的条款,因此,"就条约文字而言",这是一部"平等的条约"。③

对于《中日修好条规》中规定双方互享领事裁判权和协定关税权,有学者认为虽然双方享有对等的权利,但是领事裁判权和协定关税权本身就是对一个主权国家权利的侵害,所以《中日修好条规》不能称为一个真正的平等条约。王魁喜认为:"关于领事裁判权问题和关税协定的条款,如果是两个独立主权国家间的真正平等条约,就不该有这方面的条款。"④ 戚其章指出,《中日修好条规》"用平等的言词掩盖了实际上的不平等",中日互享领事裁判权和协定关税这两项内容在实际效果上是不利于中国的,只是从表面看一切权利双方平等,"称之为平等条约是绝对不行的"。⑤

中日立约是日本主动向中国提出的,相关研究认为日本与中国立约的目的并不是与中国建立友好的关系,而是为其对外侵略扩张做准备。日本与中国立约的直接原因是,希望通过缔结条约取得与中国平等的地位,获得对于当时从属于中国的朝鲜的优势地位,以便开始其"征韩"计划。"日本要求与清政府订约,其主要目的是通过迂回的方式打开进入朝鲜的通道,并非打算与中国建立平等的条约关系"。⑥ "所谓对华议定条约问题与'征韩论'

---

① 王玺:《李鸿章与中日订约:1871》,台北,中研院近代史研究所,1981,第128页。
② 中国社会科学院近代史研究所:《日本侵华七十年史》,第7页。
③ 沈予:《日本大陆政策史(1868~1945)》,第56页。
④ 王魁喜:《近代中日关系的开端——从一八七一年〈中日修好条规〉谈起》,《东北师大学报》1981年第1期。
⑤ 戚其章:《国际法视角下的甲午战争》,人民出版社,2001,第89~95页。
⑥ 李育民:《近代中外条约关系刍论》,第100页。

互为表里,成为日本政府对外推行基本国策方针的两个侧面。"① "日本对华立约与其觊觎中国大陆的企图是密不可分的。"② 从这个角度来看,《中日修好条规》不能称为一个平等条约。米庆余认为日本对华立约的根本目的在于染指或瓜分中国,在欧美列强以中国作为重点侵略目标的国际形势下,日本政府也欲插手其间,从而也就从根本上决定了1871年中日首次立约的性质,绝不是"自主缔结的平等条约",而是在走上资本主义的日本和沦为半殖民地的中国之间,出现近代侵略与压迫关系的开端。③

此外,有学者提出应从国际法的角度来评判《中日修好条规》的平等性。王建朗提出,对《中日修好条规》平等性的评判,应根据"国际法有关平等条约及不平等条约的通行标准",而判断条约是否平等的主要标准是"缔约双方所让与的权益是否相等"。就《中日修好条规》而言,无论日本在商订这一条约时怀有怎样的动机,但既然未能得逞,我们只能按照最后所达成的文字来评判该条约,在中日互享权利之时,日本在实际上所获得的不对称便宜,是否足以将条约定性为不平等条约,仍有待研究。④ 侯中军认为,"一个条约是否平等取决于两个因素:条约的缔结形式和程序是否平等;条约的内容是否对等,是否损害了中国主权。其中尤以后者为主要根据";"确立片面领事裁判权的条款都是对中国主权的侵犯,涉及此项特权的条约都属于不平等条约"。但是在理论上,双方互相享有领事裁判权的条约也有可能是平等的。通过《中日修好条规》,日本在中国取得了领事裁判权。虽然侵犯了中国主权,但并不是对中国的不平等,因为条款的规定是对等的,清政府在日本也具有同样的权利。⑤

虽然对于《中日修好条规》本身的平等性存在不同观点,但是大多数学者认为通过签订《中日修好条规》,中日两国建立了平等的国家间关系。

---

① 米庆余:《日本近代外交史》,第44页。
② 米庆余:《日本近代外交史》,第49页。
③ 米庆余、薛敬文:《一八七一年中日立约分析》,《历史档案》1982年第4期。
④ 王建朗:《近代中外关系史研究的新视野——读〈国际法视角下的甲午战争〉》,《抗日战争研究》2002年第2期。
⑤ 侯中军:《近代中国不平等条约及其评判标准的探讨》,《历史研究》2009年第1期。

例如，臧运祜指出，"以《修好条规》1871年9月13日签订、1873年4月30日换约为标志，近代中日关系的平等局面得以确立";① 郑海麟认为通过签订《中日修好条规》，日本成为"第一个根据欧洲国际关系的原则与中国建立对等国外关系的亚洲国家"。②

二 中日"修约"交涉

由于未能通过《中日修好条规》像西方国家一样获得在中国的片面最惠国待遇、内地通商等特权，以及条规第二条③的内容引发西方国家不满，日本自《中日修好条规》签订后至甲午战争前一直谋求与中国进行"修约"，但中国方面对此持拒绝或拖延的态度。

（一）中日"球案"交涉与"修约"的关系

明清时期，琉球王国一直与中国保持宗藩关系。1875年，日本要求琉球断绝与中国的宗属关系，并于1879年将琉球王国改为日本冲绳县，琉球国王向中国求助。中日围绕琉球问题展开了一系列交涉，称为"球案"。日本在"球案"交涉过程中借机提出了修改《中日修好条规》，提出所谓的"分岛改约案"，将琉球南部的宫古、八重山群岛划归中国，以换取清政府同意修改《中日修好条规》，加入"一体均沾"和日本在华内地通商权两项内容。臧运祜认为，分岛改约案"把琉球问题与对华修改条约紧密联系在了一起，而后者才是其真正的目的所在，即趁机攫取以前与中国在定约、改约、换约过程中尚未得到的在华不平等特权"。④ 廖敏淑认为："在球案问题

---

① 臧运祜:《〈马关条约〉与近代中日关系》,《湖南师范大学社会科学学报》2018年第1期。
② 郑海麟:《黄遵宪与近代中国》,生活·读书·新知三联书店,1988,第18页。
③ 《中日修好条规》第二条："两国既经通好,自必互相关切,若他国偶有不公及轻藐之事、一经知照,必须彼此相助,或从中善为调处,以敦友谊。"王铁崖编《中外旧约章汇编》第1册,生活·读书·新知三联书店,1957,第317~319页。
④ 臧运祜:《〈马关条约〉与近代中日关系》,《湖南师范大学社会科学学报》2018年第1期。

上，中国自始至终的目的都是让琉球复国，而非取得琉球岛屿，既然日本所谓的分岛案无法让琉球复国，则无须答应；日本已经通过'琉球处分'将琉球视为本国领土，自不可能同意中国'存球祀'的要求。如此，对中国而言，日方并未以重大利益来交换修约，却一味要求中国牺牲，故无论球案还是修约，都遭到中国拒绝。"① 由于清政府内部的反对以及中俄伊犁问题交涉顺利进行，清政府最终拒绝了日本的"分岛改约案"。

戴东阳从驻日使团的角度分析了"球案"与"修约"的关系，何如璋于1877年出任首位中国驻日公使，日本提出以"修约"换取"球案"的解决方案时，遭到何如璋的竭力反对，并致信李鸿章："力陈利益均沾及内地通商之弊。"其建议"直接影响了李鸿章的立场"，而且何如璋看出日本十分重视在华内地通商权，据此向总理衙门提议对日本可采取"球案不结，商约终不议行"的对策，并且此种策略为何如璋的继任者所延续。②

（二）"修约"与甲午战争的关系

廖敏淑认为："朝鲜问题引爆甲午战争已是学界共识，而除了朝鲜问题外，当时尚非强国的日本敢向中国逼战，还存在其他因素，特别是修约问题，日本认为若不通过战争则不能按自己的意愿解决，于是求战。"③ "《中日修好条规》签订后，日本随即向中国提出修约交涉要求，但从1871年达到1888年为止都未能成功。日本最终以甲午战争废弃了对等的《中日修好条规》，并借战胜而获取城下之式的外交与通商特权。"④

---

① 廖敏淑：《〈中日修好条规〉与甲午战争——以修约交涉为中心》，《抗日战争研究》2014年第4期。
② 戴东阳：《晚清驻日使团与甲午战前的中日关系：1876~1894》，社会科学文献出版社，2012，第91~93页。
③ 廖敏淑：《〈中日修好条规〉与甲午战争——以修约交涉为中心》，《抗日战争研究》2014年第4期。
④ 廖敏淑：《〈中日修好条规〉与甲午战争——以修约交涉为中心》，《抗日战争研究》2014年第4期。

三 清政府外交官员与《中日修好条规》

在1871年中日缔约过程中，李鸿章带领应宝时、陈钦等人草拟了条约初稿，并经过多次修改，在与日本谈判中据理力争，掌握了主导权，拒绝了日方提出的"一体均沾"等要求，最终使《中日修好条规》基本上按照中方提供的底本制定，而且对条规签订后日本提出的"修约"要求，也有理有据地予以拒绝。孙洛丹通过对中方三次条规草案文本的详细分析，认为三次草案的制定是对日方草案批驳、增删和修订的过程，凝聚了清朝官员的思考和努力，对于日方"比照泰西各国，通过条约关系获取利益"的倾向，清朝官员"始终保持敏感和抗拒的姿态"。[①] 对于李鸿章在《中日修好条规》中的行为，基本给予肯定，王玺认为李鸿章推动与日本订约"一则为防日以侵略，再则为联日以制西"，而李鸿章亲手筹划拟稿，则开创"国人创议条约草案之先河"。[②] 西里喜行认为："谈判的主导权始终掌握在李鸿章手里，以所属邦国之保全、日清提携、互相援助、最惠国待遇条款之排除为主旨的清国方面的提案成为谈判的基础。在会议上，围绕加入最惠国待遇条款双方展开了激烈的攻防，结果清国方面的主张占了上风。"[③] 李鸿章的行为展现了清政府外交官员在与西方国家的交往过程中已经在一定程度上形成了近代外交观念。付玉旺认为李鸿章已开始从传统的"华夷观念"的影响下走出来，对当时的国际形势有了较为清醒的认识，把与日本订约放在外交策略的角度来考虑。[④] 曲晓璠提出，李鸿章在当时的局势下敏锐地认识到"要'外敦和好'，减少衅端，争取外交主动权。用'以夷制夷'的方式来瓦解帝国主义列强的联合之势。否则，将无以自存。他的与日立约的主张就

[①] 孙洛丹:《外交文本修辞的背后——中日〈修好条规〉考论》,《清华大学学报》(哲学社会科学版) 2010年增2期。
[②] 王玺:《李鸿章与中日订约：1871》,第194页。
[③] 西里喜行:《清末中琉日关系史研究》上册,胡连成等译,社会科学文献出版社,2010,第271页。
[④] 付玉旺:《中日1871年立约述评》,《西南交通大学学报》(社会科学版) 2002年第4期。

是在这种变计图存的思想基础上提出的"。①

叶伟敏通过分析认为，虽然李鸿章和曾国藩都赞同与日本缔约，但是二人的侧重点不同，李鸿章重视通过缔结条约来拉拢或牵制日本；而曾国藩更主张以对等的态度与日本进行正常的交往，重视条约的平等，特别强调李鸿章所回避的"一体均沾"。但是二人的意见并不矛盾，李鸿章的意见为《中日修好条规》的尽快缔结提供了可能，而曾国藩的意见为条规成为中日关系史上第一个平等条约打下了基础。这是"曾国藩、李鸿章师生在近代中国外交上极为少见的合作之例"。②

此外，陈可畏利用新近出版发行的《同治十年日本国议约全案》、《同治年间中日经贸交往清档》以及新版《李鸿章全集》对在1871年中日缔约过程中起到重要作用的江苏按察使应宝时进行了研究，认为应宝时"为这次修约作出了不可磨灭的贡献"。③

其他相关的论文还有欧阳跃峰、李玉珍《李鸿章与近代唯一的平等条约》[《安徽师范大学学报》（人文社会科学版）1998年第2期]、刘世华《李鸿章与〈中日修好条规〉的签订》(《社会科学战线》1997年第1期）等。

四 《中日修好条规》的意义和影响

（一）对中国的影响

有学者认为签订条规对中国产生了不利的影响。米庆余指出条规本身不过是"一纸空文"，它并没有成为而后中日关系的准则，"立约一举，实际是清政府对日交涉失败的开始，它无异于正式宣布，对日本也敞开了中国的

---

① 曲晓璠：《李鸿章与1871年中日首次缔约交涉》，《社会科学辑刊》1991年第1期。
② 叶伟敏：《浅析1871年李鸿章、曾国藩对中日缔约意见之异同》，《史学集刊》2007年第5期。
③ 陈可畏：《应宝时与1871年的中日天津修约》，《清华大学学报》（哲学社会科学版）2010年第6期。

门户,以致日本不费一兵一卒便取得了相应的权益"。①

积极的方面主要是对清政府在与日本缔约过程中发挥的主导作用进行了肯定。曹雯认为:"中日缔约虽起自日本的要求,但条款之拟定却大部依据中国的意旨,可谓实践清政府外交新立场的良好开端。"② 李育民指出:"由于不平等条约关系对中国造成了极大的危害,清政府开始注意在新订条约中改变这一局面。"日本曾作为中国的藩属国加入华夷秩序,但自丰臣秀吉挑起对明朝的战争后便断绝了这一关系。明治维新之后,日本力图打开外交局面,谋求与中国建立新的关系。清政府在反复权衡之后,接受了日本的要求,并按照自己的意愿与其建立了平等的条约关系。清政府试图打破与西方国家的订约模式,冀望建立新的平等条约关系。"中日所签条约,'与历办西洋条约不同',是清政府建立平等关系的重要尝试。条约不仅规定了相互平等的权利义务,而且订约过程亦体现了中国的主导地位。此前,列强各国与中国订约,从来没有由中国提出草案的先例,这是中国首次按照自己的主张订约,避免了中外条约中的种种弊端。"③ "对中国而言,该约在实际上并不对等,但它在形式上是平等的,开创了以中国为主导的先例。其意义在于,在西方国家强权政治的大背景下,为中国建立平等条约关系,逐步摆脱不平等关系,作了最初的尝试,树立了可资借鉴的范式。"④

(二)对日本的影响

虽然《中日修好条规》没有包含日本所提出的最惠国待遇权和内地通商权,但是通过该《修好条规》,中日建立了平等的关系,日本对清政府交涉的最初目的即"日清两国地位平等"得以实现。对于"对清恪守事大藩属之礼的朝鲜"而言,日本在"名分上"取得了优越地位,打开了与朝鲜

---

① 米庆余、薛敬文:《一八七一年中日立约分析》,《历史档案》1982年第4期。
② 曹雯:《日本公使觐见同治帝与近代早期的中日交涉》,《江苏社会科学》2008年第6期。
③ 李育民:《甲午战争暨〈马关条约〉与中外条约关系的变化》,《抗日战争研究》2015年第2期。
④ 李育民:《甲午战争暨〈马关条约〉与中外条约关系的变化》,《抗日战争研究》2015年第2期。

建交的"方便之门"。① "这鼓舞了明治政府领导者，决心迅速实现酝酿中的大陆政策。"②

沈予认为日本政府通过签订《中日修好条规》取得的政治成果是："中日建立邦交，中国承认日本是对等国家。日本据此获得了对中国属邦朝鲜处于'上国的地位'。这对日本日后推行对朝鲜侵略措施极为有利。"③

宋志勇提出，从表面上看，在《中日修好条规》的谈判中，清政府占据了主动，没有使该条约成为一个新的丧权辱国条约。日本实际上也没有吃亏，虽然它没能在条约中取得与欧美列强一样的掠夺性权益，但其对清交涉的初衷目的却达到了。通过该条约，日本从法律上取得了与清国对等的地位，摆脱了传统的"东夷"卑微地位，在对朝鲜、对琉球的侵略扩张上，占得了先机。这是日本在条约外的重大收获。④

（三）对于近代东亚地区国际局势的深远影响

《中日修好条规》的签订标志着东亚地区传统的宗藩体制开始从内部瓦解，东亚国家之间开始建立起近代西方的条约关系。滨下武志提出《中日修好条规》可以说是"已经达到了相互承认领事裁判权等具有近代国际关系平等性特征的条约"，可以将其看成是"东亚国际关系进入近代标志的条约的嚆矢"。⑤ 韩东育认为要从近代东亚地区的整体变局上分析《中日修好条规》带来的影响。近代以前，东亚地区传统的国际秩序是以中国为主体的宗藩体系，而"近代以降东亚世界的整体变局和日本对邻国的侵越与压迫，亦始自条规，成于条规"，日本人为建立以其为中心的"大亚洲秩序"，首先要以欧洲"国际法"规定下的"条约体系"标准作为自己行动

---

① 信夫清三郎：《日本外交史》上册，第137页。
② 张声振：《中日关系史》卷1，吉林文史出版社，1986，第358页。
③ 沈予：《日本大陆政策史（1868~1945）》，第56~57页。
④ 宋志勇、田庆立：《日本近现代对华关系史》，第38页。
⑤ 滨下武志：《近代中国的国际契机：朝贡贸易体系与近代亚洲经济圈》，朱荫贵、欧阳菲译，中国社会科学出版社，2004，第48页。

的法理依据,来瓦解以中国为中心的宗藩体系,而通过缔结《中日修好条规》取得与中国平等的地位便是日本瓦解宗藩体系的第一步,此后日本出兵台湾、侵占琉球、并吞朝鲜以及甲午战后割占台湾等事件并不是孤立的,都根源于《中日修好条规》。条规的签署,不但让中方丧失了东亚的传统核心地位,还使清廷在日方的公法恶用下无法不弃琉保台、弃韩自保直至割台苟安。日本能与西方列强取得对等地位,也得益于《中日修好条规》及其埋下的伏笔。[①] 董灏智提出:"日本对近代'国际法'的活用为其肢解东亚传统区域秩序提供了新的理论支撑","以'万国公法'为主体的西方'国际法'传入日本之后,日本在西方国家的影响下意识到'国际法'的双重性,一方面,'国际法'强调的是尊重各国主权,维持诸国间的和平往来,然另一方面,却是大国欺凌、吞并小国或弱国的理论工具。因此,日本在明治维新初期(明治四年,1871)就将'万国公法'应用在与清国外交领域——签订了《日清修好条规》。对日本而言,这是自'隋倭国书事件'之后日本真正且合理取得了与中国对等的身份与地位,可谓意义非凡。"[②]

虽然目前学界对《中日修好条规》已经有了上述研究,但研究成果还比较薄弱,在以下几方面还有深入研究的空间。

(一)《中日修好条规》的签订对近代日本亚太政策形成与实施的影响

1927年7月25日,日本内阁总理大臣田中义一上奏天皇《帝国对满蒙之积极根本政策》(即所谓的"田中奏折",虽然学界对"田中奏折"的真伪存在争议,但其中所表述的内容已得到公认),提出:"惟欲征服支那,必先征服满蒙,如欲征服世界,必先征服支那。……此乃明治大帝之遗策,

---

[①] 韩东育:《日本拆解"宗藩体系"的整体设计与虚实进路——对〈中日修好条规〉的再认识》,《近代史研究》2016年第6期。
[②] 董灏智:《日本发动甲午战争的历史远因考察》,《外国问题研究》2017年第2期。

是亦我日本帝国之存立上必要之事也。"① 九一八事变爆发后，中国政府代表顾维钧在致国际联合会调查委员会的《关于日本占领东三省之说帖》中指出："日本以武力侵占东三省。原不过为其统治太平洋区域（如非统治亚洲全部）程序中之一阶段。此项程序由其明治时代之政治家所制定。"② 这些资料表明日本侵华战争属于肇始于明治时代的日本近代亚太政策的一部分。那么，明治初年签订的《中日修好条规》对日本近代亚太政策产生了怎样的影响，与中国签订了该修好条规是否可以视为明治政府实施其亚太政策的步骤之一？这些问题值得以更加全面和深远的视角进行探讨。

（二）从外交史的角度探讨《中日修好条规》对中日外交关系近代化的影响

当时中日两国通过与西方国家的交往已对近代国际社会的外交规则有所了解和掌握，在一定程度上形成了近代外交观念。在《中日修好条规》签订前的谈判交涉以及随后的"修约"交涉中，中日双方外交官员行为均表现出了一些近代外交特征。根据《中日修好条规》第四条的规定，两国互派使臣，开始按照近代国际外交规则进行国家间交往。《中日修好条规》隐示着中日两国都在试图主动运用近代外交规则在交往中来约束对方的行为，隐含着当时深受西方不平等条约束缚的中日都有一种对平等国家关系的期许，如中方将条约的名称定为"条规"，就是期望与先前的不平等条约有所不同。可以在外交史的视野下系统深入研究《中日修好条规》对近代中日外交关系的影响。

（三）对《中日通商章程》的研究

与《中日修好条规》一同签订的还有《中日通商章程》，一共有33条内容，对两国开放的通商口岸、商民的经商行为、货物的税率等都进行了详

---

① 龚古今、恽修编《第一次世界大战以来帝国主义侵华文件选辑》，生活·读书·新知三联书店，1958，第91~94页。
② 《参与国际联合会调查委员会中国代表处说帖》，上海商务印书馆，1932，第33页。

细的规定。但是目前还没有对《中日通商章程》进行专门研究的论著。鸦片战争之后,中国与外国签订的条约中,商约占据了很重要的地位,与中国通商、获取经济利益是西方国家侵略中国的主要目的之一。明朝末年中日断绝官方交往以后,日本试图与中国恢复来往的目的主要是与中国进行贸易。1871年日本要求与中国签约时提出的理由也是希望与中国通商。1871年《中日通商章程》对中日的经济贸易往来产生了怎样的影响,可以在经济史的视野下进行探讨。

(四)西方国家对中日签约的态度

当时中日两国都与西方国家签有不平等条约,这些国家对中日两国的签约十分关注,特别是《中日修好条规》中的第二条,使西方国家认为中日两国有结盟的倾向,日本外交文书里记载了一些西方国家驻日使节对日本施压的资料。在资料上,可以从当时在东亚地区有利益牵扯的英美等西方国家的档案中进行挖掘,如英国外交档案中收录了丰富的明治时期的日本资料。在全球史的视野下对《中日修好条规》这一近代东亚国家签订的第一个条约进行探讨,能更深入全面理解当时的东亚国际关系。

在《中日修好条规》正式生效的第二年,日本便罔顾条规的规定出兵中国台湾,随后又强迫琉球断绝与中国的宗藩关系,派军舰前往朝鲜,制造"江华岛事件",《中日修好条规》名存实亡。《中日修好条规》虽然为中日平等交流创造了条件,但那不是明治政府的本意。明治政府的目标是侵略扩张。如此这样一个条规反而约束了日本的对外政策,所以它早早地就被日本政府抛弃,没有发挥应有的作用。[1] 米庆余也认为:"从中日交换批准立约,到日本政府出兵侵台,这中间恰好是一年的时间,实可谓是墨迹未干,人声方散,《修好条规》便随之而去,失去了它应有的效力和意义。如果说中日近代关系史上有着严重的历史教训,这

---

[1] 宋志勇、田庆立:《日本近现代对华关系史》,第38页。

恐怕正是第一个。"①

1978 年 8 月 12 日，《中日和平友好条约》正式在北京签订，谱写了中日关系的新篇章，为四十年来中日两国和平相处提供了法律保障。代表中国政府在《中日和平友好条约》上签字的时任国务院副总理兼外交部长黄华认为，这是"两千年来中日关系史上第一个真正平等的和平友好条约，是基于中日关系的历史经验与教训的历史性总结，是真正反映了两国人民意愿、维护两国人民根本利益的条约"。② 回顾百年前签订的《中日修好条规》，虽然表达了"信敦和谊，与天壤无穷"的美好愿景，但未能实现，反而在一定程度上为近代日本向外侵略扩张埋下了伏笔。但不应忽视的是，《中日修好条规》是近代亚洲国家之间自主签订的第一个条约，体现了主权和平等的近代条约精神，以条约的形式开启了近代中日两国的交往，可以视为近代中日关系的开端。通过对《中日修好条规》的分析研究，能够更全面深刻地认识和理解近代中日关系，并通过总结过去的经验教训，为现实问题提供借鉴。

---

① 米庆余：《日本近代外交史》，第 51 页。
② 徐敦信：《〈中日和平友好条约〉从法律上巩固政治基础》，《人民日报》2005 年 4 月 28 日，第 7 版。

四十年来的"二十一条"交涉研究

吴文浩[*]

1915年1月18日,日本驻华公使日置益向袁世凯提出"二十一条"要求,导致中日关系史上"黄金十年"的终结与中日之间民族感情的恶化,并影响至今;又因袁世凯政府的最后让步是否与其随后推行的帝制运动相关,使这一问题成为中国近现代史研究中的重要课题,持续有新成果面世。本文主要介绍1978年以来国内外学界对该问题研究的进展,同时兼及1978年以前的研究成果。

一

中国方面最早收录较多中日"二十一条"交涉史料的是王芸生的《六十年来中国与日本》,其中中国驻日使馆的档案目前已不知所踪。近40年来,相关史料的出版有了很大进展。首先是政府档案资料的公布与整理,1883年,辽宁省档案馆公布了《"二十一条"签订经过的史料一组》,主要是北京政府接受日本最后通牒后,外交部与吉林巡按使之间及吉林省内机构之间的来往函件。[①] 1985年,台北中研院近代史研究所出版了《中日关系史料·二十一条交涉——中华民国四年至五年》,即台北中研院近代史研究所

---

[*] 吴文浩,武汉大学历史学院博士后。
[①] 辽宁省档案馆:《"二十一条"签订经过的史料一组》,《历史档案》1983年第2期。

档案馆所藏外交档案03-33系列，是研究"二十一条"交涉最为重要的中方史料，不过仅收录了1915~1916年的档案，而且中方档案中缺了第八次会议以后的谈判记录。① 黄纪莲编《中日"二十一条"交涉史料全编（1915~1923）》的特色在于补充了俄国方面的档案，并将时间下限延伸到1923年北京政府废除《民四条约》的交涉，不过该书名为"全编"，但终究未能全面网罗相关史料，不仅中文史料基本来自台湾方面出版的《中日关系史料·二十一条交涉——中华民国四年至五年》，而且没有收录日方资料。② 私人档案方面，《天津市历史博物馆馆藏北洋军阀史料·袁世凯卷》收录了袁世凯对"二十一条"交涉的批示手书，特别是其中优先解决第二号，然后议论第一、三号，拒绝讨论第五号的批示提示了中方的交涉方针，尽管学界对这一批示是否出自袁世凯之手及批示时间尚无定论。③ 此外，《袁世凯全集》《北洋军阀》《三水梁燕孙先生年谱》《顾维钧回忆录》《一生之回忆》《五十自述记》《我所经手二十一条的内幕》等文集、年谱、回忆录的价值亦不可忽视。

在提出"二十一条"要求的日本，与之相关的档案材料保存不多，这主要是因为日本方面在二战前后销毁了大批档案，其中就包括与"二十一条"相关的官方档案，因此目前可供利用的日方档案主要是外务省外交史料馆所藏松本记录及《日本外交文书》。④ 不过日本方面私人文书保存情况优于中国，如大隈重信、加藤高明等人的文书都是了解日方情况的重要资料。

由于中、日双方资料都存在不少缺憾，而在此次交涉中，无论是中国，还是日本，都与英、美等国进行了诸多的沟通，因此《美国对外关系文件集》（*Papers Relating to the Foreign Relations of the United States*）、《英国外交事务文件集》（*British Documents on Foreign Affairs*）等第三方资料同样不可忽视，其

---

① 中研院近代史研究所编《中日关系史料·二十一条交涉——中华民国四年至五年》，台北，中研院近代史研究所，1985。
② 黄纪莲编《中日"二十一条"交涉史料全编（1915~1923）》，安徽大学出版社，2001。
③ 王宜恭、李经汉、张黎辉总编《天津市历史博物馆馆藏北洋军阀史料·袁世凯卷》，天津古籍出版社，1996。
④ 臧运祜：《现代中日关系史研究上永远的缺憾——关于日本投降前后烧毁文书的情况及其他》，《近代史研究》2005年第5期。

中英国外交部FO档案中的FO371/2322、FO371/2323包含了中日谈判过程中的会议记录，正好补充了中方资料的不足。此外，英国外交大臣格雷（Edwar Grey）及驻华公使朱尔典（John Jordan）的资料亦非常重要。美国驻华公使芮恩施（Paul Samuel Reinsch）的回忆录及北京政府顾问莫理循（George Ernest Morrison）的书信集均已出版并翻译成中文。

因在此次交涉中，中国主动泄露相关信息，使得报纸上亦刊载了不少资料，故这一时期的中、日、英文报纸亦是研究时不可或缺的资料。

史料方面最新的进展是，北京大学历史学系尚小明教授挖掘了北京大学历史学系收藏的1913～1915年袁世凯密档中与"二十一条"交涉相关的20份文件，这批材料是20世纪50年代初清华大学历史学系自参与"二十一条"交涉的袁世凯心腹曾彝进处购得，院系调整时划归北京大学历史学系，因保存散乱，不对外开放，此前未被其他学者利用。

二

第一部专题研究中日"二十一条"交涉的著作是李毓澍的《中日二十一条交涉》，李氏同时是前述《中日关系史料·二十一条交涉——中华民国四年至五年》的编者，因此对中研院近代史所档案馆藏相关史料十分熟悉，并参考了当时日本已公布的文献，对相关史事进行了较为详细的梳理，不过该书仅出版上册，叙述到1915年3月9日第八次会议。[①] 该书倾向于认为袁世凯为寻求日本对帝制的支持而对日妥协，带有强烈的革命史观色彩。四十年来，这种带有强烈革命史观色彩的论断不断受到质疑，新的研究取向主要体现在以下几个方面。

（一）"二十一条"与《民四条约》的区分

日本所提"二十一条"要求并未完全落实到中日之间达成的《民四条

---

① 李毓澍：《中日二十一条交涉》上册，台北，中研院近代史研究所，1966。

约》条文中，因此两者不可简单等同，尽管时人及后人（包括学界在内）多以"二十一条"指称《民四条约》，但毕竟不是严谨的用法，张振鹍先生指出需要明确区分两者，"二十一条是《民四条约》的缘起，而《民四条约》是二十一条的结局"，为此与郑则民先生发生论战，推进了学界在此问题上的认知。① 龚炳南辨析了"二十一条"最后通牒的时限问题，指出众多论著中最后通牒内 48 小时、24 小时答复的说法有误，日本最后通牒的时限是 51 小时，中国政府的答复是 56 小时。②

（二）对中日双方交涉策略的分析

有趣的是，中日双方长期以来均认为自己在此次交涉中失败。日本方面，交涉结束后不久，松本忠雄称赞日本政府面对中国的抵制，不但仍能使日本权利得以扩张，亦有助于中日亲善。③ 不过这一观点在日本国内并非主流。山根幸夫分析了日本政界、学界及其他有影响力人士的意见，指出他们认为日本政府交涉不得法，所提条件未经过审慎研究与内部整合，胁迫甚至出兵施压并非良策，最后通牒使日本丧失了转圜空间，反而增加了中国对日本的恶感，最后通牒中的让步有损日本颜面等。④ 卫藤沈吉指出，"二十一条"要求与列强此前在华扩张利权的方式并无太大差别，但结果却不同。其原因是日本政府外交上的迟钝，没有意识到帝国主义式的外交已经不合时宜，反而刺激了中国及美国的反日情绪，日本最后虽然取得了交涉的胜利，但代价过高。⑤ 北冈伸一认为，第五号要求特别是其中的一、

---

① 张振鹍：《"二十一条"不是条约——评〈中国近代不平等条约选编与介绍〉》，《近代史研究》1999 年第 2 期；郑则民：《关于不平等条约的若干问题——与张振鹍先生商榷》，《近代史研究》2000 年第 1 期；张振鹍：《再说"二十一条"不是条约——答郑则民先生》，《近代史研究》2000 年第 1 期。
② 龚炳南：《"二十一条"最后通牒的时限》，《近代史研究》1986 年第 5 期。
③ 松本忠雄『日支新交渉に依る帝國の利權』清水書店、1915。
④ 山根幸夫「廿一箇交涉と日本人の対応」『中國史・陶磁史論集：佐久間重男教授退休記念』燎原株式会社、1983。
⑤ 卫藤沈吉：《中国的国际关系（1911~1931）》，费正清主编《剑桥中华民国史》第 2 部，章建刚等译，上海人民出版社，1992，第 104~113 页。

三、四项并非要中国全盘接受，而是为了在谈判过程中换取中方在其他问题上让步而提出的筹码，最后会放弃，所以向列强通报时省去了这些内容。岛田洋一不同意北冈伸一的意见，指出第五号要求中并非所有条款都是预计最后要放弃的交换条件，至少在铁路利权等条款上是希望中方接受的。①

中国方面，王芸生在20世纪30年代出版的《六十年来中国与日本》一书称赞袁世凯交涉得宜，对谈判结果持肯定态度。不过80年代以前，海峡两岸学界多是对袁世凯政府的交涉持否定态度，认为是外交失败。近年来这一评价已基本被放弃，学界多称赞袁世凯政府交涉得法，如张华腾指出，在交涉中袁世凯逐条批示意见，拟定了谈判方针与策略，派人游说日本元老，泄露消息引起国际关注，在主要问题上据理力争，体现了袁世凯对日本侵略的斗争与妥协，最后结果与日本最初要求已有很大不同，袁世凯政府尽了最大努力，不能视袁世凯及参与谈判的人物为卖国贼。② 袁世凯的交涉策略得到了较多的分析，如论者均指出袁世凯政府运用新闻策略将日本要求的内容及会议情形泄露给外国报纸，以制造国际舆论，同时允许国内媒体自由刊发爱国反日言论，以为交涉后盾，同时迫于日本的压力及防止国民"干预"外交的考虑，又尽量控制过激舆论，以免妨碍交涉的和平解决。李永春则具体分析了袁世凯政府在交涉中如何运用新闻策略的问题，指出一方面是利用报刊舆论为交涉后盾，另一方面又限制报刊舆论，以对日妥协。③ 曾荣认为袁世凯政府对报刊舆论的利用，推动了国民外交从晚清时期自主争利权到民国时期为政府交涉后盾的变化，当然这种从"主体"到后盾的变迁，并不意味着国民外交从对外交涉前线的退出，而是体现了对政府外交的监督。④

---

① 参见奈良冈聰智『対華二十一ヵ条要求とは何だったのか——第一次世界大戦と日中対立の原点』（名古屋大学出版会、2015）的介绍。
② 张华腾：《袁世凯对日本侵略的抵制与妥协》，《民国研究》2012年第2期。
③ 李永春：《中日"二十一条"交涉与袁世凯政府的新闻策略》，《江西社会科学》2006年第9期；李永春：《"二十一条"交涉期间的政府外交与社会舆论》，《求索》2007年第9期。
④ 曾荣：《报刊舆论与中日"二十一条"交涉前后的国民外交》，《学术研究》2018年第8期。

英文学界对中国在此次交涉中的表现评价亦较高，如陈刘洁贞等人认为袁世凯在交涉中完美运用拖延战术，获得列强的同情，迫使日本放弃了很多此前的要求，是一场重大外交胜利；戚世皓称赞中国的外交技巧之高妙，同时批评袁世凯在谈判中未能清楚认识到列强并无保护中国的义务。①

（三）最后妥协是否与帝制运动相关

受长期革命宣传的影响，人们曾认为袁世凯为了复辟而卖国，接受日本的侵略要求。如王芸生《六十年来中国与日本》对袁世凯政府在"二十一条"交涉中的表现持肯定态度，但1980年该书再版时却删除了肯定性的评价，转而批判袁世凯为了推行帝制而出卖国家主权。学者李毓澍亦坚持袁世凯为了寻求日本对帝制运动的支持而妥协。日本学者久保田文次认为日本看透了袁世凯的帝制野心，以暗示支持帝制的方式促使袁世凯接受日本要求。米庆余先生未否认两者存在关系，指出日本不仅清楚袁世凯的野心，而且早就支持、助长袁世凯的野心，不过"二十一条"是日本侵华政策的必然结果，袁世凯帝制运动只是为日本的侵华要求提供了客观条件。② 不过这一观点逐渐被修正，如有学者认为日本抓住一战爆发后中国孤立无援的机会，利用袁世凯急于巩固权力的弱点，并加以武力威胁，最终迫使袁世凯接受日本的侵略要求，这一结局是由中日两国实力对比和残酷的国际政治现实决定的，尽管袁世凯有承认"二十一条"以换取日本支持帝制的一面，但不能

---

① Chan Lau Kit-Ching, *Anglo-Chinese Diplomacy, 1906 – 1920: in the Careers of Sir John Jordan and Yuan Shih-kai* (Hong Kong: Hong Kong University Press, 1978); Peter Lowe, *Great Britain and Japan, 1911 – 15: A Study of British Far East Policy* (London: Palgrave Macmillan, 1969); Tien-yi Li, *Woodrow Wilson's China Policy, 1913 – 1917* (New York: Octagon Books, 1969); Madeleine Chi, *China and Diplomacy, 1914 – 1918* (Cambridge Mass.: East Asian Research Center, Harvard University, 1970); Earnest P. Young, *The Presidency of Yuan Shih-k'ai, Liberalism and Dictatorship in Early Republican China* (Michigan: The University of Michigan Press, 1977).

② 米庆余：《对〈袁世凯的帝制计划与二十一条〉一文的质疑》，《近代史研究》1983年第1期。

简单地将不得已的外交妥协视作卖国，更不能将责任完全推给袁世凯。① 唐启华指出，袁世凯之所以在交涉结束后称帝与其自认日本不至于反对有关，并且洪宪帝制之所以失败，与日本在"二十一条"交涉后竭力推翻袁世凯的统治有关。② 较为中立的英文学界亦不认为袁世凯为了称帝而卖国，如戚世皓通过梳理这一时段的档案史料，认为不能断定袁世凯对日妥协与其复辟帝制有关系。③

（四）孙中山与"中日盟约"

因在交涉中对日让步，袁世凯被革命党宣传成卖国贼，袁世凯在此时期亦宣称"孙中山卖国"，不过未提出直接证据。后来日本学者藤井昇三从档案中发现了交涉期间孙中山与日本人签订的盟约，他与中国学者陈锡祺、李吉奎等认为盟约是真实的，还有一些学者认为这些文件是日本伪造的，以作为侵略中国的依据。④ 俞辛焞先生的态度是暂时存疑，认为还需要进一步挖掘史料进行考订。⑤ 王刚利用《谢持日记》（未刊稿）和日本海军省档案中的"王统密报"进行考证后，倾向于认定盟约是真实的，指出双方并未签字，孙中山亦未因此得到日本的援助。⑥ 至于如果盟约为真，该如何评价孙中山，有持批评态度的，也有学者指出尽管该盟约内容与"二十一条"类

---

① 宋开友：《袁世凯与日本对华"二十一条"谈判》，《广西社会科学》2005年第3期；马良玉：《袁世凯与"二十一条"》，《历史教学》2005年第2期；苏全有：《袁世凯与〈二十一条〉新论》，《船山学刊》2005年第4期；郭玉富、张根生：《也谈中日二十一条交涉与袁世凯帝制的关系》，《云南民族大学学报》（哲学社会科学版）2006年第6期。
② 唐启华：《洪宪帝制外交》，社会科学文献出版社，2017。
③ 戚世皓：《袁世凯称帝前后（1914~1916年）日本、英国、美国档案之分析与利用》，台北《汉学研究》第7卷第2期，1989年12月。
④ 藤井昇三：《二十一条交涉时期的孙中山与〈中日盟约〉》，《国外辛亥革命史研究动态》第5辑；松本英纪：《二十一条问题与孙中山》，中国孙中山研究会编《孙中山和他的时代——孙中山研究国际学术研讨会论文集》上册，中华书局，1989；陈在俊：《中日关系史上一桩重大疑案的辩证》，《近代中国》1991年第84期；王耿雄：《孙中山与"中日盟约"的真相》，《历史档案》1997年第3期；王耿雄：《再论孙中山与"中日盟约"的真相》，《历史档案》2000年第4期。
⑤ 俞辛焞：《孙中山的中日盟约问题辨析》，《近代史研究》1997年第2期。
⑥ 王刚、赵正超：《孙中山与"中日盟约"问题新证》，《史林》2018年第1期。

似，但孙中山的举动是服从革命事业的策略，与袁世凯接受《民四条约》性质不同，不能混为一谈。①

（五）《民四条约》缔结后的中日交涉

尽管被迫签订了《民四条约》，但北京政府还是尽力限制日本通过条约攫取的权利，如通过《惩办国贼条例》《商租地亩须知》等行政命令抵制日本的条约权利，并于1923年宣布废除《民四条约》。②这次废约未能得到日本的认可，除了外交因素外，还与中国国内的政争有关。③尽管张作霖通常被视作亲日派，但他不仅在交涉期间反对妥协，在中日签约后，主政东北的张作霖在南满区域、土地商租权、设立领事馆等问题上尽量限制日本势力。④1923年中国宣布废约的依据是情势变迁原则，日本利用条约神圣原则进行反驳，并与英美沟通，但没能在国际道义上站住脚，尽管北京政府的法理诉求未能说动日本，但此举反映了北京政府国际法观念的转变，也为日后的修约外交、废约外交提供了方法与经验。⑤

（六）对中国民族主义运动的影响

正如川岛真所言，受资料保存情形的影响，中国国内有关"二十一条"与《民四条约》的外交史研究长期停滞不前，反而比较重视与中国民族主义和政治思想史相关的民众与知识分子的动向的研究。⑥左双文、陈伟分析

---

① 参见杜继东《中国大陆地区孙中山与日本关系研究回顾》，《近代史研究》2005年第3期。
② 唐启华：《被"废除不平等条约"遮蔽的北洋修约史（1912~1928）》，社会科学文献出版社，2010。
③ 赵垫均：《外交与内争——1923年北京政府撤废"二十一条"交涉及其所遭受来自国内的阻碍考述》，《兰州学刊》2018年第1期。
④ 王秀华：《张作霖与二十一条交涉》，《社会科学辑刊》1995年第4期；王海晨：《张作霖与"二十一条"交涉》，《历史研究》2002年第2期。
⑤ 吴翎君：《1923年北京政府废除"中日民四条约"之法理诉求》，《新史学》2008年第3期；王栋：《中国的不平等条约：国耻与民族历史叙述》，复旦大学出版社，2011；张逦：《围绕1923年废除"二十一条"法理问题的中日交涉辨析》，《日本研究》2017年第1期。
⑥ 川岛真：《"二十一条要求"和中日关系》，魏格林、朱嘉明主编《一战与中国：一战百年会议论文集》，东方出版社，2015。

了陈独秀、李大钊、蔡元培、胡适等新式知识精英的初步反应,指出处于迷茫期的新式知识精英对这一危机做出了不尽一致的反应,如李大钊认为应"策政府之后,以为之盾",对袁世凯政府还抱有一定幻想,虽对于如何组织民众、抵抗外敌侵略尚无具体可行的主张,但仍坚持乐观主义的奋斗精神;人在法国的蔡元培先是与汪精卫、李石曾等人商议组织"御侮会",试图唤起民众,同样拿不出具体可行的方案;尚在美国的胡适鉴于中国还无力与日本抗衡,故反对激烈的武力抵抗,认可抵制日货,认为应"以镇静处之",体现了他渐进的、文化教育救国论者的特征;陈独秀对袁世凯政府深恶痛绝,亦对政治革命失去信心,开始意识到应从事思想的革命,并初步将反封建与爱国反帝初步结合起来,迈出了走向新民族主义革命的第一步。他们对这一危机的不同反应,反映了先进的中国人探索救国救民道路的曲折性。[①] 精英人物尚未能找到救国的道路,二三流人物就更是如此了。[②] 陈廷湘分析了交涉期间民众情绪的变化,指出由于此事对民众而言属于不关己之需的长远利益,民众情绪激越化的因素单一,文化人反对采取过激行动,商界倾向于采取平稳的运动方式,形成了对民众运动的无形控制力,决定了民众的抗议运动迅速走向平静。[③] 王奇生指出,"二十一条"时期民众运动之所以不如五四运动及五卅运动,主要是由于1915年民众运动的主导群体仍是传统士绅及城市商业精英,行动方式也仅限于集会通电、示威游行、经济抵制,政治口号亦较为温和具体,导致这一亡国危机并未引发大规模的民众集体运动。[④] 臧运祜从近代民族主义与五四运动的思想源流的角度分析了

[①] 左双文、陈伟:《朦胧的、不确定的救国理念——"二十一条"交涉期间新式知识精英的初步反应》,《南京大学学报》(哲学·人文科学·社会科学版)2007年第3期。黄文治的研究亦得出类似的结论,参见黄文治《民国新型知识精英群体救国反应比较研究——以袁世凯时期"二十一条"交涉为中心》,《北方论丛》2009年第6期。
[②] 黄文治:《晚清民国报人陈景韩救国理念初探——围绕袁世凯时期"二十一条"交涉之初步反应》,《北华大学学报》(哲学社会科学版)2009年第1期。
[③] 陈廷湘:《民众情绪变化与抗议二十一条运动》,《社会科学研究》2005年第4期。
[④] 王奇生:《亡国、亡省、亡人:1915~1925年中国民族主义运动之演进》,中国社会科学院近代史研究所编《第三届近代中国与世界国际学术研讨会论文集》第1卷《政治·外交》(上),社会科学文献出版社,2015。

"二十一条"交涉对中国民族主义的影响,认为在民国初年一度消退的民族主义思潮因"二十一条"交涉期间北京政府的新闻政策而再度高涨,国耻由此成为全民记忆,但是袁世凯并未挟民族主义而对日抗争,反而在对日妥协后迅速走上了复辟帝制的道路,导致民族主义由对外转向对内,因此应将1915年视作五四运动"直接而重要的源头活水"。① 李斌全面梳理了"二十一条"交涉对中国内政外交的影响,以揭示民国时期社会政局变化的深层次民族主义因素。②

(七)对东亚国际关系的影响

学界多认为"二十一条"要求是日本利用第一次世界大战的机会,推行大陆政策的产物,表明日本试图独霸中国,试图将中国变成日本独占的殖民地,标志着日本的大陆政策进入新阶段。③ 崔丕侧重分析了推行大陆政策过程中日本内部的分歧,指出"二十一条"是日本政府内部各个政治派别侵华方针的总和,其中加藤高明及田中义一最看重第二号要求,陆军和元老则最看重第五号要求,因没能实现最初所提要求,加藤辞职,陆军在外交事务中影响力上升,不过陆军内部亦存在分歧,陆军中坚层反对寺内正毅支持袁世凯的政策,继续谋求在"二十一条"交涉中未能取得的利益,最终走上了全面侵华的道路。④

有关列强对"二十一条"的反应,金光耀指出在日本提出"二十一条"要求之初,袁世凯尚无向列强泄露日本要求的内容的想法,是顾维钧首先私下向芮恩施及美国记者泄露了消息,从而推动了北京政府向美、英、俄等国

---

① 臧运祜:《从"五七"、"五九"到"五卅"、"五三"——中国近代民族主义与五四爱国运动的思想源流》,中国社会科学院近代史研究所编《纪念五四运动九十周年国际学术研讨会论文集》下册,社会科学文献出版社,2012。
② 李斌:《拒日图存:中国对日"二十一条"交涉及其影响》,社会科学文献出版社,2018。
③ 米庆余:《日本对华提出〈二十一条〉的背景》,《历史教学》1982年第6期;郎维成:《日本的大陆政策和二十一条要求》,《东北师大学报》(哲学社会科学版)1984年第6期。
④ 崔丕:《也谈日本的大陆政策和二十一条要求——与郎维成同志商榷》,《世界历史》1986年第3期。

透露"二十一条"要求，在具体执行过程中顾维钧发挥了主导作用，促使美国政府声明不承认有损美国在华利益的条约，不过美国不反对均沾日本取得的利益。交涉中北京政府的外交具有明显的联美制日特征，是外交上可行的选择，不过顾维钧等人并未充分意识到美国的对华政策与中国的期望之间的落差。① 黄纪莲利用俄国档案，考察了沙俄在"二十一条"交涉中的态度，指出沙俄因忙于一战，需要日本的军火供应，并希望日本配合维护在中国东北和蒙古的侵略权益，还试图在北满谋取与日本在南满相同的利益，因此采取了牺牲中国、讨好日本的立场。② 侯中军利用英国档案，分析了英国外交部在中日交涉中的作用，指出日本在向英国通报时，刻意隐瞒了第五号要求。英国确认第五号要求存在后，最初认为其可能是作为谈判筹码而提出的，但很快改变了看法，认为第五号要求并非"愿望"，因此向日本提出：如果日本对华要求损害英国在华利益的话，必须先与英国协商，并要求日本不得违背英日同盟的宗旨。在英国的干预下，日本决定暂缓提出第五号要求。由于深陷于欧洲战场，英国无力东顾，不愿中日发生战争，在日本向中国发出最后通牒后，英国一方面说服日本不要诉诸武力，另一方面力劝中国接受最后通牒，以维护英国在华利益。③ 尽管列强出于各种考虑，并未阻止日本的最后通牒，日本得以实现了部分要求，但是此事暴露出日本旧式外交理念与威尔逊提出的新外交理念、准则相违背，东亚的国际政治环境亦发生大变化，日本的近代外交危机由此肇始。④ 日本学者平间洋一认为，面对加藤高明的强硬态度，英国外交部开始对日本感到失望，潜藏了英日同盟崩溃的线索。⑤

---

① 金光耀：《顾维钧与中美关于"二十一条"的外交活动》，《复旦学报》（社会科学版）1996年第5期；金光耀：《顾维钧传》，河北人民出版社，1999；梁乙新：《美俄在中日"二十一条"交涉中的态度之比较》，《中山大学研究生学刊》（社会科学版）2008年第3期。
② 黄纪莲：《沙俄在日本对华"二十一条"交涉中的态度》，《近代史研究》1982年第1期。
③ 侯中军：《英国与中日"二十一条"交涉》，《历史研究》2016年第6期。
④ 李小白：《近代日本外交危机的肇始》，《东北师大学报》（哲学社会科学版）2014年第4期。
⑤ 平间洋一：《对华二十一条与日英关系》，纪宪、以明译，《民国档案》1995年第2期。

（八）最新的研究进展

尽管"二十一条"交涉的研究此前因强烈的革命史观的影响，存在严重的将政治宣传当成历史事实的现象，不过，这一状况在近十年间有了很大的改观。

唐启华教授系统论述了"二十一条"的名称、内容与意涵，"二十一条"神话与袁世凯卖国称帝，中国朝野抵制与要求废除《民四条约》的法理依据，中日废除《民四条约》的交涉与20世纪20年代修约运动的关联性等问题，指出袁世凯政府在交涉中的表现可圈可点，绝非卖国外交，对袁世凯政府的评价是国共两个革命政党逐渐建构起来的，中日"二十一条"交涉及废除《民四条约》运动时中国朝野主张废除不平等条约的重要渊源，也是国人国际法观念发展的重要触媒，并采取了法理与抵制相结合的斗争方式，亦是中国民族主义发扬的主要根源，且深刻影响了后续的中日关系及20世纪20年代中国走向"革命废约"。

唐启华教授的学生吕慎华著有《袁世凯政府与中日二十一条交涉》，该书研究旨趣是"以各相关国家外交档案为主、以中国政府立场为中心，深入研究中国政府于中日交涉期间种种努力"，综合运用了中、日、英、美、等国外交档案与文书，以及顾维钧、曹汝霖、莫理循、曾叔度、芮恩施等相关人员的回忆录、传记、日记、年谱、信函等资料，辅以当时的报纸杂志，对中日交涉的进展进行了详细的研究。吕慎华长期关注袁世凯的外交策略，指出袁世凯有丰富的对日交涉经验，亦了解"以夷制夷"的策略难以成功，所以虽重视英国的意见，但更希望能得到美国的支持，在联英制日、联美制日之外，采用拖延战术，在国内营造举国一致对日的气氛，在国外则制造亲华舆论，其中英国政府虽不乐见日本独占中国，但更不想中日谈判破裂，导致中国加入同盟国，故一面劝告日本镇定，一面建议中国接受日本要求，并未如袁世凯所期望的那样支持中国；俄国虽关心中日交涉的进展，但是因陷于战争中无力干涉，且希望从日本购买军火，故亦希望中国接受日本通牒，以免中日爆发战争；美国是以维持在华既有条约利益与公平竞争机会为重心,但对中日两国交涉的结果影响不大,美国的不承认声明是在推动列强共同干涉的努力失败后的结果,日本并未因美国的要求而减少对华要求。三国在此次交涉中均以本国利益为中心,并未产生袁世凯所预期的牵制作用。袁世凯利用日本内部的矛盾,特别是元老对加藤高明的不满,成功迫使加藤撤回了第五号中除福建以外的条款,其中英国3月10日照会对加藤的影响不大,最主要的是元老的牵制力。至于"二十一条"交涉与帝制运动的关系,他认为此次交涉令袁世凯对日本产生轻视心理,并以为日本扩张在华权利的目的已经达到,短期内不会再制造争端,且辛亥革命时日本曾反对共和,因此判断大环境并非不利于帝制运动,所以在帝制派的推动下开始推行帝制运动。"二十一条"要求不仅未能解决中日之间悬案,刺激中国民族主义,更间接导致英日同盟的终结,还制造了更多的冲突,是九一八事变的远因。①

近年来,日本学界有关"二十一条"交涉最重要的研究成果是奈良冈聪智的『対華二十一ヵ条要求とは何だったのか——第一次世界大戦と日中対立の原点』。奈良教授广泛运动了日、英、美等国档案资料,从日本的决策层面研究了"二十一条"交涉是如何形成的,细致分析了日本政坛上各势力的意见对应的具体部分,指出日本内阁给日置益的最初十七条指示并未区分要求与希望,后来容纳陆军的要求形成了第五号,从而成为"二十一条",而中方同意的1月26日修正案实际上是二十四条。他在前人研究基础上指出第五号中既有交换条件,亦有希望中国同意的内容。他认为"二十一条"中日本最为看重的是在中国东北的利益,希望将旅顺、大连租借地租借期延长,亦称赞袁世凯政府应对策略得当。他还指出欧美列强反对的是第五号,如果没有第五号,日本的要求就是"凝练的帝国主义外交",因此"二十一条"要求是日本对欧美列强外交的失败,这一失败还成为中日对立

---

① 吕慎华:《袁世凯政府与中日二十一条交涉》,台北,花木兰文化出版社,2011。

的起点。①

　　近年有关"二十一条"交涉最值得重视的论文是尚小明教授的《"二十一条"交涉的另一条管道——总统府相关活动透视》。该文根据新发现总统府交涉密档及其他相关记述，着重分析了交涉中的暗道——总统府，指出关键人物是有贺长雄，负责袁世凯与有贺长雄之间联系的，在国内是袁的心腹幕僚曾彝进，在日本是驻日公使陆宗舆。该文揭示了此前研究中忽视的几点内容：（1）袁世凯曾两次派有贺长雄返日活动，一次是在开议前派有贺返日打探元老态度，接着在谈判陷入僵局后，再派有贺返日，游说各元老向大隈内阁施压，而非此前所误解的一次；（2）袁世凯在开议之初便通过手中掌握的有贺致松方正义密函，知晓了日方的交涉策略，袁由最初无意泄密到后来采取拖延、泄密等针锋相对的应对措施，应与他看到此函有密切关系；（3）为促使各元老向日本内阁施压，袁曾利用元老一方的"亲善"表示，同意设立"外友会"，并秘邀松方正义访华，揭开了有贺致总统府电文中所谓"秘密一事"及驻日使馆致外部电文中所谓"密约一条"的谜底，同时也证明袁世凯并没有为称帝而与日方进行秘密交易；（4）交涉行将结束时，曾彝进还向袁提出过一个不为学界所知的《中日交涉善后议》密呈，就交涉结束后国家发展的内政外交方针及一些具体举措提出建议。上述内幕的明确或公开，使我们得以掌握更加丰富的史实细节，从而可以在更完整、深入的层次上观察"二十一条"交涉的整个过程。作者认为外交部因职能所限，只能与日方相应部门进行交涉，总统府却可利用秘密管道直通日方最高层，然后利用其内部对华政策分歧开展工作，从而达到减轻自身所受压力的目的；外交部在台前的交涉虽然跌宕起伏，不乏唇枪舌剑，但终究不过是围绕具体条款的讨价还价，总统府的管道在幕后的活动，才真正影响交涉进程和最终结局。从松方等元老介入交涉，最终迫使大隈内阁在损害中国主权最甚的第五

---

① 奈良岡聰智『対華二十一ヵ条要求とは何だったのか——第一次世界大戦と日中対立の原点』。

号上退让，以及中方能够及时获知元老与内阁秘密协议的内容来看，总统府的努力取得了一定成效。袁世凯的交涉策略虽然看起来很高明，但他毕竟还是同意与日方交涉，并且最终与日方签署了部分条款，结果落得一身骂名。①

三

通过梳理先行研究，可以发现四十年来有关"二十一条"的研究已经逐渐摆脱了革命史观的影响，客观评判了各方在此事件中的表现、成败得失及其对东亚国际关系的深远影响。同时，前人研究在综合运用多国档案展开研究方面还存在较大可拓展的空间，如日本的研究侧重英、美，较少利用中国外交档案，英文世界的研究较少运用中、日文史料，而中文学界的研究亦存在对外文史料运用不多的问题。目前中、日两国的档案文献都比较容易利用，但因存在不完整的问题，因此还需要开拓新的外文资料，如涉及中国国际事务的美国外交档案（Records of the Department of State Relating to International Affairs of China, 1910~1929, 国家图书馆藏，美国国家档案馆缩微资料）及英国外交档案等。与中国学者相比，日本研究者的研究相对来说更开阔，他们对此问题的研究包含了日本内政史、日中关系史、日本与列强外交史三个层面，更为侧重"二十一条"要求的形成及中日交涉导致的日本与列强关系，特别是日美关系的变化，国内学界还处在逐渐脱离政治宣传的阶段，需要在扎实的史料基础上弥补此前研究中的不足。对外交部与日本驻华使馆的研究相对来说较多，而正式外交途径之外的私下沟通还需要加强。"二十一条"交涉与帝制运动的关系目前还处在推论阶段，缺乏强有力的史料支撑。中日双方均认为自己在此次交涉中失败，双输的局面是如何形成的，又该如何认识两国这一共同的认知呢？不应只将考察目光集中于"二十一条"集中交涉的

---

① 尚小明：《"二十一条"交涉的另一条管道——总统府相关活动透视》，《安徽史学》2017年第2期。

几个月，而应将其放在更长的时段中进行研究。

近年来，"二十一条"的外交史研究受到学养深厚的外交史专家的关注。日本东京大学川岛真教授准备将该问题作为今后研究的重点，其初步研究推测中国在认识到第五号要求可能是交换条件后拒绝与日方进行讨论。① 北京大学臧运祜教授亦开始从近代中日条约关系演变的长视角出发，研究"二十一条与近代中日关系"课题，相信在未来几年内将产出更多优秀的研究成果。

---

① 川岛真：《"二十一条要求"和中日关系》，魏格林、朱嘉明主编《一战与中国：一战百年会议论文集》。

两岸史学史视野下的抗战"轴线移转说"述评

牟立邦[*]

1937年7月7日全面抗战爆发,国民政府亦由承平体制转向战时体制。在八一三淞沪战场上,军队实为国民政府最高统帅部直接指挥督导,体现了蒋介石对日抗战的中央思维,更展现了国民政府的战略格局,乃至对整体抗战发展之走势产生影响,故为抗日战争初最为关键会战。[①] 鉴于此役的重要性,海内外学者陆续对此次战役中之相关议题进行了深入剖析,乃至衍伸出对战略"轴线移转"议题的深究。然究其学界长期争论之"战略轴线移转"议题述评,时常单就各学者论证观点析之,缺乏对史料纵深的运用探讨,甚至是当下时代脉动对其影响的考察,以致多流于摘要重点的评述补充。故本文以两岸史学史的视野,一窥学界历年淞沪会战"轴线移转"之研究,试图以更客观全面方式呈现此学术议题。

一 "轴线移转说"之脉络成型

台湾学界探讨淞沪会战尤为甚早,并多持肯定看法。1949年中国民党中枢迁台,与此同时,伴随大量相关政府重要档案携出,部分重要史料经

---

[*] 牟立邦,台湾明新科技大学人文艺术助理教授。
[①] "国防部史政编译局":《抗日战争(淞沪会战)》,台北,"国防部史政编译局",1966。

上海运抵台湾；其余史料，则先运至广州暂放，同年 8 月间再转运台湾台中会合。① 1949 年底国民党政权在大陆全境失守，其有效统治范围，退缩至台澎金马与部分沿海诸岛。风雨飘摇的巨变冲击，以及"二二八事件"后岛内省籍冲突的社会矛盾，乃至衍生出对国民党政府的质疑声浪，是 1950 年后台湾当局国民党中枢亟须面对的重大挑战。因此，在大陆相关重要史料迁台之后，中国国民党党史会旋于 1950 年于台复办，② 除"负责搜集史迹文物，避免日久湮灭"，另则是"为国民党奋斗历史保存纪录，以备留传后世"。③

故于 1951 年起，张其昀所编《党史概要》巨著，即是在此背景下编撰出版。在《党史概要》中阐释到淞沪会战爆发之意义，除主动保卫沪埠金融重镇，亦是由于上海租界为中外关注的区域。在现代化军事调度方面，中方远逊日方，故从全国地形来看，国民党军在长江流域作战，明显优于在黄河流域作战。且淞沪会战转移了平津日军注意，并在华北国民党军作战配合下，牵制日军的全局行动，起到后续蕴积抗战能量的作用。④ 其观点延续至 1973 年历史学者吴相湘的《第二次中日战争史》一书，亦加以征引认同，整体而言，是一种对初期抗战局势持平发展的论点。

1957 年，台湾"国防部"因应台海紧张情势，⑤ 强化台湾当局"法统"

---

① 《总统府致台湾省政府函第 2543 号》（1949 年 1 月 6 日），《中国国民党党务（三）》，《国民政府》，台北，"国史馆"，典藏号：001 - 014100 - 0011；刘伟鹏：《汗青一甲子》，台北，中国国民党党史会，1990，第 59、60 页。
② 《中国国民党中央委员会党史委员会大事记》，原刊载网址：https://web.archive.org/web/20111014074820/，http：//www.chungcheng.org.tw/html/tong-his.htm，最后访问日期：2019 年 3 月 22 日。
③ 林养志：《中国国民党中央党史委员会之资料简介》，《中国国民党党史资料与研究》，"中华民国"史料研究中心，1989，第 375～405 页。
④ 张其昀：《党史概要》，台北，"中央文物供应社"，1952，第 1153～1158、1167、1168 页；吴相湘编著《第二次中日战争史》，台北，综合月刊社，1973，第 392 页。
⑤ 参见《1958 台海危机》，http：//mail.tku.edu.tw/hesse/taiwan/paper/m7（2）.htm，最后访问日期：2019 年 3 月 22 日。

延续性,将原史政处扩编改局,① 并陆续编辑出版包含抗战等一系列关于国民党与近代中国的军事史书籍。② 1966年出版的《领袖军事上的丰功伟业》在论述中,强调蒋介石在1937年8月就已洞察到,若于平汉线决战失败,日军可长驱直捣武汉,将中国豆剖东西两部,阻国民政府物资于沿海城镇,并得裂解中国部队战列,丧失持久消耗之凭借。故利用在华东已有优势与复杂湖沼地形,借国际观瞻所系要地上海,主动发动攻势,迫使日军"由北而南"的有利之作战方针,改为"由东向西"的不利仰攻态势。至此落实空间换取时间的大战略,奠定抗日战争胜利的基础,③ 此即是最早"轴线移转说"论点。

随着"文革"的爆发,一方面,台湾内部旋筹办成立"中华文化复兴运动推行委员会",同时大规模展开中华文化、史地等书籍的编撰,以之驳攻;④ 另一方面,1969年台北"国史馆"与国民党党史会共同成立"中华民国史料研究中心",其相关报刊亦陆续转至台北,故有利学者就近调阅,扩大研究产出。⑤ 于1970年由三军大学校长蒋纬国领命编纂《国民革命战史》中,⑥ 便借搜集包括日方与盟军相关史料,加以深入论证,使之对该论说做了更为充分的阐释。⑦ 昔属最高核心决策层的军政部部长何应钦、留德军事学家徐培根,也于该书作序肯定。同时,蒋纬国不时在相关期刊、学会会议上,谈及此论,并对蒋氏于"轴线转移"决策的制定和实施,表示为

---

① "国防部史政局":《国防部沿革史》,台北,"国防部史政局",1950,第314页。《史政局暨附属单位编装执掌案》(1956年5月23日),《国民党军档案》,"国防部军史政档案",档案号:00027598。
② 陈清镇、曾晓雯、邱惟芬编《国防部史政编译室出版丛书目录》,台北,"国防部史政编译室",2004,第13~39页。
③ 胡璞玉编纂《领袖军事上的丰功伟业》,台北,"国防部史政局",1966,第126~127页。
④ 退踞台湾的国民党当局,历来认为除辛亥革命、北伐战争外,抗日战争亦是一场由国民政府领导的中华民族"圣战"。故而多有相关学术研究、文教出版。参见李云汉《宋哲元与七七抗战》,台北,传记文学出版社,1974。
⑤ 参见楼文渊《阳明书屋怀旧——敬述蒋公营建及居住中兴宾馆概况》,《近代中国》第133期,1999年10月,第189~195页。
⑥ 宋长志:《宋序》,蒋纬国主编《抗日御侮》,台北,黎明文化事业公司,1978。
⑦ 蒋纬国主编《抗日御侮》。

抗战"战略之最大成功"。① 至此，相关档案的开放，逐步引起台湾学界高度的关注与热议。

自 20 世纪 80 年代起，台北的党史会规定了对外接待学者参阅档案的方式，对象除包括各级地方党部，另还开放对大专学院的阅览申请。② 这也使相关抗战史研究得到更充分开展。1982 年何应钦《日军侵华八年抗战史》记述中，更又明确点出淞沪会战国民党军"率先"开战、不惜牺牲的投入，即是南京中枢有意诱导日军战略主力转向。③ 1987 年，"中华民国史料研究中心"主事学者蒋永敬，在其《对日抗战的持久战略》中亦表示"轴线移转"是贯彻抗日持久战略的关键。④ 经学界学者的论证，加上相关国民党军高层的补充，更得验证此史实战略。此后台湾学界论述淞沪会战之"轴线移转"战略，大抵沿此论延展；原未强调此说之学者，亦开始着重此说。⑤ 至此为 70 年代后的台湾抗战史学术研究，立下一主旋律。

有别于台湾对"轴线移转"的热议，至 1978 年底改革开放，⑥ 大陆学界对此研究才有所关注。加以 1987 年台湾当局解除岛内戒严，松绑两岸交流政策，两岸学界始得相接。在 80～90 年代举办的相关学术讨论会中，对抗战正面战场的议论和评价，往往是学者注目的焦点。由于台湾方面保存众多正面战场史料，其相关刊印文献和发表的论著，亦是大陆学者对抗日正面

---

① 参见蒋纬国《八年抗战是怎样打胜的》《中央月刊》第 7 卷第 9 期，1975 年 7 月，第119～133 页；蒋纬国：《抗战史话：八年抗战是怎样打胜的》，《中央月刊》第 8 卷第 6 期，1976 年 4 月，第 124～133 页；蒋纬国：《抗战史话：八年抗战是怎样打胜的》，《中央月刊》第 8 卷第 11 期，1976 年 9 月，第 92～102 页；蒋纬国：《蒋委员长如何战胜日本》，台北，黎明文化事业公司，1977；蒋纬国：《中日战争之战略评析》，"中华民国"建国史讨论集编辑委员会编《中华民国建国史讨论集》第 4 册，"中华民国"建国史讨论集编辑委员会，1981，第 1～29 页；蒋纬国：《蒋委员长中正先生抗日全程战争指导》，"中华战略学会"，1995。
② 陈仪深主访，郑毓娴记录《陈立文女士访问记录》，未刊稿，2004 年 8 月 6 日。
③ 何应钦：《日军侵华八年抗战史》，台北，黎明文化事业公司，1982。
④ 蒋永敬：《对日抗战的持久战略》，《中国论坛》第 6 卷第 7 期，1987 年 8 月，第 10～13 页。
⑤ 吴相湘：《中国对日的总体战略》，《明报月刊》第 127 期；吴相湘：《抗战八年的重要会战》，《明报月刊》第 139 期。
⑥ 林建公主编《邓小平思想理论辞典》，云南人民出版社，1992，第 28～31 页。

战场研究的重要参考资料来源。1987年，由浙江省中国国民党历史研究组筹及编印《抗日时期国民党战场》，该书第二部分即收录多位台湾学者研究，而其中李云汉《对日抗战的持久战略》一文，[1]便阐述了淞沪会战"轴线移转"的观点。在此史学发展背景下，"轴线移转说"偕同相关台湾出版的抗战史料研究，可谓正式开启两岸交流。

二 "轴线移转说"之激辩交锋

1987年，为纪念"七七"全面抗战爆发五十周年，并作为两岸关系融冰的象征，同时更为反击日本文部省审查通过修订历史教科书、淡化侵略行为，[2]由中国第二历史档案馆史料编辑部、研究室和《民国档案》杂志编辑部合作编辑出版《抗日战争正面战场》专题档案资料。此为大陆学界抗日战争正面战场研究之滥觞。[3]然在"轴线移转说"的论述导入下，1992年复旦大学学者余子道发表《论抗战初期正面战场作战重心之转移——与台湾学者讨论发动淞沪会战的战略意图问题》一文对此提出质疑。这不仅是首次正面对"轴线移转说"提出质疑，更开启日后学界于此议题的激辩交锋。

余子道透过已有相关文献和1987年中国第二历史档案馆编的《抗日战争正面战场》专题档案资料，指出在蒋介石及国民党军各高级将领关于抗日战争的公布论著中，从未披露这重大决策形成的史实材料，并转引日本学者今井骏的看法，此论为预设立场的推导，实有待商榷。[4]其次，就已见当时南京大本营制定的作战方针和相关计划，淞沪战役的爆发和扩大，是受保

---

[1] 史榕：《抗日时期国民党战场——总述》，《党史资料与研究》1987年第3期（总第75期），第40页。
[2] 张进山：《日本右翼的演变及特征》，http://theory.people.com.cn/BIG5/49157/49163/3605527.html，最后访问日期：2019年3月16日。
[3] 中国第二历史档案馆编《抗日战争正面战场》上册，江苏古籍出版社，1987，第1页。
[4] 今井駿「対日抗戦と蒋介石」中国現代史研究会編『中国国民政府史の研究』汲古書院、1986、365、366頁。

护上海金融、巩固南京守卫长江流域、争取国际干预、分散敌方兵力等因素制约的，未见此项战略轴线目标。而且事实上，日军于淞沪至南京会战后，并未就此开始转移作战重心，反倒又回头加强华北兵力，以占据津浦线。而淞沪会战规模的急遽扩大，最终全国作战重点南移至华东战场，是由战争的客观发展趋势决定的。故轴线移转的论点，缺乏根据，是总结战争时人为追加的一种概括；而淞沪会战既有成功一面，又有失误一面，并非如台湾学界所论，是影响深远的杰出的战略作为。①

面对余子道的"轴线移转质疑说"，1994年中国第二历史档案馆研究员马振犊《开辟淞沪战场有无"引敌南下"战略意图？》一文，则认为国民政府发动八一三淞沪会战时，一开始就具有引敌南下，迫使日军变由北南进转由东西进的战略意图说，实是完全可能。该文引《陈诚回忆录》说明蒋介石和陈诚战略意图的一致，并又引军事委员会下达的作战命令："国民党军一部集中华北持久抵抗，主力集中华东，攻击上海之敌。"国民党军纷纷向淞沪增援，旋即中日战场便转到以华东为主，显然是南京统帅部执行"引敌南下"的战略决策起到了作用。而未有直接史料存留，也许是军事机密的缘故。但从蒋氏身旁幕僚蒋百里、德籍军事总顾问法肯豪森所言的战略地理设计——以长江一线为未来抗战主战场，希望以此来延续抵抗进而引起国际干涉，不得已时则放弃东南沿海退保四川，以作为抗日最后基地——来看，蒋氏对此观念亦早有深析。

马振犊还引用了1985年蒋纬国《中日战争战略评析》所提国外史料，1936年7月蒋介石接见英籍财政顾问李滋罗斯时说："对日抗战是绝对不能避免的，由于中国力量尚不足击退日本的进攻，我将尽量使之拖延。但当战争来临时，我将在临海地区做可能的最强烈的抵抗，然后逐渐向内陆撤退，继续抵抗。最后，我们将在西部某省，可能是四川，维持一个自由中国，以等待英美的参战，共同抵抗侵略。"该文并又将时轴延长，列举

---

① 余子道：《论抗战初期正面战场作战重心之转移——与台湾学者讨论发动淞沪会战的战略意图问题》，《抗日战争研究》1992年第3期。

其他史料加以佐证,对蒋氏关于淞沪战役的战略意图,可追溯到1935年间。蒋氏便提出以西南作为未来抗日后方基地的战略构想。对照日后国民政府的政经布局,于长江流域建立国防设施,至1937年8月淞沪战役,实为一脉相承之大战略。进而断言,蒋氏为避免日军主力从河南、山西渡黄河南下的谋算,对集中兵力在上海与日军正面作战,有其充分长远的设计与准备。①

对此,1995年余子道《淞沪会战的战略企图和作战方针论析——兼答马振犊先生》一文回应指出,战略谋算的说法,实后人追加概括出来,这从蒋介石在战后的总结和1991年出版的《黄绍竑回忆录》中得到证实,淞沪之战确有吸引日军兵力,牵制日方华北的进攻,以打乱其目的和预定计划的想法,但是若因此认为蒋介石已设定改变日军作战方向,从"由北至南"转为"由东至西"的战略,只能是单方面的推测,并无任何直接史料支撑。同时,扩大淞沪战役的规模,最主要意图在促使国际干涉。并且余子道又引1946年陈诚所著《八年抗战经过概要》,该书清楚地将南京最高统帅部发动淞沪战役归纳为三点,却全无谈及宏大重要的"轴线移转"计策,故诱敌"由东向西"的进攻与蒋氏两年前设想以西南为未来抗日后方基地的战略构想,并无必然联系。且若蒋氏真有此战略意图,就应避免主力与日军在淞沪战场做殊死对战,但蒋氏的做法却恰为相反。②

面对双方之论争,看似未有一共同交集。然在1995年同期,中国社会科学院近代史研究所学者黄道炫《淞沪战役的战略问题》一文,则提到另一观点。其阐述华北战场国民党军处境艰难,中国统帅部决定主动开辟新战场,于上海对日军发动攻势,这一决定和国民政府的战前准备、总体战略思想及计划有着密切关系。该文以综合性的方式指出,开辟淞沪战场有多方面的意图,其两个主要目标,一是解除宁沪地区敌军威胁,二是支持华北战场。而再引述1990年台北中研院出版《徐永昌日记》所记,由于战争

---

① 马振犊:《开辟淞沪战场有无"引敌南下"战略意图?》,《抗日战争研究》1994年第2期。
② 余子道:《淞沪战役的战略企图和作战方针论析——兼答马振犊先生》,《抗日战争研究》1995年第6期。

的复杂性，遂在战争进行中调整，逐渐扩大沪战规模，将其发展为主战场，总体战略其实是在会战中逐渐形成、发展的。黄道炫认为中国统帅部在战役进行中审时度势，适时确定总体战略方针，对战役发展及整个中日战争产生了积极影响。但若过度地估计从一开始就有诱敌转向之战略，则稍失严谨。故黄道炫进一步指出，正、反两种意见虽论证精辟完整，但多局限于战场或战役本身，对战略制定的背景、过程及发展等阶段性研究仍属不够。①

1996年，北京大学学者徐勇在《日本侵华既定战略进攻方向考察》一文中，则又提出迥然不同的见解，认为淞沪战场不具备"转换全局"的意义，所谓"转换全局"即是发生具有战略意义的转折性变化，必须具备力量对比与相应的时空条件。该文透过《战史丛书》《现代史资料》《中国事变之作战日志录》等大量日方史料，推敲论证，在当时，华北地区与淞沪地区都直接临敌，且皆未有足够的可以抵销日本冲击力量的空间，所以都不具备在大战初期就可以"转换全局"的条件。而日方因其策略与局限，沿长江"西进"武汉，既是日军多年的计划方案，也是实战的事实。故溯江西行武汉为日军既定战略，所谓"沿平汉线南下案"，实际上不得成立，故谈不上改变轴线问题。揆诸史实，蒋介石固然担心并分析过日本的南下方案，但基本判断是将上海至南京作为日军溯江主攻方向，就而做出了相应的防御部署；然而，此在当时并不算太高深的预测，甚至是战略界明眼人的共识。②

进入90年代后，两岸史学皆出现有别于之前研究的风向，台湾当局在政治上"解严"和蒋经国的逝世，对旧有外省派国民党与台湾本土势力产生消长作用，加上台湾岛史、社会史研究在学术界勃然兴起，多方因素对台湾学界产生重心偏转之影响，③过往热门之军事史范畴议题，逐步

---

① 黄道炫：《淞沪战役的战略问题》，《抗日战争研究》1995年第2期。
② 徐勇：《日本侵华既定战略进攻方向考察》，《抗日战争研究》1996年第3期。
③ 萧衡倩：《说文解字台湾光复 50年变成"终战"50年——郝柏村：这个是不对的》，《联合晚报》1995年10月25日，第3版。

淡出。因此，纵然由大陆学界接续掀起对"轴线移转说"的热议，但在台湾抗战史学界似乎未能如同在大陆学界一样激起千层浪花。相形之下，改革开放后的大陆学界得两岸交流之便，更扩大了对此议题资料的搜罗，搭配中国第二历史档案馆文献，甚至与中共党史资料、日方资料进行交叉对比验证。这亦是余子道、黄道炫以及徐勇等对"轴线移转说"议题进行思辨性探究的原因。而"轴线移转说"的论争，亦也渐呈城垒之势，各家分立。

三 "轴线移转说"之商榷再起

此后，随着学界研究风向转变，对传统政治军事史的研究也逐渐消沉。20世纪90年代，除台湾当局的政治"解严"外，欧美各类新思潮对历史学亦造成巨大冲击，更影响台湾《新史学》于1990年创刊，在标举新的社会史研究方向下，台湾出版社同时也开始出版与翻译西方近年有关后现代、殖民论述、后殖民论述、新历史思维及跨学科的研究成果。① 与此同时，中国第二历史档案馆更耗费大量人力、精力，将其内部所藏之最精华——中华民国档案编辑成册，并陆续出版《中华民国史档案资料汇编》（五辑）。2000年以来研究军政历史者亦大幅锐减。以淞沪会战为例，原因之一即是无法突破过去研究的框架，许多问题各说各话，或流于流水账式的叙述。②

同时，随着科技网络的日新月异，两岸及海外之档案机构亦逐步扩大开放，以台北"国史馆"为例，自2002年起，陆续完成《国民政府》《蒋中正总统》《资源委员会》等全宗档案数字化，以利永续典藏。而台北"国史馆"为促进史学研究的提升与历史知识传递等加值利用，提供全面在线查

---

① 林正珍：《台湾五十年来"史学理论"的变迁与发展：一九五〇～二〇〇〇》，《汉学研究通讯》第20卷第42期，2000年，第6～17页。
② 林桶法：《淞沪会战期间的决策与指挥权之问题》，《历史学报》第45期，2016年5月，第165～192页。

询档案史料文物目录的服务。① 有别于早期台湾党史会、台北"国史馆"、台湾"史政编译局"主导出版的史料文献,② 阅览原始一手史料,大大降低因经挑选、编印后可能出现的研究盲区。而淞沪会战所在地的上海档案馆亦同步加速档案数位化开放作业,更于1997年整理出版《日本帝国主义侵略上海罪行史料汇编》。③ 后续,中国文史出版社更于2007年起陆续出版《八一三淞沪抗战:原国民党将领抗日战争亲历记》④,2008年淞沪抗战纪念馆更是编纂《口述淞沪抗战》⑤。为深化对这场战役的研究,提供了更多新出之史料文献,也为日后学界对"轴线移转说"之商榷,起到了进一步补充的效果。

2006年美国胡佛档案馆公开《蒋介石日记》手稿,学者可谓纷至沓来,专研解惑。大陆学界刘贵福、朱晋平便运用《蒋介石日记》进行研究,于2008年发表《从〈蒋介石日记〉看淞沪抗战的一个问题》。该文借由探究蒋氏1937年7~10月日记,再搭配史料补充,⑥ 指出日记无法证明和支持蒋氏一开始就有改变日军作战轴心之战略意图,中方的淞沪战略实有多重目的,至上海战场地位上升,蒋介石又有引敌到南方为主战场的思想。最后,政略影响战略,导致国民党军队失去有利的撤退时机。⑦ 与此同时,长久关注《蒋介石日记》的大陆学者杨天石,亦发表《蒋介石与1937年的淞沪、南京之战》一文。该文虽未聚焦于"轴线移转说",但仍于文末"附记"以

---

① 参见台北"国史馆"数字典藏资料库查询系统,http://digitalarchives.tw/site_detail.jsp?id=3371,最后访问日期:2019年3月23日。
② 如蒋纬国主编的《抗日御侮》、台湾"史政编译局"主编的《抗日战史》、罗家伦主编的《革命文献:日本侵华有关史料》、秦孝仪主编的《革命文献:抗战建国史料》等。
③ 上海市档案馆编《日本帝国主义侵略上海罪行史料汇编》,上海人民出版社,1997。
④ 宋希濂、黄维等:《八一三淞沪抗战:原国民党将领抗日战争亲历记》,上海人民出版社,2007。
⑤ 上海淞沪抗战纪念馆:《口述淞沪抗战》,上海人民出版社,2008。
⑥ 诸如运用《国民政府国防部史政局及战史会档案·8月30日下午8时会报》,以佐证时下战局之变动,参见中国第二历史档案馆编《中华民国史档案资料汇编》第5辑第2编《军事》(2),江苏古籍出版社,1997,第77页。
⑦ 刘贵福、朱晋平:《从〈蒋介石日记〉看淞沪抗战的一个问题》,《中国图书评论》2008年第1期。

两段点题,"当时蒋介石开辟淞沪战场的目的,在于分散日军兵力,粉碎首先占领华北的侵略计划"。① 在《蒋介石日记》公开后,"轴线移转说"依然未能获实质之解。

自 2008 年台湾当局第二次政党轮替,由中国国民党主席马英九当选台湾地区最高领导人,至此渐改从 20 世纪 90 年代便冷清的抗战史研究议题氛围。以台北"国史馆"为例,自 2011 年启动抗战史编撰计划,陆续开办多项学术活动,2012 年举办"抗战史之研究学术座谈会",2013 年举办"抗战中国第一次学术座谈会"。② 台北"国史馆"馆长吕芳上阐述:"将重新对过去两岸相关争议议题,求取一个平衡、客观的看法。抛弃过去常有的党见(国民党或共产党),站在中国的立场来看问题;对蒋说、毛说不再是唯一圭臬;消除意识形态,建立客观的史观,以应探求历史史实为最高目标。"③ 同时,在此背景下,台北"国史馆"亦加紧出版《事略稿本》《蒋中正先生年谱长编》等相关核心史料。

在受大环境影响,并且学术条件转变下,2013 年台湾淡江大学国际事务与战略研究所博士罗庆生发表《抗战初期国民党军发动淞沪会战的研究——大战略与战略理论解析》,该文再提"轴线移转说"之论。有别于传统史料学派重视新史料的考据、论证,此文则通过大战略与战略相关的理论命题,④ 探讨国民党军发动淞沪会战,迫使日军改变作战布局的战略思考及其影响。该文接续回应了早些年余子道的质疑,指出国民党军真正的风险,是在主力不能被日军捕捉,而不是战败。并进一步提出新的观点,主张淞沪会战迫使日军过早进军长江以南,以致兵力分散,在攻占武汉后达到克

---

① 杨天石:《蒋介石与 1937 年的淞沪、南京之战》,《找寻真实的蒋介石——蒋介石日记解读》,香港三联书店,2008,第 223~251 页。
② 胡德坤:《胡德坤教授介绍大陆有关抗战史著作》,《"抗战史之研究"学术座谈会》,《国史研究通讯》第 2 期,2012 年 6 月,第 98~99 页。
③ 吕芳上:《吕芳上馆长致词》,《"抗战史之研究"学术座谈会》,《国史研究通讯》第 2 期,2012 年 6 月,第 97~98 页。
④ 因战略决策是心证问题,过程很难完整地记载于文献中,或基于保密与欺敌等由,大军统帅不能或不愿将其真正的想法对外透露。因此,纵然文献中找不到迫使日军转变作战构想的明确指示,但也不意味着蒋介石决心发动淞沪会战的多重考虑中无此意图。

劳塞维茨所谓的"胜利的极点":"任何不直接达到和平的攻击,必然会以防御为其终点。"这才使蒋氏"持久"的抗战战略成为可能。而日本在中国作战达到"胜利的极点"后,只好入侵东南亚以掠夺资源,如此则引爆了太平洋战争。[1]

2014年,台北"国史馆"举办"中国抗日战争史——研究回顾与展望"系列工作坊,亦为2015年抗战胜利七十周年做热身。会议广邀海内外专家和两岸暨香港、澳门学者,提供国际多元视角,回顾、评述与反省相关研究成果,探讨新史料的运用。其中,美国内布拉斯加林肯大学历史学系教授科布尔(Parks M. Coble)演讲《1930年代的中国政治与抗日决策》,由于科布尔早年虽仅研究抗战前的上海,但随着资料的更新与开放,逐步将触角扩展至抗战时期。于台北"国史馆"的演讲中,科布尔指出蒋介石并不是轻率或仓促地做出抗日的决定;而是否开战这个议题也有引起当下公众持续性的讨论,除分析了决定抗战的过程,更深入分析了社会舆论的变化。[2] 于此,可谓正式挑起台湾史学界沉寂已久的"轴线移转说"。

至此,2015年台北"国史馆"学者研究员苏圣雄刊登《蒋中正对淞沪会战之战略再探》一文。该文结合了蒋介石、陈诚等重要将领之日记,以及台北"国史馆"藏"蒋中正总统文物""陈诚副总统文物""外交部档案"等多种史料,重新探讨"轴线移转说"。苏圣雄指出,蒋氏有意主动在淞沪发动攻势,其战略为先发制敌,保卫京沪要地及支持政略。在初期战事不利之后,蒋氏又转为持久战略,欲在淞沪持久消耗日军,以待国际援助或日本内部变化。至9月下旬,从持久战略衍生出引敌南下战略,意图将主战场由华北转移至淞沪,使日军被动,国民党军击其一点,配合政略进展。淞沪战事末期,蒋氏因受政略牵引,在空间持久与阵地持久间拿捏未当,最终

---

[1] 罗庆生:《抗战初期国民党军发动淞沪会战的研究——大战略与战略理论解析》,《国防杂志》第28卷第5期,2013年9月,第91~110页。
[2] 郑巧君:《"中国抗日战争史——研究回顾与展望"系列工作坊纪实》,《国史研究通讯》第6期,2014年6月,第24~28页。

丧失有序撤退良机，导致淞沪全军溃退。蒋介石的淞沪战略，有一演进过程；至于轴线移转战略，战前虽曾讨论，开战后实未执行，故实际而论，蒋氏未实施轴线移转战略。①

2016年台湾"国防大学"原副校长张铸勋，在继苏圣雄于《国史馆馆刊》上刊文之后，发表《析论蒋中正在中国抗日战争初期的战略指导》以证"轴线移转说"。该文爬梳过往史料，并征引日本方面资料探证，指出国民政府于1935年进入四川时，已经定下这项战略，于1937年1月颁布作战计划并于8月发动淞沪会战时付诸实施，迫使日军主力从华北转移到华东。并追溯响应余子道对日军增兵华北战场一说；1938年徐州会战，国民政府决议决堤黄河，阻碍日军重回平汉线的攻击路线，日军作战路线遂被迫改变，主力由东向西沿长江流域作战，故而抗日战争从日方所希望的速战速决，导向中方策划的持久作战。这项战略，从策定构想、提出指导、完成计划到在淞沪、徐州两次会战中得以实践，历时3年，奠定了中国持久抗战的基础。②

四 结论

至今，"轴线移转说"争论并未完全解决并取得共识。之所以能引起热议，一大原因便是无法借关键史料一锤定音。加上各地档案机构，对近代史料的整理与出新，亦让其得以历久不衰。而过往探讨"轴线移转说"始终缺乏另一深层意义，即史学史的价值观点。在全面抗战"艰苦惨胜"下，国民政府乃至最高统帅蒋介石，其实早于开战之初，便与日方之战略较劲博弈，虽说抗战期间日军以压倒性优势展开猛攻，但实质在战略发生"轴线移转"之际，便注定最终日方并吞侵略企图将难以达成，而这则更凸显蒋介石之"果决领导"，实则早已智取日军，奠立抗战胜利的最核心基石。

---

① 苏圣雄：《蒋中正对淞沪会战之战略再探》，《国史馆馆刊》第46期，2015年，第61~101页。
② 张铸勋：《析论蒋中正在中国抗日战争初期的战略指导》，《国史馆馆刊》第50期，2016年，第97~146页。

从史学史角度，无论早期"轴线移转说"之论述成立与否，势必将影响蒋介石于抗战史乃至近代中国史上的历史地位。尤以1949年后蒋介石退守台湾，又处于诸多不确定氛围之下。"轴线移转说"之论证，实质亦是探讨蒋介石与国民党在台的政治意义，对过往之台湾学界，不免有扬誉的动机。大陆方面即便是到20世纪80年代改革开放后，仍具有批判思维，对国民党乃至蒋氏之评价，多优劣参半；然也因此，得对此说提出质疑。

史学论证在于实事求是，透过一系列的论证考据，方得更进一步探索问题，接近史实核心。学界对"轴线移转说"的热议与争论，虽未能获最终共识，但于此亦得以开展对更多相关问题的探讨，拓宽了史料来源，参照多边、多国档案，以形成对档案文献的互相补充。交叉验证，深化研究。又拜新史学、多元史观及其新对象的发掘与发现，提升研究境界。最终得跳脱党派政治的思维逻辑和立场情感，佐证或修正过去战争史主观的论述，丰富抗战史研究的面相，有利于学术视野的革新，这也是"轴线移转说"对抗战史的另一贡献。

四十年来抗日根据地经济史研究述评

李玉蓉[*]

根据地的经济是中共抗日战争胜利的物质基础,是军事武装与政治工作外非常重要的因素;根据地时期中共的财经政策及党政军民多方面的经济行为,为培育、巩固抗战力量和丰富经济管理理论提供了经验。改革开放四十年来,有关根据地经济史的研究成果日趋丰富和深入,本文在前人研究与总结的基础上,试对四十年来国内外学界对根据地经济史研究做一简单梳理与评论。

一 史料整理与区域研究的扩展

抗战时期各方势力的博弈与消长,使当时的中国存在多种不同的区域概念,如沦陷区、国统区、解放区、根据地、大后方等。就中共的控制区域而言,亦因时因势而变。从目前学界对根据地的财政经济研究来看,虽有少部分成果从宏观上总结根据地的财政经济经验,[①] 或从整体上梳理根据地时期的政策变迁,[②] 但大部分研究仍然以区域研究为主。

---

[*] 李玉蓉,北京大学历史学系博士研究生。
[①] 财政部科学研究所编《革命根据地的财政经济》,中国财政经济出版社,1985;财政部财政科学研究所编《抗日根据地的财政经济》,中国财政经济出版社,1987。
[②] 冯田夫、李炜光:《中国财政通史·革命根据地卷》,中国财政经济出版社,2006;陈廷煊:《抗日根据地经济史》,社会科学文献出版社,2007。

相关史料的整编首先即以区域性根据地的面貌呈现。自 20 世纪 80 年代以来，各级财政部门、高校学者、革命纪念馆、档案馆等，搜集和编印了一系列的财政经济史料，成果丰硕。这类史料与成果多以根据地为中心，如陕甘宁、晋察冀、晋冀鲁豫、华北、太行、太岳、华中、华南等历史时期的根据地，或以行政区划为单位，整理一省之财政经济史料，专门涉及财政经济、工商税收、土地问题、经济建设等有关经济的诸多方面，如《陕甘宁边区文献选编·经济建设卷》[1]《抗日战争时期晋察冀边区财政经济史资料选编》[2]《华北革命根据地工商税收史料选编》[3]《山东革命根据地财政史料选编》[4]。

在此基础上，相应出现了一批以根据地、省区为中心视角的根据地经济史研究成果。如财政部税务总局组织编写的《中国革命根据地工商税收史长编》系列，则是由税务总局统一组织 22 个省区进行统一规划，按照山东、华北、华中、东北、陕甘宁与鄂豫皖革命根据地等区域来进行组织撰写；[5] 又如，魏宏运主编的《晋察冀抗日根据地财政经济史稿》[6]，星光、张杨主编的《抗日战争时期陕甘宁边区财政经济史稿》[7]，刘跃光、李倩文主编的《华中抗日根据地鄂豫边区财政经济史》，[8] 应兆麟等主编的《皖江抗日根据地财经史稿》[9]，朱超南等编的《淮北抗日根据地财经史稿》[10]，朱玉

---

[1] 李忠全等主编《陕甘宁边区文献选编·经济建设卷》，中央文献出版社，2016。
[2] 魏宏运等主编《抗日战争时期晋察冀边区财政经济史资料选编》（共 4 编），南开大学出版社，1984。
[3] 河北省税务局等编《华北革命根据地工商税收史料选编》（全 3 辑），河北人民出版社，1987。
[4] 山东省财政科学研究所、山东省档案馆合编《山东革命根据地财政史料选编》，济南印刷八厂，1985；山东省税务局税史编写组编《山东革命根据地工商税收史料选编》（共 5 辑），山东省肥城县印刷厂，1985。
[5] 财政部税务总局编写《中国革命根据地工商税收史长编》，中国财政经济出版社，1989。
[6] 魏宏运主编《晋察冀抗日根据地财政经济史稿》，档案出版社，1990。
[7] 星光、张杨主编《抗日战争时期陕甘宁边区财政经济史稿》，西北大学出版社，1988。
[8] 刘跃光、李倩文主编《华中抗日根据地鄂豫边区财政经济史》，武汉大学出版社，1987。
[9] 应兆麟等主编《皖江抗日根据地财经史稿》，安徽人民出版社，1985。
[10] 朱超南等编《淮北抗日根据地财经史稿》，安徽人民出版社，1985。

湘、申春生等编著的《山东革命根据地财政史稿》①等，均以根据地为观察视角和叙述主体，进行区域内的财政经济梳理和探究。

这些区域性史料在编排体例和内容上具有高度的同构性，大多数按发文级别、时间顺序、专题分类进行编排。有的内容庞杂，囊括经济的各个方面，如《抗日战争时期陕甘宁边区财政经济史料摘编》②，分为农业、工业交通、商业贸易、金融、财政、互助合作、生产自给、人民生活九编，体量庞大，种类齐全；有的则专以经济的某一个方面为核心，如《太岳革命根据地财政资料选编》③，围绕太岳地区的财政问题，专涉财政收支与管理之内容，分为综合、财政收入及财政政策、供给范围及标准、财政管理、回忆录五部分。

这些史料从不同角度展示了抗日战争期间各个根据地的财经政策、经济行为、经济影响、制度建设等方面的内容，能够从整体上反映出抗日根据地区域财政经济制度与发展的整体面貌，但需要注意的是，这些资料虽多是原始档案资料汇编而成，但经过挑选、抽取和再排列，资料的前因后果常常无法体现出来；有的则是按照主题摘取片段，仅展示片段，无法从宏观和整体上进行判断；同时，在资料的分布上也呈现出地域的不平衡性。此外，由于资料本身的局限或者编排者的取舍，综观各有关资料，以政策性文件为主，以党和根据地政权为中心视角，在运用时亦需借鉴其他资料予以辅助。

根据地本就是一个区域概念，在根据地区域经济史研究的基础上，如何既强调区域特殊性，又观照根据地的总体发展趋势，是学界仍需进一步探讨的问题。黄道炫认为，区域研究是对国家视角进行解构的向内收缩，既要注重区域本身的主体性，又要从长时段来考察各方面的变迁；要防止概念化和碎片化，将特殊性与普遍性相结合。李金铮认为，区域社会经济史研究，受

---

① 朱玉湘、申春生等编著《山东革命根据地财政史稿》，山东人民出版社，1989。
② 陕甘宁边区财政经济史编写组、陕西省档案馆编《抗日战争时期陕甘宁边区财政经济史料摘编》，陕西人民出版社，1981。
③ 太岳革命根据地财政史编写组编印《太岳革命根据地财政资料选编·初稿》，1987。

到四种因素的制约。一是一个区域是一个内在联系紧密的社会经济综合体；二是这个区域要体现时代特色；三是研究者对该区域的当代社会经济有较为充分的认识；四是要有丰富可信的史料做保证。区域研究既要注重特色，又要注重基本框架和讨论方法的相似性，从区域到整体。应在相关理论的支撑下进行史料扎实的研究，同时应该避免"时期"论、"区域论"、单纯的"历史论"等误区。[1]

因此，有关抗日根据地区域经济史的研究上，也呈现出几个新的趋势。第一，在大根据地的基础上进行细化和具体化研究，或拆解大的根据地，进行中观或微观研究，挖掘宏观区域概念下以前没有注意到的内容，如晋西北、冀中、冀南、北岳、太岳、太行。[2] 第二，除了继续关注华北、陕甘宁等核心地区，亦转向对华中、华南以及较少研究的地区。第三，随着互联网的发展与全球范围内资料的共享，以及研究方法的改进，可以打破单一区域或几个区域，做比较研究或综合研究。

二　内容更加深广

根据地的财政经济问题，是复杂的，也是变化的；而根据地的财政经济研究，在近四十年内不断丰富和发展。根据地的财政收支与财政制度是中共得以立足和发展的基础，但战时财政又具备一定的模糊性，这成为根据地经济史研究中的一个重要问题，在财政收支问题上最主要的争论是外援的数额、财政自给的过程，以及部分学者对自给自足政策的质疑。黄道炫、孙艳玲、日本学者井上久士等分别对抗战时期中共的财政收入与外援数额进行了

---

[1] 李金铮：《关于区域社会经济史研究的几个基本问题》，《河北学刊》1998年第6期；李金铮：《区域路径：近代中国乡村社会经济史研究方法论》，《河北学刊》2007年第5期。

[2] 周祖文：《不怕拿，就怕乱：冀中公粮征收的统一累进税取径》，《抗日战争研究》2014年第3期；周祖文：《封闭的村庄：1940~1944年晋西北救国公粮之征收》，《抗日战争研究》2012年第1期；黄道炫：《敌意：抗战时期冀中地区的地道和地道斗争》，《近代史研究》2015年第3期；王友明：《抗战时期中共的减租减息政策与地权变动——对山东根据地莒南县的个案分析》，《近代史研究》2005年第6期。

一定的考证与分析。① 王明前对晋冀鲁豫根据地正规化财政制度的建立与发展进行了探析。②

与财政收入直接相关的问题是农民负担问题，实质是税收问题，根据地时期农民须缴纳"救国公粮""合理负担""农业统一累进税""统一累进税"等。八九十年代很多研究主要对政策的内容、执行情况、积极作用影响等进行了宏观上的叙述，着重各项税收政策对抗日、中共革命的积极作用，但对农民负担过高、政策偏"左"、负担面过重等问题的探讨不够深入，对此魏宏运认为不必讳言这些问题。③ 近年来，对农民负担问题的研究有了更全面的考察。黄正林分析了陕甘宁、冀中根据地农业税政策发展过程中出现的一系列侵害农民利益的行为，尤其是在1941年前征收救国公粮过程中，出现了估计过高、好大喜功、锦标主义的思想和不按征收条例来征粮、强迫摊派、负担不公平、粗暴征粮等行为。④ 文月琴、周祖文等认为，在中共的意识形态里，救国公粮是累进征收的，但在实际运行过程中，基本上以村庄为中介，充分利用村庄内部矛盾、依靠政治动员来完成。⑤

与农民负担直接相关的则是减租减息，减租减息是根据地最为重要的经济政策之一，资料颇丰，研究极多，常探常新。在探讨减租减息的必要性、发展阶段、性质内容、经验意义以及与之相关的土地问题、租佃关系、经济

---

① 孙艳玲：《抗战时期国民政府为中共军队提供军费数额考》，《军事历史》2015年第2期；黄道炫：《抗战初期中共武装在华北的进入和发展——兼谈抗战初期的中共财政》，《近代史研究》2014年第3期；南开大学历史编《中国抗日根据地史国际学术讨论会论文集》，档案出版社，1985，第344页。
② 王明前：《晋冀鲁豫抗日根据地正规化基础财政制度的建立》，《聊城大学学报》2013年第6期。
③ 魏宏运：《抗日根据地史研究述评》，《抗日战争研究》1991年第1期。
④ 黄正林：《抗战时期陕甘宁边区的农业税》，《抗日战争研究》2005年第2期；周祖文：《不怕拿，就怕乱：冀中公粮征收的统一累进税取径》，《抗日战争研究》2014年第3期。
⑤ 黄正林、文月琴：《抗战时期陕甘宁边区的农业税》，《抗日战争研究》2005年第2期；周祖文：《动员、民主与累进税：陕甘宁边区救国公粮之征收实态与逻辑》，《抗日战争研究》2015年第4期；周祖文：《封闭的村庄：1940~1944年晋西北救国公粮之征收》，《中共党史研究》2015年第2期。

结构、实施与反复、政策执行的"左"右偏差、减租减息的影响作用等课题的基础上，近年来形成几个新的问题：第一，减租减息与地权、佃权的关系；① 第二，减租减息实施过程中的具体阻碍及其多样性的手段、政策；② 第三，强调在减租减息运动中的"斗争"性或博弈，认为"斗争"不仅限于一种行为和手段，同时形成一种政治运作模式；③ 第四，分析在减租减息过程中产生的各方复杂的矛盾和负面影响。④

农业生产是根据地的经济基础。近年来，除了继续探讨根据地生产运动、农业政策、农村阶级与社会经济结构变化等问题，对与农业生产有关的水利、农业技术、生态环境、灾害度荒、救济体制等的研究亦有新的突破，如赵刚印分析了陕甘宁地区生产运动中的生态环境、经济条件因素；⑤ 张晓丽梳理了抗战时期各抗日根据地水利工程的类型、水利技术、水利成就与影响，在不同地区采用不同的灌溉方式（如河渠流水灌溉、井水灌溉以及河海防洪工程）；⑥ 李金铮、苑书耸分析了华北抗日根据地的灾荒与救济，分析了灾荒原因、救荒体制、直接救灾措施、间接救灾措施、其他救灾措施及其成效。⑦

劳动互助与农业合作是根据地农村经济的重要方面。黄正林从劳动力资源整合的角度分析了根据地的劳动互助，认为有两个主要的方式：一是把分

---

① 例如，黄正林：《地权、佃权、民众动员与减租运动——以陕甘宁边区减租减息运动为中心》，《抗日战争研究》2010年第2期；徐建国：《抗日根据地减租减息运动与中共保障佃权问题研究》，《党史教学与研究》2015年第3期。
② 王友明：《抗战时期中共的减租减息政策与地权变动——对山东根据地莒南县的个案分析》，《近代史研究》2005年第6期。
③ 徐建国：《华北抗日根据地减租减息运动中"斗争"模式分析》，《中共党史研究》2011年第6期。
④ 例如，周祖文：《统一累进税与减租减息：华北抗日根据地的政府、地主与农民——以晋察冀边区为中心的考察》，《抗日战争研究》2017年第4期；徐建国：《实践中的转变：抗日根据地减租减息运动中的减息政策研究》，《安徽史学》2015年第5期。
⑤ 赵刚印：《陕甘宁边区大生产运动的历史背景及意义》，《宁夏大学学报》2005年第4期。
⑥ 张晓丽：《抗战时期抗日根据地的水利建设初探》，《中国农史》2004年第2期。
⑦ 例如，李金铮：《晋察冀边区1939年的救灾渡荒工作》，《抗日战争研究》1994年第4期；苑书耸：《华北抗日根据地的灾荒与救济研究》，硕士学位论文，山东师范大学，2006；胡惠芳：《抗日战争时期苏皖边区的救灾渡荒工作》，《抗日战争研究》2008年第1期。

散的个体劳动组织起来,使其个体劳动转变为集体领导;二是通过移民政策,把地少人多地区的过剩农业劳动力迁移到人少地多的地区,① 并认为合作社的一个更重要的作用是提高了劳动生产率。② 米玲从生存的角度,分析了合作社发展具有的内生性(如中共领导人支持、政策保障等)和外源性(如日军封锁、自然灾害、前人经验等)两个方面的重要因素。③ 俞小和分析淮北根据地的互助合作运动,在平等的基础上进行经济合作,局部调整了农村人与人之间、人与物之间的关系,使根据地经济在战争期间得以增长,民众生活水平普遍较战前有所提高,社会财富开始向以贫农为主的农民阶层流动,与国统区农村进一步两极分化、民众生活日趋艰难形成鲜明对比;提高了根据地农民的组织化水平,唤醒了农民的阶级意识,增强了农民的政治觉悟,提高了妇女地位。④

根据地的工商业问题研究在近年来得到进一步关注。黄正林反驳抗战前陕甘宁边区没有手工业的成说,并认为手工业是边区自救性生产的主要组成部分,手工业的增长改变了边区乡村原来单一的农业经济结构,引发了农业种植结构的变化,推动了乡村小城镇和集市贸易的形成以及商业的活跃,⑤ 尤其是棉纺织业的存续与发展具有重要的作用。⑥ 李金铮、王礼琦研究了晋察冀边区、山东根据地公营工业的发展历程、经营内容、作用影响等。⑦ 王致中等强调了抗战时中共对私营工商业政策的转变,即从限制到扶植,在理论上和实践上均进行了积极的探索和创造,推动了边区工商业

---

① 黄正林:《抗战时期陕甘宁边区农业劳动力资源的整合》,《中国农史》2004年第1期。
② 黄正林:《1937~1945年陕甘宁边区的乡村社会改造》,《抗日战争研究》2006年第2期。
③ 米玲:《晋察冀边区合作社发展探窥及思索》,《河北学刊》2014年第2期。
④ 俞小和:《调整与变迁:淮北抗日根据地的互助合作运动》,《安徽史学》2013年第4期。
⑤ 黄正林:《论抗战时期陕甘宁边区的手工业》,《天水师范学院学报》2003年第4期。
⑥ 赵传梅:《晋察冀抗日根据地手工棉纺织业发展状况概述》,《河南财经学院学报》1988年第2期;李金铮:《传统与现代的主辅合力:从冀中定县看近代中国家庭手工业之存续》,《中国经济史研究》2014年第4期;张晓玲:《抗战时期晋绥边区的家庭手工纺织业》,《中国经济史研究》2016年第5期。
⑦ 李金铮:《论抗日战争山区晋察冀边区的公营工业》,《中国抗战与民族振兴》,新华出版社,1996;王礼琦:《山东抗日根据地工业工业的改革》,《历史教学》1984年第2期。

的发展。[1] 曹敏华等分析了根据地军工生产及其影响、兵工企业制度与管理等，郝平分析了太行、太岳地区煤矿开发对根据地经济的积极作用与影响。[2]

对根据地的商业贸易研究近年来进一步丰富。黄存林列举了晋冀鲁豫边区的四种贸易方式。[3] 傅尚文总结了北岳区军民和日本侵略者的粮食贸易斗争的五种形式，即运粮战、平粜、反抢掠破坏、武装保卫粮食生产、专卖与缉私。[4] 陈志杰分析了陕甘宁边区的公营商业，认为中共领导下的边区政府在根据地实行的一系列经济政策是私商发展的主要因素，如税收、信贷等增强了私商经营的信心和能力。[5] 张永刚介绍了抗战时期晋察冀边区的合作社商业，包括经营业务、资金来源、经营人员、商业活动等。[6] 王本伟、元彬鹏分析了抗战时期陕甘宁边区合作商业由官办到民办、从行政化和机关化转向民主化的过程。[7] 魏宏运、张晓玲则强调集市贸易对于根据地的重要作用，认为集市贸易是建设根据地不可或缺的一个方面，既是分散的、自由的，同时也是统一的、有组织的；既刺激了根据地的生产，提供了军需，又调剂了人民群众的物资联系，支持了抗战。[8]

---

[1] 王致中、魏丽英：《伟大的历史性创造——论抗战时期陕甘宁边区的私营工商业政策与实践》，《甘肃社会科学》1995年第5期。

[2] 曹敏华：《抗日战争时期陕甘宁边区军事工业述评》，《中共福建省委党校学报》2003年第11期；曹敏华：《论抗日根据地兵器工业的建立与兵工企业之运作》，《抗日战争研究》2009年第1期；郝平：《太行、太岳革命根据地煤矿业发展》，《抗日战争研究》2012年第3期。

[3] 黄存林：《晋冀鲁豫边区的对敌贸易战》，南开大学历史系、中国近现代史教研室编《中外学者论抗日根据地——南开大学第二届中国抗日根据地史国际学术讨论会论文集》，档案出版社，1993。按：以下简称《中国抗日根据地史国际学术讨论会论文集》。

[4] 傅尚文：《晋察冀边区北岳区的粮食战》，《历史教学》1985年第2期。

[5] 陈志杰：《论陕甘宁边区公营商业的经营运作》，《山东社会科学》2002年第1期。

[6] 张永刚：《抗战时期晋察冀边区的合作社商业》，《河北大学学报》2007年第6期。

[7] 王本伟：《抗战时期陕甘宁边区合作商业由官办到民办的改革》，《商业经济与管理》1985年第1期；元彬鹏：《抗战时期陕甘宁边区的消费合作社研究》，《赤峰学院学报》2016年第1期。

[8] 魏宏运：《论晋冀鲁豫抗日根据地的集市贸易》，《抗日战争研究》1997年第1期；张晓玲：《抗战时期晋绥边区的集市贸易》，《历史教学》（下半月刊）2014年第10期。

根据地的金融货币政策始终备受关注。① 货币斗争是根据地的一个重要内容，魏宏运认为根据地货币政策的主要任务是发行与巩固边币，保护法币，肃清土杂钞，打击伪钞，建立独立自主的、统一的货币市场体系。② 黄存林从生产环节总结了华北抗日根据地货币斗争的经验，认为抗战初期华北根据地各银行的主要功能是发行货币、解决财政军需；1940年后，则将工作重点放在扶助群众生产方面，支持农业、工业、商业和家庭副业生产。③ 边区的农贷是金融的一个重要方面，闫庆生认为边区农贷的特征是贫困的勤于农业生产的农民是边区农贷发放的主要对象，体现了农贷支持贫困农民发展农业生产的原则，推动了农业发展，改变了边区农村经济结构；李金铮指出农贷执行过程中的错误和偏差，如贷款分散、有的农民贷款少甚至未贷上、干部徇私舞弊、贷款未用于生产、贷款不及时、有贷无还等，反映了农贷工作的艰巨性和复杂性。④

可以看到，根据地经济问题内容十分庞杂，难以面面俱到。四十年来，根据地经济史研究内容面更广、度更深，尤其在一些核心经济政策与经济问题上的探讨，更加深入与具体。不过总体来看，国内学者有关根据地经济史的研究，主要还在"政策－结果"这条思考和叙述逻辑上，历史的实证性研究固然十分重要，但在深化问题意识和理论分析创新方面还有进一步挖掘的空间。

三　多维视角与路径转换

传统根据地的研究多以中共为叙述主体，强调中共的领导、宣传、动员

---

① 黄正林：《1980年以来国内革命根据地金融史研究综述》，《湖南大学学报》2008年第1期。
② 魏宏运：《论晋察冀抗日根据地货币的统一》，《近代史研究》1987年第2期。
③ 黄存林：《论抗日根据地的货币斗争》，《河北学刊》1985年第5期。
④ 李金铮：《论1938～1949年华北抗日根据地、解放区的农贷》，《近代史研究》2000年第4期。

与组织，强调中共对经济社会资源的控制。① 但事实上，中共党组织在不同地区、不同时期所实行的经济政策是不同的。例如，晋察冀、太岳、太行、晋绥等地实行的合理负担与冀南、冀鲁豫、山东等实行的公平负担有所不同；从抗战初期合理负担到1941年晋察冀边区开始实行统一累进税，在征收对象、负担比例、起征点与负担面、累进率、效果作用等方面亦有所不同。② 此外，除中共以外，根据地内尚存在不同的行为主体，"中共"概念虽然广泛，有利于从整体上把握根据地的经济建设与发展状态，但党政军之间、上下级之间、集体与个人之间、内外之间，在具体经济问题上的表现均有差异。经济参与者本是多层面的，因此考察不同经济主体在经济上的表现、丰富根据地经济史观察角度，是具有重要意义的。

军队作为中共革命的重要主体，实际上也是根据地财经政策的重要推行力量。郑中伟等考察了军队系统精兵简政中出现的认识不当、安置不当、教育不当问题及成功经验。③ 龚泽琪、郭宁考察了根据地时期中共军队的待遇问题。④ 李玉蓉从八路军部队的角度，认为随着军事形势的变化，八路军与根据地面临极大的经济困难，从而转向独立自主的长期抗战，在经济上重视生产和建立财经秩序。⑤ 魏延秋分析了八路军留守兵团守备黄河河防、清除匪患、进行反顽斗争、参与生产建设等多项任务，其生产运动改善了部队官兵的生活，减轻了人民的负担，改善了官兵关系和军民关系，对发展边区经济也起到了促进作用。⑥

---

① 例如，范小方：《抗战时期中国共产党对解放区农业生产的领导》，《中南财经政法大学学报》2004年第4期；黄正林：《社会教育与抗日根据地的政治动员：以陕甘宁边区为中心》，《中共党史研究》2006年第2期。
② 魏宏运：《论华北抗日根据地的合理负担政策》，《历史教学》1985年第11期。
③ 郑中伟等：《抗日战争时期军队系统精兵简政中的问题及启示》，《吉首大学学报》2018年第s1期。
④ 龚泽琪：《抗战时期国共两党围绕军队待遇问题的斗争》，《军事经济研究》1992年第7期；郭宁：《论抗战时期中共军队的官兵待遇与生活》，《平顶山学院学报》2017年第4期。
⑤ 李玉蓉：《从进入山西到立足华北：1937～1940年八路军的粮饷筹措与军事财政》，《抗日战争研究》2017年第4期。
⑥ 魏延秋：《论八路军留守兵团对陕甘宁边区的历史贡献》，《中国延安干部学院学报》2017年第5期。

地方经济合作组织发挥了重要的政治、经济作用，近年来，根据地合作社研究受到重视。刘庆礼认为边区合作社是以私有财产为基础、采用联合经营方式、具有广泛群众性的经济组织，其组织管理原则有自愿原则、平等原则、民主原则等，经营方式多样。① 闫庆生认为陕甘宁根据地的合作社经历了1942年前后两个主要的过程。② 赵泉民认为20世纪前半期中国乡村社会的合作组织，是非社会内生的正式组织与制度，是国家为整合基层社会而从外部嵌入村落社区的一种政府行为。③ 刘璐淼、李朋认为合作运动深刻改变了地域内农村的原生经济形态，一方面重塑作为基本经济单位的家庭，另一方面开始推动农村社会由一元化的农业经济结构向多元化经济结构转变，中国共产党的意志和民间力量的意愿实现了并轨，与民间力量实现最大限度的良性互动。④

此外，区别于党政组织的地方团体的经济行为亦受到关注，如妇女团体、农会、合会等。刘萍、范连生、黄正林、曲晓鹏等对华北抗日根据地妇女纺织运动进行了考察。⑤ 房桂芝结合合作运动与妇女运动，认为广大妇女在参与合作运动的过程中，提高了自身的经济地位与政治地位；妇女通过参与合作社，增加了妇女的社会资本，拓展了她们的公共生活空间；妇女通过合作社接受了新民主主义思想和文化教育，掌握了新的科学技术，妇女的自我发展能力和个人效能感明显增强，合作社为妇女解放提供了有效的途径。⑥

---

① 刘庆礼：《抗战时期晋察冀边区的合作社述论》，《党史文苑》2010年第4期。
② 闫庆生：《论陕甘宁抗日根据地的合作社》，《甘肃理论学刊》1998年第6期。
③ 赵泉民：《20世纪前半期中国乡村社会"内生性组织"与合作社关系剖析》，《湖南大学学报》2009年第4期。
④ 刘璐淼、李朋：《抗战时期晋察冀边区合作社运动对社会经济的影响》，《河北师范大学学报》2016年第1期。
⑤ 刘萍：《对华北抗日根据地妇女纺织运动的考察》，《抗日战争研究》1998年第2期；范连生：《抗战时期华北革命根据地的纺织业》，《抗战史料研究》2015年第1期；曲晓鹏：《抗战时期晋察冀边区的妇女权益问题研究》，《抗日战争研究》2006年第2期；黄正林：《抗战时期陕甘宁边区的乡村妇女》，《抗日战争研究》2004年第2期。
⑥ 房桂芝：《合作运动与妇女解放——以胶东抗日根据地为例》，《山西师大学报》2015年第4期。

根据地时期领导干部群体是经济政策的制定者、执行者。宋金寿、高尚斌等对毛泽东、朱德等高层领导的经济思想进行了论述。① 近年来地方干部的经济行为亦得到关注，岳谦厚等考察了晋察冀抗日根据地干部较低的生活水平和经济地位，但不少基层干部常常会利用政策"漏洞"或乘上级监管不力之机攫取或多或少的"灰色收入"，从而加重了边区民众负担和廉政建设任务。② 江沛总结了根据地时期干部思想腐化产生的根源，以及在经济上的若干表现（如贪污公款、挪用公款、伪造单据、私卖公粮、包庇走私、公款吃喝、携款潜逃等），总结反腐化斗争的若干特征及经验教训。③ 赵诺等关注到，进入相持阶段后，由于经济萎缩，华北根据地进入最艰苦的困难时期，艰难时势对干部升降进退造成了直接影响。④

个人的经济行为与经济利益是一个新的关注趋势。李常宝考察了战时根据地小学教员薪金报酬、个人升迁等因素及从业态度、生存样态的异歧。⑤ 李春峰探讨了抗战时期晋察冀边区的牙纪活动，认为牙纪在这种革命性的商业中，具有双重特性，防用并重。⑥ 黄爱军分析了华中根据地的合作经济，强调在实际工作中必须切实回应群众的关切和期待，给群众以看得见的物质福利，如从合作社得到工资收入、"红利收入"、廉价产品和购货打折等多方面的实际利益。⑦ 董佳等分析了晋西北农家在面对中共的公粮、村摊款、战勤负担、劳力差役等负担时，沉着地分家析产，由此形成当地一道奇特的社会景观——非正常分家，并引发社会和经济新的变化，一是农户总数日趋

---

① 宋金寿：《毛泽东指导陕甘宁边区经济工作的几个重大思想转折》，《中共党史研究》1998年第4期；高尚斌：《朱德与陕甘宁边区的经济建设》，《中共党史研究》2007年第2期。
② 岳谦厚、宋儒：《晋察冀抗日根据地基层干部待遇与廉政建设问题》，《抗日战争研究》2014年第4期。
③ 江沛：《论中共在抗日根据地的反腐化斗争》，《中外学者论抗日根据地——南开大学第二届中国抗日根据地史国际学术讨论会论文集》，档案出版社，1993，第355~366页。
④ 赵诺：《抗战相持阶段中共华北根据地干部的进退升降》，《抗日战争研究》2017年第2期。
⑤ 李常宝：《抗战期间中共太行根据地小学教员生存样态探微——以襄垣县为中心》，《史学月刊》2018年第9期。
⑥ 李春峰：《革命与商业：抗战时期晋察冀边区的牙纪活动》，《党史研究与教学》2014年第3期。
⑦ 黄爱军：《华中抗日根据地的合作经济》，《军事历史研究》2015年第4期。

增多，农具使用趋于紧张；二是农民家庭规模和生产规模缩小，地权更加分散，小农经济倾向愈发突出，农民的经济能力整体下降。①

近些年来，从社会经济史的角度分析中国革命是近年来的一个大趋势，② 不完全以根据地及党政团体为研究对象，亦不完全以抗战时期为时间线索，而是从更广阔的农村范围、更长的近代时间段来进行观察，在观照政治、经济等重要命题的同时，更为强调经济结构和乡村社会的变迁，强调乡村社会的主体性，注重乡村社会在经济上所具备的内在力量与发展延续性。例如，李金铮对抗日根据地社会史的研究提出了构想，认为社会生活应是历史研究的重要对象，经济既是社会生活的一个内容和部分，但又外化于社会。③

在社会经济史视角下，魏宏运从社会变迁的角度来看晋察冀抗日根据地，认为最明显的社会变迁是农民当家做主，经济变革与政治变革融合在一起，人们的思想、价值观念、道德规范和是非标准发生了一系列变化。④ 从翰香等人利用中外资料对冀鲁豫乡村社会进行了探究，从乡村的社会结构、市镇的勃兴、农业自然资源和粮食生产、手工业与乡村经济、田赋和徭役方面，试图在理论上形成一种研究中国特色半封建半殖民地农村经济的模式。⑤ 江沛从经济结构的嬗变、政治形态的重构、裂变的文化层面等方面，考察了华北根据地在政治强力推动下社会变动的历史过程。他认为中共在华北地区实行的土地政策与一系列经济政策，使农民得到了实际经济利益，改变了传统乡村的社会结构，使农村社会文化发生了巨大的变化。⑥

此外，经济学为根据地经济研究提供了新的分析工具。孙启正基于经济

---

① 董佳、李娜娜：《抗战负担与农民非正常分家：中共边区的另一社会景观——以晋西北地区为中心的考察》，《科学经济社会》2012 年第 4 期。
② 刘永华等：《社会经济史视野下的中国革命》，《开放时代》2015 年第 2 期。
③ 李金铮：《抗日根据地社会史研究的构想》，《抗日战争研究》1996 年第 1 期。
④ 魏宏运：《论晋察冀抗日根据地的社会变迁》，冯崇义、〔澳〕D. S. G. 古德曼编《华北抗日根据地与社会生态》，当代中国出版社，1998，第 109~121 页。
⑤ 从翰香主编《近代冀鲁豫乡村》，中国社会科学出版社，1995。
⑥ 江沛：《华北抗日根据地的社会变迁评析》，《抗日战争研究》2000 年第 2 期。

学的一般经济学原理分析了根据地的互助合作,认为理论的先导作用以及现实的需要理论的因素只是提供了改造传统互助合作的可能性,而现实需要的迫切性是更为重要的原因。传统互助组合作社在生产效率上的优势是脆弱的,其巩固取决于解决好两个问题——个体与集体矛盾的问题,集体劳动如何与自然条件适应的问题,而这两个问题根植于华北根据地落后的农业生产条件。新式互助运作过程中出现的主要问题是违背互利和等价原则,社员丧失了安排生产的自主权甚至对自己劳动力的支配权,生产开始服从于某种政治或军事目的,自组织与被组织之间的差异虽不明显,但其影响是深远的、历史性的。个体经济与集体经济的冲突以及农民的私心,具体化于整个农业生产流程中的各个环节,由此也产生了一系列影响互助合作的内在矛盾。[1]

赵元成、胡荣明等从制度经济学或制度变迁的角度进行了诠释,梳理并探求抗日根据地个人与家户相结合的税制结构的内在机理及其依据,厘清抗日根据地税制的发展演进轨迹,认为根据地税制形成了一种个人与家户相结合的二元结构,亦即"以个人为计算单位、以家户为征收单位",此种二元结构对抗日根据地税制产生了诸种影响。[2] 胡荣明从地权保护出发,认为根据地政权不仅通过征税实现对地权的保护,而且通过对课税对象的选择、纳税主体的确立以及计税标准的设计,有效地将地权持有、地权收益、地权交易等环节纳入征税范围,从而形成了一个相对完整均衡的地权型税收体系,基本实现了不同层次之地权享有者的合理公平负担,是中国农业税制史上的一大革命。[3]

从定性研究到定量研究亦是一个新特点,许多学者在研究根据地时期的经济问题时,都在不同程度上利用历史数据进行了一定的定量分析。如张晓玲认为,大数据时代下,量化史学研究成为历史研究和发展的新动向,对中

---

[1] 孙启正:《组织起来:传统互助合作的改造问题——以华北根据地为中心》,《中国经济史研究》2016年第2期。
[2] 赵元成、胡荣明:《个人与家户:抗日根据地税制的二元结构分析》,《中共党史研究》2015年第2期。
[3] 胡荣明:《地权与税制:抗日根据地农业税的结构性分析》,《中国经济史研究》2017年第1期。

共党史的研究，也应与量化方法结合起来，进行计量分析。① 近期，有学者提出"新革命史"的概念，② 主要从五个方面重新审视中国革命，即国家与社会互动关系的视角、强调基层社会和普通民众的主体性、革命史与大乡村史相结合、从全球史视野考察中共革命史，以及开拓新的研究视点等，基本上就是眼光向下，注意长时段、大空间与多角度。

综上可见，四十年来，对于抗日根据地经济史的研究，不仅在挖掘史料、丰富内容方面取得了进展，在新视角、新方法方面也有了长足的发展，并且是贯穿四十年的一个趋势，社会经济史的研究更是体现出"新"的特点。③ 其实，不论是对根据地经济史还是对革命史在视角、方法上的新探索，都离不开对海外学界学术脉络的梳理，以此反观国内的实证研究或者理论创新。

四 境外相关研究

境外学者对中国抗战史的研究与相关学术机构的建立④，具有很强的时代特点与问题意识，也具有明显的学术脉络和研究范式。涉及中共及根据地经济史的研究，大多置于"中共革命"这个大的研究范畴之内，20世纪后半期，中共革命为何成功、中国抗战的特点与意义、中共革命与其他国家革

---

① 张晓玲：《量化史学：中共党史研究的新视野》，《党史研究与教学》2017年第5期。
② 李金铮：《向"新革命史"转型：中共革命史研究方法的反思与突破》，《中共党史研究》2010年第1期；应星：《"把革命带回来"：社会学新视野的拓展》，《社会》2016年第4期；常利兵：《"告别革命"论与重提革命史——兼论新革命史研究何以可能》，《中共历史与理论研究（总第5辑）》，社会科学文献出版社，2017；李金铮：《再议"新革命史"的理念与方法》，《中共党史研究》2016年第11期；应星：《新革命史：问题与方法》，《妇女研究论丛》2017年第5期；李金铮：《"新革命史"：由来、理念及实践》，《江海学刊》2018年第2期。
③ 陈红民：《"新革命史"学术概念的省思：何为新，为何新，如何新？》，《苏区研究》2018年第5期。
④ 如牛津大学中国抗战研究中心、哈佛大学东亚研究中心、哥伦比亚大学东亚研究所、密歇根大学中国研究中心、斯坦福大学胡佛研究中心、加州大学伯克利分校中国研究中心、伦敦大学中国研究中心、中日共同研究会、中日战争国际共同研究会等。

命之间的关系等，是许多海外中国学术机构和学者研究中共与近代中国的重要的学术与现实关怀。四十年来的研究趋势大致可以概括为从"中共为何成功"到"中共革命如何开展"，再到"中国战时民众与社会"，有一个逐渐淡化意识形态和视角向下的过程。

四十年来，境外有关根据地经济研究，离不开对两部著作的参照。一是赛尔登的《革命中的中国：延安道路》，他强调中共依靠生产自给、结合传统市场、扶助小农经济，满足自身与群众的经济需求，从而获得农民的支持与经济上的持续动力，最终取得革命的胜利。赛尔登的延安模式研究，开启了海外学界从宏观研究转向根据地的区域、微观研究。① 二是彼得·施兰的《游击经济》，第一次对根据地的经济做了专门而完整的研究，认为游击经济是根据地的重要方面，而经济政策的演变是对该地区经济结构相关问题的务实回应。但彼得·施兰的游击经济研究只是概述性的，没有真正解释所谓"游击经济"的核心及真正的发展动力。②

改革开放以后，国内外史料的丰富与共享、学者的交流互通加深，促进了境外学者对根据地的研究。八九十年代以后，西方学者有了更多机会到中国进行学术交流、查找资料、实地调查，他们着重关注在什么时间、在什么地点、发生了什么事情等具体的个案与微观研究。然而，他们都不免回应或者反驳赛尔登的延安模式，并生发出许多新的争论，如关于"道德－经济－理性－农民"的争论，关于"以党为中心－以农民为中心－以革命为中心"的争论，关于20世纪中国农村现代化和分类观点的争论等。③ 但总体来看，他们无论是批判还是回应，其实都是在赛尔登关于延安道路研究的基础上，继续从宏观中国、中共理论转向根据地的"微观社会"研究，聚

---

① 马克·赛尔登：《革命中的中国：延安道路》，魏晓明、冯崇义译，社会科学文献出版社，2002。
② Peter Schran, *Guerilla Economy: The Development of the Shensi-Kansu-Ninghsia Border Region, 1937–1945* (Albany: State University of New York Press, 1976); W. E. Spellman, "Guerilla Economy: The Development of the Shensi-Kansu-Ninghsia Border Region, 1937–1945", *The American Economist*, Vol. 23, No. 2, 1979, pp. 85–86.
③ 马克·赛尔登：《革命中的中国：延安道路》。

焦微观成为新的主流。①

很多学者认为,延安模式并非放之四海而皆准,共产革命是一场地方革命,需要因地制宜,并警惕一种单一而特定的革命模式。纪保宁比较了陕甘宁地区1943~1944年两个邻县实行的农业生产合作化运动,认为地方差异会影响政策的实施效果。②周锡瑞以对陕西米脂杨家沟地主经济的典型调查为例,强调革命过程的重要性,将革命视为一种错综复杂的互动过程的一部分,尤其需要注重中央权力、县级分区中层干部、乡村基层干部三个层面的真实处境与互动关系,由此在财税问题、与地主的政治经济关系、减租减息与分土地等政策上,边区政府与地方干部的冲突也就更为复杂和严重。③顾琳认为,对于经济史学家而言,仅对经济政策进行研究是不够的,而要对政策在不同地区所产生的不同效果进行考察,并利用日本战时调查资料,对定县农村、高阳纺织业的衰落、安国市场等问题进行了示范性分析;此外,她还指出抗日根据地所推行的经济政策标志着中国社会主义改革的初期阶段,战时建立的一系列经济机构都成为社会主义改造早期的重要机构。④

部分学者则对赛尔登的研究提出了重大的挑战。陈耀煌进一步分析了中共在陕甘宁的财经过程,批判了赛尔登的延安模式,认为陕甘宁初期并不十分注重发展经济与财税问题,1940年失去外援后才设想建立正规的财税制度,却与当地经济相抵触;随后实行整财运动和大生产运动,实质上是欲借群众自下而上的动员,加强经济统制,但实质上并没有达到此目的,反而扰乱了既有财税体制和造成新的不公正现象,因此也并未达到自

---

① 尹学梨:《试论境外学者对中共抗日根据地的微观研究》,《中共郑州市委党校学报》2017年第4期。
② Pauline Keating, "The Yan'an Way of Co-Operativization", *The China Quarterly*, No. 140, 1994, pp. 1025–1051.
③ 周锡瑞:《"封建堡垒"中的革命:陕西米脂杨家沟》,《华北抗日根据地与社会生态》,当代中国出版社,1998,第1~24页。
④ 顾琳:《从日本调查者的报告中看冀中的战时经济》,《中外学者论抗日根据地——南开大学第二届中国抗日根据地史国际学术讨论会论文集》,第397~405页。

给自足。①

在减租减息与税收政策上，西方学者认为税制改革实行的深度和广度都比减租减息有过之而无不及，赋税问题比租佃问题要迫切得多，矛盾深得多，更多指向国家而不是地主阶级。纪保宁指出，农民对国民党在税收方面的愤怒，使得中共得以建立根据地政权；组织抗税斗争，是比阶级斗争更为有力的动员方式。② 日本学者田中恭子等认为，于农民而言，最大的问题是如何维持"自己的生活"并确保"自身安全"，因此如何将农民的现实需求与抗战需求有效结合，是战争动员的关键；由于农村小农所占比重较高，减租减息政策作用不大，仅靠减租很难发动农民，直到抗战后期，中共通过算旧账、反黑地、反恶霸、反腐败、反奸等斗争，唤醒了农民的热情，并进行了土地革命。中共成功将战争负担公平化，大致建立起一个相对贫困但相对均衡的社会，但也影响了后续革命中政治与社会的走向。③

强调农民的生存需求、经济理性与革命选择的互动。美国布兰迪斯大学拉尔夫·萨克斯顿分析了晋冀鲁豫根据地农民生计问题，他以盐贸易为切入点，对晋冀鲁豫边区农民抗争的根源和性质与中共群众动员的关系，认为中共革命动员的基层根植于农民的集体抗争中，只有尊重农民的诉求才能获得信任与支持。他认为边区农民并非"单一议题选民"，而是"市场选民"，面对国民党的经济压迫和农民的经济诉求，共产党带领农民争取市场权利的过程则是共产党获得合法性的过程，使农民大众市场网络能够与有限的公有经济共存，利用地区市场网络战术空间，与国民党进行斗争。④ 纪保宁认为

---

① 陈耀煌：《统筹与自给之间：中共陕甘宁边区的财经政策与金融、贸易体系》，《中央研究院近代史研究所集刊》第72期，2011年，第137~192页。

② Pauline B. Keating, *Two Revolutions*: *Village Reconstruction and the Cooperative Movement in Northern Shaanxi, 1937 - 1945* (Stanford, California: Stanford University Press, 1997).

③ 田中恭子『土地と権力——中国の農民革命』名古屋大学出版会、1996、91~96頁；奥村哲『中国の現代史——戦争と社会主義』青木書店、1999、100~102頁。

④ Ralph A. Thaxton, Jr, *Salt of the Earth*: *The Political Origins of Peasant Protest and Communist Revolution in China* (University of California Press, 1997).

农民倾其全力维持生计和为生存而进行的基本的经济斗争所采取的方式，形成了农村的政治和文化，同时农民不再是一张可以任由革命者随意挥洒的"白纸"，农民与革命之间有着更为复杂且变化多端的关系。劳动合作社是农工贸革命变革最重要的媒介，必须注意到经济、政治和文化之间密切的相互作用与有机联系。① 石岛纪之则进一步强调普通民众"心态"的多面性及有关各方面问题的多面性。②

注重中共的经济动员以及动员的方式与效果。纪保宁强调党在三个层级的关系：政党机器和等级权力体制、为完成任务而建立的"动员型"组织、乡村"社区发展"组织（合作社组织）。在征税中，她强调地方政府以"动员"的方法向民众征收"合理负担"，并用"救国"来解释这种漫无边际的税收制度，甚至在绥德进行的地租改革中，出现了一刀切和"左"倾现象。③ 美国学者爱德华·弗里德曼等在总结华北根据地动员民众支援抗日成功的经验时，特别强调中共的动员与领导，同时认为互助组和小生产合作社为统一战线和加强发展经济提供了基础；④ 抗战时期的统一累进税致使地主卖地，从而导致地权的平均化，并且成为一种"静悄悄的革命"。⑤

强调地方资源、地方精英的经济作用。古德曼基于对于太行地区的研究来分析政治变化中的社会基础，即革命进程中财富、地位和政治力量的相互作用，并说明经济管理的重要性、经济改革与政治发展的紧密关系。古德曼认为，除了陕甘宁边区，其他根据地不论在安全条件还是在稳定状况等方面都比不上陕甘宁边区，所以这些根据地不仅需要穷苦农民的支持，

---

① 纪保宁：《抗日战争时期合作运动的剖析》，《中国抗日根据地史国际学术讨论会论文集》，第321~342页。
② 石岛纪之：《抗日战争时期的中国民众：饥饿、社会改革和民族主义》，李秉奎等译，中国社会科学出版社，2016。
③ 纪保宁：《组织农民：陕甘宁边区的党、政府与乡村组织》，《华北抗日根据地与社会生态》，第69~98页。
④ 爱德华·弗里德曼：《抗日战争最广阔的基础——华北根据地动员民众支援抗日成功的经验》，《中国抗日根据地史国际学术讨论会论文集》，第92页。
⑤ 弗里曼等：《中国乡村，社会主义国家》，陶鹤山译，社会科学文献出版社，2002。

还需要地方精英的支持。需要说明的是，这里的地方精英不仅指当地的精英阶层，而且指精英家庭出身的地方干部。① 赛奇认为，中共革命并未疏远强大的传统地方精英，以保障减租减息和普选政策能够渗透到地方社会并扩大影响。②

注重比较分析。国外对新四军和华中根据地的研究相对较少，③ 英国学者班国瑞比较了华中与华北的抗日根据地在各方面之不同，在政治等方面，华中相比华北略逊一筹，但在财政方面，华中地区处于经济中心地带和富庶地带，财政收入高于北方，但同时存在三种政权，也就呈现出复杂性和不稳定性，华中不仅能维持自身的生存发展，还有余力来支援中共在全国的抗战。④ 在"大公"与"小公"经济关系的问题上，吕晓波认为，中共一直游移在统筹统支和自给自足两条路线之间，常常被迫或自愿地承认与容许自主的小公经济的存在，小公经济既是符合逻辑的，也是必要与健康的，并强调经济中的（小公）部分以及生产的重要性。⑤

注重根据地经济的实际作用与后续影响。瑞典学者达格芬·嘉图撇开游击战争的战略战术或中共内部的政策争端，而集中于农村经济、政治改组带来的实际影响，论述了农村社会的改变如何促使1937～1945年中共在华北敌后急剧大规模扩张，以及各阶级力量均势发生的实质性变化。⑥ 古德曼对太行地区的研究认为，开展的"左"倾的经济斗争，如激进的土地政策和暴力的阶级斗争，促成了反叛暴动事件。⑦ 荒武达朗分析了山

---

① 大卫·古德曼：《中国革命中的太行抗日根据地社会变迁》，田酉如等译，中央文献出版社，2003。
② Tony Saich, "Introduction: the Chinese Communist Party and the Anti-Japanese War Base Areas", *The China Quarterly*, No. 14, 1994.
③ 曹景文：《国外视域下的新四军和华中抗日根据地》，《中国延安干部学院学报》2017年第4期。
④ 班国瑞：《华中与华北抗日根据地之比较》，《华北抗日根据地与社会生态》，第238～278页。
⑤ Thomas P. Bernstein and Xiaobo Lü, *Taxation without Representation in Contemporary Rural China* (Cambridge: Cambridge University Press, 2003), pp. 34-35.
⑥ 达格芬·嘉图：《走向革命——华北的战争、社会变革和中国共产党1937～1945》，赵景峰等译，中共党史资料出版社，1987。
⑦ 大卫·古德曼：《中国革命中的太行抗日根据地社会变迁》。

东根据地的土改及农村经济,从农户经营的角度分析了土改对农村经济的影响,认为土改并没有改变个别农户自由决定生产经营的行为方式。① 一谷和郎分析了华北的财政问题,认为中共通过征税过程的公平化、透明化以及扩大征税面来获得群众支持,但由于财政局限,中共只能依靠民兵等最低限度的军事力量,维持防卫性的政权。② 井上久士认为抗战前期的工业建设,奠定了后期工业发展和"边区经济的完全急速自给化"的基础。③

可以看到,80年代以来境外有关根据地经济史的研究都更加注重具体的经济区域,剖析中共革命中"人"的经济思想、经济心态与行动,强调各方力量之间的互动关系,从"革命为什么成功"转到"究竟发生了什么"。但20世纪末至21世纪初以来,境外学者对抗战研究的重心有所转移,对正面战场、国民政府的经济建设、国统区与沦陷区的经济社会生态等研究更多,对中共的研究大多被置于国民党、地方实力派和社会各阶层等独立角色间的协作和矛盾当中进行。

五 余论

四十年来,国内外学者对根据地经济史的研究,充分体现了"变"的特点:第一,根据地时期的历史是变化的,并非铁板一块,亦非一成不变,随着区域范围、时间阶段、力量强弱的变化,根据地的财经政策与各方经济行为也相应发生变化;第二,自抗战时期至今,对根据地经验的总结与经济史的研究,在不同时期、不同阶段,有着新的理解与阐释,理论、方法、视

---

① 荒武達朗「1940年代山東省南部抗日根拠地の土地改革と農村経済」『アジア経済』39編11号、1998;丸田孝志:《近年来日本学界对抗战时期中共党史的研究》,《史学月刊》2015年第9期。
② 一谷和郎「革命の財政学——財政的側面からみた日中戦争期の共産党支配」高橋伸夫編『救国、動員、秩序:変革期中国の政治と社会』慶應義塾大学出版会、2010。
③ 井上久士:《抗战前期陕甘宁边区之经济建设——以工业为中心》,《中国抗日根据地史国际学术讨论会论文集》,第343~363页。

角、对象、材料等均在不断变化和推进。具体而言，从单一视角到多视角观察，从单方材料到多方材料分析，从宏观理论到微观调查，从普遍经验到特殊条件考察，从单纯政策到过程与效果探析，从政治动员到经济社会文化因素，从关注组织到对人的观照等，根据地的经济研究呈现出更为全面广阔的研究特点。

根据地经济史研究亦有一个不变的关怀，即对根据地经济建设及发展的经验总结与意义挖掘，或进一步说，是对中共革命何以成功的具体经济剖析。四十年来，在革命对抗意识形态有所淡化的情况下，中外学者虽更注重对于客观历史的分析，但仍然努力分析中共革命视角下的根据地经济，或者近代以来中国经济的脉络与特点，甚或观照与比较社会主义时期的经济历程，从而在历史中寻找中共与中国的经济发展脉络。

当然，西方学者擅于站在"他者"立场，运用各种分析方法与理论来观察根据地的经济特点和进行相关历史分析；中国学者则长于资料铺排、政策分析与经验总结。二者既各有特色，又互相借鉴与影响。近几十年来，对根据地经济史的研究，论争虽始终存在，但主要是区域化和细化的论证与叙述，西方学者的兴趣点和关注点有所转移，在根据地研究上有所减弱；中国学者虽在进一步挖掘资料的基础上做了更多的实证性研究，在问题意识上却少有创新和突破，乡村经济史、社会经济史、制度经济史、量化经济史、"新革命史"等新方法和新概念提供了一些新的观察视角，有关根据地经济史的研究，在进一步探索方面仍然具有巨大的空间。

一是以更长时段的视角来考察根据地时期的经济史，有的学者注重根据地以前地方经济条件已经发生的变化，而根据地经济建设与发展对战后及社会主义时期的内在及持续性影响，还有待进一步挖掘和分析。二是在区域研究的基础上，进行比较研究。不仅要比较不同根据地之间的特点，也要拓展对根据地与沦陷区、国统区的比较，甚至与其他国家的战时经济进行比较研究。三是注重经济过程研究，在"政策－实施－影响"三部曲的基础上，可以进一步探讨经济发展面临的具体形势及其发展过程，以及发展的变化性、阶段性特征。四是根据地经济研究虽无法摆脱中共的主体性，但可以挖掘党政军内部不同势力之间的经济博弈与细节特征，除了探析政治组织、经济集团的经济因素，亦分析个人的经济力量与影响因素。五是宏观研究与微观研究相结合，既避免过于空洞，又避免碎片化。

日本共产党与中国的抗日战争研究综述[*]

程 艳[**]

抗日战争期间，日本共产党（简称"日共"）作为一个政党，有组织、有纲领地对中国抗战进行了支持与援助。目前在著作类领域，未有学者对"日本共产党与中国的抗日战争"做专题研究，尽管大多数抗日战争国际援助专题研究以及抗日战争史和中日战争史的通史类著作都涉及日本人民或者日共对中国抗战的援助，基本观点是把各国政府和各国人民区分开来，并指出在日本人民的反战运动中日本共产党起了坚强的领导和核心作用，但由于不是关于日共与中国抗战的专题著作，篇幅也非常有限，缺乏深入研究。

从中国知网的检索情况来看，以"抗日战争国际援助"为主题检索到的论文，大多为关于苏联、共产国际、美国、国际友人援助中国抗战。有研究在论述世界无产阶级和各国人民援助中国抗战时提及日共；以"日本共产党与抗日战争"为"篇名"或"主题"检索，结果均为 0；以"日本共产党"与"抗日战争"为关键词检索，结果也为 0；以"日本共产党"为篇名检索，涉及与中国抗战相关的论文只有 20 余篇。从上述相关数据来看，目前中国学术界关于"日本共产党与中国的抗日战争"的研究成果不多，已有研究成果主要从日共的反战活动、重要人物、情报工作等方面论述其对中国抗战的积极意义。

---

[*] 本文系国家社科基金抗日战争研究专项工程"世界反法西斯战争史（含中国抗战）档案资料收集整理与研究"（课题编号：16KZD020）阶段性成果。

[**] 程艳，江西财经大学马克思主义学院副教授。

一 关于日共领导的日本国内反战运动的研究

日本对外发动侵略战争以后，日本国内反战运动一直存在。反战运动无疑也是抗战时期日共在日本国内活动的重心。日本反战运动为牵制日本侵华力量产生了积极作用，因此"日本反战运动"也是国内学术界在探讨"日本共产党与中国的抗日战争"时最先关注的问题。已有研究认为，在抗日战争中，日共是日本国内最坚决的反战力量，但对于日共领导的日本国内反战运动的规模及其对中国抗战的胜利起到了何种程度的积极作用等问题，尚未展开深入探讨。

多数论者都从重要的历史节点关注到日共反战活动的阶段性特征。九一八事变之后，日本人民在日共的组织和带领下，以各种形式反对日本侵略中国。日共一方面在报刊上揭露和批判日本帝国主义的侵略战争；另一方面积极在工人、农民、军队、青年中开展了有组织的反战斗争，给日本反动政府以极大的威胁。[①] 七七事变之前，日共主要通过国内的工会组织进行反战活动。七七事变发生后，日共的活动主要是反战宣传。[②] 例如，通过日共中央机关报《赤旗》对日本在华侵略行径进行抨击，对中国革命进行声援。[③]

对日共反战立场的肯定已经取得共识，但学界对如何准确评价其反战活动对中国抗战的意义尚未开展深入研究。日本学者吉田阳介认为，在战前和战争时期，日共受到日本帝国主义政府的压制及当时日本社会气氛的影响，处于非法状态，难以与其他左翼政党联合一致，大力开展反战运动。尽管如此，日共仍始终坚持"反对战争与维护和平"的理念，在国内进行以宣传

[①] 孙继武：《九一八事变时期日本人民的反战斗争》，《社会科学战线》1987年第1期。
[②] 张注洪：《国际无产阶级和各国人民的援华抗日活动》，《国际政治研究》1991年第4期；张注洪：《抗日战争时期各国人民的援华活动》，《抗日战争研究》1992年第1期。
[③] 孙继强、张利军：《二战时期日本共产党中央机关报〈赤旗〉的战争观》，《当代世界与社会主义》2016年第1期。

为主的反战运动；在国际上，在共产国际的指导下，与兄弟党尤其是中国共产党建立合作关系，开展反战斗争。① 有论者在分析比较日本侵华时期国内日共、无产政党、知识阶层、宗教界的反战运动后指出，日共曾经是日本国内反战力量中最坚决的，而且是对侵略战争的性质认识最明确的政治团体。但是，日共建立在社会主义思想基础上的反战活动将战争理解为与资本家的利益相联系的现象，认为战争是资本主义侵略政策的表现，从而把反对战争作为无产阶级解放斗争的一个组成部分。而日共执行的强调保卫社会主义苏联利益的共产国际路线，难以得到广大日本国民的理解。所以，建立在社会主义思想基础上的和平反战活动正是日本和平反战活动中最薄弱的环节。②

二 关于在华日本人反战同盟的研究

关于抗战期间对中国抗战产生积极作用的日共领导下的反战运动，分为日本国内反战运动和在华日本人反战运动。七七事变后，则主要是在华日本人反战运动。从20世纪80年代起，中日两国都开始对在华日本人的反战运动给予充分的关注。解放军出版社在80年代出版了一些原日本反战同盟成员的著作，作者通过亲身经历，回忆了抗日战争时期在中国加入反战组织、进行反战活动的情况，具有很高的史料价值。近年来，国内外对档案史料整理的加强，为我们深入研究这一问题奠定了基础。在档案史料整理方面最突出的成果，是以东京大学丸山昇教授为首的一批日本学者组成的鹿地亘资料调查刊行会编辑出版的13卷本的《日本人民反战同盟资料》（不二出版社，1994、1995），这是这一领域最珍贵的史料。

关于"在华日人反战同盟"的研究，在大的方向上已经取得一致，多数研究都把在华日人反战同盟分为以鹿地亘为核心的国统区和以野坂参三为核心的延安，对野坂参三的日共领导人身份没有分歧，但是对鹿

---

① 吉田阳介：《日本帝国主义发动的侵略战争与日本共产党的反战斗争》，《当代世界与社会主义》2015年第3期。
② 步平：《日本侵华时期的国内反战运动》，《社会科学战线》2010年第8期。

地亘领导的反战同盟是否属于日共的活动存在分歧。有论者认为，日共领导的只有延安的反战同盟。长期研究这一问题的孙金科先生根据"在华日本共产主义者同盟"领导工作的吉积清回信所言，即"在中国抗日战争时期，野坂参三同志是在中国工作的日本共产党唯一的代表"，加上鹿地亘在日本国内的经历，认为鹿地亘来华前已经脱党，因此在中国从事的反战运动和日共无关。① 多数论者把鹿地亘在中国从事反战运动的身份归为日共党员。七七事变后，日共派遣大批党员和干部到中国工作，在日共的影响和帮助下，反战组织遍布各地，反战活动日益开展，甚至开展到前线和日军中。② 有论者在肯定反战同盟为中国抗日战争的胜利做出特殊贡献的基础上，从组织架构的角度论述在华日本反战同盟，认为鹿地亘在重庆组织的在华日人反战同盟是总部，日共党员野坂参三领导的敌后反战同盟是支部，得到了中国共产党的大力支持与援助。从组织形成上看，反战同盟各支部是在重庆本部的基础上组织建立和形成的，但两者基本上保持相对独立的关系。③ 有论者专门论述日本人反战同盟华中各支部，在新四军各师和华中各抗日根据地党委敌工部领导下，在瓦解和争取日军方面做了大量工作，取得了突出成绩。④

有论者从中国共产党统一战线的角度研究在华日本人反战运动。梅枫指出，在华日本人反战运动是中日两国共产党和人民共同反对日本侵华战争的结晶。早在1903年日俄战争爆发时，日共的缔造者片山潜就在东京成立了反战组织——日本人民"反战同盟"。1937年抗日战争全面爆发后，日共领导日本人民进行了紧张的反战斗争和反对民族沙文主义的斗争。日共组织参加侵略战争的日本士兵家属从事反战运动，日本共产党人、自由主义者、无政府主义者以及各阶层结成了"人民战线"，组织了派遣军大同盟、日本爱

---

① 孙金科：《关于国统区日人反战运动的几个问题》，《贵州文史丛刊》1990年第4期。孙金科长期研究在华日本人反战运动，著有《日本人民的反战斗争》（北京出版社，1996）。
② 汪忠民：《抗日战争中的国际援助》，《同济大学学报》1995年第2期。
③ 石岩：《抗战时期在华日本人反战组织及其活动》，《日本研究》2011年第1期。
④ 曹晋杰：《日本人反战同盟在华中的组织与活动》，《抗日战争研究》1995年第2期。

国反战大同盟、救亡会、反战突击队，反对日军的侵略战争。① 朱蓉蓉的博士学位论文《抗日战争期间的民间外交研究》（苏州大学，2010）在"抗日战争时期中共的民间外交活动"一章中有一小节"对在华日人的统战工作"，论述了抗日战争期间中国共产党始终把日本军国主义与日本人民区分开来，并对在华日本人积极开展统战工作，建立日本在华反战组织，协助中国抗战。

同样，研究在华反战同盟的专著也分为两类：以鹿地亘为代表的国民党区和以野坂参三为代表的共产党区。例如，井上桂子在其博士学位论文基础上出版了《鹿地亘的反战思想与反战活动》（吉林大学出版社，2008）一书，就是前者的代表，该书是目前国内此类研究的代表作。《在华日人反战运动纪实》则是后者的代表。其作者之一杨文彬，是与日军浴血奋战过的八路军战士；另一位作者殷占堂长居日本，采访了很多反战同盟的日本老兵。他们认为，在华日本人反战运动是一部由日共中央代表野坂参三领导的反对日本军国主义侵华战争的伟大史篇。②

21世纪以来，日本学者从多个角度深化对这一问题的研究。例如，藤原彰、姬田光义编著的《日中战争期间在华日本人反战活动》，关注了野坂参三等在延安组织日本俘虏成立反战同盟的活动。③ 菊池一隆依据在日本、中国等地搜集的史料和访谈录，以鹿地亘和白崇禧为中心，讨论了重庆地区日本人的反战运动。该书通过对亲身经历中日战争的日本反战士兵及反战运动领导人鹿地亘的访谈和调查，论证、分析了抗日战争时期重庆国民政府的反战俘虏政策、鹿地亘与日本士兵的反战运动、国民政府对俘虏的管理法令以及日本人俘虏收容所中的反战运动等。④ 此外，中国共产党根据地日本人

---

① 梅枫：《日本人民解放联盟》，《历史教学》1981年第10期。
② 杨文彬：《在华日人反战运动纪实》，解放军出版社，2015。1999年出版的原延安大学校长王云风主编的《抗日战争中日本人在圣地延安》一书，搜集了大量当时报纸、期刊上的新闻报道及一些历史照片，是一部非常珍贵的史料汇编。
③ 藤原彰、姬田光义编《日中战争期间在华日本人反战活动》，青木书店，1999。
④ 菊池一隆：《日本人反战兵士与日中战争——与重庆国民政府地区俘虏收容所相关的情况》，林琦、陈中译，光大出版社，2003。

反战运动研究成为日本学者关注的热点，并涌现出一批成果，如《日中战争时期日本人在华中的反战活动：以新四军为心》《原日本兵的抗日战线：与八路军在一起》《震惊近卫文麿的反战呼声：日人反战同盟的战斗》《美战时情报局"延安报告"与日本人民解放联盟》。① 这些研究成果认为，中国共产党在领导敌后斗争的过程中，十分注意开展对日军的分化瓦解工作，制定了对俘虏的优待政策。各部队纷纷成立对敌工作部门，向日本士兵展开宣传，动摇其作战决心，加深其厌战反战情绪。不少被俘日本士兵在思想上、政治上有了进步，并参加了反战组织，同中国人民一起共同反对侵略战争。井上久士以日共领导人野坂参三在1940年3月到达延安为界，对中国共产党领导下的八路军的俘虏政策做了考察，并评价了华北的日本反战活动：相对于十万日军而言，规模不大，但令日军士气低下。②

三 关于在华日共重要人物的研究

侵华战争爆发后，日共遭到日益严酷的镇压，大批日共领导人和党员被捕入狱，有的党员在国内坚持反对侵略中国的斗争，有的则远赴苏联、中国等地继续支持中国抗战。目前对支持中国抗战的日共党员及相关人物的研究大多从中日友好这一视角展开，主要研究对象集中于野坂参三、鹿地亘、片山潜、绿川英子等人。

野坂参三作为日共领导人在延安工作了五年，领导了延安反战同盟、日本工农兵学校等组织，战后与中国共产党保持密切的联系，因此受到学界较多关注。中国学界从20世纪90年代起开始了对野坂参三与中国抗战的研究。有论者论述了野坂参三在延安的反战活动和与中国共产党的关系，认为野坂参三到延安后，使日共和中国共产党建立了紧密联系，共同领导组织了

---

① 乔君：《新世纪以来日本关于抗战时期中国共产党研究综述》，《中共党史研究》2015年第9期。
② 井上久士：《华北地区八路军的俘虏政策和日本人的反战活动》，孙彩萍译，杨天石、庄建平编《战时中国各地区》，社会科学文献出版社，2009，第273～289页。

反战同盟工作。① 还有文章提及野坂参三在延安期间，依然与在日本国内法西斯当局摧残下坚持斗争的日共党员加强联系，重建日共。② 有论者从中日友好的角度出发，认为野坂参三是日共的优秀领导人，是中国人民的亲密朋友。抗日战争期间，野坂参三领导了中国解放区的日本人反战运动，取得了重要成就，极大地援助了中国抗战，维护了中日友谊，同时也在一定程度上为战后日本的和平民主建设奠定了基础。③ 有论者从战后外交的角度指出，抗日战争时期，日共领导人野坂参三从共产国际来到延安领导反战运动，中国共产党因此对为反对日本帝国主义而与中国人民共同战斗的"日本人民"有了具体的认识，这是"中日人民友好"思想的历史原点。④ 有论者还进行了细节考察，如通过野坂参三的回忆录和在华日本人反战同盟的记录，考证野坂参三没有去过华北敌占区或敌后根据地。⑤ 有学者考证，野坂参三也曾在鹿地亘领导的"在华日本人反战同盟"中工作，于1941年3月16日前往延安。⑥

鹿地亘在国统区领导的"反战同盟"和野坂参三在延安组织的"反战同盟"互相呼应，在中国大地上组织日本人民反对日本军国主义侵华，堪称世界战争史上的奇观。学者都肯定鹿地亘对中国抗战的支持，但是在其身份归属上有两种结论：日共党员、反战作家。对其研究主要从中日友谊、反战文学、俘虏政策等角度展开。张令澳先生从当事人的角度回忆了初期的对日反战宣传、在俘虏所建立"和平村"、任"日语短训班"总教官、成立反战同盟、奔赴宜昌前线等轨迹，论述其在中国抗战的具体活动，具有一定的

---

① 陈立旭：《野坂参三在延安》，《党史研究与教学》1994年第3期。
② 王庭岳：《共产国际执行委员野坂参三在延安》，《党史博览》2005年第6期。
③ 杜玉芳：《野坂参三与中国解放区的日人反战运动》，《理论月刊》2005年第2期；张可荣：《冈野进与在华日人反战运动》，《文史杂志》1992年第4期。
④ 刘建平：《野坂参三与中国共产党的日本认识——新中国对日外交思想探源》，《开放时代》2007年第6期。
⑤ 孙金科：《野坂参三没有去过华北敌占区或敌后根据地》，《抗日战争研究》1992年第2期。
⑥ 徐建明：《反对日本法西斯——鹿地亘与"在华日本人反战同盟"》，《档案史料与研究》2002年第3期。这与大部分对野坂参三的研究不同，大多数学者认为其是从苏联直接到延安的。

史料价值。研究较为深入的是井上桂子的《鹿地亘的反战思想与反战活动》（吉林大学出版社，2008）一书。井上桂子除了充分利用已经出版的反战同盟资料外，还查阅了保存在立命馆大学的资料原件，以及中国、日本及美国的有关档案，特别是亲自采访并整理了多份口述记录，在丰富的史料基础上全面系统论述了鹿地亘反战思想的形成、发展及其在中国开展的反战活动，得到学界的广泛好评。

片山潜是日共创始人之一，在侵华战争爆发前就坚决反对日本对中国的干涉。但是，由于其在1933年就病逝于莫斯科，因此学界多从国际主义精神角度对其展开研究。论者一致肯定片山潜在甲午战争、日俄战争、九一八事变后积极领导反对干涉和侵略中国的反战斗争中的突出贡献。尤其难能可贵的是，片山潜积极倡导国际合作支援中国。1932年，片山潜发起并出席了阿姆斯特丹世界反战大会，号召大会支援中国革命，号召国际反战组织一致支持中国革命。[1]

绿川英子作为日共领导下的"日本无产阶级文化联盟"（科普）中"世界语同盟"的一员，在七七事变前夕来到中国，坚决支持中国抗战，为中日人民和平友好事业光荣献身。她虽然不是日共正式党员，但她可以归为与日共相关的重要人物。论者一致肯定绿川英子积极参加了中国抗战。其主要活动方式有二：第一，创作反战文学。有论者认为，其反战文学是对日本发动侵华战争的声讨，而更重要的是要让人们意识到战争带给中日人民的苦难，呼吁两国人民世代友好相处。[2] 第二，对日广播。在"保卫大武汉"的战斗中，她用日语对日广播，号召日本人民起来反对战争，被日本军阀咒骂为"娇声卖国贼"。[3] 在重庆，绿川英子主要从事反战文学的翻译和创作，号召世界人民支援中国抗战，揭露日本侵华战争给中日

---

[1] 刘炎：《片山潜》，《当代世界与社会主义》1982年第3期。此类文章还有：纯恒《中国人民的真诚朋友片山潜》，《外国问题研究》1985年第2期；王乐夫《片山潜的国际主义和爱国主义的精神》，《中山大学学报》1984年第4期。

[2] 熊辉：《抗战大后方对日本反战作家绿川英子作品的翻译》，《解放军艺术学院学报》2016年第1期。

[3] 高粱：《绿川英子：帮中国抗日的日本女性》，《炎黄春秋》2003年第12期。

人民带来的无穷灾难,被周恩来称为"日本人民的好女儿",是"真正的爱国者"。①

四 关于日共在华情报工作的研究

改革开放以来,中国兴起了对20世纪30年代左翼文化运动的研究,相关回忆性文字逐渐出现,一些国外左翼人士也被提起。1985年,夏衍在回忆筹备组织"左联"时特别提到帮助"左联"做了许多工作的三位外国同志:一位是美国的史沫莱特,另两位是日本的尾崎秀实和山上正义。夏衍说:"我在1928年就认识了尾崎秀实,他当时是在上海的日本共产党和日本进步人士的核心人物。"② 他专门补写了一段话:"为的是让中国读者不要忘记在我们最困难的时候,还有那样热爱中国人民的日本朋友。"1994年,陶柏康将日本学者风间道太郎所著的《尾崎秀实传》一书中有关尾崎秀实在上海活动的描述,编译成《一位热爱中国人民的日本朋友尾崎秀实》一文。文中谈及1928~1931年尾崎秀实在上海与"日支斗争同盟"③ 以及中共党员杨柳青和王学文的交往。④

20世纪末,中国共产党与日共关系正常化之后,对这一问题的研究开始深化。目前的研究以尾崎秀实、中西功为主要对象。郝在今采访了多位当年的中方亲历者,并利用了日本方面的材料,如中西功、西里龙夫的回忆录和日本警视厅的审讯记录,于2015年出版了《中日秘密战》(解放军出版

---

① 孙金科:《日本作家绿川英子的反战斗争》,《抗日战争研究》1995年第2期。
② 夏衍:《懒寻旧梦录》,中华书局,2016,第99页。
③ 也有文章称其为"日支反战同盟"。"日支反战同盟"成立的大致经过是:1930年7月,以《上海周报社》的田中忠夫和中国社会科学家联盟的王学文(中共党员)等人为核心,组织了一个读书会。其后,该读书会从最初进行研究活动逐渐转向实际斗争。"日支反战同盟"成员有小松重雄(满洲铁道有限公司职员)、西里龙夫(上海日报社记者)、杨柳青(中共党员)、川合贞吉(上海日报社记者)、王学文(中共党员)和侯朝宗(台湾人)等。日支反战同盟受中国外兵委员会和中国反帝同盟领导。参见徐世强《尾崎秀实:一位热爱中国人民的日本朋友》,《福建党史月刊》2008年第10期。
④ 陶柏康编译《一位热爱中国人民的日本朋友尾崎秀实》,《上海党史研究》1994年第1期。

社），该书详细回顾了上海东亚同文书院、日支斗争同盟、佐尔格的共产国际情报组、中西功的日本人情报组等斗争历程，突出了中共和日共在隐蔽战线共同反对法西斯的精诚合作，但是史料方面尚有不祥之处。1999年赵军的《中西功与中国革命》一文主要利用关东军宪兵司令部编《在满日系共产主义运动》和中西功的回忆录《在中国革命的暴风雨中》以及中西功亲友的回忆录《胜利的生存——怀念中西功》，回顾了中西功与中国革命的密切关联。赵军认为，"中西功现象"是他们政治理念和中国共产党国内外政策共鸣的结果，对中国共产党的推崇和信赖是中西功等人投身中国革命的决定性因素。① 2012年，徐静波利用中日两国出版的回忆录和日本出版的狱中手记、审讯资料等，指出尾崎秀实在上海三年期间，从从事革命文学运动到参加共产国际在远东地区的情报活动并成为该情报体系的重要成员，完成了由一个共产主义的信奉者向共产主义实践者的嬗变。② 在发现新的档案材料后，不仅要对既有的档案文本继续进行批判性处理，还要把新解密或新发现的档案文本放到相应的语境和脉络里进行考察、辨析和解读。2015年，王中忱以20世纪40~50年代日文文献为中心，论述了尾崎秀实事件与档案解密的政治。王中忱指出，关于尾崎是否参加了日共，至今尚无定论，比较占主流的看法认为他"不是正式的日本共产党员"，而是一个"共产主义者"。但是，也有研究者经过多方查证后认为，尾崎秀实作为特派记者在赴上海之前就已经加入了日共，他到上海后的活动实际上远非中共的同情者之所为。作为中共地下党的一员，夏衍以一种同志式的信任请托尾崎秀实，或许可视为对后一种看法的间接佐证。③

---

① 赵军：《中西功与中国革命》，中国社会科学院近代史研究所编《划时代的历史转折——"1949年的中国"国际学术讨论会论文集》，四川人民出版社，2002。国内相关论文还有张惠才《中西功和他的中共党史研究》，《中国党史研究》2012年第1期；郑萍《西柏坡偶遇"中西功"》，《继承·创新·发展——西柏坡精神研究文集》，中国社会科学院马克思主义研究院科研处，2007。
② 徐静波：《尾崎秀实与上海》，《外国问题研究》2012年第2期。
③ 王中忱：《佐尔格—尾崎秀实事件的叙述与档案解密的政治》，《清华大学学报》2015年第5期。

相比之下，日本的研究成果更为丰富，更为深入细致，出版了大量当事人的回忆录，如中西功的《中国革命的暴风雨》（青木书店，1974），中西功的战友和亲属撰写的《胜利的生存——怀念中西功》《中西功讯问笔录：奉献给中国革命的情报活动》（日本亚纪书房，1996），渡部富哉编写的《国际共产党谍报团（佐尔格）事件的调查》（社会运动中心，2001）。

五 相关研究的进展及存在的不足

"日本共产党与中国的抗日战争"研究受到中日关系、中国共产党与日共党际关系的影响较大。从20世纪90年代开始，中国共产党和日共关系逐渐正常化，关于日共与中国抗战的研究才真正展开。20多年来，尤其是在使用日文资料的基础上，学者们不断开拓新的研究领域，取得了可喜的成果，填补了抗战史研究中的许多空白，尤其是对在华日人反战同盟的研究，取得了较为丰硕的成果。从现有成果可见，在15年的抗日战争中，日共从未停止对中国的声援和帮助。九一八事变之后，日共立刻在日本国内积极开展广泛的反战斗争，声援中国人民。七七事变后，虽然统一的党中央不复存在，但散布于苏联、日本各地和中国国统区、沦陷区、共产党根据地、东北、台湾等地乃至侵华日军的党组织和党员，仍在继续支援中国人民的抗日战争，为中国人民抗日战争和世界反法西斯战争的胜利做出了宝贵贡献。正因为如此，1959年毛泽东在会见日共代表团时说："抗战时期，你们就同我们一起作斗争。中国革命的胜利，也是由于各国兄弟党的帮助，其中也有日本共产党。"[①]

但是，我们也应看到一些问题，比如研究日共与抗日战争，必然涉及大量的日文资料，然而目前许多文章和著作的史料来源局限于中文，这势必限制研究者的视野。总体来看，对"日本共产党与中国抗日战争"的现有研

[①] 中共中央文献研究室编《毛泽东年谱（一九四九～一九七六）》第4卷，中共中央文献出版社，2013，第216页。

究存在以下不足之处。

1. 关于反战运动的研究分类过于简单，论述不够全面深入，史料利用不充分

首先，对日共领导组织的反战运动研究大多局限于重庆、延安的在华日本人反战同盟，对日共在中国东北和台湾以及日本国内的反战活动研究不够。而且，把在华日本人反战运动分为鹿地亘的国统区和野坂参三的解放区，而日共组织的反战运动主要集中于野坂参三的在华活动和延安的日本兵工农学校，这种分类方法过于简单，也未必准确，因为鹿地亘本身就是日共党员。① 1941年8月22日，反战同盟被国民党解散。"查在华日人民反战同盟，本系日本共产党暨左倾分子所组成，我政府准许成立该同盟之原意，系在诱导日本官兵，使其受此种左倾分子之宣传，加入反战，以削弱敌方力量，如其仅限于对敌，似尚不无意义。惟实际该项人员与中国共产党同一信仰，并同接受苏联领导，自难保其不互相联络，别具阴谋。"② 鹿地亘为什么加入中国抗日阵营？据鹿地亘回忆，有两个契机：一个是来上海后偶尔看到共产国际第七次代表大会决议"季米特洛夫的政治报告"，另一个是日共《给日本共产主义者写的信件》。③ 由此可见，认为鹿地亘组织在华日本人反战同盟与日共无关的观点可能过于简单。

其次，对史料的利用不充分。例如，鹿地亘编写了12卷本《日本人民反战同盟资料》，这套资料出版量不多且价格昂贵，目前中国国内很少见，加之存在语言障碍，没有得到充分利用。对于中国共产党的档案、共产国际的档案、当时的报刊资料等，也没有加以充分利用。

最后，忽略了日共的反战活动和国际反法西斯的形势、阶段以及共产国际的政策密切相关。

---

① 鹿地亘1932年加入日共，担任"纳普"书记长，兼任机关杂志《纳普》总编辑，1934年因重建日共入狱，1936年出狱后到中国上海并加入抗日阵营。
② 《国民政府军事委员会令政治部设置日本人民反战革命同盟总会顾问室及有关文书》，南京第二历史档案馆藏，档案号：772-12。
③ 井上桂子：《鹿地亘的反战思想与反战活动》，吉林大学出版社，2008，第62页。

2. 对人物的研究过于单一

对援助中国抗战的日共党员及相关人物的研究过于集中且单一。这大体上是由于这一时期日共党员大批入狱，日共组织一再受到镇压，缺乏统一的领导，监狱外的日共党员即使坚持反对日本侵华也只能单独且秘密从事活动，这样就大大限制了其活动的影响。随着日共领导人狱中回忆录的出版和狱中档案资料的解密，这个方面的研究还是有很大的空间。例如，德田球一、宫本显治、宫本百合子、市川正一等，尽管在狱中，但依然积极为组织成立日共狱中支部开展活动，坚决主张反对日本侵华，这些日共人物都值得进一步深入研究。

3. 关于信息情报工作的研究过于注重传奇，研究不够深入，材料利用不充分

对这一问题的研究，对象主要是中西功、尾崎秀实，但是多注重其传奇色彩，这些日本知识分子的共产主义实践的出发点是什么？与中国共产党以及日共的关系是怎样的？他们对中国的抗日起了何种程度的作用？这些都是应该进一步思考的问题。此外，谍报事件应该放在20世纪前半期的世界范围内战争与和平、帝国主义和殖民地对抗竞争、侵略与民族解放的大背景下来研究。

4. 关于日共和中国共产党及共产国际往来的研究过于薄弱

关于在抗战援助中日共和中国共产党及共产国际往来的研究还没有真正展开，但事实远非如此。1933年，远东反战大会在上海举行，日共和中共就此会议进行了多次沟通。尽管日本政府禁止日本代表赴沪参加反战大会，但日共还是历经艰险到了上海。可见，在严酷的环境下，日共和中国共产党依然保持着密切的沟通和往来。1935年，中共组建中国共产党东京支部，并与日共取得了联系。日共中有中国共产党员杨春松、曾永安、胡风，中国共产党有"中共日本人部"，西里龙夫、中西功等日本同志都加入了中国共产党，日共和中国共产党还共同指导了台共……由此可以看出，抗战时期日共和中国共产党及共产国际的往来是非常密切的，因此还有很大的研究空间。

日共作为一个政党，有组织、有纲领地对中国抗战进行了支持与援助。但是，在已有成果中，对"日本共产党与中国的抗日战争"虽有所涉及，但对相关档案资料使用较少，专题论著仍未发现。因此，存在很大的提升空间，对不少问题的研究均有待进一步深化。

第一，关于日共在东北的活动。现有研究主要关注的是日共在日本国内以及中国国统区、解放区的活动，忽略了日共在日本侵华的第一站——中国东北的活动。1931年9月末，日共党员松崎根据党的指示，同广濑进、冈满寿、松田丰等人，在中国大连市成立了日共临时机关——"满洲"地方事务局，以九一八事变为契机，积极开展反对日本帝国主义的活动。"满洲"地方事务局发行机关报《满洲赤旗》以及其他小册子等，其组织扩展到抚顺、沈阳、熊岳城、城子疃等地。① 目前论及这一问题的成果很少，语焉不详，且无法考证史料来源，因此需要进一步深入研究，尤其是需要档案资料的支撑。

第二，关于日共领导的工农运动。九一八事变之后，日共领导下的"日本工会全国协议会"揭露日本帝国主义侵略的欺骗宣传，号召工人反对战争，拒绝运送武器弹药给军队，实行罢工，游行示威。日共领导下的"全国全农会议"在农村开展反战斗争。② 1933年，远东反战大会在上海举行，会议得到了日本各界的大力声援，工人、农民、世界语者、作家同盟纷纷向大会致信。③ 由此可见，在当时日本国内，日共广泛而深入地活动在工人、农民和知识分子中间。

第三，关于日共在军队中的反战斗争。1932年6月5日，日共中央成立军事部，组织领导军队内的革命运动。军事部下设宣传部、技术部、组织部，并成立关东军事委员会、关西军事委员会以及水兵委员会，宣传部出版

---

① 孙继武：《九一八事变时期日本人民的反战斗争》，《社会科学战线》1987年第1期。这篇文章还论及九一八事变后日本共产青年同盟与日本反帝同盟（以共产主义者为主要成员）的反战斗争。

② 孙继武：《"九一八"事变时期日本人民的反战斗争》，《社会科学战线》1987年第1期。

③ 上海宋庆龄研究会编《远东反战会议论文集》，中国出版集团，2014，第535页。

刊物《士兵之友》。在日共的领导下，军队的反战斗争异常活跃。[1] 在这方面有很多资料可供利用。

第四，关于日共领导的学生反战运动。由于日共在学生活动中的作用不断加强，日本的学生反战运动也很活跃。1931年6月，东京帝国大学的学生出版了机关报《赤门战士》；1932年1月，1000名学生集会；在2月5～11日的"反法西斯斗争周"中，约有800名学生游行示威，高呼反战口号；早稻田大学、庆应大学、明治大学以及关西、九州等地的学生都起来斗争。这些学生运动都值得深入研究。

第五，关于"日本共产党与中国抗日战争"的总结与评价。学界一致肯定，1922年7月成立的日共作为坚持科学社会主义的政党，始终高举"反对战争与维护和平"的旗帜，反对日本发动的侵略中国以及其他国家的战争，但关于日共在中国抗战中的活动特点和评价问题尚未得到深入探讨。例如，关于间接援助和直接参战、物质援助和精神支持，缺乏分类论述；对在反法西斯战争不同阶段，日共活动的调整、日共的活动在哪些方面及在何种程度上支持了中国抗战，相关分析和评价不多。

总之，今天的日共，无疑发生了许多变化，但在中国人民的抗日战争年代，日共反对军国主义、反对侵华战争的立场和行动，是应当记取和肯定的，这对今天的中日关系也具有特殊意义。学界对此问题的关注不够，加之受20世纪60年代党际关系的影响，这方面的研究更显薄弱。希望能从世界反法西斯战争的大背景出发，通过深入研究日共与中国抗日战争的关系，深化抗战史和近代史研究，加深对中日关系的认识，为当代中日关系发展提供一定的历史借鉴。

---

[1] 孙继武：《"九一八"事变时期日本人民的反战斗争》，《社会科学战线》1987年第1期。

图书在版编目(CIP)数据

北京市中日文化交流史研究会成立40周年纪念文集/王新生,臧运祜主编.--北京:社会科学文献出版社,2020.5
 ISBN 978-7-5201-6238-8

Ⅰ.①北… Ⅱ.①王…②臧… Ⅲ.①中日关系-文化交流-文化史-研究机构-北京-纪念文集 Ⅳ.①K203-24 ②K313.03-24

中国版本图书馆CIP数据核字(2020)第029878号

北京市中日文化交流史研究会成立40周年纪念文集

主　　编 / 王新生　臧运祜

出 版 人 / 谢寿光
责任编辑 / 李丽丽
文稿编辑 / 肖世伟

出　　版 / 社会科学文献出版社·历史学分社(010)59367256
　　　　　 地址:北京市北三环中路甲29号院华龙大厦　邮编:100029
　　　　　 网址:www.ssap.com.cn

发　　行 / 市场营销中心(010)59367081　59367083
印　　装 / 三河市龙林印务有限公司

规　　格 / 开　本:787mm×1092mm　1/16
　　　　　 印　张:22.25　字　数:333千字

版　　次 / 2020年5月第1版　2020年5月第1次印刷
书　　号 / ISBN 978-7-5201-6238-8
定　　价 / 128.00元

本书如有印装质量问题,请与读者服务中心(010-59367028)联系

版权所有 翻印必究